現代精神與儒家傳統

杜維明　著

悼念

陳榮捷(1901-1994)
和
吳德耀(1916-1994)
兩位通過身教，講習，筆耕和心傳，
把儒家倫理的因子播種北美和星洲的
人師

前　言

　　1988年5月20到6月29日我應臺灣大學哲學系和歷史系的邀請，以"現代精神與儒家傳統"為題，開設了一門由國家科學委員會提供經費，只需滿足兩個學分的"濃縮"課。演講每週一、三、五晚上六點半到九點半在具有空調設備的文學院會議廳進行，共十三次：

5月20日　軸心時代的涵義

　　23日　韋伯：資本主義的興起

　　25日　現代西方的動源

　　27日　柏深思：現代化的多面性

　　30日　美國的生命形態

6月 1日　哈伯瑪斯：理性的透視

　　 3日　從解構到重建

　　 6日　現代主義的挑戰

　　20日　儒教中國及其現代命運

　　22日　工業東亞的興起

　　24日　傳統的生命力

　　27日　儒學第三期發展的前景

　　29日　新軸心時代的必要與可能

　　選修的同學主要來自臺灣大學哲學、歷史、外文、中文系的三、四年級本科，也有臺灣大學及清華大學的碩士班及博士班研究生。旁聽的則除在其他院校就讀的同學之外，還有不少社會人士。

　　5月20日開講的那天，正逢"黑色星期五"——因農民到立法院請願引起警民衝突，造成二二八慘案以來最嚴重的流血事件，直接影響臺灣政局，也意味著中華民國正走向解禁和全方位民主化的道路。5月23日應蕭孟能先生之請為《文星雜誌》寫了一篇〈從根源處設想！〉的短文，提筆時並沒有料到這一設想竟刊在《文星》告別文壇的專號中。1988年夏季是臺灣步入百無禁忌，誰也不怕誰的開放社會的關鍵時刻；也是嚴肅的文化雜誌紛紛被股市、娛樂、運動和靈修等刊物所取代的轉型期。還記得6月28日參加了《當代雜誌》成立兩週年的慶祝酒會並和金恆煒、張文翊、李永熾、方瑜及錢新祖談起在政治極端化和經濟商業化兩股潮流衝擊之下，進行深沉人文學反思的艱苦。

　　旅居臺北期間，曾到香港參加儒家和基督教對話及華人經濟及政治現代化兩個學術會議，給我一個從多層次、多向面、多維度和多因素的視野來考慮儒家傳統的現代轉化和現代精神的儒學詮釋的機會。離臺赴港是6月7日，濃縮成十三講的短課已作了八次報告，但只把我所了解的現代精神給予宏觀的點題而已，心裡頗有掛一漏萬的失落感。在香港期間和神學家如衲佛(Robert Neville)、格優基(L. Gilkey)、伯爽(J. Berthrong)及沈宣仁論學較多。深覺我因順著韋伯－柏深思－哈伯瑪斯那條思路來談現代精神，對希伯萊和基督教的傳統只輕輕帶過，也不能深扣精神性的課題，是一大失誤。

　　另外，我那時雖對體現當代西方學人自我反思最深刻的三大思潮——女性主義、環保主義和宗教多元主義已略有所窺，對由福科(Michel Foucault)、德希達(Jacques Derrida)、拉康(Jacques Lacan)、李歐塔(Jean-Francois Lyotard)及布杜(Pierre Bourdieu)幾位法國智識分子所代表的文化研究也產生濃厚的興趣，但要到1990年代在巴黎的高深學院講學時才稍能對所謂"後現代論說"有所認識。因此6月3日的"從解構到重建"那一講只點題而已，根本沒有擊中要害。這也許是因為我對承繼新左翼的餘韻而大談後現代主義的美國學人，如詹明信，缺乏好感的緣故。我雖充分肯定後現代論說在寫出種族意識，如郝爾(Stuart Hall)和性別意識，如史必伐克(Gayatri Chakravorty Spivak)的貢獻，但我對自居"邊緣"而狠批資本主義，但言行卻處處暴露"主流"霸道而且極為傲慢的人生態度則大不以為然。因此我對"從解構到重建"一講因錄音機失靈沒有保存並無悔恨之意。

　　其實，我能到臺灣的高等學府和哲學界及史學界的同道論學已感到機遇難得；本來並沒有作成記錄的構想，更沒有集結成書的奢望。如果不是孫震校長撥出專款，文學院朱炎院長特別關照，哲學系張永儁主任及歷史系徐泓主任組織研究生為這事操勞，《現代精神與儒家傳統》絕無從空口騰說轉化為書寫文字的可能。

　　不過當時隨興之所致而宣洩的情懷逐漸凝結成白紙黑字確實經歷過一番辛苦，我自己也投入了大量時間、消耗了許多心血，其中滋味不足為外人道也。首先我要感謝那幾位參與其事而堅持不肯具名的工讀生，他們的筆錄為這本書稿準備了素材。在哈佛大學從事科研的林同奇教授根據修定本詳閱一過，改正了不少錯誤。周勤女士(原上海華東師範大學歷史系研究生，曾任教深圳大學中文系，現在哈佛大學東亞系攻讀中國思想史博士學位)把全稿校閱後輸入電腦，而且還為了閱讀方便添加了好些註釋。沒有他們的鼓勵和支援，我既缺乏出書的意願也不具備成書的條件。我感謝他們的協助，但必須申明，一切文責概由我個人承擔。

最後，應當指出，這裡所記錄有關 "現代精神" 和 "儒家傳統" 的觀點反映了我六年半前的思路。經過天安門的悲劇、柏林圍牆的倒塌、蘇聯的解體、歐洲整合的進退失據、美國後工業社會的矛盾加深、日本的經濟失調、亞太地區的軍備競賽，和非洲的浩劫，世界秩序正在重構。我們不僅對現代精神要重新理解，對現代性也要重新定義。在 "儒教文化圈" 之中，日本朝野正對明治以來即成為共識的 "脫亞入歐" 政策進行全面反思，為回歸亞洲鋪路；大陸面臨改革開放所導致的史無前例的商業狂瀾，發掘儒家倫理資源以重建道德規範的呼籲已屢見不鮮；香港因九七大限而激發了許多如何保障自由，如何確立法治的議論，和新加坡的政治領導以 "亞洲價值" 抨擊西方人權論說，形成鮮明的對比；南韓和臺灣民主化為儒家式的市民社會，乃至具有 "儒家特色的民主"，拓展了新境地；越南和北朝鮮也逐漸改變社會主義路線而對工業東亞、北美、歐體乃至殖民時代以前的儒家傳統採取兼容並包的開放態度。這些新趨勢、新動向為儒學的第三期發展提供了許多值得深思的線索。我擬在〈後記〉中把近年探討這類課題的情況嘗試著作一扼要的說明。

杜維明

1995年農曆元旦康橋蘭衲書齋

目　　次

第一講
軸心時代的涵義——引言

　　我感到非常榮幸能有這個機會。對我來說，"現代精神與儒家傳統"這個課題目前尚屬發展階段，許多構想還不夠成熟，運思也不夠嚴密。這次能和大家一起討論這些思考過程中的觀點，對於進一步深入這個課題是十分難得的機會。

　　這次我原來的設想是一般性地討論儒家哲學的各種不同問題。大約十三、四個月以前，我就開始考慮用什麼方式，在較短的時間內，把儒家哲學的問題擺在比較文化研究的背景下，跟大家交換意見。我覺得非常難處理。這個課題不僅層面很多，接觸的問題非常複雜，而且我個人對這些問題所作的思考，一方面受到思想上的一些阻力，這是我個人學力所限；另一方面也引起中國大陸乃至工業東亞和北美一些學者的反應。有一些人對我的觀點從同情理解的角度加以批評；另一些則反感情緒非常強烈，特別是中國大陸年輕一代的反應。所以我在思考這個問題的時候，不可能完全作一個客觀的分析者。因為在某個層次上講，不管我願意與否，我已成為一個內在的參與者，因此有強烈的主觀意願。 這個主觀意願當然會影響到我對問題的分析,以至可能出現偏差。這是一個困難。所以,在今天的第一次討論中,我想把自己所確認的一些困難,以及我思考這個問題時的背景,作爲引言先提出來。用中國大陸學者的說法,這使大家對我所討論問題的背景所屬的"參照系"有一個初步的了解,可以爲深入批評以及進一步研討的時候,提供便利條件。

在思考這個問題的時候,起初我想從傳統和現代這個角度來討論儒家哲學所面臨的一些課題。但經過一些反省以後,我覺得應該把這個題目反轉過來,即先把它的存在意義從廣度和深度這兩個層面提出來。因此我把所謂現代精神這個課題作爲我們討論儒家傳統的現代命運以及發展前途的背景來了解。這中間最大的困難是我目前尚在思考的過程中。所以這次演講並非把我經過長期研究醞釀所得的成果通過這一系列的演講公諸於世,讓大家了解,而是請大家和我一起思考。這中間會有不小的冒險性。

這種類型的課在美國很普遍,可是在中國文化區,據我所了解,不管在中國大陸還是在工業東亞,甚至在新加坡(南亞比較例外),多半教授要開課的話,都是開他自己最熟悉的東西,而且是經過長期醞釀所得的智慧結晶。有時他的講稿都已經寫好,可以根據講稿把他詳細考慮後的問題,通過一個有系統的方式陳述出來。而我這次來,可說是赤手空拳,只是想藉這個機會,把我思考的一些觀點提出來。這個過程本身具有不能預期的變化。譬如說,在下次討論的時候,到底我對馬克斯・韋伯[1] 的觀點應該採取什麼樣的運思方式,應該有什麼樣的結論;對於柏深思[2] 所提

---

1 馬克斯・韋伯(Max Weber),1864-1920。德國社會學家和經濟學家。著有《新教倫理和資本主義精神》、《經濟和社會》、《宗教社會學》等。

2 柏深思(Talcott Parsons),1902-1979。美國社會學家,自1944年起

出的問題，乃至哈伯瑪斯 3 所提出的問題，應該作怎樣的評價，怎樣把它和我現在所思考的有關儒家傳統的問題聯繫起來，這些都有許多變數。不過，貫穿這一系列的講座，我覺得有一個中心的課題，簡單地說，就是能否植根於儒家傳統，面對現代人存在的問題發出有哲學意義的洞見。這並不是說我已經有了一些可以和大家一起分享的洞見。這是一個挑戰性很大的課題，一個對於任何關心中國文化發展前途的人來說都應該關切而且意義深刻的課題。

儒學傳統在中國文化區的現狀

　　五四以後，反傳統主義達到高峰。此後又經過一個相當長的時期，尤其是中國大陸的馬列主義掛帥，乃至文革，又經過各種不同的文化思想上的斷層，今天，1988年，面對二十一世紀，能否植根儒家傳統，面對現代人存在的課題發出有哲學意義的洞見，這對我們是一個思想上的挑戰。因此這次我決定要來，擺脫了我自己的教課和研究論文，並且抱著一個學習的心情。雖然，在1967年，我曾經回國，在我的母校東海大學講過半年課，略題是"文化與社會"，全名是"文化認同與社會變遷"，也曾提出韋伯的問題，柏深思的問題。當時哈伯瑪斯所提出的觀點還沒有在國際學壇上受到重視。我曾跟柏深思讀過一段時間書，對他所

　　任哈佛大學教授近三十年。著有《行動理論和人的存在條件》、
　　《經濟與社會》等。
3　哈伯瑪斯(Jurgen Habermas)，1929年。當代德國社會學家和哲學
　　家，法蘭克福學派第二代代表人物。著有《知識與人類旨趣》、
　　《合法性的危機》、《溝通行動的理論》。

設想的一些現代化問題有所感觸，所以那個課是環繞著現代化等問題而提出來的。現在，一晃二十多年過去了。雖然在這二十多年中，我常常回國，但時間很短，有時甚至只有三、五天，最多不過一個星期，因此沒有機會去深入了解和親身經歷。當然，根據各種文字資料與媒體信息，我也片面地了解到現在國內的學術界，特別是年輕的知識分子對這些重大的問題所進行的反思，所採取的途徑以及運思態度。因此，這次機會對我是十分難得的。剛回國這三天，已有所獲。除了看到一些新資料，昨晚有機會讀到錢新祖先生在新出版的《臺灣社會研究》季刊上的文章——〈中國傳統思想與比較分析的措辭〉。本來我打算先討論這個問題的方法學，有了這篇文章，各位可參考他所提出的觀點。他的觀點基本上和我相契，即從比較學的角度，從文化與語言分析的層次來了解這個問題的特殊性以及普遍性的內涵。

這個問題——即所謂植根儒家傳統，面對現代人的存在提出有哲學意義的洞見，是一個特殊的課題，而非放諸四海而皆準的課題。在北美，絕大多數的學者對有關儒學的問題是很生疏的。譬如，我和我的同事、同研究宗教學的博士班學生討論主要宗教思想家，也討論黑格爾、韋伯的問題，威廉・詹姆斯的問題，乃至最近有關宗教學的一些發展趨勢。這些類型的問題和儒學有聯繫，但他們對儒學乃至"儒教文化圈"都不甚了了。

在中國則是另一種情形。1980年我在北京師範大學做過幾近一年的研究，1985年在北大哲學系講過儒家哲學。梁漱溟先生1923年在北大開過儒家哲學年的課。後來他覺得北大的學生很有玩票的傾向，就不在北大開課，而在校外辦了一個研習班，每位學生收一塊大圓，結果反應很不錯，和在北大講的情緒完全不同。但那次講完以後(約民國十三、四年)，就再也沒有在北大開設這方面的課題。

　　當我在北大講儒家哲學的時候，我感覺到一種強烈的異化感、疏外感(alienation)。開始時跟學生不太熟，就和現在的情形一樣，很少人發問，提出意見。經過一段時間以後，大家比較熟了，一些同學開始說，很奇怪，居然在二十世紀的後期，還有人提出這樣保守的、封建社會的意識形態。大概杜先生是在臺灣受的教育，對五四的批判精神理解不夠，所以對傳統還是含情脈脈的。後來同學們發現我對五四以來的一些問題還是有所了解的，就進一步思考其原因所在，也許是因為在國外住久了，有一種落葉歸根的情懷，一種思鄉之情，才對儒家充分肯定。在國外講中國文化，你不能專講糟粕，因為你專講糟粕，最後連自己的飯碗也會出問題。所以一定要講精華，有意識地將傳統美化到最高的水準，即使和歷史現實有很大的距離也置之罔顧。但後來發現也不盡然，也可能由於西方社會經過高度資本主義的發展，碰到了許多中國大陸還沒有碰到的現象，很多異化的現象，很多感情上的失落徬徨，由於這個原因，使得像禪宗、印度的東方神秘主義、道教、易經、乃至風水這些原來已經在大時代浪潮的席捲下成為傳統渣滓的東西逐漸又在西方現代化後期社會發揮了一些感情上的作用。不管怎樣，這是對五四的批判精神了解不夠，或者有一廂情願的感情因素，由此，面對西方的現存條件而提出對儒學的研究。這種思考儒家傳統的取徑跟我們中國大陸的學生所面臨的時代考驗的關係不大。

　　可是問題相當有趣。歷史發展和學術發展的渠道以及問題的提出，常常是不可預期的。1985年在深圳所舉行了一個中西文化比較研究的協調會，會上有人提出文化的問題應不應該談。開始我覺得簡直不可思議，難道文化作為一個範疇已經失去了它的特殊的哲學意義了嗎？後來龐樸先生 4 提出了一個有趣的現象。他說，從1919年到1949年這三十年，中國大陸有好幾百種以文化為題的書籍，特別的王雲五先生主辦的商務印書館，出了很多關於文化的東西。但是從1949年到1979年這三十年中，中國大陸出版的以文化為題的書只有一本，那就是蔡尚思先生 5 的反傳統意味很強的《中國文化史要論》。因此，這三十年的時間，由於中國式馬列主義的緣故，文化成為一個在哲學上沒有意義、在政治上沒有現實效用的範疇。因此在1985年重新提出文化問題的時候，有些人甚至認為這是落伍了，又回到了傳統的老路。

事實並非如此。應該說，這基本上是對科學主義掛帥的馬列思想以及其所塑造的政治文化所進行的反思，在反思中暴露其局限性。因此，從1979-85年開始逐漸蘊釀成"文化熱"，即對文化的討論又重新成為中國知識界的顯學。1985年以後，至少有千種以上有關文化的書籍出版，許多主要系列專著大都和文化有關。而且，我可以這樣說，大陸的青年學者，特別是重點綜合性大學的精英，對文化的敏感度極高，對海內外不僅是中文的，而且英文的、法文的及德文的等各方面的文化都加以討論。這一點在目前中國大陸的學術界非常突出，即使和臺灣現在對文化問題感興趣的學術精英相比，絕不遜色。那些在文學、哲學、藝術上有創見的學者，最近幾年在社會科學與人文學的領域裡貢獻很多，其主題都和文化有關。

---

4 龐樸，1928年生。中國社會科學院研究員，專長中國思想史，中國文化史。著有《帛書五行篇研究》、《儒家辯證法研究》、《沉思集》等。

5 蔡尚思，1905年生。復旦大學歷史學教授，專長中國思想史，中國文化史，中國學術史。著有《中國思想研究法》、《中國傳統思想總批判》、《中國文化史要論》等。

　　回到我前面所提到的一個看法，這些學術界的精英，由於對後現代主義的那種直覺反應，使他們開始從兩個角度討論文化問題。一是從很高的層次反思精英文化的問題；二是李澤厚先生[6]所提出的中國知識分子以及其他社會階層的文化心理結構的問題。這些問題提出以後，儒家傳統又成爲大家討論批判的對象。甚至有人提出，儘管在文革時反傳統達到高峰，極端主義的勢力很大，但對儒學的批判仍不夠深入，我們的使命是要對傳統作更深入全面的批判。這是中國大陸的現象。

　　此外是工業東亞的情形，主要是日本、臺灣、香港、南韓和新加坡這幾個地區。對日本的情況我現在還比較生疏，對南韓的情況知道得多一些。在過去的十年中，大約有十多次機會和南韓的學者討論儒學的問題。在南韓進行的討論中，基本上存在兩個互相對立的思潮：一是強烈的民族主義，一是強烈的反傳統主義。我認爲，這種情況在五四以來的中國文化區是值得注意的現象，亦可說是強烈的全盤西化思想和強烈的民族主義思想所形成的惡性循環。

　　在南韓，少數的一些學人認爲，韓國是儒學的母國。當我第一次接觸到這個問題時，感到十分驚訝。那是第一次訪問韓國精神文化學院的時候。柳承國院長致詞說，歡迎你到儒學的母國來。我當時的反應是請翻譯的先生再重翻一遍，因爲我不知他所云爲何。他莞爾對我說，杜教授對儒學發展的情況相當清楚，所以我非常歡迎杜教授到儒學的母國來造訪。我當時首先回答，儒學的發展跟孔子總有關係吧。他的回答是肯定的。他說，這是歷

　　6　李澤厚，1930年生。中國社會科學院研究員，專長中國思想史，美學。著有《批判哲學的批判》、《中國近代思想史論》、《美學論集》、《中國古代思想史論》等。

史上證據鑿鑿的事實。但孔子的時代比較晚，杜先生可曾聽過箕子以及洪範九疇？這非常有趣。因為儒家的傳統嚴格地說是沒有創派者觀念的。不能說儒家的傳統是孔子創立的，因為孔子述而不作。這比較像猶太的傳統。猶太學不能說是摩西創造的，在摩西以前已是源遠流長。而在孔子以前儒家亦復如此。因此孔子以夢見周公為斯文未喪的啓示，確認周公對儒家傳統的貢獻，其實儒家傳統還可追溯得更早。現在很多學者專門研究中國古代文明的起源。如張光直教授[7] 重新考慮中國文明的起源，發現許多我們認為是代表儒學特色的觀點，不僅在西周，而且在殷商，甚至可以上推到新石器時代已出現了。照此，有些儒家的特色也許在新石器時代，在仰韶、龍山文化時代就已經露出端倪。所以它是源遠流長，到孔子時代已發展到了一個相當的階段。箕子如從神話的角度來看，是洪範九疇的作者，後來到了東夷。如此，韓國人說韓國是儒學的母國，不能說完全沒有根據。但韓國的學者接受此觀點的極少。

另外，韓國的學者國際化的程度在儒家文化區最為突出，高於日本、臺灣和新加坡。這些學者對西方學術的研究以及東亞各方面的發展都有很多創見，國際化的程度遠遠超出我以前的估計。不少學者不但精通日文、中文和英文，還能運用法文和德文。我想這不是一個孤立的現象。當然這本身還不是儒學研究的範疇，儒學研究只是學術研究的一個課題。和佛學研究相比，佛學研究在世界學術界是一大王國，而且絕對是世界化的；而儒學研究還是一片淒涼的景象，研究的人相當少。在韓國研究佛學，

---

7 張光直，華裔美國人類學家，哈佛大學人類學考古組及東亞語言文明系教授。著有《中國古代考古學》、《中國青銅時代》、《早期周秦文明》等。

對語言的要求是驚人的。作為一個韓國的佛學研究學者，尤其是在美國留學，英文、德文、法文必須通過，英法德在美國人文學的領域裡通稱是基本學術語言(scholar languages)。這是西方中心主義的突出表現。此外，研究佛教至少要懂梵文和巴利文。如果要了解東亞佛學，還要懂日文、中文和韓文。因此，英文、德文、法文，加上巴利文和梵文、日文、中文和韓文八種語言，到博士口試時，大概已經三十多歲了。這種學術上的挑戰性很大。所以，在這種情況下研究儒學，一方面有強烈的反傳統主義(正因為它的國際化，儒學的問題成為多元文化中的一支，而且並非顯學，和佛學研究相比更覺單薄)；另一方面是非常保守的傳統思想，即認為韓國代表真正的儒家精神。

　　韓國的另一個有趣現象是儒家傳統的民間化。如有機會到韓國旅行，可到民間的書院以及一些類似中國傳統私塾通稱鄉校的地方去。那裡念朱熹注的《四書》還相當普遍。而且鄉校的地方勢力很大。但在儒家文化區的其他地方，這是難以想像的。為了文化認同，由於民族意識高漲，二次大戰以後南北韓都基本廢除漢字。報刊雜誌上不出現漢字，漢城的廣告牌上都用本國語言。因此，許多韓國大學生畢業以後不能讀懂傳統文獻(韓國的許多重要文獻，甚至十九世紀和二十世紀初的文獻都是由古代漢語記錄的)。我在韓國作學術討論，碰到一個有趣的現象。一方面我是專家，另一方面則完全無知。專家是因為我研究儒家學說，所以對韓國的一些思想家如李退溪、李栗谷、宋時烈這些人的著作和書信、和宋明儒學思想範疇的文獻基本一致，因而對他們第一手的資料很容易掌握。但是我對韓國的學術界這幾十年來有關傳統的討論卻一無所知。他們近年來討論得非常熱烈，並有各種不同的思想流派，討論有關傳統和現代化的關係以及傳統的現代意義。

　　下面我介紹一下新加坡的情形。新加坡從1982年開始發展宗教教育，並把它列入中學課程。開始由教育部長吳慶瑞(吳是促進新加坡經濟發展的重要人物之一)提倡，把宗教知識帶入中學教育，如回教、印度教、聖經知識乃至後來的錫金教，當然佛教也編入中學課程。爲什麼他們認爲通過宗教教育能夠提高新加坡人的文化意識呢？我們先要了解，新加坡是個多元文化的國家。雖然有百分之七八十的華人，但還有馬來人、印度人和歐美人等。馬來人是回教徒，印度人是印度教或錫金教徒，再加上多半是基督教的歐美移民。新加坡通行的官方語文是英語，華語推行後，講華語的人數增加的很快。新加坡的華人多半講方言，如潮州話、閩南話、海南話等。這是一個文化多元、語言多元的社會，又純屬都市文明，同時面對極廣大的回教文化區，如馬來西亞、印度尼西亞等。其情形在很多方面比較像以色列，但不走以色列那種抗衡政治的道路。在新加坡，不能強調或突出任何一種意識形態。因此，不能突出中華文化，否則不僅會受到少數民族的反對，還會遭到士林間的仇視。從外交政策來看，它至今未跟中國(大陸)建交。雖然跟中國的貿易很頻繁，但建交必須等到印度尼西亞跟中華人民共和國建交以後才加以考慮(果然，在1992年繼印尼之後新加坡和北京建交了)。這是它的睦鄰政策。

　　當時李光耀總理提出一個課題：很多在新加坡的華人不是回教徒、佛教徒或基督教徒，因此，教可蘭經、聖經知識或佛教故事對他們並不合適，是否有可能發展一套新的儒家倫理作爲新加坡中等教育的組成部分，這並不是要大家都學儒學。由於這個原因，吳慶瑞親自進行考察。當時第一個反應是應該把臺灣的教課書拿來進行參考。他們作了世界性的調查，調查了臺灣、日本、蘇聯(可能還有法國)等許多國家的中等教育，發現一個普遍的現象是，只有日本的道德教育中倫理的成分很高，目的集中在於塑造人格，臺灣和蘇聯的教育中政治化意識形態的成分較多。但是對新加坡而言，在多元文化的背景下討論儒家的傳統學說，碰到來自兩方面的困境：一是新加坡的主要領導多半是受英文教育的，受英國的影響很大，如劍橋和牛津。這些人由於接受了英國自由主義的教育，對儒家傳統有排斥感，認爲那是代表中國性的、而且已經過時了的東西，對於現代新加坡人面對二十一世紀的挑戰關係不大。另一種是對於儒學研究有興趣但又愛又恨的情結卻特別複雜。他們多半是知識分子，其中尤其是四五十歲的新加坡知識分子，他們都是喝五四的奶水長大的。他們讀到的是巴金的《家》或魯迅的雜文。他們對傳統文化的基本態度不是駁斥就是批判，或者就是輕忽，都不願從正面去接受。可另一方面，這些知識分子又有強烈的文化主義、民族主義，尤其是在新加坡這種發展非常快的國家，以英文教育爲主，中文雖是母語，但已多少成爲第二語言，對此，他們的感情是複雜的。從英文教育而言，儒家傳統文化的發展對新加坡的將來意義如何現在還很難預料。

馬來西亞的情景有點特殊。馬來西亞本地人的排華情緒很強烈，但我到檳城後發覺那裡中文的水準卻很高，從小學生到大學生以及報刊雜誌的中文程度都好像超過新加坡。馬華認爲，儒學研究可以發展自己強烈的中國性。但這種感情和國策之間卻有矛盾。

對儒家傳統特別重視的是日本。從小學起就教育學生如何成爲一個真正的日本人。現在日本的一些中年人開始憂慮，因爲他們的孩子使用筷子的技術愈來愈差，即所謂日本爲筷子文化產生認同危機。但日本最近所討論的"日本人論"是一個在學術、知識和文化各界的影響都很大的課題，與臺灣、中國大陸所討論的中國國民性剛好相反。臺灣的李敖、柏楊等人的觀點，基本上是五四以來魯迅對國民性的剖析。一提到國民性就是窩囊、消極、落伍、頹廢；沒有個體精神，只有集體意識；沒有深度人格，只有浮面人格；只有講體面、怕羞恥，沒有罪感，等等。這種分析所采取的是批判的角度。而日本人所講的日本人論，主要是探討日本人爲何那麼突出：是因爲富士山的靈感，因爲神道，因爲種族的純一，因爲大和精神，甚至因爲民族文化造成的強烈的認同感，同時又對世界文化兼容並包的良好結果。不少大陸的西化論者認爲中國人大談醜陋是成熟的體現，因爲敢於面對自己的陰暗面；而日本的日本人論容易造成狹隘的民族主義，我基本上贊成他們的觀點。

　　臺灣又是另一種情景。不少同學對儒家的經典相當熟悉。正因爲太熟了，就覺得沒有什麼精彩的東西。哲學系的同學花了很多的工夫通讀了康德的各種批判，也究心於黑格爾的思辯、馬克思的唯物思想、哈伯瑪斯的理論架構，不必提分析哲學的各家各派了，其間的內容之豐富，層面之多，課題之複雜，是很有挑戰性的。經過了這種洗禮，特別是從基督教神學再回到儒家的經典，覺得孔孟之道都是常識性的東西，沒有很高的靈性，也沒有自我超越的境界，所以就接受了西方哲人如黑格爾的觀點，認爲中國傳統思想只是一種常識而不是哲學。

反思的三個基本前提

　　鑒於對儒學傳統現狀的觀察，使我深感對這個問題要作全面而深入的檢視是十分困難的。儘管如此，我還是抱著學習的態度，不僅要靜觀現狀，而且對其背後深刻的社會學、人類學以及宗教哲學的理由作進一步的思考和反省。在此，我想提出三個基本認識，以此作爲深入探討的前提。首先，我是以多元文化背景來反思現代精神與儒家傳統這個課題的。就我本人而言，決不提倡獨尊儒術，所以不能將一廂情願地唯以復興儒學是問的標籤貼在我的頭上。如果諸位對我的文字無論中文的還是英文的有所了解的話，是應該沒有這種誤解的。爲什麼要提出多元文化這個角度呢？綜觀近二十年世界文化發展的趨勢，有兩個主要的潮流同時出現。它們貌似衝突，實際卻是現代人不可或缺的存在條件。一個潮流是全球意識的出現，這是大家所熟悉的。

所謂全球意識的出現，與人類文明的發展的現階段有極密切的關係。隨著科技和大眾傳播媒體的高度發展，人類第一次能夠離開他所居住的環境來重新認識他的環境。這種認識是空前的。用一種形象的語言來表達，即坐太空船離開地球，並對地球表面作攝像和考察。1969年我在夏威夷參加第五次東西哲學家會議，正值美國太空人登上月球。二十年過去了，人類不只認識了地球的局限性，對大氣層都有一定的了解，而且可以用數據來測量。文藝復興以來，隨著培根“知識就是力量”的論斷，一種強烈的、帶有侵略性的、以科學技術爲主的實證主義思潮在西方始終占主導地位，而人文主義則受到抑制。人類可以征服自然，創造新的生存條件，但自然資源是有限的。人類自身所處的生態環境有很多薄弱環節。人在征服自然的過程中破壞了生態環境，最終的結果是同歸於盡。

最近，基督教神學界有一位托馬斯・伯利(Thomas Berry)先生(他在美國宗教學研究中是位才華洋溢的異數，我十分欣賞他的神學)用極形象的語言描述過這一現象：他的例證採自啓蒙運動以來，第一流科學家代表著現代科學精神的主要學科——物理學特別是高能物理學。高能物理學具有對自然的強烈征服欲。其趨勢是越研究越小，從原子、分子、質子一直到夸克。從這個角度來看，人類的科學精神對自然作了強暴的探索。凡是自然界蘊藏的秘密我們都要探索，而且不滿足浮面的了解，要作深層的剖析，要了解內在的結構，甚至要揭發瞬息萬變的表現形態的內在本質，就這樣一直向內衝，最後自然界忍無可忍，對這種科學探索作自我防禦，把她最內在的元素釋放出來，就是放射性元素，於是大家同歸於盡。這個形象的表述，當然有它的片面性，嚴格說來是反科學的。科學要追求真理，而真理是沒有極限的，寧願放棄幸福、拋棄靈魂而去追求真理，甚至同歸於盡也在所不惜，這是一種很有代表性的浮士德精神。但這追求本身是需要代價的。

根據生物學家對生態環境的理解，人和自然之間有一種微妙的關係，這使全球意識真正為大多數人所接受。你到東京、到上海、廣州以及世界各城市，連中、小學生都知道生態環境的重要性，因為這和現代人的命運是息息相關的。至於人類社群的內在聯繫就更容易理解了，通過自然科學和大眾傳播媒體，人們可以很快知道世界上發生的事情。美國的華爾街發生震盪，東京、香港很快就連帶受影響。所以說，每個人都是這個大環境中的一個環節。以前中國大陸長期自成體系，認為不必同歐洲安全市場及北美發生關係，只與共產集團發生關係；最近明顯顯示這條路是走不通的。這個世界越來越小，出現了所謂世界村、地球村(global village)的意識。關於這一潮流，雖然理解的層次、感覺的深淺和反思的理論架構不盡相同，但大家都有所認識。

1980年代以來，有一個新的潮流出現，而我們對它的認識都很膚淺。最近我看到詹明信(F. Jameson) [8] 的 "後現代主義"

---

8 詹明信(Fredric Jameson)，美國後現代主義哲學家，杜克大學比較

(Postmodernism)，對當前的西方文明雖然有不少精彩的論斷，但在談到根源這個問題時，不只不夠深入，而且似乎隔了幾層公案。這是一個什麼樣的思潮呢？用西方學術界的語言就是尋根意願(search for roots)的思潮。

以前大家都認爲現代化的過程是一個普遍化、全球化的過程。從都市化、工業化、大衆傳播等方面來看，各種不同文化間的差別在現代化的過程中逐漸被抹去了。這在1960年代我到美國留學時，是普遍爲大家所接受的觀點。因此人們對自己的傳統文化，對自己的歷史環境的理解和關懷就相當片面，認爲它們終究是要過去的，你含情脈脈是無濟於事的。但到1980年代，出現了非常奇怪的新現象；這種新現象不只出現在第三世界，而且也出現在工業文明高度發展的社會。這就是尋根意願的出現，這是一股不可抗拒的潮流。簡單舉例來說，1960年代美國出現了大熔爐的意識，認爲美國是一個各種不同民族混居的地方，平均每年有三十多萬新的移民進入這個社會，但移民到美國後就逐漸趨於統一化，熔成一個大民族。這個觀點在1970年代後期受到很大的批判。到了1980年代，接受此觀點的人愈來愈少。很多知識分子反對熔爐的觀點。有人提出鑲嵌藝術的形象，各種參與它的藝術形象都有自己的特性和色彩。紅色和黑色放在一起，並不是都變成灰色，而是各自突出它原來的顏色，而各種不同的顏色攪在一起，就可以形成美麗的鑲嵌藝術。有人則以烹調作喻，如沙拉，各種不同的蔬菜加上沙拉油調拌，味道才好；如中國的烹調，就是四川、上海、浙江、山東等地菜肴各顯精彩而不是雜碎。這種

文學和哲學教授。著有《語言的牢籠》、《政治無意識》、《後現代主義》等。

突顯文化的地方色彩的觀念，在今天的社會中說服力更強。以下是這一思潮中的幾種新興的力量：

第一是種族。這是一股很大的力量。美國的黑白之爭，是美國社會的毒瘤。但是種族性不單單是美國的問題，在西歐、蘇聯都十分突出。很多人預言，在這個問題面前，蘇聯的開放政策如果不能解決，蘇聯將逐漸分裂。還有其他如亞美尼亞等地的問題，長期積累所形成的強烈的不安全和殘破感。所以，種族性是現代文明不可或缺的一個因素，不能把它看淡了。

第二是語言，即母語。這在中國文化區並沒有發生很大的問題，但在南亞的印度所發生的學生抗議，多半和種族、宗教或語言有關。1970年我在南亞的馬德拉斯的哲學討論會，就有流血的學生抗議。抗議什麼呢？就是要堅持維護他們自己的塔木爾語(他們接受英語但強烈反對印地，即新印度文)。這是因為印度憲法上所規定的合法語言至少有十六種，但為了國際間的交通，英文作為最廣泛的通用語言，而不是新印度文。再如斯里蘭卡，以前用英文，本地的佛教徒和印度的塔木爾人和平共處。但強烈的民族主義在殖民時代後期出現，他們想把新伽羅語(Sinhalese)變成國語，任何人都必須用國語不用英文，這一來塔木爾人就成了二等公民。種族的衝突從語言發生，到現在每況愈下，十分危險。英國已是一個很小的國家，它的語言受威爾斯語、英格蘭和愛爾蘭語的撞擊，也提出了回到自己母語的問題。馬來西亞為了本身的文化認同，本來沒有書寫文字，後來想把馬來文變成官方的書寫語言，不用英文，歧視中文，當然也成為種族衝突的重要原因。美國最近的雙語問題也是一例。英語並沒有成為美國憲法上規定的國語，因此許多人在加州拒絕用英語，而用西班牙語。因為墨西哥人不堪受種族的歧視，更不堪受語言的歧視。這次美國總統競選時，像杜凱吉斯這樣會講西班牙文的，在加州某些地區的影響力超過布希。在這種情況下，面對公元兩千年，加州將成為美國第一個少數民族占多數的州，百分之四十的人用西班牙語，另外再加上其他各種不同的語言。這對美國的主流文化形成了壓迫感，他們想要舉行一種運動，使憲法規定以英文為母語。這將使一些發展雙語的計劃得不到聯邦政府的經濟支援，可能無疾而終。這中間將有很大的鬥爭，會直接影響到教育策略。

　　第三是地域，即祖國。這是我的地方，我在這裡生長，我們在這裡有兩千年以上的歷史。譬如巴勒斯坦，他們曾被趕走，但他們非回來不可，因為這是他們的出生地方。後來者是侵略者，我比你早一百年、一千年就在這兒落地生根。這是相當強烈的地域感。美國的印第安人最討厭提及哥倫布發現美洲。哥倫布到美洲是十五世紀的事，發現美洲一說是完全站不住腳的。至少北歐人早就來了，不必等到哥倫布才來發現美洲；這種西歐中心論，對美國的原住民是一種挑戰，一種歧視。再過幾年，就是所謂哥倫布發現新大陸五百周年紀念，到時如何來處理這個問題？最近有一個方式，即不談哥倫布發現美洲，而說主要是發現歷史，發現新航路、新大陸的歷史。為了沖淡哥倫布的特色，也有人提出要討論鄭和下西洋的問題，奧斯曼帝國的航海業，西班牙、葡萄牙的航海業。十五世紀是世界各地航海業大發展的時候，為什麼鄭和下西洋時能發展新航路而不發展？張光直先生對這個問題很感興趣。從很多考古遺跡來看，像馬雅文化與東方文化、特別是中國文化，在藝術形象、語言等各方面有同樣的地方。近年來在南美發現了泰山的石敢當，上面寫有"敢當"兩個中文大字。這確實是從泰山來的。這是什麼時候，是十五世紀或是更早以前運來的嗎？還有人說，以前亞洲和歐洲之間有陸橋，走路就可以過去了。所以說，到底是誰發現了美洲，這個地方到底從什麼時候開始是我的，這些都是強烈的地域感。

第四是宗教。我覺得很驚訝的是國內的學術界對宗教的討論很少。在美國，宗教已成為顯學。在過去十幾、二十年的大學教育中，發展最快的科研單位就是宗教系。很多以前沒有宗教系的大專院校現在都有了；以前規模很小的宗教系擴大了。以前宗教問題只在神學院講，現在提到大學的文理學院；以前不提的宗教哲學、宗教心理學、宗教人類學現在成為熱門原因何在？我前面提到的詹明信，他在談到尋根意願的時候，只舉了一個例子，即何梅尼的例子。何梅尼所代表的伊朗問題是個變態。何梅尼事件出現以後，美國的知識界認為這個現象不能持續三個月，後來說大概一、兩年能解決，現在則說七、八年吧。另一些人則說，歷史發展確實有不合理且不能解決的怪現象，它再發展下去非變質不可。而何梅尼八十多歲了還老當益壯，美國用盡各種手段包括暗殺仍不能解決問題。如果何梅尼死了，下一位繼承者是否會走回伊朗王以前的西化的老路，實在難說。何梅尼現象，現在叫做原教旨主義(Fundamentalism)，或者叫原教旨思潮。這是一個很難理解的大潮流。何梅尼所代表的是回教的原教旨思想，提倡回到可蘭經。這種思想實質上和民族感情及反現代化、反西方化的、具有伊斯蘭教特色的現代文明有很大的聯繫。雷根曾說蘇聯所代表的是罪惡帝國；而何梅尼則常說美國代表撒旦，所以他們才提出聖戰這種挑釁意味極強的宗教口號。這種表面上看來是反現代、反西方、反理性的力量，影響力卻非常大，現在影響到埃及，甚至整個回教文化區，而且對它無可奈何。這種現象很普遍。

美國最近受宗教方面保守勢力的影響很大，特別是共和黨內部壓力與日俱增。原本美國是政教分離的。所有的學校，尤其是州立、市立學校，都不能公開舉行基督教的祈禱儀式。因爲這是基督教尤其是新教的傳統，它跟猶太教、回教乃至東方來的人都會發生衝突。但現在有非常大的壓力要大家都祈禱。開國會、議會早餐都有祈禱，政府要員幾乎清一色都是基督教。將來基督教是否會成爲美國的國教，即使不成爲國教，至少成爲憲法規定的主要宗教，這很難說。以前認爲佛教沒有祖國(佛教始自印度，發展到中亞、東南亞，以後發展到東亞，特別是中國，從中國到朝鮮，再到日本，從日本到加州，整個發展並沒有一種特定的文化形式)，因此佛教徒沒有強烈的政治抗議精神。可是越戰以來，很清楚地看到越南的佛教徒自焚，引起政治上的大風暴。現在南韓的佛教徒也有強烈的抗議精神。最近我們還可以看到斯里蘭卡的佛教徒和塔木爾教徒之間的衝突。宗教問題成爲世界各地發生衝突的主要原因。巴勒斯坦和以色列的衝突，錫金教和印度教的衝突，塔木爾教和佛教的衝突，都是如此。更難理解的現象的是，同屬回教，不同教派之間發生衝突，如伊拉克和伊朗。我最近注意到以色列的情況。以色列的保守派的猶太教徒和開明派的猶太教徒之間的衝突非常慘烈。在愛爾蘭，天主教徒和基督教徒；在美國，原教旨主義的基督教徒和自由主義的基督教徒之間都曾發生嚴重的衝突。這個現象是人類文明發展過程中思想家們(包括1960年代最有洞見的思想家們)所未能預期的。

　　因此，我現在從現代精神的角度提出儒家傳統有發展的前景，基本是從多元文化的角度，特別是面對全球意識背景下所出現的尋根意願而發。我決不贊成儒學及儒家傳統一枝獨秀，因爲世界上各種文化傳統都在發展。到二十一世紀，基督教肯定在東亞還有發展。南韓就是很好的例子。現在南韓的基督教徒已超過人口的百分之三十。在臺灣也會有所發展。現在臺灣的領導階層中基督徒的比重就很高，據說占半數以上。最高的領導階層，從總統到各院院長基督徒特別多。在新加坡受英文教育的中產階級之內，基督徒的比例也很高，以後還會有發展。面對二十一世紀，回教是發展最快的教派甚至影響到中國大陸。中國大陸有兩種回教徒，一種是講漢語的回教徒，一種是講新疆維吾爾語的回民。他們也受了原教旨主義的影響，信仰衝突很大。以前在大陸，選拔加入共產黨是很高的榮譽，現在有人因為信仰取向和共產黨的反宗教有衝突而要求退黨。這個現象雖然並不普遍，但已引起意識形態上的危機。

以上是世界三大宗教。此外還有道家、民間宗教、印度的興都教等各種宗教都會繼續發展。嚴格地說，儒家不是宗教，而是中國精神文明的組成部分。像日本的島田虔次先生[9]，他在北大演講時，正值文革高峰時代。他說，"儒家傳統不僅是中國文化不可分割的一部分，而且是東亞文明的體現，如果貴校或貴國對這個傳統不加以研究而拋棄，那麼敝國像京都、東京就必須格外努力發揚儒學。"北大的教授以後告訴我，他們當時覺得他講的不無道理，但不能表示贊同，心中覺得很沉重。這個傳統能不能再發展，是否從五四以後就此消聲匿跡。確是一個值得考慮的問題。

第二個基本角度是面對儒門淡泊、反傳統主義占壓倒之勢的局面，在對儒學傳統進行同情了解的前提下進行反思。關於這個問題，雖然我講過多次，但學術界的朋友們不一定能接受，而且

---

9 島田虔次，1917年生。日本史學家，京都大學教授，專長中國古代哲學和古代史。著有《中國革命的先驅》、《朱子學與陽明學》等。

認爲我講的不是真心話。用沙特的話來說，就是 in bad faith，不是 in good faith。然而，我說的是實情。從現狀來看，用以前張無垢和王安石的對話來說，就是"儒門淡泊於今爲甚"。那時候有人認爲從孟子以後到北宋，那麼長的時間，中國的道統斷了。另一些人反對說，中國的道統沒有斷過，這期間出了不少大思想家。可惜這些大思想家不具儒家特色。從王弼到郭象，到唐代吉藏、杜順，都是這樣。朱熹對那些人有很深刻的感觸。他到禪宗的寺廟，看到一些佛家大師的塑像，個個是雄赳赳氣昂昂的。這些人如果不當佛教大師，一定是大強盜、大叛逆者，因爲他們的生命力十分旺盛。而儒家則個個是文弱書生，到後來連騎馬都不行了。當時講儒門淡泊，是儒家的生命形態沒有創造力，真正的中國精神文明是靠佛教思想及道家思想來體現，來證成。這種情況正可用來描述現代；且不說儒學的復興，只看在世界宗教的背景下，有多少研究儒學的學者？恐怕將所有研究儒學的學者加起來乘以一百倍，還不能和基督教神學家相比，不能和佛教、回教思想家相比。從知識界、文化界來看亦如此。在中國文化區，只能說有受中國文化影響的一種文化心理結構的沉澱，有很多儒家的因素，但這些因素能否提到反思的層次，自覺的層次，使它變成一種有生命方的發展形態，還是一個未知數。宣傳倒是很多，但往往帶著狹隘的民族意識；搖旗吶喊的也不少，但真正提出在哲思上具有生命力、說服力並有影響的思想型的人物並不多。至多只是如《易經》中所描述的"否極泰來"，處於萌芽狀態，力量是相當微弱的。而且即便如此，也受到北美、中國大陸和工業東亞的群起而攻之。原因何在？其中有深厚的理由，特別是近代史的理由。1985年我在北大曾提出過一個觀點：在當代中國年輕的思想家、尤其是有反思能力的年輕思想家的意識形態即文化心理結構中，至少有五種傳統的積澱：

第一種是從鴉片戰爭以來受屈辱的傳統，一種憤憤不平之氣。在中國文化區受教育的(不管是在大陸、臺灣，還是在新加坡、香港)，凡讀到鴉片戰爭以來的中國現代史，就不能沒有這種強烈的屈辱感。中國從一個天朝禮儀文明大國，不到兩代，就沒落成東亞病夫，這個改變太大了。特別是對具有反思能力的知識分子，在他們的集體記憶中留下極深刻的印象。這不僅在中國，甚至在日本，在韓國，感覺都非常強烈，普遍地怨恨西方。因此很容易形成一種強烈地全盤西化意識和強烈的義和團情結同時並存的怪現象。這不僅出現在兩個不同的派別之間，而且可能在同一個派別、甚至同一個人身上，出現在同一個人早上的和晚上的、辯論前和辯論後的、睡覺前和睡覺後的感情急劇轉換中。捫心自問，我也有如此感覺。縱觀近代史的發展，中國從天朝禮儀上國變成東亞病夫，和美國從南北戰爭後的殘破變成超級大國的時間相當。由此可以看到，世界文明的走向，從歷史發展的大潮流來看是十分曲折的。

第二種是反傳統的傳統。這個力量不可低估，而且具有深厚的理論淵源和現實根基。最能體現反傳統之傳統、且頗有深度的思想，是魯迅的雜文。我對魯迅的了解還很片面，但我覺得在他的文字中充滿了強烈的自責，對他自己極複雜的心理內涵有深刻的照察。魯迅的古文大概有五篇，其中最長的一篇叫做〈文化偏至論〉。我在柏克萊大學時，有位同學說魯迅的古文唸不懂，請我幫忙。我認為很簡單，約他下午來一個小時就可以解決了。這篇文章我也沒看過。在他來之前，我拿來一看，糟糕，比章太炎的古文還難唸，真是詰屈聲牙，而且歐化的程度是難以想像的。弗洛伊德的各種不同名詞糾纏在一起，如果不了解西方文化，斷句都會斷錯。結果花了一個星期才把這個問題解決。後來到北大時，中文系一位教授感嘆說，他們最近才把魯迅的古文翻成白話文，這個工作真艱苦呀！文字的艱澀扭曲，體現了心理上的複雜和困惑。夏濟安先生 10 曾用 Gate of Darkness (幽暗之門) 來描寫魯迅的心態，說他筆端相當尖刻，既不饒恕人也不饒恕自己，暴露出一種狠打落水狗的激情。仔細看他的雜文，就會發現幾乎沒什麼希望，真正把中國人黑暗中的黑暗、一團漆黑完全描繪出來了。《阿Q正傳》、《狂人日記》等都是如此。這種深層的文化反思，只能以短文寫出，而不能由長篇大論來表述。因為這都是在感情非常激動、時間非常緊迫的情況下完成的。在廈門時，他非常討厭廈門大學的校長。陳文慶是新加坡人，又尊奉儒學，這是他所不能忍受的事情，因此譏笑他是英籍儒教信徒。他犀利的筆端集中在對儒學、孔家店的批判上。在他內心中，這是中國傳統文化陰暗面的集大成者。如何把它消解掉，在存在的意義上非常深刻。由他所體現的反傳統的傳統，在當時為數不多，那時大多數還是想重建傳統。他的這種狠批的方式逐漸變成中國現代文化的主流思潮，所以，這在現代中國年輕的知識分子心中，是個非常深厚的積澱。

第三種是馬列的傳統。在中國大陸學者對問題所進行的反思中，特別是用現代漢語所寫的論文中，歐化的現象非常明顯，這都是讀馬列的經典譯著所造成的。而臺灣的學術文字，一般比較古典，讀之成誦，但理論結構薄弱。在這點上，我很能接受梅廣 11 先生的提法。他認為，現代漢語雖經過幾代的努力，但

---

10 夏濟安，曾任臺灣大學外文系教授及柏克萊加州大學中國研究中心研究員，是臺灣現代文學派的導師。
11 梅廣，哈佛大學語言學博士，臺灣大學及清華大學中文系教授。

字彙、文法、表現形式還是有所欠缺。舉例來說，北宋諸子出現，大文豪從歐陽修以後，文筆純熟優美。如蘇軾，運用古文的精緻程度，加之極強的自信，使他可以達到"繫風"的境地，可以用文字來抓住細緻微妙的美感經驗，因此他推理時氣勢磅礴如排山倒海；寫小品文則細膩入微。從韓愈以後至古文八大家，都有極高的自信和純熟運用語文的本領。而現代漢語從魯迅以來一直是詰屈聱牙，在許多地方沒有自信，要表現時有雙語的顧慮。許多從國外回來的研究文史哲方面的學者覺得還是用英文表達比較順暢，中文有許多困難，有許多字彙互相牽連，不能像江河般一瀉千里。

這種反傳統的傳統，與馬列思想也有聯繫。爲何馬列思想在中國大行其道？共產黨成立的時間是1921年。那時只有十二個人，其中真正懂馬列思想的幾乎沒有。在當時中國學術界能代表馬列思想高峰的是李大釗。五四時代是自由主義大行其道，乃至柏格森的生命哲學，吳稚暉、巴金的無政府主義(巴金的思想來自克魯泡特金和巴枯寧，合稱巴金)，再加上杜威的工具主義(Instrumentalism)和功利主義(Pragmatism)都大鳴大放的時代。在當時看來，這些西方的思潮，其根本精神是科學和民主，因而德先生和賽先生在中國成爲顯學。但爲什麼從1917年以後的二、三十年，中國知識界卻被馬列思想所征服呢？後者在相當短的時間內突然發揮很大的威力，而且在中國的學術占主流地位長達半個世紀之久。這中間有很多理由沒有辦法作詳細分析。

如果照我現在提問題的方式來回答的話，馬列思想滿足了兩個條件：第一個條件是當時絕大多數的知識分子都已經認爲在中國傳統裡面沒有真正的源頭活水可以救亡圖存。不管你說得如何天花亂墜，也不能用佛教、道教、儒學(已被打倒的"孔家店")

這套殘破的思想來面對西方文化的挑戰作出回應，來救中國。救中國的意識形態非要來自西方不可。也許是自由主義，也許是工具理性，當然也可以是馬列思想。另外還有一個條件，那就是當時中國的知識分子都是強烈的愛國主義者，強烈的民族主義者。不管你是最右的還是最左的，都不能只提工人無祖國。因為中國從天朝禮儀上國變成東亞病夫，這是大家都得背負的十字架，關鍵是怎樣救國、救亡圖存。那時吳稚暉先生說過，人家用機槍打我們，我們就必須設法用機槍打回去；把線裝書丟入茅廁三十年，等到建構了一個乾枯的物質文明以後再去整理國故，現在那裡有什麼閒情整理國故，要上戰場和他們火拚。所以當時有一種強烈的反帝國主義的思想。

　　西方社會達爾文主義與帝國主義有同樣的內在結構；而杜威所代表的實證主義是美國在重大問題都獲得解決後所出現的一種和平思想，和中國所面臨的燃眉之急的大問題很不相契。當時燃眉之急的大問題是如何救國。而馬列思想是一套革命理論，完全出自西方而又反資本主義、帝國主義(特別是列寧所代表的革命思想)，所以它適應了當時中國的需要而如火如荼地發展起來。當然這套思想自身有很大的限制，即對文化、宗教、非工具理性的駁斥。它所強調的是階級鬥爭、革命性、實踐性、現實性，對於其它的人生價值照察不夠。但它影響力極大。1949年以後，這套思想在中國大陸透過不同的渠道，從小學開始灌輸，一直到大學畢業，甚至到壯年、老年，必須經過一次又一次地接受馬列思想的洗禮。即使在文革後，這套思想在中國大陸仍有很深的積澱。

　　第四種是文革傳統，這基本上是對現實不滿的傳統。

　　第五種文化大革命以來的改革傳統，這也是一個積澱。

　　所以至少有五種傳統：悲憤屈辱的傳統；反傳統的傳統；馬

列的傳統；對現實不滿的文革傳統以及十年改革開放的傳統。其中有的是七、八年，有的是十幾年，有的是近百年。這些傳統在一個年輕學者的文化心理結構中積澱著。但這不同於地質學的積澱。地質學的積澱排列組合分明，底層是仰韶文化，上面是殷商、西周、東周，層次非常清楚。而在文化心理結構中，各種積澱之間發生不同的衝突撞擊，而且起了化學變化，你自己也不知道那一種思想，那一種傳統，那一種力量，在那一段時間對那一個問題發生了作用。你的反思能力即使很高，對這種強烈的情緒性的問題也是不易化解的。

　　舉例來說，有一位我非常佩服的朋友，在思想上很有獨創性，在文學理論上也有很大的貢獻，他就是劉若愚先生(可惜已經過世了)。其它的問題你跟他談，他非常寬和，有開放的心理，但你不能批評中國的烹調術。如果你對中國的飲食有所批評，他馬上跟你翻臉。以前有人警告過我，但我不相信這樣一個寬和的、且對西方文化中的結構學、解構學、詮釋學都有很高水平的人，難道對文化積澱居然不能提升到自覺反省的層次。有一次我們在一個學術討論會時吃中國餐，有一位學者講了一句話，說是中國菜好吃，但不經飽，一下子又餓了。這是大家常有的經驗。他突然暴跳如雷，發表了至少半小時以上的對文化歧視所造成的災害的宏論。還有些學者也有這種情況。我跟一位歷史學家何炳棣到加拿大開會。我每天在學生宿舍吃飯，他住在休假中心，每天可以吃到龍蝦海鮮。開會到第三天，他說這個地方真苦呀！這是最美麗的城市之一，他雖然每天吃海鮮，可是吃不到中國菜，所以說真苦啊！對他而言，吃不到中國飯即使上好西餐也是受罪。因為在芝加哥他每天必吃中國菜。這種執著，不只在烹調，在其他各種不同的地方也會表現出來。這是否有文化意義？我覺得有文化意義，這樣的文化積澱，使得我們在儒門淡泊的現實中所進行的反思有很大的困難。

第三個基本前提是接受五四的批判精神，特別是理智的批判精神。儒家傳統的現代命運受到兩種批判，或者說兩種阻力。一種是中國知識精英對它的狠批。自由主義的胡適，社會主義的陳獨秀，無政府主義的吳稚暉，大文豪魯迅、巴金的聯合陣線，都對這個傳統進行狠批。而且，他們的傳人，一代接一代地狠批。在我看來，這對我現在所進行的反思是真正的學術挑戰，有其健康的意義。我看他們的東西有受用感，他們批的正是我所想批的。但我對儒家傳統的認識跟他們有差距。他們所批的問題，在存在的意義上確實是中國文化進入現代所面臨的考驗。此外，他們犀利的批判方式很可能給這個傳統帶來新希望，創造再生的好條件。

從世界文明發展的大脈絡來看，受到自己的文化精英狠批乃至徹底揚棄的文化傳統，儒家是唯一的。基督教、回教、佛教各種大思想傳統都沒有經過這樣徹底的洗禮。儒家傳統的各類問題都在放大鏡裡擴展出來，對它的黑暗面大家都非常熟悉。這是把它原有的創造性力量發揮出來的先決條件。舉例來說，在1985年，北大氣氛比較活潑，沙龍很流行(相當於臺灣的會談或座談的方式)。北大有個沙龍是在校園內的咖啡廳，平時總有一二百人，大家公開辯論。其中一次有人說，現在儒家的傳統又在北大校園死灰復燃，而我們北大是具有五四批判精神的，對此絕對不能容忍。《論語》中有兩句話，一句是"唯女子與小人為難養也"；另一句是"民可使由之，不可使知之"。從前一句的觀點來看，儒家是過時的男性中心主義，這是我們北大進步女性所不能容忍的封建遺毒；而從後一句的觀點來看，就是愚民政策，我們這樣的新社會主義如何還能容忍？大家鼓掌表示贊同。另一位則說，我以爲北大學生、尤其是搞哲學的學生經過文革後已經有比較高的學術水平，但剛才那些言論完全代表文革那種膚淺的反傳統主義。如再持續下去，北大還會有學風嗎？這種辯論非常多，這是有健康意味的，是真正從自己的實在感受來對傳統進行理解(當然有強烈的情緒因素在內)，即使是批判，在我看來都是明槍，是正面的打擊，可以躲閃，也可以發揮警告的好作用。

另一種阻力是五四以來、甚至從民國以來對儒學所進行的非學術、非文化的政治宣揚和鼓吹。從袁世凱開始，要恢復儒學成爲國教；以後更有張東昌，一個大字不識也要講尊孔讀經；閻錫山做軍閥時也提倡儒學(閻後來到臺灣，在陽明山、士林住過一段時間，晚年寫了幾篇對儒學的研究心得，有很深的意趣，極爲難得)。還有很多這樣的例證。這種對儒學的提倡，反而是對儒學內部的腐化，在我看來是暗箭。這是儒學在現代中國發展中的曲折道路。

健康的批判，對儒學的發展能創造出有利的條件，內部的腐化卻很難防範。以象徵學、符號學的角度來看，儒學中有健康意義的象徵符號被它的內部腐化所損害。一講到孝，並不是想到它原始的精神動源，所想到的是二十四孝圖，提倡愚忠愚孝，以孝作爲政治上順民的符號；在家庭中則是沒有抗議精神、鄉愿型的孝子賢孫。一提到"禮"，則認爲禮教吃人。其實如果對禮的陰暗面作批判，就能夠把禮的真正精神恢復過來。最近在大陸由鄧力群所提出的所謂十個文明字，即"請"、"謝謝"、"您好"、"對不起"等，完全是形式主義，而沒有內在感受。這種形式主義把禮的真正精神全摧毀了。這種內部的腐化是很可惜的。所以，繼承五四的精神，指的就是批判的精神。當然批判在許多地方有它的狹隘性和時代的局限性，但必須和內部腐化劃清界限。

最後再提一點。儒家傳統是一種歷史現象，又是一種生命形態，其中有其哲學意義、宗教意義、人文學意義、人類學意義。因此，從哲學和歷史兩個角度交叉互補對這一傳統進行反思，很有必要。如果把在大陸改革開放後重新浮現的儒家傳統當作一種新的生命形態，抽離出整個儒家發展的歷史脈絡，以為是1978年以後才發現的新傳統，作一些新的創造性的詮釋，一定會發生問題。這種做法即使現實感再強，由於不能展現歷史上的曲折因緣，其說服力乃至生命力都很有局限性。但如果只把它當作一種歷史的陳跡，甚至認為五四以後談儒學一定是保守或者反動的，認為儒學沒有進一步發展的可能性，也是一種片面的看法，因此，如何在歷史分析中展示其價值意義，如何從生命形態的各種哲學、人類學、社會學的角度來分析它的局限性和內在動源，配合歷史現象作交叉互補的研究，才是一條健康的途徑。

軸心文明與儒家傳統

今天的主題主要是對現代精神與儒家傳統的關係進行反思，因此可以把它擺在一個宏觀的背景，從軸心時代文明發展的脈絡來看。所謂軸心時代這個觀點來自雅士培 12 所發表的一系列關於人類文明發展史、尤其是對哲學發展特別關注的專論中所提出的觀點。儘管所謂的軸心時代或軸心時代文明的提出，表面上看來和我們要討論的課題好像沒有什麼直接的關係，但如果想對儒

---

12 雅士培(Karl Jaspers)，1883-1969。德國存在主義哲學家。著有《存在主義》、《估計與展望》等。

家傳統的現代轉化作一平實的理解，軸心文明的討論可以提供寬廣的背景。

西方學者在第一次世界大戰以後對西方文化進行了很多激烈的批判。譬如史賓格勒的《西方的沒落》，是一個很突出的例子。其中有個強烈的意願，就是要脫離歐洲中心主義，在更廣闊的世界文明發展的背景下來探討現代西方。這種嘗試有的很成功，有的則否；有的較全面，有的還是很片面。像雅士培這種有全球視野的提法很少見。十八世紀歐洲啓蒙運動的思想家對於歐洲以外的文明，基本上還有一種平等互惠的原則，甚至一種由衷敬佩之感。如伏爾泰是個很明顯的例子。他對中國文化極爲重視。萊布尼茲的哲學思想，特別是他晚年所寫的《粒子論》，表現了明顯的世界性。萊布尼茲從天主教、特別是耶穌教的教士的通訊中發現中國哲學中朱熹對理的討論，乃至易經的思想，和他的思考有相契之處，感到十分高興。這是十八世紀的狀況。

十九世紀以來，特別是從黑格爾開始，絕大多數的西方思想家(包括馬克思和韋伯在內)，都認爲現代西方的發展才是人類走向的未來的趨向，所謂"以動力橫絕天下"(梁啓超語)，於是判定人類文明的焦點是西歐，因此產生強烈的歐洲中心主義。他們對其他文化不是使之歷史化，作爲人類文明的初期，就是使之特殊化、相對化，當作各種被西方逐漸轉換、消解而且必然過時對象。動力全在西方，沒有例外。錢新祖先生所寫的〈黑格爾對中國文化的理解〉一文認爲，這個典範影響到馬克思。馬克思在安排五種生產方式的時候，把亞細亞的生產方式擺在人類文明發展脈絡以外。他認爲，人類文明的發展必須經歷早期公社、奴隸社會、封建社會、資本主義社會、社會主義社會，而中國是人類文明發展的另一條路徑。至於孔德所代表的實證主義，把人類文明的發展看作是從宗教迷信時代到哲學形而上時代,再到實證的科學時代。這種觀點更把東方及西方早期的文明劃出人類文明發展的過程。而韋伯的後學乾脆認爲只有西化一條路可走,人類文明將來都要被這一條路所懾服,因此不必討論其他人類文明的創造性。即使今天很傑出的西方思想家,從德希達 13 的解構理論到哈伯瑪斯的溝通行動理論,仍然表現著強烈的歐洲中心主義,甚至福科 14 這位文化多元主義者也跳不出這種觀點。

不過,十九世紀初期,在德國的主要大都會法蘭克福,還在法蘭克福學派興起以前,已經有個中國文化研究中心,是由哈默・貝爾漢 15 的父親理查德・貝爾漢主持。理查德把《易經》譯成德文,至今仍爲歐洲最佳版本(英文的《易經》是從德文翻譯過來的,由普林斯頓大學所出版,每年銷量極大,已持續十幾年了,是該出版社的暢銷書之一)。理查德在法蘭克福講中國哲學,參加討論聽講的有馬丁・布伯 16,後來還有戈伯・馬賽爾 17。海德格 18 亦通過蕭師毅先生 19 對道家的老莊思想進行了解,還有其他一些現象學的學者。這或許是特例,但在東西文化交流史

---

13 德希達(Jacques Derrida),法國後結構主義哲學家。著有《論文法學》、《意義的分解》等。

14 福科(Michel Forcault),1926-1984。法國哲學家,著有《知識考古學》、《訓導與懲罰》、《性史》等。

15 哈默・貝爾漢(Hellmut Wilhelm),曾任西雅圖華盛頓中國哲學教授,專攻《易經》研究。

16 馬丁・布伯(Martin Buber),1878-1965。猶太存在主義神學家,強調對話哲學。

17 戈伯・馬賽爾(Gabriel Marcel),1889-1973。法國哲學家,戲劇學家,評論家。

18 海德格(Martin Heidegger),1889-1976。德國哲學家,存在主義哲學創始人之一。著有《存在與時間》等。

19 蕭師毅,長期居住德國的華裔學人,為海德格的親密友人,晚年任教臺灣文化大學。

上意義深長。不過,從十九世紀以來,大部分的歐洲思想家都是歐洲中心主義者。五四以來的中國思想家也多半是歐洲中心主義者,而且所用的模式是雷同的。

相形之下,雅士培的思想顯得十分獨特。他提出了軸心時代的觀點。即從公元前一千年左右,特別是公元前第六世紀,人類幾大文明區湧現的幾大思想潮流,稱之為宗教也罷,哲學也罷,精神傳統也罷,這幾個大文明經過兩千年的發展到現代,對於人文世界仍有一定的導引作用。如果我們對這些博大精深的文明傳統也只能有片面的認識,那麼我們對現代化的發展乃至現代文明的發展也只能有片面的理解。根據雅士培的思路,提出我自己的看法,亞洲文明(包括南亞的印度)有三大傳統。印度教、佛教,此外還有一個叫 Jainism,中文翻成耆那教,它主張和平共存,和平主義,後來影響到印度教和佛教的發展。佛教是從印度教中發展出來的,和印度教的基本教義有所衝突又有所聯繫。在中國則是儒家和道家的興起。在歐洲則是希臘哲學的時代。另外,在中東地區,主要是猶太教的復興。他們稱之為第二個聖殿(繼摩西以後)的時代。它發展成突出的一元教,即上帝一元論,影響到後來的基督教和回教。

順著這一思路,許多學者都不自覺地運用了猶太教和基督教的典範,認為中國文化沒有超越性,完全是入世的。如孫隆基[20]講中國文化的深層結構,應用弗洛伊德的心理學對中國的習俗進行批判性的理解,他所提出的重要論點之一就是中國人沒有超越性。韋政通先生[21] 提出中國人沒有強烈的罪惡感。西方人有強

---

20 孫隆基,史丹佛大學歷史博士,孟佛士(Memphis)田納西大學教授。著有《中國文化的深層結構》等。

21 韋政通,1923年生。臺灣神學院中國哲學教授,著有《中國哲學史》、《中國文化概論》、《中國文化與現代生活》等。

烈的罪惡感，因此可以察照自己內在的各種問題。而中國人沒有罪惡感，所以很膚淺無聊。還有人提出中國人缺乏憂患意識，並從韋伯的角度，認爲儒家傳統是入世的，與現實妥協的，因此有對人格發展的嚴重障礙。這些觀點的理論背景來自於猶太教、基督教以及希臘文明。

　　爲什麼在這個時代出現了那麼多的重要精神傳統？從現代來看，各大傳統之間雖有相互影響的痕跡，但都自成體系，源遠流長。這是提出多元文化的深刻的歷史理由。人類文明有各種不同的文化表現，不同的文化有不同的價值，有不同的生命力，各有其長處和短處。對這些現象都應如實地去加以了解。這是雅士培提出的觀點，也是他的哲學發展的一個階段。這個觀點提出後，他寫過有關孔子、孟子以及柏拉圖、釋迦牟尼的思想的書。

　　從現代文明來看，我們可以得到一些啓示。第一個啓示是，人類文明發展的多元傾向不是二十世紀以後的現象，而是有著相當長的歷史。舉例來說，經過考古的研究，現在對中國文明起源的論據有所變化。以前的看法認爲，中國文明起源於黃河流域，特別是渭河流域，這是所謂的中心地帶。而中心地帶的文明起源甚早，經過輻射型的發展，逐漸擴展到南方和其他未開發的地方。因此中國文明的一個特別的發展方向，就是同化外來力量，形成一個大一統的文明。而現在絕大多數的中國考古學家經過對各種考古文物的分析(包括張光直先生，他以前亦主張輻射型觀點。他的《中國考古學》發行已有八版。而最近一版基本上已否定了以前的觀點)，認爲中國文明是多元的發展。中國文明在新石器時代有幾個不同的源頭。既有仰韶文化，也有龍山文化；不僅在渭河下游或中國北方，而且在長江流域；不僅有山東，而且有長沙的楚文化，以及更邊遠地區具有本土地方特色的文化。中國文化的發展，到了夏商周以後，把這些不同的文化綜合起來。甚至可以作這種玄想：如果中國文化以龍爲代表，而龍實際並不存在，龍是中國文化的一種創造。這種創造的形象本身是一種多元的圖騰所組合而成的。龍有獅頭、羊角、蛇身、魚鱗、鷹爪，是各種不同動物的組合。這樣就可以想像，初民時期中國文化的發展是多元的綜合體。

從這個角度看去，多元文化是世界文明發展的大脈絡，以後才有彼此的交流：中國文化和印度文化的交流，印度文化和西方文化的交流，中國文化和其他文化的交流，等等。但是，這種交流一直到二十世紀的後期才成爲一般人日常都可以接觸到、親身體驗到的現象。在以前的傳統社會，特別是過去兩千年來，人們大多生活在各自所屬的文化結構、思考模式、生命形態之中。基督徒和基督徒交通，儒學和道學以及受到中國文化影響的佛學交通，回教徒和回教徒交通。不同的文化之間各不相干，當然也沒有大融合的現象。這是一般的情況。

1972年，哈佛大學教授班傑明・史華慈 22 (曾來臺灣講學)提議由美國人文、藝術及科學學院的學報 *Daedalus* 召開了一個學術討論會(後來還出了專集)，專門討論軸心時代文明的特色。當時大家有一個共同的理解，即軸心時代文明的特色就是超越觀點的出現，也就是超越感和超越現實意願的出現。作爲這一超越的典範，最容易被理解的是猶太教一元上帝的觀念或希臘哲學的邏各斯(logos)。另外，在印度有"梵天"的觀念，在中國有"天"的觀念，道家的"道"的觀念，都體現了對超越的嚮往。這種對超

---

22 史華慈(Benjamin Schwartz)，1916年生。美國思想學家，曾長期任教於哈佛大學，專長中國思想史。著有《尋求富強》、《五四運動的反思》、《古代中國思想研究》等。

越的嚮往，以及超越實體觀念的出現，都是人類文明發展的突破。這種突破在世界各地屢見不鮮，只是形態有所不同，意義上是一樣的。這個觀點提出後，在學術界引起很大的爭議。

1982年在德國開的學術討論會，專門討論韋伯的思想，並針對軸心時代的文明以對超越的嚮往和超越實體的出現為典範的提法作一修正。所修正的是：如果以超越實體的出現、一元上帝的觀點作為軸心時代文明的典範，那是對猶太教、基督教、回教這三大傳統而言的。這是特殊的歷史現象。所以，將此作為人類文明發展的一般現象是不公平的，也是不符合事實的。當時作了這樣的分析以後，從另外一個角度來思考這個問題，大家發現，中國的儒家文化在超越嚮往和超越實體方面最薄弱，現實和超越的層次不清楚，天人合一中天和人分不清楚，自然和人分不清楚。現在中國的學者稱之為"黑箱"，即模糊思想。其好處在於講東、講西、講南、講北都有道理。但經過理性分析後發現這種看法的說服力很薄弱。實際的問題是否如此單純？儒家的文化傳統真的沒有超越的突破嗎？一般認為，最成功的是猶太文明，等而下之的是印度的"梵天"觀念，佛教的"捨離"觀念，還有道家的"道"的觀念，最差的是儒家傳統。

在1982年，一位猶太教的思想家(也是一位科學哲學家)鄂爾堪納(Elkana) [23] 提出一個觀點。他認為，第二序思想(second-order thinking)的出現，即反思能力的出現，是軸心時代文明發展的突破。所謂反思能力，即是對思想本身進行反思(thinking about thinking)。這一觀念的出現，以猶太教為典範，即對信仰的終極關切進行反思。上帝是什麼？這是我們存在的最後真實。以希臘

---

[23] 鄂爾堪納(Yehuda Elkana)，1934年生。以色列希伯萊大學科學哲學家。

文明從宗教時代進入哲學時代為例，即對自然的最後真實進行反省，究竟這最後真實是水，或是火，或是數，或是邏各斯(Logos)？這些思考都是反省最後真實，但不一定提出一元上帝。

印度文明對人的最後超升(無論是成佛或是"梵天"和自我的合一)的思考，也是對人的內在精神和宇宙精神的結合所進行的思考。而中國的特色是對人本身的反省，儒家的特色是考慮何謂人，如何作人的課題。最能代表儒家特色的反思，是修身(self-cultivation)的哲理和實踐。我們既是人，又要學做人。學做人的理由何在？儒家有它的一套設置和構想。對於人的反省，對於超越實體的反省，對於自然真實的反省，對於人的最後得救和與"梵天"契合的反省，形態雖不同，但同樣都是第二序反思。

這個觀點提出以後說服力比較強，比較能使大家信服，我本人也能接受。這一基於不同類型反思的觀念，在我看來勝過超越說一籌，有其獨特之處和生命力。這一觀點提出以後，大家開始對人類文明的發展是否有階段性進行了反思。在學術界影響最大的是馬克思的五種生產方式，尤其是大陸的學者，已經把它變成"第二本性"(second nature)，不用這一模式便不知從何說起。比如他們常說社會主義社會不能回到封建主義的社會形態，等等。這無從說起。我說中國沒有封建社會。但大多數當代中國歷史學家卻把傳統中國定義為封建專制。他們認為漢以後中國大一統的帝國崩潰，但隋唐以後又出現了。這和西方封建社會出現於大一統分裂以後是絕對不同的。日本也有封建社會，存在於戰國時代的分裂局面，直到德川幕府時代才統一起來。

現在我採取一個策略，叫做不合歷史事實但很有啟發意義的策略。如果有人問我為何中國沒有發展資本主義(大陸的學者常談到為何中國有資本主義萌芽而沒有進一步發展)，我的回答是為何歐洲從羅馬帝國崩潰以後至今尚未統一？如此答非所問的原因是因爲人家所問的問題，其背景了解是有歷史色彩的。這個問題的潛台詞是，中國不發展資本主義社會是文化內部的缺陷。大家都想要發展的，而中國卻沒有發展成功，這是一個失敗。我認爲統一也是一種發展的脈絡。比如歐洲，由於不統一，至今仍只有歐洲共同安全市場，衝突很多，許多事幹不成，很多人想統一都不可能。我的問法是以中國歷史發展的典範來問對方，正如他們是以西歐歷史發展的典範來問我。

從同情的角度來理解，應該了解不同的軸心時代的文明有不同的源頭活水，不同的精神資源，不同的潛在力，不同的發展脈絡。代表印度文明的，可說是 guru，即印度話的"師傅"，像《吠檀多》[24]、《森林奧義書》[25] 所代表的這類人格形態。代表希臘文明的是哲學家，即 philosopher 這個人格形態。代表猶太文明的是先知，即 prophet。代表中國儒家文化的是士君子，或稱爲聖賢人格，即中國早期的知識分子。不同的典範有不同的人格形象，不同的社會作用，不同的精華和不同的缺陷。

Guru 所代表的是幫助一個人作絕對完全的自我超升。師傅要傳授的是"捨離"，而自殺並非捨離而又得投身，不脫輪迴，沒有超升的可能。真正的捨離要作功夫，而這功夫是精神上的訓練。至今印度的人格發展脈絡是從學徒到家長、到流浪漢、到苦行的自我超升。這是一個人格發展的脈絡。一個人到頭髮開始變

---

24 《吠檀多》：印度教的基本教義之一，即《梵經》。認為世上除了最高的存在"梵"以外，不存在其他實在。物質世界及其一切現象是梵的一種"幻象"，並認為證悟個體靈魂與最高存在「梵」的合一是宗教解脫的主要途徑。
25 《森林奧義書》：婆羅門教典籍。主要闡述祭祀理論以及人和自然、神等關係的哲學問題。

白了，孫子出世了，便要捨離，採取出家的方式去尋找內在的精神性。佛教也表現強烈的捨離觀點。即使佛教在中國已非常世俗化，甚至像觀音已成爲送子娘娘，很多忠孝觀念也變成弘法的重要價值觀，但基本的精神還是捨離的精神，是如何自我超升的問題。這是 guru 所代表的人格形態。

　　哲學家所代表的是洞見。從古希臘開始，文化意義上的視覺作用在西方特別突出，因此今天英文中，洞見(insight)、見識(vision)、觀解(perception)、遠見(far-sightedness)等字眼，都和視覺有關。最能突顯這一點的是柏拉圖的“洞穴”觀點。他描述說，大家都在洞穴中摸黑，一個哲學家離開洞穴，看到洞穴以外的美好景象，然後回到洞穴，想把他的新見告訴一般無知的人，但這可能性不大，因爲這些人沒具體的經驗。這一觀點有強烈的精英主義色彩。今日的哲學家也認爲，如果他們所了解的道理大家都知道的話，心裡會覺得很不自在。這洞見體現了本體最後的價值，世界上最多只有三五人可作同情了解，如一般人都知道的話，那就是普遍常識了，沒有什麼精彩可言。從科學典範來理解，它是以一套特別嚴格的思考方式突顯出來的。這從笛卡兒以來即是如此。談友只有兩三位，其他人則沒有資格參與論說。如果一般大眾都了解的話，那一定是膚淺的侏儒哲學，沒有任何特殊價值。德國哲學家批判英國哲學爲侏儒哲學，認爲真正的超人哲學不是一般人所能理解的。甚至在希臘文明的思想中，也認爲必須維持奴隸社會才會爲真有哲學洞見的人物創造必要的經濟條件。有一部分人必須什麼事也不做，只是思考。真正有洞見的哲學家確實不僅一般的情形不清楚，連自己的生活起居都不會照顧。所以，一個哲學家看起來是脫世的，即脫離社會大眾的，是一種遺世獨立以冥思爲志職的文化精英。

猶太教所發展出來的先知，導源於上帝的啟示。這也是一般人所不能了解的。雖然必須通過一般人的語言才能把這個福音訊息傳達出來，但不能以世俗的的觀念來衡斷，它是超離的，有某種特殊的精神力量跟上帝直接聯繫起來。從猶太教的立場來看，耶穌基督是先知之一，穆罕默德也是先知之一。

中國早期所出現的典範是由孔子所體現的儒家精神。儒家精神有它常識性的一面。正如吃飯是日常習慣，每人都吃飯，但常人食而不知其味。只有經過反思以後才能體會到人倫日用之間普遍常識的真實內涵。在儒家傳統中，如果你所講的那一套大家不懂，就是缺陷、病痛，必須設法填補、消除。因為每一個人對這套道理都應有直接的感受，因為這是內在於人人自己生命裡面，內在於人人自己的人性之中的資源。所謂“人人皆可以為堯舜”並不是到王陽明才提出的，在孟子的思想中就很突出了。這條路是康莊大道，大家都可以走，而且，每個人必須走。只不過有些人自覺度較高，有些人則終其身而懵然無知。在中國文化中，即便是最反禮俗者，基本上還是禮俗世界的參與者，所以他必須為大眾弘法。

因此，在人類的軸心文明時代，各種思想、各種精神、各種生命形態的方向大不相同，應以不同的角度來理解，以認識它的動力和局限，而不是因其不同而揚此抑彼。值得深究的是，雅士培所提出的軸心時代，經過兩千多年的文明發展後，在多元的現代文明中意義如何？

從羅伯特・貝拉 [26] 的宗教進化論的觀點來看宗教發展，人

---

26 羅伯特・貝拉(Robert Neelly Bellah)，1927年生。美國社會學家，柏克萊加利福尼亞大學福特講座社會學與比較研究教授。著有《超越信仰》、《心靈的積習》、《德川宗教》等。

類的宗教文明曾經過五個階段。第一個是初民宗教(Primitive Religion)；第二個是早期的古代宗教(Ancient Religion)；第三個是歷史宗教(Historical Religion)；第四個是前現代宗教(Pre-Modern Religion)；第五個是現代宗教(Modern Religion)。他的提法與韋伯有相契之處。他認為，只有一個軸心時代的文明傳統進入了前現代，其餘的還停留在歷史宗教階段。在軸心時代的文明都叫做歷史宗教，不管是猶太教、印度教、佛教、還是中國的道家和儒家、希臘的哲學，都是歷史宗教。在這些宗教意識中，只有一個宗教傳統突破了歷史期而進入了前現代，那就是基督教，特別是路德所代表的基督教，即從天主教轉化而來的新教。因此資本主義在西方興起，現代文明在西歐出現，而其他地方則沒有出現。換言之，其他宗教在過去兩千年中沒有真正的突破。猶太教的傳統只有經過天主教變成新教，才有徹底的突破。這個解釋在1960年代很有說服力。到了現在，大家都不能接受，連他本人也改變了以前那種獨斷的提法。如中國的宋明儒學就應屬於前現代；印度教也有其前現代的發展特色。

必須解釋的是，為什麼在過去的二三百年間，一個特殊的文化現象逐漸變成世界文明的典範？西方文明的動力為何如此之大？這一切是如何產生的？這就觸及到了韋伯的問題。韋伯想解釋的歷史問題是，為何工業資本主義出現在西方，而不出現於其他的文明傳統，如中國、印度、中東，或早期的猶太文明。原因何在？為何十九世紀以後西方的動力如此之大？它本身是源遠流長的，不能只從十九世紀來理解，要從猶太文化、希臘文化、羅馬文化以及中世紀文化的發展脈絡來理解，才能對西方現代文明的特色有所掌握。毫無疑問，這個發展是人類文明發展的一個方向，但並不能說這個方向因為是歷史的現實就必定具有普遍的邏輯性，是世界文明向前發展的唯一模式。當時正是西方文明動力縱橫天下的關頭，所以，韋伯的問題一提出，大家都認爲這個途徑是不可抗拒的。面對這種挑戰，任何其他文明都要作出回應。所以，當我從軸心文明的角度提出問題時，就同時把現代文明的出現，配合韋伯的提法作一參照，從而展示儒家傳統和軸心文明之間的脈絡及其所面臨的曲折命運和發展前景。

第二講
韋伯：資本主義的興起

上一次我在開講時，特別提到貫穿這門課的中心課題(其實也是對我自己的思想作一簡短的定位)，即能否植根儒家傳統，面對現代人存在的課題，發出在哲學上有意義的創見？為了對這課題作全面而深入的探索，在此向大家重申一下我所理解的現代精神，即上一講的三個基本前提，從而站在這基礎上來談儒家傳統以及儒家傳統進一步發展的可能。

首先，儒家傳統發展的前景問題，是放在全球意識和尋根意願這兩個看似矛盾、內在卻有許多辯證聯繫的背景下來討論的。這是一個多元文化的背景。從軸心時代的發展脈絡來看，在印度出現了興都教、耆那教和佛教；在中東出現了猶太教和以後才波瀾壯闊的基督教和回教；在希臘出現了蘇格拉底的哲學時代；在中國出現了儒家和道家。不同文化的出現有它獨特的社會條件、政治情況、地理環境等各方面的因素，並無共同的歷史淵源。

我強調多元文化的意義，還因為一些年輕的學術朋友認為我討論儒學，一定是要突出儒學的價值和地位。其實，儒學在中國的發展也是必須從多元的背景來理解的。五四以來的批判儒學、打倒孔家店，基於一個共識，即儒家傳統是中國文化諸多思想脈絡中的一個傳統。除了儒家，最早不僅有道家，還有墨家(墨家在孟子時代還是顯學)。在春秋時代，對孔子提出很大挑戰的是隱士。這些隱士基本上是早期的道家。即使是定儒學為一尊的漢代，民間絕大多數信仰的是方士，是陰陽家，是觀氣、祈福、要求平安度日的思想。所以，必須把儒家傳統當作中國文化中許多不同傳統中的一個傳統，即多元文化中的一支。更重要的是應該把中國許多的大傳統和小傳統加以區別。但這種區別不同於西方學術界的分法，因為大小傳統之間有許多交互關聯。比如儒家，它在大傳統中、　也就是在知識精英中的體現，和在一般民間社會的體現，兩者須加以分疏。所以，從這個角度來看，不同的階層，不同的學派，不同的地域，要在不同的背景下來討論儒家傳統。這是我的第一個基本認識。

第二，繼承五四的批判精神，對於研究儒家傳統是必要的。如果不繼承批判精神，不經過深刻的反思，而接受五四以來宣揚儒學為現實政權勢力服務的策略，就不能真正發揚儒學精神。從袁世凱開始，不少政客宣揚儒家思想，這實際上是對儒家傳統的內部腐化。最糟的是把儒家思想中很健康的象徵符號加以曲解，使之政治化，結果失去了它在知識精英群體乃至一般公民集團中的生命力。最初提倡科學和民主的時候，孔家店並不是知識精英批判的唯一對象。後來一些極保守的勢力利用儒家來達到其政治目的，這才激起了許多有反思能力的知識分子的激烈情緒，從而對儒學進行狠批。我認為，要對儒學問題作一全面深入的、學術上的理解，應該繼承五四的批判精神，特別是理性批判的尺度。這中間會有走極端的傾向，必須加以分疏。我曾提過，五四的知識精英對儒學的批判是明槍，所謂的明槍易躲，事實上還具有釐清的作用。儒家傳統和世界上其他大傳統相比，經歷了極其曲折的命運。因此，作爲一個人類文明的長江大河，挾泥沙而下的情況當然存在：有些是它本身的缺陷，有些卻是浮面現象，即是由各種外在因素扭曲而產生的現象。五四知識精英的作用是把它的陰暗面、醜惡面都擺在放大鏡下突顯出來。

第三，要對儒家傳統作同情了解。這裡包含兩個方面。一方面，儒家傳統是一個博大精深、淵遠流長而且龐雜繁複、兼容並包的歷史現象。對這個歷史現象的分疏工作，在中國文化區的學術界做得太少。譬如國內很少談到魏晉儒學，多半討論魏晉玄學。余英時教授 [1] 提出，儒學在漢代成爲官學，至少是部分的官學，在政治上發揮了一部分作用，因爲還有道家和法家的影響。到了魏晉時代，儒學在社會上發生了作用。特別是北族入侵、士族南遷以後，儒學的影響(如《顏氏家訓》)開始深入社會。唐代在中國文化發展中是佛教的世界，第一流的大思想家以佛教徒爲主。但儒學在這一時期也有其發展。《貞觀政要》中的重要人物，像魏徵、杜如晦、房玄齡等人都是禮學專家，對禮有很多研究。及至後來宋明理學的發展，這中間有脈絡可尋，一直可以聯繫到清代儒學的發展，以及當代儒學的發展。這是把儒學傳統當做一個在中國思想大地連續不斷的歷史現象。

另一方面要把儒學傳統當成一種生命形態(form of life)。它具有哲學的內涵，是一種思考模式，一種生活方式，一種人生哲學，一種哲學人類學。在這個層面中，我們必須跳出歷史現象本

---

[1] 余英時，1930年生。美籍華裔史學家，普林斯頓大學講座教授。著有《中國知識階層史論》、《中國傳統思想的現代詮釋》、《史學與傳統》等。

身，從人類學、美學、倫理學、哲學的角度去探索，理解，發掘，和開展。可惜這種研究在很長一段時間中沒有發生效用。不過最近卻有一種新的契機出現。

舉例來說，日本研究美學的權威今道友信教授，他受的是法國和德國的教育，他的美學研究純粹是從西方的現象學、詮釋學而來。從他發表的文字和演講中可以看到這樣的說法，即世界美學潮流發展的典範來自希臘哲學，這基本上是模擬論；但還有另一典範值得進一步研究，那就是以《論語》為主、由儒家傳統所代表的表現論。三年前，今道教授在漢城的一次國際學術會議中提出一個觀點，對我有很大啟發。他說，如果你不把《論語》當成道德說教，完全站在美學的角度來欣賞孔子的人格，就可以探討孔子為何能體現各種不同的藝術價值；這本來是我講習《論語》的基本取徑，經他從美學的角度提醒更有生命力。就以《論語》第十章的〈鄉黨〉為例。那是我以前初習《論語》最不喜歡的一章。以前在討論《論語》時，每一章我都可以講出一番道理來，但碰到那一章，簡直無計可施。那一章討論的是孔子席不正不坐，肉割不正不食，還有各種不同的姿態。經過五四以來一些文學家的生花妙筆，把孔子的形象塑造成迂腐的、道貌岸然的老夫子，使人非常難以建立一種同情的理解。所以我以前對那一章覺得很難處理；好像不論怎麼說孔子的形象都不合時宜，甚至有點滑稽。但如果從孔門弟子的神聖經驗入手，重新體認他們因親灸而獲得的美感，意味便絕然不同。通過那一章，可以對孔子的人格產生崇敬感。因為他的一舉一動都是藝術，而不是道德說教。從神學的觀點來看，他的舉動有一種神秘的力量，對此，可從美學的角度作一番研究。

更有意義的是西方學術界的變化。以前是分析哲學掛帥，所以有三種對任何民族都非常重要的課題在哲學界卻置之罔顧，即美學、倫理學和宗教學。最近二三十年來，倫理學在美國大行其道，其中有許多客觀原因，譬如醫學倫理、法律倫理、商業倫理的問題；另一方面則是如何從倫理學來重建對人的理解，這是目前的顯學。對於個人主義的倫理學進行批判，強調所謂群體的倫理學，不以個人為中心，而以社團群體為中心(但亦非膚淺的集體主義)，把個人作為人際關係網絡的中心點。從這個角度來探討倫理學的問題，我認為可作為我們的借鑒。此外關於神學的討論，西方現在把超越的層次和內在的層次連接起來，討論神人合一的問題。不能說這些思想和儒家契合無間，但可以給作為一種生命形態、思考模式的儒學提供資源。

韋伯和韋伯學

現在讓我們進入今天的主題討論。我首先要聲明，我不是韋伯專家。韋伯學在1960年代經過柏深思的介紹，已成為美國社會學的顯學。對於韋伯學的研究，我可以提供一些線索，主要是點出韋伯學豐富的內涵。

自從1960年代柏深思等人把韋伯學帶入美國後，在相當長的一段時間裡，韋伯和現代化的理論有密切的聯繫。有人甚至認為韋伯是社會學的開山祖之一。許多人把韋伯所提的"新教倫理和資本主義精神"當作韋伯思想的中心課題，這已經有了二十多年的學術積累。最近有些德國學者把柏深思介紹韋伯的歷史因緣擺在歷史發展的過程中給予一定的位置，並把韋伯的理論從柏深思所代表的現代化理論中解放出來，把韋伯當成一個比較學研究者。我受了他們的影響，同時也直接參加了他們的研討。

韋伯為了要了解新教倫理和資本主義精神，研究了中國宗教和古代的猶太教以及基督教，還研究了佛教和印度宗教。有一點值得注意的是，韋伯是一個傑出的思想家，同時也是一個受到內在的和外在的精神壓力而無法通過自己的理性把他的思想架構通過自己的筆力逐步撐起來的學者。他傳給後人的多半是散離的文稿，其中不少必須通過許多解析才能讀通。這些文稿的出現和發展原因都不清楚，雖不能說一片混亂，但混亂的程度是驚人的。他的一些學術著作是在他死後由他的夫人發表的，有些先翻成英文，有些則是在某些散離的德國學報中出現。所以韋伯的大系統在當時的知音真是屈指可數，只有幾個屬於圈內的談友略為了解。他因此是一位通過後人解釋才重新浮現的學者。

可是韋伯的情況和中國大思想家王夫之又截然不同。王夫之的思想是一百年後才被發現，包括他平常寫的東西和他在窯洞中的散離作品。王夫之的時代和顧炎武、黃宗羲相同，在他所處的時代沒有很大的影響力，在湖南衡陽一帶知道他的也人不多。直到曾國藩和一些湖南的學者加以理解，才成為明末三大思想家之一。 但現在看他的文獻，他不僅是三大思想家之一，而且也是中國整個歷史發展中一位了不起的思想家。他的哲學論作、歷史論作都是值得一讀再讀的。

然而韋伯在他的時代就已經成為學術中心。由於他的家族和朋友關係，當時和他進行學術討論的人相當多，代表了以海德堡為中心的一股學術力量。韋伯五十七歲就死了。這之前有十九年的時間，他既不能寫作，也不能演講，幾乎瀕臨精神崩潰、精神分裂的邊緣。這是一個感情極豐富、自我壓迫感很強的學者。舉例來說，韋伯的書有許多重要的訊息是在他的注腳中，而不在正文中。他的注腳有時長達八、九頁。有人問他：你對注釋特別有興趣，這是否是你的嗜好？他答道：我最討厭注釋，我寫那麼長的注釋，只不過是用來考驗我的忍耐力。這就是韋伯。舉例來說，韋伯說他自己對宗教問題是 unmusical，就如同音盲對音樂，色盲對顏色一樣。可是他對宗教學的貢獻，至今能出其右者極少。他認爲自己對宗教根本沒有任何內心的體會，這只能說他不是一個虔誠的教徒，但他對宗教在人類文化中所發生的作用有很透徹精闢的理解。這樣一位人物，要想重新建構他的思想是很困難的。

　　歐洲學術界中，收集韋伯資料最全的是約翰尼斯・溫克爾曼(Johannes Winkelmann)——慕尼黑大學韋伯研究中心主任。他一生所研究的就是韋伯。韋伯的著作《經濟和社會》[2]，可以用來了解韋伯思想的全貌。英文方面的書有岡瑟・羅思(Guenther Roth)和克勞思・威瑟斯(Claus Wittich)的《馬克斯・韋伯：經濟與社會》[3]，可說是把韋伯的整個思想作了分疏，雖不能說包括全部資料，但可以有一個全盤的了解。從書目就可以看出其處理的範圍相當廣，決非新教倫理和資本主義這個題目所能涵蓋的。另外，沃爾夫岡・史魯克特(Wolfgang Schluchter)的《西方理性主義的興起》[4]，把韋伯的問題擺在歐洲理性主義發展的歷史中來考察，也是一本值得借鑒的書。我不認爲韋伯是一個方法學者，至少他本人不認爲如此。但現在很多人把他當成一個重要的方法學者。如果大家對他的方法學感興趣，可以參考托馬斯・伯格(Thomas Burger)的《韋伯的觀念形成理論》[5]，這本書對於韋伯

2《經濟和社會》(*Economy and Society: An Outine of Interpretive Sociology*, New York, 1968.)。

3《馬克斯・韋伯：經濟與社會》(*Max Weber: Economy and Society*, New York, 1968.)。

4《西方理性主義的興起》(*The Rise of Westerm Rationalism: Max Weber'sDvelopmental History*, Berkeley, 1981.)。

5《韋伯的觀念形成理論》(*Max Weber's Theory of Concept Formation*, Duke University Press, 1987.)。

的許多基本觀念都加以分疏。此外，韋伯的《新教倫理與資本主義精神》很容易讀，但也難免誤讀，可配合他寫的關於中國宗教的書一起研究。

我第一次接觸韋伯是在柏深思的門下唸書。我當時並不想深入其中，因為他的德文艱澀難懂，即使英譯也有許多文法複雜的表述方式。我想逃避韋伯，最好不要接觸，進而研究自己有興趣的問題。可是好幾次都未能如願。因此我第一次回國時，在1967年講"社會與文化"，特別強調韋伯的重要性。另外，我在1978年的中國大陸旅行，跟一個海洋學的代表團在一起。我說我不是海洋學家，他們問我對明代的歷史是否有興趣，我回答說當然有興趣。他們又問我是否聽過鄭和下西洋的事，我說聽過。後來他們又問我是否能夠發表一篇有關鄭和下西洋的論文，我說可以考慮。他們說，這樣你就是海洋學家了。所以，我和海洋學代表團的代表(其中有生物學家，物理學家，化學家)在北京師範大學主持的一次討論會上，發表了一篇題為"鄭和下西洋的歷史意義"的演講。我是想利用那次機會提出一個觀點：從韋伯著手，了解一個文明的發展，能否只從上層建築和下層建築以及生產關係的角度？是否還要注意價值取向的問題？我把韋伯的歷史分析介紹給大陸學者，居然還有很好的反應，在1977、1978兩屆大學生中討論得相當激烈。

另外，在我對儒家問題進行學術思考的過程中，班傑明‧納爾遜(Benjamin Nelson)教授 6 使我受益匪淺。雖然我們交游的時間不長，但他的韋伯研究對我的影響很大。納爾遜是美國首屈一指的韋伯學者，可惜在1977年旅行德國講授韋伯時，突然心臟病

---

6 班傑明‧納爾遜(Benjamin Nelson)，1911-1977。美國社會學家。著有《弗洛伊德與二十世紀》、《通向現代性之路》等。

發而過世了。他曾在紐約的社會研究新學院開"韋伯"這門課，我當時在普林斯頓大學任教，每周定期到紐約聽課。他是從比較文化的角度來討論韋伯的。有一點很有趣，納爾遜和柏深思這兩位把韋伯學帶到美國的學者，最後都是葉落歸根，在德國參加韋伯學術討論會的時候過世的。柏深思是在參加韋伯學術紀念會後去世的；而納爾遜是從黑森林坐火車到海德堡大學參加韋伯紀念會時去世的。

韋伯和比較文化研究

　　韋伯學固然錯綜複雜，但我們可以從兩個不同的方向來了解。其一是把韋伯當作了解現代文明、即現代化的基點；其二是把韋伯當作比較文化研究、即回到軸心時代作比較文化研究的基點。現在我想通過第二個方式把韋伯問題帶到"資本主義的興起"這個課題上來。

　　韋伯的《經濟和社會》這本大部頭的經典，是學術界長期努力的結晶。其中一部分講的是宗教社會學。韋伯在這上面化了很大的功夫。他的目的是要解釋現代化，藉此來了解他所處的社會的特殊性格。所以他要了解資本主義的興起，以及資本主義為何會形成一股"以動力橫絕天下"的思潮。這些是他的關切所在。要真正了解這些課題，不能僅就其內容來鑽研，必須把它們放在比較研究的背景下來了解。這是韋伯的方法。為此，他花了很長的時間來了解理性在整個人類文明發展的過程中所起的作用。用韋伯的名詞，就是理性化過程的問題。西方絕大多數的社會學家把現代化定義為理性化的過程，基本上是從韋伯來的。可是他獲得這樣一個看起來語不驚人的觀點，在學術上的經歷是相當艱苦的。開始，他認為在人類宗教文明的發展過程中，有一個重要的轉折，就是從魔咒時代進入宗教時代。這也就是雅士培的"軸心時代"的文明。人類的文明從早期的迷信進入有理性色彩的軸心時代，時間大約是公元前六世紀左右。這是人類文明的一大突破。這個大突破不僅在宗教上具有意義，在社會、政治、文化各個方面也都具有意義。隨之而來的是一個新的階層的出現。這個新的階層，在猶太教是先知；在中國則是春秋戰國的游士(孔子亦代表儒的游士)；在印度是僧侶階級，許多神秘的符號通過他們的解釋才傳到我們這個凡俗世界。政治權威和宗教權威開始有了分化。更進一步說，新階級的出現，新觀點的出現，新社會意識的出現，新分化的出現，都是人類文明發展的一大飛躍。

因為有這一大飛躍，才產生了大小傳統。以馬克思的角度來看，這個時期是早期公社社會；孟子有"詩亡，然後春秋作"的觀點，根據這種提法，這個人類文明發展的階段也可以說是詩的時代。這個時代，上下沒有一定的分裂，如權力的運用，理性和神秘，凡俗和神聖，超越和內在，沒有很大的歧異，更無大小傳統之分。直到公元前六世紀才有所改變。這個改變是由於在人類歷史上第一次有知識分子的出現。知識分子就是能用書寫文字來表達意趣的人，早期可能是些在宮廷中擔任記錄的人。或是史官、天官這類階級，與僧侶階級同時變成文化傳承的主要媒介。我們從甲骨文字的記錄上可以看出，這些文字的運用和當時具有中國特色的僧侶階級有關係。但中國的僧侶階級與王權是合一的，這是與西方不同的地方。在印度也有僧侶階級的出現。這些不同的階級有著不同的價值取向，這是韋伯所感興趣的一個課題。

在這個問題上，哈伯瑪斯在解釋韋伯的理論架構時認為可以分為三個不同的部分：其一是不同的世界觀；其二是由這些不同的世界觀造成對於現世的不同態度；由這些不同的態度造成其三，即不同的理性化程度。因為理性化潛力是由個人對現實世界所采取的態度決定的，這些態度或是想全面控制，或是離捨，或是認同。這種分疏，我覺得仍嫌膚泛。學術的真正考驗，是要對顯而易見的歧異作細致解析。這是學術研究和新聞描述方式的不同。如果我們不能對細微的東西有所理解，而只是膚泛的淺論，仍跳不出新聞記者的一般性的報導。

泛而淺的論述，只是指出了大的輪廓(當然大輪廓仍有其用處，有其道理)，而每一個輪廓中都有需要釐清的地方。譬如，西方中世紀的文化，在八百年的歷史中，對如何證明上帝存在的問題作出各種努力。這是每一個思想家都感到困惑、但又必須面對的問題。而在中國的中古世紀，譬如宋明儒學的發展，卻沒有人想到證明上帝存在的課題，這就有所不同。因為中國的思想家有很長的時間運用大家所熟悉的語言，如"氣"的概念，來了解各種不同的現象。直到今天，一提到"氣"，東亞的學術界都可產生認同感，否則，連氣功、陰陽五行的觀念都不能理解。而這些觀念在西方卻很難理解。何謂"氣"？有人說，這是不可翻譯的(untranslatable)。雖然是不能翻譯，總應有些道理吧？於是史華慈教授把它譯成 psyco-physiological stuff，一種心理兼生理的東西。但我認為 vital force，即生命力，這生命力是非精神非物質的，但又是亦精神亦物質的，好像更接近氣的含義。總之，一個問題在一文化中十分突出，而在另一文化中卻毫不相干。所以大輪廓雖有其道理，但還需細心考察，在細微處作出分疏。

下面，從宗教世界觀的角度來分析幾個偉大的宗教傳統。這些都是軸心時代的傳統。首先我們可以從這些傳統對現世的觀解，把它們分成神中心和宇宙中心兩個脈絡。很多基督教的一流學者常以神中心批判宇宙中心,認為中國思想上最大的問題是超越性不突顯。這是神中心的觀點,是猶太教、基督教和回教的觀點。雖然猶太教和回教衝突很大,但都接受一元上帝的觀念。所以,神中心和宇宙中心有很大的不同。猶太教、基督教和回教屬於神中心,而印度教、佛教、中國的宗教、乃至希臘哲學屬於宇宙中心。希臘哲學有一有趣的現象,即宗教和哲學分得很清楚。蘇格拉底、柏拉圖以後,哲學時代出現,宗教逐漸消亡。而用西方的哲學和宗教的觀點來了解中國的精神文明,譬如儒家,就出現既不像宗教又不像哲學的困境。

其次,從對現世的態度來看,又可分成兩個脈絡:一是否定世界,即捨離現世的精神;一是肯定世界,即投入現世的精神。從捨離的精神來看,世界上主要的宗教傳統都是如此,都得在人人日用所處的現世之外,創造一個神聖的世界。因為要創造一個神聖的世界,所以才有聖殿、教堂、廟宇以及僧侶階級。一些比較宗教的哲學家甚至提出這樣的觀點:宗教的重要條件之一,就是要和現世劃出一條不可越逾的鴻溝,所以一定要捨離。很多人說儒家不是宗教,因為儒家對人人日用之間的問題那樣重視,沒有超越上帝的觀念。那麼,道家可否稱為宗教呢?道家講的是要成仙,但成仙卻不捨去身體。因為如去掉身體,則各種味道都消失了,這是很可惜的事情。但是從神中心的捨離觀念來看,把身體整個化除掉,是重大課題,也是聖凡之分的關鍵。即使是比較體現入世精神的新約聖經,其觀點也是要設法切斷人際關係:離開自己的妻小,讓死去的人自己埋葬他自己之類。如果不能捨離父子親情等關係,就不能跟隨基督。佛教更為明顯,出家屬於非常強烈的捨離觀念。

再者,可以從不同的文明傳統追求至善的不同方式來進行分疏。追求至善的方式，在一個文化傳統中表現爲以哪一種生命形態爲至高無上的價值取向。這影響到一個民族的發展趨勢。從哈伯瑪斯分析韋伯學的觀點來看，有兩種相當不同的表現方式：一種是積極的，一種是消極的。積極的方式與禁欲主義及行動主義有關。補充說明一下，這是哈伯瑪斯爲了解韋伯的理論結構所作的分析，是他經過長期研究所得的結論。而我們可借助哈伯瑪斯的分析來了解韋伯。韋伯所要解決的重要課題是歐洲資本主義的興起。他認爲，歐洲資本主義興起的精神動源是新教倫理。他以這類分疏爲背景，逐漸把新教倫理獨一無二之處突顯出來。這個過程是艱澀的，他把積極的方式和禁欲主義及行動主義合爲一體。在我們看來，禁欲主義和行動主義合到一起僅是一種形態。而韋伯認爲，禁欲主義積極主動地把各種欲望消解，這裡有一種很大的自覺力。這種力量如付諸行動，可在現世中創造豐功偉業。

　　與此相反的是神秘主義的和冥想的消極方式。神秘主義提倡天人合一，人與萬物形成一體；而冥想則是對世界進行靜觀、理解，而非對現世進行一些主動的改造。最高理想是了解世界還是對世界進行改造，這是兩種不同的追求至善的方式。在西方哲學的發展過程中，對世界的冥想是希臘哲學的最高理念，直到近代的培根才提出“知識就是力量”。後來馬克思又提出，重要的不是對世界進行理解，而是對世界進行改造。這在西方是了不得的突破。但把這擺到中國文化的背景下，自古以來，從最早的先秦思想家開始，包括老莊，都是要改變現世的。有些西方學者認爲中國沒有改革家，從古至今沒有絲毫的改革，我很難接受他們的觀點，我想他們在認識的起點上就犯了差之毫厘失之千里的謬誤。在中國，學者都是改革家，很少出現像希臘文明中的那種對自然作純粹冥想而不求任何實用價值的哲學家。因爲在希臘文明中，最高的價值體現是冥想和了解。印度亦復如此。印度哲學最高的理念是觀照。這是兩種不同的對待現世的方式。一種是適應並改造這個世界，儒家可以定位於此；另一種則是要通過理論的方式來把握世界，希臘哲學即是如此。哈伯瑪斯認爲，對世界的理解，可以從倫理的角度，也可以從認知的角度。有些學者認爲，儒家的最大問題是泛道德主義，是一種從倫理的角度來了解世界的模式，和以認知爲主的希臘哲學有所不同。但哈伯瑪斯卻把儒學放在認知的面向，這點值得作進一層的解析。

有了這些分疏，就可以進入第二個課題，即韋伯是如何了解世界各大宗教的精神動向的。他有一個基本的信念，現在已爲許多學人所接受，即認爲經濟力量和價值取向的關係非常密切。用一個粗淺的描述，如同火車頭和鐵軌的關係。火車頭是火車前進的動力，其力量的大小決定火車速度的快慢；而鐵軌決定的是火車的方向，火車頭的力量再大，也必須遵循鐵軌所引導的方向。社會經濟力量就如同火車頭，它的強弱決定著社會前進的速度。在某一個重要的歷史發展過程中，由於不同的因素，或是人爲的因素，或是社會的因素，有些火車會轉向，這和鐵軌即價值取向的關係很大。所以說，價值取向和經濟動力之間有交互的影響。簡單地說，這種提法主要是針對馬克思的思想所作的修正。韋伯雖然尊重馬克思的思想，但不接受馬克思把上層結構(包括政治、意識形態、文化、藝術、宗教等)當作是下層結構或生產方式的必然結果。最近，大陸較具思想創造力的金觀濤，想把政治、經濟、意識形態作爲三個社會因素來進行討論，在大陸已經造成很大的反響。其實從比較嚴格的現代社會學理論來看，他的變數還缺少了文化和社會這些重要因素。把社會和文化兩層統屬意識形態不能反映當今人類文明的複雜面向。

　　韋伯雖然對於文化價值的重要性加以突出，但他不是文化論者。舉例來說，如果對韋伯的《中國宗教》這本書熟悉的話，可以知道這本書有很大的篇幅所討論的是非宗教非價值的課題。它討論中國的城市、商會(富商大賈所組織的會社)；談論中國官僚制度；討論中國的知識階層和中國的考試制度以及家族制度，等等。他所討論的各個層面，對於一個社會學家都很重要。他認爲中國在理性方面表現得相當突出，因爲要建立如此複雜的官僚制度、考試制度和階層制度，沒有相當的理性運作是不可能達到的。韋伯還說到中國的都市化制度。如在宋元之交，馬可波羅東來，當時中國的大都會有開封和後來興起的杭州，開封一地的人口超過一百萬，杭州的人口，如用現代的算法來統計，有二百五十萬之多。那時馬可波羅所自來的威尼斯的人口大概不超過二十萬。最近我在夏威夷，有一位地理學專家說，在1960年代初期，在芝加哥討論都市發展的問題時，有人經過很詳細的分疏後證明，在前現代的社會不可能出現五十萬到一百萬人口的大都會，這在科學技術上是不可能的。從而證明早期中國都會的報導都是錯誤的。這位地理學家是專門研究中國地理的，雖沒有看過清明上河圖，但心裡有數，這人數至少有一百萬，可就是不敢講話，因爲那些大權威已經下了定論。而且，他不能想像到底有什麼樣的科技方法能把一百萬人湊在一起，各種問題如何解決。現在，經過考古發掘和各方面的研究，對這一百萬人口的都市的形成以及中間的微妙關係，了解得就比較多了。

　　從韋伯的文化分析的角度來看，各種文化有不同的發展動向，這發展的動向和整個社會結構的其他因素如政治結構、經濟組織、家族社會等都有非常微妙的關係。由此，他提出一個引起

很大爭議的觀點，德文是 verstehen，翻成英文是 understand (我用
中文的 “同情的理解”，有些同學不贊成，說是 “意義的了
解”)。這是非常重要的課題。我認為所有的人文學，乃至大部分
的社會科學都和這個課題有關。我們最近在加州大學有一場有關
宗教的辯論。有位代表實證主義的宗教學者說，既然物理學家不
必認同分子、離子，生物學家不必認同細菌，我們從事宗教研究
的人何必認同宗教？這表面上很有道理，因為都是客觀研究。但
是，一位研究中國文化的人或一位研究莎士比亞的人，能不跟他
所研究的對象發生認同的關係嗎？如看武俠小說，要想不投入也
不太容易，因為在閱讀的時候，完全把自己忘了，完全進入作者
的意識形態和心理結構，乃至以作品主人翁的心情為心情，這樣
才談得上欣賞。如果完全不認同，沒有交互影響，不可能發生任
何關聯。特別是研究古典，如朱子所說，南宋的學生研究古典
時，最喜歡和古典的作者吵架，這是學術界的通病。在哈佛大
學，很多大學部的參考書都借給學生，而哈佛的學生最喜歡發表
意見，給各種書做眉批。把這些眉批拿來一看，覺得荒唐、無
聊、膚淺，不忍卒讀。有些還沒有看到第二頁，就有很多見解，
都是和古典的作者吵架，而且自認為高明，如自己有所不懂，那
一定是作者搞錯了，絕不說自己的思想結構有問題。在這種情況
下，根本進不去，只能打外圍，想當然而已。所以搞了半天，都
是自己思想的翻版，沒有絲毫進步。

　　從解釋學的觀點來了解任何典籍，首先要對自我作一番分
辨。自我有 ego 和 self 的分別。ego 是一個封閉的自我，而 Self
則是一個開放的自我。打破封閉的自我就是打破成見，這是很難
做到的。只有經過考驗，打破成見，開放自我，以壯大 self，壯
大真正有開放心靈的自我，這樣才能滿足並增長自己的智慧和見

解。要有一種和經典對話的經驗，即在看了一段以後，把書放下想一想，如果我是作者，下一步會如何走？然後再看，再想一想作者爲何這麼走？從這種對話，這種交通，這種格鬥中才能訓練自己消化典籍的能力。我以爲，即便是對最膚淺的看法，如果能站在作者的立場上想，都可能產生深刻的內涵。所有人文學的研究者，都是客觀的分析者和主觀的參與者。這兩種角色是經常轉換的。抱定不投入的態度是很片面的。就像我有一段時間認爲對韋伯不要了解太多，他搞了十九年，幾乎發瘋，五十幾歲就過世了。這其實是片面的。必須和他進行交談，甚至進行格鬥，這樣可以培養自己的志趣。

所以，韋伯的 verstehen 的觀點，基本上是對當時抱著實證主義和狹隘的科學主義的人提出來的。他認爲，不可用此類觀點去了解一種文化，或是一個歷史現象。最近，在文化人類學上有一種看法，認爲要想了解初民文化，非要了解其內在資源不可。以前的語言學家可以不必懂馬來文，只需到馬來西亞旅遊一趟，錄了許多音，就可用來分析其文法和其語言結構；現在的觀點則是，你不懂馬來文，你就是外行，你去作分析，即使不犯顯著的錯誤也必定是膚淺片面的分析。這就不但需要投入的勇氣，還存在投入的必要。

價值取向及其文化意義

韋伯對於資本主義興起的理解，主要根據工具理性。工具理性是各種理性表現形態中的一種。這一形態有其本身的特殊性。要想了解西方文化何以動力橫絕天下，工具理性是一條線索。而韋伯在對各種文化價值進行反思的過程中，主要是突顯現代西歐以工具理性爲主的資本主義精神的特殊性。

　　在當時歐洲的學術界曾有兩種不同的觀點。一種觀點認為，人文學和社會學經過長期的發展，一定可以用自然科學的方法來作定量分析。實證主義就是這樣。在中國，這種觀點表現最突出的是在科玄論戰的時候。代表科學主義的是丁文江。那時沒有電視，這場辯論是在收音機裡舉行的。丁文江等人認為，人生觀和人生哲學都可以用科學來理解。如果反科學，就是反理智，就是玄學鬼。像梁啓超之流就是玄學鬼。在1960年代，臺灣還有西化派和傳統派的對立。西化派認為，科學的工具理性就是光，沒有光所照不到的地方。說光也有照不到之處，就是看不起科學。

　　另一種觀點是在十九世紀末期，一些學者提出新工具，想要突出歷史學和人類學的特色，認為不能用科學的方法來理解一切，因為主觀意願和意志的問題存在。這對韋伯有很大的影響。他想站在一個宏觀的立場來看西方文化發展的渠道(其中有許多細微的問題可以慢慢討論)。可以說，韋伯一方面是強烈的理性主義者(這與康德學派有關)；另一方面又受到人文價值的影響，想要突出人文學的價值。一方面不滿於馬克思思想對於社會發展和資本主義興起的分析；另一方面對於西方社會的各種特殊問題有極大的敏感性。

　　此外，韋伯是一位德國的愛國主義者。當時的德國和英法相比顯得落後，尤其在普法戰爭之前。費希特想提倡德國精神，對英國進行強烈的批評，這是因為他認為自己被歧視所致。所以，如對德國的思想家作心理分析，他們有著一種自卑感和優越感相交織的心理。一方面是一種強烈的優越感，認為德國是真正希臘文明的再現。有一本非常有名的書，叫做《希臘文明對德國文化的專制統治》。這是一種象徵性的提法，因為德國思想家認為只有他們才是希臘傳統的繼承者。如尼采，他最重要的工作是對希

臘文明的分析(他是位古典學者，對希臘的悲劇頗有見地)。凡是
德國的大學者，無不對希臘文明作全面性的深入反思。如海德格
提出如何回到蘇格拉底以前的希臘文明的精神。這是德國學者的
特色也可說希臘文明是德國學者的包袱。他們認爲英國哲學是一
種懶人哲學，並不象徵真正的文明精神。但英法卻有相當成功的
經濟發展和政治制度，特別是英國的民主政治制度是值得德國人
學習的。而德國卻發展不出來，結果還培育出權威傾向極明顯的
俾斯麥，這個問題相當嚴重。爲何那麼多的大思想家卻不能開出
民主制度，反而瞠乎英國之後？而英國所用的，站在德國超人的
標準，不過只是二三流的人才。這點對他們的打擊很大，因此，
又有一種自卑感。韋伯對當時的德國政治相當熱衷，希望能夠自
由化和民主化。但德國走的路與他所希望的是背道而馳的，使他
心理的壓力很大。

　　和馬克思相比，韋伯有一個非常突出之處。馬克思對後世的
影響極大，但慢慢地退潮了。馬克思的預言幾乎無一實現。他認
爲社會革命如不在英國出現，至少會在法國成功。事實證明並沒
有，在他的母國德國也沒有成功。最後卻在蘇聯和中國成功。這
在馬克思的思想中找不到任何線索可以論證。而韋伯的思想不僅
在現代社會有著逐漸向上的趨勢，而且他所預言的蘇聯和美國在
將來成爲兩大政治集團，也成爲現實。

　　韋伯還有一種強烈的職業感。這已成爲現代人和知識界的共
同價值取向。他有兩篇影響極大的演講，一篇是在美國所作的，
題爲 Science as Vocation（“以科學研究爲天職”），長達五、六個
小時；另一篇題爲 Politics as Vocation（“以參政爲天職”）。這兩
篇演講表現了韋伯的終級關切。我之所以說他的提法在知識界有
很大的影響力，原因在於，一般人可以信仰各種不同的宗教，但

在現代知識分子的一生中，對他影響最大的是職業，因爲在職業上花的時間最多。如果他的職業是科學家，如生物學家，一年三百六十五天的大部分時間都在研究生物。他的家庭生活、宗教信仰和娛樂都是配角。假如他是一位歷史學家，他花在圖書館的時間較多；假如他是一位文學創作家，主要的時間就會花在寫作上。在各種不同的領域中，對人影響最大的是職業。職業上的分工是現代社會的標誌，這是韋伯的觀點，非常有洞見。將來的職業就成爲宗教，有人不僅信仰他的職業，還把他的職業加以組織，變成一種"僧侶階級"。最近，在對美國大學教授所作的分析中發現，這些"僧侶階級"關門關得很緊，對於博士考試百般刁難，只收進幾個新的"僧侶"。這些僧侶把學校的財富給瓜分了。但不管怎麼說，職業對於知識分子的影響是現代性的特色之一。

下面我把儒家的價值取向配合韋伯提出的問題簡單作一介紹。

1982年在德國開的學術討論會，批評1972年由美國的藝術科學學院所發表的一系列論文的共同觀點。那個共同觀點認爲，軸心時代的特色之一就是超越的突破，即一元上帝觀的出現。而1982年會議的觀點認爲，軸心時代文明的特色之一不是超越的突破，而是第二序反思的出現，即人類開始突顯反思的能力。從猶太文明來看，第一次提出一元上帝的觀點，就是作爲他們信仰的最終極理由；在印度，"梵天"的觀點是作爲人的自我超升，即捨離，的觀點提出來的；在希臘，則是哲學家對客觀宇宙最後真實的了解、數學和邏輯三段論的出現。這些都是反思能力的體現。而中國的特點是對人的反思，這是以儒學爲代表的軸心時代的特色。在希臘文明中，人對自然的了解的特殊心理需要，是由對自然的驚異感所鼓舞的；猶太文化(後來發展成基督教和回教文化)有一種對上帝的敬畏感(早期的詩歌文獻就是例證)；印度文化是對人生存在的片面性的深刻反思，這構成佛教中的強烈的慈悲情懷；而中國則是憂患意識的出現。從《易經》中可以窺見，先民所創造的文化有傳承的價值。這在孔子的思想中十分突出。他認為"絕學堪憂"，即這個傳承如果不能繼續下去，是真正值得憂慮的。

　　為何儒家會出現這樣的價值取向？我覺得是由於人作為一個文化的實體，面臨著一個重大的挑戰，因此，要對人的存在條件作一全面而深入的反思。人首先是一個具體的人，即他的生物性。譬如，我們不能選擇我們的父母，不能選擇自己的性別，不能選擇自己的出生地，也不能選擇自己的民族、文化和社會。這甚至可以說是命定的，用英文來說就是 fated to be a particular person。這是一種非常具體的、活生生的、多面性的人。但同時，不能以簡單的方式來理解人。人不僅僅是一種會使用語言和工具的動物。雖然人與其它動物的區別很小，但這小小的區別使人成為一種特殊的動物。所以必須從多種不同的角度來理解人。如果用傳統儒家的提法，人既是一種藝術感性的存在，即詩的存在，也是一種社會的存在。只要有人，就有社會的出現。所以，人並非一孤立絕緣的個體，而是一個存在於複雜的關係網絡中的實體。

　　在很早的中國觀念中，人與其它動物不同之處在於人的生存本能十分薄弱，跳也跳不高，跑也跑不快，而且容易受傷害，嬰兒撫養三年也不一定走得好。所以荀子認為，人必得有社會關係網絡才能生存。亞里斯多德也認為人是社會的動物。人處於各種不同的階層，出生的時間和地點都不是自己所能選擇的。人永遠

不可能比自己的生父年紀更大，永遠達不到絕對的自由度。有位
搞哲學的朋友瑟爾(John Searle)說，我能咬死別人，但不能咬死自
己。這些說法看似荒謬，其實是說人有很多限制。因此，人在各
種關係網絡中是一種感性的存在，社會的存在，政治的存在，同
時也是歷史的存在。因為，人有集體的記憶。一個人沒有社群和
集體的記憶是絕對不可能的。雖然有很多思想家如老莊之流，希
望把過去的歷史淡忘，但忘卻有時比記憶更困難。所謂“為學日
益，為道日損”，損之又損是非常困難而且需要很大的智慧和勇
氣的。

　　同時，人又是一種形而上的存在，一種哲學的存在。人和宇
宙天地有密切的關係。早期儒家傳統中的“五經”，代表五種對
人的理解的方法和標準，即人是感性的、社會的、政治的、歷史
的、形而上的動物。因此，雖然每個人都是孤立的、獨一無二
的、有著結構上限制的存在，但並不意味著人只能是生來如此的
這個人。這是中國哲學思想上極為特殊的觀點，與儒學有密切的
關係。這獨一無二的存在是有限的結構限制，也有無限發展的可
能性。而這發展的可能性是一種過程的展現。因為人的存在是動
態的，不可能在任何時空中停止。因此，所謂發展，是一個人展
現他自己潛能的過程。從這個意義而言，一個人的存在限制就是
使他能成為一個獨一無二的人所必須具備的條件。既限制自我，
也成全自我。這是儒學與所有早期宗教不同的地方。許多宗教是
要人離開自己的存在限制，由此出現禁欲主義傾向。而早期的儒
學是寡欲而不是禁欲。

　　這涉及有關“身體”的觀念，這是一個文化深層結構中的問
題。從弗洛伊德的人格心理學的角度來看，中國人始終停留在口
腔階段。有人認為中國人喜歡吃，始終跳不出“身體”的限制，

將佛教認為臭皮囊的身體當做寶貝看待。這是早期中國思想的特色。問題是，這個特色是如何體現的？應該如何看待？

中國早期的思想十分看重“修身”。在中國哲學中，身和心，物質和精神，凡俗和神聖，天和人，人和社會都是合一的，沒有排斥性的二分。而其他宗教都有二分的傾向。美國學者Herbert Fingarette [7] 寫了一本有關孔子的書，書名是《以凡俗為神聖》，就是認為孔子把凡俗的世界和神聖的世界聯繫起來，而且把轉化凡俗為神聖當作終身志業。

其實，“身”在中國文化傳統中是十分神聖的。儒家認為身體髮膚受之父母，不敢損傷。這個“身”就不單是生物的存在，有其深厚的內涵和多層次的價值，並非停留在口腔化階段，只會吃，而是一個可以無窮地發揮人性光輝的基點。此外，“身”常與“體”合用，在古代漢語中，體之於身，“體”常用作動詞。這樣的詞彙是很難翻成英文的。和“體”相連的詞很多，如體味，體會，體察，體證，體驗，體恤，體悟等等，用宋明理學來解釋就是受用不受用。英文中常用 embody， 亦意味著不把人只當成身體。從知識的角度來講，有兩種不同的知識：一種是認知的知識，即 to know that；一種是知道的知識，即 to know how，在中文中是“會”。“會”意味著內化的技術，必得經過自身的內化過程，所以與“體”有關，其中有感性和理性的內在經驗。這才是體會。而體味則是我已經知道了這個味道，這種知在我身上已起了作用，這就是 embody。由此，我認為韋伯的 verstehen 可以和這種觀念相銜接。這種認知，和一般科學上的認知有差距，就如同禪宗所講的，如人飲水，冷暖自知。再如語言的運

---

7 芬格瑞特(Herbert Fingarette)，美國哲學家，曾任教杉特巴勒拉加州大學。著有《孔子——以凡俗為神聖》等。

用，有些人運用語言如行雲流水，這表示他知道其中的味道。這需要一個內化的過程。儒家所講的做人的道理，其目的就是要把人的生物的存在，經過長期的自我奮鬥，轉化成一種藝術的存在。所謂"七十而從心所欲，不逾矩"，就是把自己的生物性要求和最高的道德理想要求合在一起，即把"實然"與"應然"(is and ought)合在一起了。

韋伯爲了了解新教倫理和資本主義的興起，用了一些精神資源和分析模式對軸心時代作了研究。這些分析模式基本上是根據猶太教、基督教文化發展而來的排斥性二分法，這和中國文化中的非排斥性二分法有很大的不同。排斥性二分法是非此即彼，而非排斥性二分法是亦此亦彼。最明顯的是中國的陰陽。陰陽又離又合，沒有純陽無陰，也沒有純陰無陽。排斥性的二分法從希臘文明開始，在西方思想中一直扮演著重要的角色。其中最突出的、使它成爲一種重要的思考典範的是笛卡兒。笛卡兒分析問題是，把身心絕然二分，是凡俗就不是神聖，是神聖就不是凡俗；是物質就不是精神，是精神就不是物質，乃至延伸到社會和個人的關係，一和多的關係。這種思考典範在基督教文化中非常重要，特別是從個人的解脫這個角度來看。 這也是中西文化傳統中的不同之處。

我曾在《明報月刊》上寫過一篇文章，認爲儒家的人格發展不但有廣度，還有其深度。舉例來說，大家所熟悉的孟子說過，"可欲之謂善，有諸己之謂信，充實之謂美，充實而有光輝之謂大，大而化之之謂聖，聖而不可知之之謂神"。這幾句話的背後具有深厚的人文內涵，要加以分疏不太容易。一般的心理學的目的是要使不正常的人變成正常的人，所以才重視變態心理。一個人想找心理醫生，多半是心理出了問題。弗洛伊德在進行精神醫療的過程中提出深度心理學的問題，認爲一個人可能因小時候性方面出現問題，或因其它內外在壓力，經過長期的積累，使人喪失了對事物應有的適應能力。因此，他試圖透過對心理的分析來改變個人的生命形態。而孟子的觀點是從正常的人起步，要使人變成更好的人，而不只關注讓心理上有缺陷的人變成正常的人。爲善不易，善是爲人的基本條件，同時也是一個很高的尺度。這跟韋伯追求至善、並以此來了解最高人格形態的觀念，有相似之處。孟子的"可欲之謂善"指一個人大家都覺得不錯，喜歡和他交往；"有諸己之謂信"是說一個受人尊敬的人必須有其內涵，這在孟子看來就是"信"；而內容極爲豐富才是美，現在所謂的beautiful person，必得有其內在價值的透露；"充實而有光輝之謂大"，則是指不但充實，而且帶有輻射的光芒；而大人還不算最高的境界，最高境界是大而化之，平常看到他時覺得很普通，並沒有很偉大的形象，但他卻如春風時雨般具有內在轉化的功能；這種形態，要想用理性或直覺去理解，還不一定能達到，所謂"聖而不可知之"，這就是神。

　　我有位音樂專家的朋友(Robert Mann，茱麗亞弦樂四重奏首席小提琴)，有一次被請到艾思本人文中心去發表演講，同時也開演奏會。但他沒有想出一個辦法來宣洩他內心的感觸。他所要表達的是，他的哥哥，一位成功的科學家，有一次給他出了個難題。他哥哥說，音樂不過是一種個人的感受，你喜歡貝多芬晚年的四重奏，而我則喜歡白色聖誕；你有你的喜好，我也有我的喜好，但這裡沒多大的差別。他雖然沒有反駁，但總覺得彼此的程度不同，卻不知如何解釋。我給了他一篇分析孟子理想人格的論文，他就想出辦法了。他的演講後來在報章雜誌刊載，題目是"以儒家的學說來了解貝多芬"，認爲音樂之所以好聽，是因爲它是善的。白色聖誕很好聽,但聽過就忘。音樂至少要有內容和義涵,才是真正的"信";而內容極其豐富,有各種不同的層面,才是真正的美。像貝多芬的第九交響曲才是偉大。但這種偉大和他晚年的四重奏相比,四重奏剛聽時不覺得如何,再聽下去,覺得它有轉化能力,這才是真正的"聖樂"。

從這個角度來說,儒家可作為成人之道。從廣度來理解,它從自我經過家庭、社會、國家、世界再到無限宇宙,以達到至高的"天人合一"。在自我的層次上所要分辨的是個人一己之私和真正的自我,即 ego 和 self;在家庭的層次則要通過家庭的溫情來發展自我的人格,但必須防止家庭的限制,如裙帶關係、溺愛等問題;在社會的層次則是突顯社群的根源性,但要突破狹隘的地方主義;在國家的層次則是真正的愛國意識的出現,防止帶有侵略性的民族主義;對於世界亦是如此;至於宇宙的層次,則要突破人類中心主義的限隔。

我認為儒家的人文傳統不是人本中心。儘管希臘哲學中的人是評斷一切的標準,但對於儒家,這一標準卻並不適用。儒家的傳統是開放性的、發展的傳統,唯有如此才能完成對人的理解。但這一發展歷程卻是循序漸進。從儒墨之爭開始,墨家提倡兼愛,但這一觀念卻是不能真正落實的。視別人的父親如自己的父親般的親近,實際是把自己的父親當作路人般的疏遠。這是因為人沒有這麼多的感情和力量可以發揮時,兼愛是一種向外的跳躍。要作完全的跳躍,還得要彌補跳躍所留下的空隙,即對生命產生負面作用。所以,即便如禪宗,能夠割斷親情,但面對如何對感情作一種創造性轉化的問題。這必須花相當多的精力才行。

新教倫理和資本主義精神

　　然而，在基督教的發展中，爲什麼猶太教和早期天主教沒有發展出資本主義精神？這也是韋伯所要分析的問題。

　　我首先強調，不要把商業資本和工業資本混在一起。商業資本自古以來就有。中國屬於商業資本極發達的國家。唐宋之交，商業資本大行其道，尤其像杭州、泉州、開封等地。不必等到十七世紀的資本主義萌芽，中國的商業資本已有發展，而商業倫理也一直持續著。而韋伯要了解的資本主義是一種新的東西，即工業資本主義，乃至現代的bougeois capitalism，所謂布爾喬亞資本主義，即中產階級所代表的資本主義。關於中產階級的特色，韋伯分析得很清楚，特別在他的《新教倫理和資本主義》一書的最後一章。

　　基督教的發展經過了兩個重要的轉化。一個是路德的改革。對於基督教文明而言，　是一件驚天動地的大事。路德的改革，基本上是對天主教的抗議，特別突出人靠信仰即能得救的觀點。這是直接向僧侶階級和教會權威提出挑戰，甚至提出不要通過僧侶階級，人可以靠自己的信仰面對上帝，通過誦讀聖經而得救。於是有人認爲路德把僧侶階級凡俗化，就像禪宗把佛教凡俗化，教外別傳，直指本心。這又突出了良心的重要性。凡事訴諸自己的良心，建立新的權威。後人分析路德改教是時代風潮使然：大的教會組織的權威逐漸被地方教會所威脅，拉丁文逐漸被方言所取代。路德開始以德文來寫聖經，唸聖經，而不用拉丁文。所以各種不同的文化區的特色出現了。

　　但是，這個轉化如果沒有第二個喀爾文教的轉化，還是不可能發展出資本主義精神的。奇怪的是，以英文研究路德教的相當

多，但研究喀爾文教的卻不多。最近的研究認為，喀爾文是一個
難以理解的神學家，一個真正的“命定論”的信仰者。他認為，
一個人能夠得救是前定的。這種宿命的觀點卻具有強烈的革命
性，在表面上確是非常難以理解的。他主要認為，人能否得救與
他個人的身世無關。現在中國大陸高幹子弟的問題非常嚴重。若
父親的官位很高，子弟的出路就相對方便，這種現象很普遍。可
是喀爾文提出的觀點卻是：你的父親是僧侶、神父、教授，你不
一定得救；而你的父親是販夫走卒、酗酒者，你也有可能得救。
這種觀點的出現，把原有的社會穩定性衝散了。喀爾文最後還到
瑞士成立公社，以發展自己的理想。他是一個苦行者，也的確提
出了禁欲主義。他認為，如果想要做上帝的選民，表面上是命定
的。在一般的觀念中，如果是命定的，則什麼事也不用做了。但
喀爾文認為，命定與否，是以你自己的行為來體現的。天天酗
酒，胡作非為即命定落選，完全自立，完全自足，完全自我控
制，這才是上帝選民的行為。這種強烈的禁欲主義還發展到不能
隨便聽音樂，搖滾樂當然更不能聽，就連四重奏也不可以。所有
的娛樂都是非常有板有眼的，生活則節儉、勤勉，從中發展出工
作倫理，從幾點起床到一天該做的大小事情都有日課，諸如此
類。

　　在研究過程中，韋伯發現一個問題：許多大的資本家出現在
西歐，尤其是喀爾文教流行的地方，而不是天主教國家。由此導
致韋伯所認為的新教倫理和資本主義精神之間的某種聯繫。但這
並不是一種直接的因果關係，並非有喀爾文的新教倫理的因，才
有資本主義精神的果。最近中央研究院的院長吳大猷先生寫了一
篇關於儒家倫理和工業東亞興起的文章。文章認為，從科學家的
角度來看，因果關係有兩種，一種是必要條件，一種是充分條

件。必要條件就是沒有甲就不能出現乙，充分條件就是有甲則一定出現乙。從必要條件來看，沒有儒家倫理就沒有工業東亞，這實屬荒唐；從充分條件看，有儒家倫理必然有工業東亞，亦屬荒唐。所以，儒家和工業東亞的興起無關。如果以這一方式來問韋伯關於喀爾文新教倫理和資本主義興起的關係，他的回答是，它們之間並沒有邏輯的必然性，但兩者都在歷史中出現。是否有喀爾文的新教倫理，就一定會有資本主義的興起？韋伯認為這是荒唐的。如果不分析其社會結構、經濟形態、政治組織，就不可能理解資本主義的出現。所以，大家認同一種方法，叫做選擇的親和性，即某一種現象與另一種現象同時出現，彼此間有互動的關係，但不能武斷地以因果關係下結論。

還有一個非常重要的觀點，叫做 unintended consequences，即未預期的結果。譬如，我要作一件事，而有這些措施，但這些措施實行後，有其他的結果出現，這是我始料未及的。所以，不能認定喀爾文教徒是在為資本主義精神作準備。真正的喀爾文教徒是不以賺錢為目的的。有位牧師提出以下的看法：對真正的基督徒而言，財富是披在身上的外衣，可以運用財富來發展教義，一旦到了要履行天職時，財富隨時可以捨去，就像脫去外衣那樣的輕而易舉。沒想到一百年以後，這件外衣竟變成了鐵籠。追求財富的原衷是宗教的手段而非宗教的目的，到後來，手段卻成了目的，而且成了手段變成目的這一現象的奴隸。如果喀爾文教徒有所貢獻的話，並不是提倡大家都為了賺錢而賺錢。因為聖經上說，富人要進天國，比駱駝穿針眼還要困難。這樣，財富會成為宗教信仰的累贅。

這裡有一個吊詭(paradox)：喀爾文教徒不但工作勤奮，而且生活很有規律，特別是認為自己被上帝所選，律己極嚴，治家亦嚴，因此創造了許多財富。但由於非常節儉，這些積累的財富用來再投資，從不花費。由此培養出一套非常計較的理財規約和工具理性的思維方式。而中國古代的富商大賈，其資本的積累往往超過當地的資本稅額，他們想做的事卻是享受、揮霍、附庸風雅，或花一大筆錢向朝廷買官，變成鄉紳。另外花一筆經費來培養自己的兒子進入科舉，或收藏字畫跟學界的文人交遊。如此，資金消耗殆盡，想傳到下一代即不太容易。加之中國的學界和社會，其橫向和縱向的動力太大，所以，中國的大家族能維持三代而家風不落者，十分稀少。這和喀爾文教的勤奮工作的意願配合嚴肅的生活態度以及有規約的資本積累方式，有很大的不同。

思維盲點與理論典範

韋伯對於資本主義精神不是贊嘆不已，而是深惡痛絕。但我們都是關在鐵籠裡的人，跳也跳不出來。資本主義的力量越來越大，而且，其動向和發展軌跡不是外力所能改變的。然而，有一些因素是韋伯所忽略的。韋伯所忽略的一個重大問題是，西方的現代動力不僅僅是資本主義(資本主義可以通過不同的渠道來發展，如現在的國家資本主義等等)。西方的現代動力和它的科學精神關係極大，即培根以來的以知識為力量來征服世界的思想。這中間又牽涉到另一個課題，這是韋伯思考中的盲點。儘管韋伯分析了許多大的傳統(其中對中國的分析，事實上有很多錯誤，但他的分析模式卻不能完全棄而不顧，在某種意義上說，還有超過了當代分析中國社會的歷史學家和社會學家所關注的範圍)，可是他有兩個重要的社會現象沒有分析。這正如蘇軾所謂，不識廬山真面目，只緣身在此山中。其一是希臘文明，沒有把希臘文明擺在和印度、中國和早期猶太教的層面上來研究；其二是對西方現代精神的來龍去脈，並未作如馬克思一般的分析。馬克思的《資本論》，以經濟的角度來了解現代西方社會。韋伯沒有這類作品，這是他的片面性。馬克思確實把資本主義社會的來龍去脈作了分析，韋伯對現代西方的理解有不少超出了馬克思，但他並沒有《資本論》之類的系統謹嚴的鉅著。

　　我認為，西方現代發展的動力，除了資本主義以外還有科技。而西方的科技的主要動源之一是浮士德的精神，一種追求真理、拓展視野、征服世界的精神，為此，甚至可以犧牲自己的靈魂。中國文化的生命取向和這種精神是背道而馳的。按照劉子健先生的說法，中國的幅地很大，除了黃河流域以外，還有長江流域，這在人類文明發展潮流中是罕見的。黃河流域受到北方的侵擾後，還可到長江流域，待穩定後再回來。這樣長期發展的結果形成農業民族和草原民族的交互影響，跟西方完全不同。

　　有一次我從紐約搭機到印度，第一次飛過愛琴海，一看就是這幾個小島，這是西方文明的搖籃，單從腹地的角度來看，這個搖籃稍一晃動便傾入海洋。但現在的歐洲，浮士德精神所展現的科技所帶來的影響力是不可低估的。尤其是西歐的英、法、德三國和文藝復興後的意大利，有新的動力出現。現代西方所體現的不僅僅是資本主義。弗洛伊德講過，西方近代文明的發展帶來三大突破：其一是伽利略的太陽中心說摧毀了地球中心的理論；其二是達爾文學說的出現打破了上帝照自己的形象來塑造人的神話，人成了猿猴的表兄弟，人的尊嚴因此完全被毀滅；其三是弗洛伊德自己的下意識層的發現，使人認識到自己以為自己在做什麼和實際做著什麼之間的距離，由此帶來自我的破裂。這樣，先把地球中心的意識打破，再把人類獨一無二的意識打破，最後把自我本身打破。如此發展的結果，產生了西方現代的大潮流——

解構主義。

但從中國文化和印度文化的角度來看,地球並不是宇宙的中心。佛教的宇宙觀認為,幾千萬個星球都是中心,所以以地球為中心是很荒謬的。而把猴子當作表兄弟也不足為奇。十七世紀的大思想家王艮就提出過這樣的觀點:如果人是化生,是由其他動物轉化而來的,那天地即為父母;如果人為形生,即父母所生,則父母為天地。在中國最初的智慧中,有所謂存有的連續(continuity of being)。有位美國的教授(牟復禮,F. W. Mote)認為,中國早期思想中的創造神話不太突顯,不像西方有創世紀神話,而最早的盤古開天地的觀念,可能是從少數民族如苗族而來,並非中國思想文化的主流。由此認為在中國早期思想中,創造者和創造物的分別不明顯。儘管在《莊子》中有造物主的觀念,但因為"存有的連續",天與人是合一的。是否這就是模糊思想,是否說明理性的光輝不夠,不能分開凡俗和神聖,人和神,人和物?這套模式有其言之成理、持之有故的方法論基礎,和社會達爾文主義所代表的精神有很大的不同。

韋伯以資本主義的興起作為現代化的特徵,其中特別強調了經濟的作用。就這一點而言,他忽略了科技的影響。然而,韋伯對於科學技術和理性的發展有他自己的照察。這點可以從兩方面來講。其一,他想了解西方特殊的歷史現象。因為這特殊的歷史現象不僅把西方世界作了徹底的改造,而且直接影響的世界的其他地區,亦即資本主義興起的普遍性和世界性。在韋伯的時代除了資本主義所帶來的西化潮流外,並沒有其他可以與之抗衡的潮流。這一潮流,不管你喜歡與否,贊成與否,非得面對它不可,它成了一個鐵籠,使人喪失其自由度,最終也喪失新教倫理所提倡的精神和價值。其二,韋伯有非常良好的思想控制,他把問題提得非常精確，即問題在何時何地出現，以哪一種價值觀運作。
他並不是要把一個觀點放大來解釋任何文化現象。如對於都市的
形成問題，官僚制度發展的問題，等等。他對官僚制度，即階層
制度，有許多精彩的論斷。他對於階層的了解，最初來自對普魯
士軍隊的了解。這個軍隊階層分工極密，一元化系列極強，客觀
標準極多，所以它的凝聚力極強，世界逐漸被這種階層的力量所
吞沒。從整個世界的發展來看，十九世紀中葉以後，發展最快的
是中央政府。有些社會達爾文主義者認爲，人類文明中的理性如
進一步發展，將來會走上小國寡民的道路，中央政府會逐漸消
解，大家獨立自主，出現某種無政府主義狀態。現在看來，這是
完全不符合歷史事實的空想。

　　韋伯所了解的制度化的傾向，是個人自由度的銳減，政府大
企業的組合越來越周密，這也是鐵籠觀念所致。可以說，以前傳
統社會的控制是用象徵符號，而現代的控制是由一元或單一的政
府爲領導力量，直接深入各階層。他還提出了以超越的魅力來解
決凡俗化、一般化。一個社會剛開始發展時，有許多有創建性的
英雄人物，這是革命時代。過了以後，逐漸凡俗化，爲官僚制和
科層制所控制。這些都是一些特殊的歷史現象。但韋伯往往爲了
進一步說明問題，又提出一個典範來了解現代社會，從而形成了
一種普遍性、世界性的觀念。

　　我對韋伯學的結論是：韋伯是從發生學的角度來了解資本主
義的興起的，通過他的理性思考，他的後學把發生學的理由變成
了結構的理由。原來，發生學上的理由與結構的理由並沒有必然
的聯繫，甚至可能是相互衝突的。但是他在研究資本主義興起
時，從發生學的理由進行批判，進行理解，特別從比較文化的角
度，強調各種不同的價值取向，這是十分可取的；同時他又對現

代化從結構上來了解，發現這種精神是不可或缺的環節，形成一種十分堅固的典範。我認爲，一直到1980年代，才有可能突破韋伯的典範。這此以前，沒有任何經驗事實可用來作爲對韋伯命題的駁斥，即沒有任何現象來作反證。所以，韋伯所提出的觀點，如理性化的過程，乃至對新教倫理的描述，對現代人格的理解，逐漸成爲現代化理論的典範。

第三講
現代西方的動源

韋伯的精神資源

現代西方的動源這個課題,可以利用韋伯所提出的問題為線索,作進一步的探索。為了對這個課題有概括的理解,讓我們重新溫習韋伯的命題和韋伯所體現的現代人所面臨的存在困境。在這位社會學者的思路中,有很多體現西方精神的源頭活水。這些源頭活水在他的心裡並不是匯成一個交融的整體,因此,他所提出的課題不是他已得到的放諸四海皆為準的答案。韋伯在做比較研究的過程中接觸了世界各大宗教,各大精神傳統,這和雅士培所提出的軸心時代有很多相契之處,但韋伯對兩個和他的思想取徑有血肉關聯的傳統沒有作全面深入的反思。一個是他所繼承的希臘文明,另一個就是他身在其中而受其感染、因此有深刻體會但又不能站在超然的立場把握其動向的西方現代文明。所以,我們可以從韋伯的精神資源中的多樣性,緊張性和自我意識的特殊性來了解現代西方的動源。

　　韋伯的精神動源之一是猶太教和基督教的傳統。雖然他說他
對宗教沒有切身的體會，不是一個虔誠的教徒，但他對於宗教的
課題，尤其是對宗教在社會發展過程的作用，有很深刻的照察。
對這兩個傳統中有關天職的問題，他有深刻的體會；在韋伯的自
我認同及自我定義中，他吸取了猶太教和基督教傳統中此岸和彼
岸不相管束的二分法，我稱它爲排斥性的二分法。神聖和凡俗，
身和心，精神和物質都是絕然分割的。這種絕然分割的二分法使
得韋伯及其他西方哲人認爲創造世界的上帝和被創造物之間不僅
沒有合一的可能，兩者之間必然存在辯證的張力。這是韋伯繼承
了猶太教和基督教精神，作爲一個活生生的現代人所感受到的一
種內在的衝突。

　　在許多地方，韋伯所理解的新教，特別是清教徒的內心的矛
盾，他自己本身也有所感受。怎樣超脫凡俗進入神聖？怎樣體現
人的精神資源和智慧光芒而不被身體內各種感性的壓力所阻隔？
怎樣表現人的精神性，即雖站在物質的立場，但要求轉化物質？
甚至可以說，新教倫理的特色之一，是從排斥到主宰世界，然後
開始對世界內在的價值的合理性加以否定。這也是早期耶穌提出
的，讓上帝的歸上帝，讓凱撒的歸凱撒，宗教神聖和世俗分開。
新教倫理所體現的工作倫理，是對世界的合理性和合法性以及內
在的價值性加以否認，這一點有點像印度教和佛教對於紅塵所作
的批判性的理解。基督教和印度教及佛教最大的不同在於，基督
教雖講要離開這個世界，但離開的方式不是捨離，而是了解、控
制、轉化，也就是韋伯所理解的理性化的強度和高度。這種強度
和高度在基督教的傳統中充分體現出來。但基督教的傳統不能和
原始的天主教混爲一談，它已經過路德，特別是喀爾文的轉化。
若不經過這兩次重大的轉化，在神學上沒有基礎，在付諸行動時

也沒有動力。

　　另外一個重要的資源是希臘文明。韋伯當然心知其意，但他並沒有以對待其他精神傳統的宏觀視野來加以考察。這是德國思想家的通病。和英法思想家相比，也可以說是德國民族傳統的包袱。他們認為，他們是真正的希臘文明的代表，即便是一些反理性主義的思想家，如尼采之流，其學術訓練基本上是古典的希臘哲學。韋伯的觀點來自希臘文明，自不必多說。他主要提出的是工具理性和價值理性。工具理性即新教倫理所代表的特殊的目的性，以此來轉化世界、創造資源。這是工具理性的一個曲折的表現。同時，韋伯也非常重視價值理性。價值理性就是對一種特殊的人類生命範疇(譬如倫理、藝術、宗教或其他的行為模式如政治等)本身的價值，具有強烈的信仰並且加以肯定。這種強烈的信仰和存在的認可決定一個人的行為態度，這種行為態度不計較功能和效用。這個所謂的價值理論，正如董仲舒所講的一句名言：正其誼不謀其利，明其道不計其功。這是價值理性的充分體現。

　　中國大陸的許多學者受韋伯的影響後，開始對中國傳統作批判，認為中國沒能發展出工具理性，只有價值理性，這是中國人不能轉化世界的一個重要原因。從韋伯分別工具理性和價值理性這個層次來看，這種提法有一定的道理。可是韋伯對價值理性本身，卻有著內心的體會。如果說韋伯自己沒有強烈的宗教信仰，他晚年有兩篇重要的演講(上次已經提到了)，一篇叫"以科學研究為天職"，另一篇叫"以參政為天職"，可見韋伯所信仰的宗教是為科學、為政治而貢獻他的一生。這在某個層面上有價值理性的內涵。但不管是工具理性或價值理性，基本上都有主觀色彩。因此，我上一講提到 verstehen 的重要性。這是一種同情的了解，或體證性的了解。

　　在韋伯的思想模式中，理性光芒所照察的幅度相當大。然而，他也很能理解非理性的力量。譬如對傳統的力量、感情的力量、以及其他種種和奇里斯瑪(charisma) 相聯繫的力量。特別是在感情的力量上，他強調藝術和性欲的力量。可是他自己認為，人的特性，特別是從群體的社會轉化這個角度來看，有各種不同的理性表現。因此，我們可以說，韋伯非常強調自覺。而一個人自覺度的高低決定這個人能否掌握自己的命運。這種從希臘傳統提出來的理性觀點在韋伯的思想中占了很大的比重。但希臘傳統中的理性思想和猶太教中的天職之間有沒有整合的可能？這是值得深思的。

　　在韋伯看來，一個現代人所碰到的存在條件之一，是各種不同的價值領域或價值取向的衝突。作為現代人存在的條件的各種價值與不同的領域對我們都有吸引力，往往很難作出取捨。所以，現代人的一個特色是同時扮演各種不同的角色，同時有各種不同的面具。這一點有著深刻的社會學上的意義。這主要是因為存在著各種意義領域，如藝術的、感性的、宗教的、倫理的、政治的以及科學的領域。

　　上次提到韋伯的一個觀點，即因為職業化的過程逐漸突顯，對一個人影響最大的可能是他的職業。職業變成了宗教。職業對現代人的要求最強，一個人花在職業上的精力和時間最多。相形之下，其他的要求如家庭、宗教、藝術等，反而成了陪襯，或是一個現代人不能不履行的義務。真正的重點是職業。而且，現代人往往是工作倫理控制下的犧牲品。天天工作，花了大半的時間而不知為了什麼。從韋伯來看，這理性化即合理化的過程，是公式化的過程，也是對超神魅力的消解。在原始宗教進入歷史宗教的過程中，都有像耶穌基督、孔子、蘇格拉底等英雄人物出現，並產生了極大的影響。這些人物可以創發人類的精神性的凝聚力，而且，在現代化的過程中，這類人還在起著積極的作用。應當指出，韋伯並沒有料到希特勒會在德國出現，造成歐洲和人類的悲劇；他也沒有想到中國會有毛澤東現象的出現。在韋伯看來，這些都是第一代轉化世界的動源，其發展還得經過一個合理化和凡俗化的過程，也就是官僚制度和行政結構的形成，以逐漸把超神的魅力消解掉。因此，現代文明的特色之一就是韋伯提出的“鐵籠”觀點。不論是當前的經濟或科技的成長，乃至資本的發展擴張，甚至企業的管理或各種行政體系，各種法律體系，都要經過這一過程，才能變成現代文明中不可或缺的環節，也才能變成現代文明中的傳統。

　　在韋伯精神的動源中，還有一個重要的源頭，就是羅馬傳統。特別是羅馬的法律和政治制度。韋伯作爲一個專業學人的基本訓練是經濟和法律。他的博士論文寫的是中世紀歐洲商業社會史論。因此，他在海德堡當教授時，他的教授職位在法學院，講授的課程是羅馬法、日爾曼法、乃至商法。他的第一部著作是有關羅馬的農業史。所以，他對羅馬這個傳統有深刻的理解。這也就是爲什麼他在了解中國儒家和道家時，不從哲學史加以了解，而是從儒家和道家在都市的表現，在商業中的表現，在知識階層的表現，在大小傳統之間影響的表現等各種不同的社會現象、法律、禮儀來加以了解的理由。因爲他在這方面有過嚴格的訓練。因此，有許多學者在討論現代化時，認爲韋伯最大的貢獻之一是對科層制度，即官僚制度的深刻且具預見性的理解。甚至可以這樣說，如果想從羅馬傳統的這個角度來了解韋伯，則現代精神文明的特色之一就是官僚化。而真正的官僚制度，在韋伯看來，是北日爾曼民族所代表的軍事管理；非常嚴格的制度，上行下效的標準，各種諮詢系統，審核及評斷的機制，和早期法家所提出的官僚制度有同構的地方。如要了解十九世紀歐洲的發展，最突出的現象就是中央政府的科層制度的擴展。這個官僚制度的擴展，把個人的自由度和民主的可能性所具有的市民社會的生機都給扼殺了。

在韋伯看來，猶太教和基督教的傳統、希臘的傳統和羅馬的傳統，是現代歐洲的三大文明資源，但彼此間沒有一個有機的整合。所以，西方這種波瀾壯闊的現象和其文化內涵的矛盾衝突有密切的關係。一方面是多元思潮各顯精彩，另一方面則是許多能協調、應協調的傳統並沒有達成協調的共識。這和現代西方文明實來自許多源頭有很大的關係。這種不同的內涵來自不同的源頭，不同的源頭又在各種不同的層次間運作。韋伯的個人生活不僅不是一個理性的體現，而且是現代複雜文明的犧牲者。他的生命如魯迅般的扭曲，遭受各種外在的和心理的壓力，一種焦慮感、罪惡感、困惑感、憤怒感，在韋伯的字裡行間一覽無遺。因此，他給我們的遺產就非常離散，要經過許多人努力的綜合，才能洞悉其寬廣的視野。

西方文明發展的動源

以上是從韋伯個人作為西方文明的代表來分析其源頭的。下面我們將視野放大到整個西方文明。現代西方實際上是軸心文明的發展，具體來說，是猶太教和基督教文明的進一步發展。有很多受馬克思主義和實證主義影響的學者認為，人類文明的發展，經過了宗教迷信時代，再經過哲學的形而上時代，現在已經進入了科學的時代，因此，迷信和宗教都不是現代人所應關注的課題。這是對西方文明的一大曲解。其實猶太教和基督教對當代西方的影響巨大無比。

　　上帝選民的觀點即是猶太傳統的特色。近代猶太教歷史的發展所說的選民是一部分人。他們是通過選民群體的自我意識，和上帝有所默契。因此他們有特別的使命感，與其他群體不同。日爾曼民族的選民觀念就很強，並非完全是因爲族群意識而被希特勒所迷惑而鼓動出來的。直至今日，許多德國人的思想仍未跳出這個格套。從菲希特以來，他們一直有一種感覺，認爲他們有這麼傑出的哲學家、音樂家，爲何其政治制度卻瞠乎英法之後。在英國可能沒有選民的觀念，但法國在某種程度上有這種觀念，特別是猶太民族有強烈的選民觀念。而猶太民族自十九世紀以來，對於歐洲思想界、乃至美國思想界的影響之大是絕不能低估的。這個選民的思想有很健康的一面，它有一種強烈的使命感；也有其不健康的一面，即強烈的排他性，強烈的侵略性。

　　"天職"的觀念，正如在韋伯的生命中體現出來的那樣，建立在一個孤立絕緣的個體和上帝之間的關係上。表面上看來，這是一種神秘主義，但它在社會上和政治上的作用很大。人權的觀念，個人主義的觀念，都和它有關。舉例來說，羅伯特・貝拉(Robert Bellah)寫了一篇很有創見性的論文，討論父與子的關係，以比較儒家和基督教的不同。他認爲在基督教的傳統中，得救靠信仰，任何社會組織與政治結構都可能在終極的合法性上發生問題。因而才有抗議精神的發生。不管是家庭、社會或國家，站在上帝面前，其合法性和終極性都被減殺或否定了。所以，個人可以拋棄家庭、社會，直接和上帝溝通。在中國的社會中只有內在的超越。對於家庭及社會的理解，乃至對於人和天的關係的理解，都基於一種既定的 given，是不可改變的建構。即使異端如莊子，也認爲君臣之義無可逃於天地之間。值得注意的是，是否因為如此，儒家的傳統就沒有轉化社會的可能？是否只有具有強烈超越感的民族才可能對社會作徹底的轉化，才真正有所謂烏托邦思想的出現？很多中國學人不自覺地接受了這種觀點。

我認為，如果一個民族能把理想和現實分開，就有轉化社會的可能。說到烏托邦，在歷史上出現過中國堯舜的烏托邦，也出現過西方的烏托邦。哪一種烏托邦理想對社會的實際效用比較大，要看具體的情況來作分析，不能因時間上的先後順序來作判斷。在中國歷史的發展過程中烏托邦的思想層出不窮，常在社會改革中起著重大的作用。譬如王安石的變法用周禮。他堅信周禮在中國歷史上早就出現過，而且付諸實施，沒有理由不能具體實現。這種提法在特定的政治氛圍中就有說服力。而西方的烏托邦是個遠景，即 nowhere，不僅現實不存在，也沒有真正實現的可能。毛澤東就曾經說過，無產階級和共產主義的遠景，可能一萬年以後才會實現。現階段中國大陸的改革，把中國當做社會主義發展的初級階段，這在理論上為不走共產主義之路提出了根據，即有一種把共產主義的烏托邦推向遙遠未來因而可以棄之不顧的傾向。因此，在現階段要實現資本主義改造。

值得正視的是超越上帝的觀念的出現。對於社會上既有的結構作出種種安排，都可以從一超越的角度來照察，看出其不合理性和不合法性，看出其弱點。這是西方文明的特色。因此，它的改革可以很徹底，可以是完全斷層的。這是一大思潮，很有為改革或革命提供資源的條件。

西方的科學是一種線形推理的傳統。在軸心時代的文明中，一個顯著的標幟是第二序思考，及反思能力的提高。最能代表第二序思考的是數學和邏輯。在世界上的幾個大文明傳統中，只有兩個傳統成功地發展了一套自成體系的邏輯。一個是希臘文明，最後發展到歐美；另一個是印度的因明學，是可自成體系的。中國早期有墨家的思想，但始終未能發展成一個內容豐富的體系，在中國的主流思想中，沒有占具重要的地位。一直到十九世紀以後，由於受到西方文明的挑戰，有些知識分子才使盡全力重新來發掘中國傳統中的資源，這才把墨家的邏輯思考重新發掘出來。如胡適之先生的博士論文，就是專門講墨子的思想和推理。

　　但是只有辯證思維較高的數學、邏輯及冥想的傳統，不一定就能發展科學。要發展科學，一定要結合實證科學。這就是愛因斯坦所說的兩大因素。實證科學是歐洲現代文明對古希臘文明的修正和發展，也可說是一種曲詮。在希臘的傳統中，知識是了解，是智慧；而培根所代表的傳統，知識變成力量。把作為智慧和了解的知識轉化成力量、控制，這是現代人從實證科學所發展出來的模式。其中的轉化，並非由希臘哲學一根而發，在過程中確有相當大的轉折。在古希臘的傳統中，因為強調哲學家的重要性，產生了精英主義，影響到今日的西方。真正的科學發展要靠精英主義，普羅階級不能發展科學。在希臘傳統中認為，奴隸制有存在的必要，這樣才能讓有閑階級進行冥思。這樣的冥思完全不負社會和家庭的責任，是純粹的冥思。

　　而這在中國文化中很難發展起來。王浩先生[1] 一直認為，原因在於中國的知識分子只求實用性，因此像王國維先生這類真正有哲學家素質的學人在中國是特例。其實，仔細分析王國維的自殺原因，不是因為哲學，而是因為政治。王浩先生自己不僅關切也熱衷政治，在這方面的關注也許遠遠超過哲學上的反思，這可以說是中國知識分子的特性，是優點也是限制。在希臘傳統中，

---

1 王浩，1921年生。華裔美國哲學家。著有《超越分析哲學》、《從數學到哲學》等。

哲學家就以思考爲志業,和藝術家一樣。而中國的傳統中沒有不做事的聖賢,即使是聖賢也得安排自己的一般日常生活起居。在西方,有些哲學家對任何生活細節都不能安排,他看天象時,會掉到井裡;他爲了想某個問題,完全以自我爲中心,對他人則全不關心。這種天才型的人物,如不讓他在複雜的社會中生存下去,而且調動大量資源爲他創造思考的條件,對於科學的發展相當不利。

另外,民主制度的發展和希臘的城邦政治有密切的關係。西方的城邦政治經驗,在希臘時代就相當普遍。希臘城邦真正擁有公民資格的人數比例不大,也許不超過百分之十,但這種觀念的出現導引出極有歷史意義的政治行爲和社會結構。從希臘的所謂市民,到羅馬時代的公民,這些觀念都是在中國未曾出現過的。在羅馬時期,一些集體暴動是爲了爭取公民權。而中國的華夷之辨沒有涉及公民權益的課題。這問題相當複雜。只要願意進入華夏的禮儀之邦就是中國人,沒有人不是中國人,還有什麼公民問題?當然,確有賤民乃至奴隸,但比例不大。有一點值得注意,即中國的傳統是城市和鄉村的聯體,很多大的建築不在城市中。譬如,中國的幾所大廟都在城市外,許多一流的圖書館也在城外。所以,經濟的動力不在城內,而在城鄉之間的鎮。西方在羅馬帝國崩潰以後,城市代表文明,城市以外的鄉村代表野蠻;城市逐漸變成國家的代表,如巴黎之於法國,維也納之於奧國,柏林之於德國,倫敦之於英國,威尼斯之於意大利。這些國家人口的三分之一或二分之一都在城市內。因此,城市對鄉村基本上持輕忽的態度,對於農民更是歧視。在法國中世紀的文獻中,提到農民,都是說這是一群沒有反思能力的、沒有創建性的、最保守的以及與泥土結下不解之緣的人們。即使是具有革命性的馬克思，也認為世界革命要靠工人，把農民視為一袋馬鈴薯。但在東方的中國，從中世紀以來，在一般市民群眾的心裡，農民的形象非常良好，至少是健康的，如誠實、勤奮、堅韌、質樸，都是對農民的稱許。

羅馬的法律和政治制度，也是現代歐洲文明的一個重要的、不可忽視的源頭，特別是法律。在早期希臘，就有習俗性和倫理性的區別。希臘文明認為，反習俗才能造成自覺的道德發展的條件。所以，法和禮之間最大的不同在於，禮是自然生成，不一定有很高的自覺性；而法是經過群體批判精神所塑造出來的，有其客觀性。法律的客觀原則必須隨時掌握，即使與常識發生衝突也不能違背。以美國為例(美國的社會也是羅馬以來的傳統的繼承)，它所重視的是程序，端視這程序合法與否。這個傳統已被當成一種神聖的規約，而不能只從工具理性的層面來理解。

西方的政治制度、權力分配、軍工企業的組合及各種科層制度，有很多都跟羅馬的傳統有密切的關係。西方世界在羅馬帝國崩潰後，經過了相當長時間的封建社會時期。這種封建制度意味著其內部是一種分裂的狀態，而分裂的好處是多元化的產生。在這種多元化的氛圍中許多新興的力量都應運而生，這些和城邦政治有密切的關係。英國的著名歷史教授湯普森[2] 提出象徵性控制(symbolic control)的觀點，指的是象徵符號的控制。像中國這樣的社會，大部分是用象徵符號作為控制的工具的，也就是意識形態和價值觀念的控制，而不是用政治權威和軍事力量來控制。這種控制在西方中世紀力量很大，尤其表現在宗教的約束力上。雖然中世紀一度被稱為黑暗時代，但經過學者們的研究，認為中世紀

---

2 湯普森(E. P. Thompson)，英國左翼歷史學家，著有《中產階級的形成》等書。

在某些方面比我們現在的世紀更可愛、更有趣、更有內容和深度；而現代世界相形之下反而是個平面的世界、離散的世界。總之，從羅馬帝國崩潰以後，整個歐洲中世紀的分裂傾向極其明顯。不僅是政教分離，城鄉分離，還有大傳統和小傳統的互不相干。大傳統所創造的精英文化和精致文化和在民間的小傳統互不管束；大傳統歧視小傳統，小傳統對大傳統則是絕對的不理解而且有仇視和衝突的傾向。這中間有很大的裂痕和斷層。在中世紀的歐洲，其社會中橫向移動(轉向)或縱向上升(高攀)的力量都很薄弱。

日本也具有同樣的封建制度。日本在戰國時代的社會，一階層無法進入另一階層，武士就是武士，商人就是商人；武士如變成商人，是大逆不道的行為。職業上的轉換也非常困難。由於這個原因，喀爾文提出，人是否得救是完全命定的，不因自己的父親是僧侶階級，自己就能得救。這個觀點在中世紀的背景下看來，極具革命性。路德更早便提出不通過教會也可以得救，從而把農民的積極性調動起來了。這也是極具革命性的。日本因為有封建制度，因此比較能接受西歐式的現代化。

從文藝復興開始到啓蒙運動，這中間出現了一種新的思考模式，其根源和希臘、羅馬也有很緊密的聯繫，這就是法律觀點的重新浮現。能代表文藝復興精神且以此為志業的，就是律師。因為律師是辯才無礙的知識人。從羅馬的傳統以來，律師代表一個都市或社群所需要的共同意識，形成一個共識向貴族或教會的權威抗衡，以爭取權益，發展他們帶有獨特內容的都市政治；同時在政治上也可以形成一個壓力集團。這些對法律熟悉的人物，在中國的傳統中是相當受歧視的，被叫做訟師。一般人認為訟師專找人家的麻煩，經常無中生有。而律師這種職業的出現，和後來代表文藝復興精神的"建築家"都是西方知識人的典範。他可以讓原本互不相干的集團發生關係；他可以創造新的政治壓力和政治集團；他可以把一些客觀的標準和價值，用理性的方法述說出來；他也可以在法律、政治權威、宗教權威面前發揮其積極效用。因此說，律師或建築師是現代精神的體現者。

中產階級的出現是民主制度發展的主要原因。基本說來，民主制度是一種抗衡制度，是社會上各種壓力集團互相抗衡、互相競爭、互相制約、互相衝突的結果。各種階級互相爭取自身的權益，不同的職業集團維護自身的利益領域。宗教和政治之間長期的抗衡，有中世紀的宗教戰爭，包括百年戰爭、三十年戰爭等，這些複雜的社會因素都是民主制度出現的條件。

另外還有一個難以理解的現象，就是衛生環境不能提高，造成瘟疫橫行，特別是黑死病使歐洲的人口降低了百分之四十以上。因此，在歐洲進入現代之前，所面臨的一大問題就是人口不足，耕種的人不多，工作的人不夠，這和日本的情況差不多。

對以上這些情況的了解，可以配合弗洛伊德所提出的西方在進入現代的過程中，思想上出現的三個突破，這點上講中已提到了：一個是伽利略證明地球不是宇宙中心說，摧毀了基督教義中的宇宙論的穩固基礎；一個是達爾文的進化論，打倒了基督教以人為中心的觀念；還有一個就是弗洛伊德的下意識理論，毀滅了人作為一個自覺反省的個體應當掌握自己的命運、創造自己的存在條件。這是從思想脈絡來理解。

如果從經濟、政治、社會各方面來看西方的動源，西方最大的動源之一就是經濟的動力。這個動力聯繫著整個西方的對外擴張。市場經濟變成資本主義的巨流，促進了工業文明的發展。但是這個動力背後是否有很深厚的文化心理結構上的因素呢？我認為有。那就是著名的德國神話中的浮士德精神。這是一種向外冒險、向外爭奪發展的精神。從此出現了幾個大潮流,其中之一是凡俗化(secularization)的傾向。從馬丁・路德和喀爾文轉化天主教的線索繼續向前推進,凡俗的極端發展會導致人和上帝的爭鬥,即天人相剋。這種具有生命力的思潮是一種世俗的人文主義,一種強烈的人文精神和科學技術密切聯繫的人類中心主義(anthropocentrism)。最具有代表性的是法國的實證主義,它影響到後來的孔德,馬克思,和韋伯。

根據這一思路,人類文明的發展經過了這樣幾個階段:從神話階段到宗教迷信階段,再到形而上學的哲學階段,最後到科學階段。這是孔德所提出的理論。五四以後,這種科學主義便成為中國知識分子堅信不移的信念,這是一種強勢的意識形態。1972年中國大陸首度派代表參加聯合國的國際學術會議,討論世界生態問題。當時中國大陸還在文革期間。此次會議的主席是加拿大的外交官,莫理思・史強(Maurice Strong)。他和各方面的代表協商以後,寫了一篇大會的基本綱領,其中提到一個當時皆能為世人所接受的觀點,即科學技術的發展應是有限制的,世界的資源也不是無窮的,人類生態的環境不能被破壞。而中國的代表竟連這種觀點也不能接受。他們堅持科學是無限制的、萬能的,因此拒簽此綱領,使得大會不能順利開始。經三、五天的辯論,中國代表才答應不投反對票,只表示棄權(當然現階段的大陸學者在觀念上已有所修正)。這是因為自五四以來,所謂的科學主義大行其道,特別是實證主義科學所產生的一種意識形態上的限制。可是,以科學技術為主的潮流影響西方直到今日,出現了強烈世俗化的人文主義。它所代表的是一種科學主義的精神。這種精神在西方文明的發展過程中,仍居主導地位。像韋伯等批判性很強的思想家也具有強烈的科學主義色彩。從十九世紀初到二十世紀初

的思想家幾乎都認爲科學是人類理性思考的典範。而科學中表現
最突出的是自然科學；在自然科學中最具代表性的是物理學；物
理學再用數學加以量化，就會成爲科學的典範。這是一個勢力很
大的潮流。

　　還有一個常被人提到的潮流，其源頭相當深遠，那就是個人
主義的潮流。西方文明中的個人主義並非是在希臘或猶太基督時
期形成的，而是在啓蒙運動以後才真正出現。這個思潮和西方的
人權、自由的觀念有很密切的關係。個人主義並且和基督教神學
有關，人在面對上帝時的人格尊嚴是由上帝來保證的。另外，個
人主義的興起取決於如何在客觀環境中的制度內具體落實的條
件，也就是個人主義能否保存非主觀意願，而必須在實際社會的
各種政治制度中逐漸實現。因此，如何爭取權利便成爲西方社會
的主要關切。

　　唐君毅先生 3 曾比較過中西社會的不同。他說，西方的社會
是權利意識突顯的社會；而中國社會是義務觀點突出的社會。但
義務的觀點突出，並不表示只有順民，因爲義務的觀點要從領導
階層下手。而權利的觀念、自由的觀念、個人主義的觀念，逐漸
形成隱私權的觀念。其基調是一個人要有自己生活的空間，亦即
把每個人劃成圓圈，在圈內任何人都不得進入。這個隱私權一定
要有法律上的保障。沒有法律上的保障，隱私權只是一種一廂情
願的想法；而法律上給予保障，就表示是共同意識的結果。穆勒
(J. S. Mill)在這方面貢獻極大。所以，每一個權利都是由爭取才獲
得的。從這裡出發，甚至可以討論政治如何形成的問題。如盧梭

3　唐君毅，1909-1978。中國思想史家，當代新儒學思想家。著有
　　《中國人文精神之發展》、《文化意識與道德理性》、《人文精神
　　之重建》等。

所提出的政治是契約的說法。因爲爭取並了解自身的權利是與生俱來的本能。假如一個人不能爭取權利,不了解自身的權利,他就不是一個理性的動物。理性的動物最基本的能力是判斷是非,了解好壞,知道自己的利益是什麼,這種對人的理解是亞當史密斯的古典經濟理論的基石。

這些問題結合起來,形成一個非常複雜的觀念網絡。在觀念網絡中有許多內在的矛盾,雖然同時也具有整合的價值傾向。許多內在的矛盾很難理解,如自由和民主都是我們想要的,但這兩個觀念間有所衝突。很多自由主義的大師,雖不是反民主,但基本上並不特別重視民主。韋伯就是其中之一。韋伯只強調自由的重要性,對民主卻沒有全面的申述。所謂自由主義的大師海耶克[4](美國思想界一般把海耶克歸屬於保守主義)更是如此。

個人主義的反面是集體主義。西方就是因爲有真正的個人主義,所以才有真正的集體主義。過分強調個人主義,和希特勒現象的產生都是現代西方的特色。在納粹的集體主義內,那種徹底抹殺自我的效忠和奉獻,令人難以理解。西方的學術界從十九世紀以來,對於各民族和國家的文化、人物,都有明確的劃分。像德國和法國有過長期的競爭衝突,英國總是希望歐洲大陸不要團結起來,甚至用盡辦法使歐洲分裂。最近的情況更爲嚴重,不僅是東西的問題,還有南北的問題產生。北歐較南歐發展迅速,很多北歐的國家雇佣了南歐的工人,衝突日漸頻繁。南歐人認爲北歐較先進的國家歧視他們。歐洲共同體的出現當然可能,但困難重重。

還值得注意的是帝國的起落。尤其是在十八、十九世紀以

---

4 海耶克(Friedrich August von Hayek),1899年生。奧裔英國經濟學家及自由主義思想家,1974年諾貝爾經濟學獎得主。

後，早期的西班牙、葡萄牙、荷蘭有很多征服世界的歷史；有一度，大英帝國的勢力籠罩全球；而一晃又到了美蘇兩大超級強國爭霸的局面。但是，放眼二十世紀，美蘇兩國是否還是超級強國呢？最近有一本書討論到帝國興起的問題(作者是耶魯大學歷史學家保羅・甘迺迪 Paul Kennedy)。帝國的起落加起來不過一、二百年，而其中變動起伏的情況非常複雜，必須劃分成三個階段，才能了解啓蒙運動後的西方。

　　第一個階段所謂國家主義時期。現代西方文明的出現，除了中產階級以外，就是國家主義的出現，即各種不同的國家的出現，並由此形成國家主義、民族主義。第二個階段是帝國主義時期。如前所述，形成殖民主義、帝國主義背後的意識形態是社會達爾文主義，即適者生存、優勝劣敗的觀點。這期間也不過一、二百年。到了二次大戰後，逐漸進入"近期"，或稱當代，這也就是第三個階段。二次大戰以後，情況又有所變化，美國成爲一個超級大國。從經濟的觀點來看，早期的區域性的市場經濟發展到帝國性的經濟，最近則是咨詢或跨國的經濟企業。早期的思想代表是現實主義、實證主義或科學主義；後來變成現代主義；到現在又變成後現代主義(我認爲後現代主義的提法在理論和實踐層面都大有商榷的餘地)。

　　還有一種提法，認爲早期的崇尚禮俗所形成的恥感文化，到了近代變成罪惡感極強的罪感文化，現在則成爲焦慮文化，即進入精神分裂的狀態。第一階段是強烈的對科技的崇拜，而代表這種科學技術精神的思想，除了實證主義、實用主義以外，還有唯物主義馬克思主義，這些都是這個時代的產物。再發展下來，就是行爲科學掛帥的時期，以二次大戰以後的現象學、解釋學、結構學爲代表。無論如何，這些都是歐洲中心主義，是歐洲人對現代文明所作的自我認識。這在韋伯的思想中可以找到若干蹤跡。但是韋伯身在其中,沒有足夠的自覺度來對這些現象進行反思。直到最近,西方學者才希冀通過深層的自我反思來超越歐洲中心主義的模式。

文化模式間的差異性

以西方爲典範的文明,經過兩百多年的發展以後,成爲一般今天我們所了解的現代化模式。它有幾個屬性不易爲人所知。其中之一是和傳統的徹底決裂,這是西方學者長期討論的問題。西方的現代化是指西方現代文明起源後,韋伯所了解的由新教倫理所引導的資本主義的發展。當這個資本主義興起以後,帶動了工業革命和社會上的斷層。這要從政治、社會、經濟各個層次乃至對人的自我了解的領域來加以考察。這種斷層式變化的速度非常之快,以至近百年的變化比人類文明從軸心時代直至十九世紀的變化更大。這個情況意味著所有傳統社會之間可以相結合的點和面,要比任何現代化的社會所能接受的點和面更多。所以說,任何的傳統社會都有其同構之處。但這些傳統社會,即便是其中最先進、發展最快的,要和十九世紀以來所湧起的現代化過程相比,都有不可跨越的鴻溝。

另一種現象是,傳統社會的某種統一性和現代社會所顯示的分裂性形成強烈的對比。從這個觀點來看,現代化不是使各種世界觀逐漸同一,而是形成更大的分裂。舉例來說,紐約代表現代社會的高峰,是個挑戰性很大的社會(其實我們也可以舉臺北、東京、香港或曼谷爲例)。每次我到紐約,都覺得意氣飛揚,精神極佳。後來發現,精神不佳在紐約是不能生存的。如果精神不能集中,不迫使自己處於緊張的狀態中,是無法在紐約生存的。同是住在紐約的人，其生活方式更是天差地別。即便是同住一棟高樓的不同人家，有的是最自由的，認為世界各大宗教都可統一；有的則是最保守的，歧視有色人種。這種現象越來越明顯。自從尋根意願加強以後，改變了以前所認為的現代化可以把各種根源性的東西，諸如宗教、語言、文化、種族都消除掉的看法。事實證明不僅沒有消除，反倒是這些現象都更突出了，而且其分歧的傾向比以前更為嚴重。甚至同一宗教間的鬥爭也變得極為慘烈。以前是基督教徒和回教徒之間的鬥爭，或猶太教徒和基督教徒之間的鬥爭。到了現代則是同時住在耶路撒冷的激進的和保守的猶太教徒兩者之間的鬥爭。其激烈的程度有時較與異教的抗爭更厲害，確實是血仇。所以說，大分裂的現象越來越明顯。這是現代化過程中不能消解的問題。

以上所講的是東西方的文化差異，此外還有南北的差異問題。聯合國所討論的一些南北問題，顯示出富有的國家和貧窮的國家之間的差距越來越大。這個情況在現階段是很難改變的。

另一種情況是，發展速度越快的社會，其受傷害的程度也越大。以前人們總認為只要發展就有好處，有錢能使鬼推磨，現在發現並非如此。這裡牽涉到後來居上的問題。以前的發展要花二、三十年的時間，到後來只要五年、十年就可以趕上。時間的距離越來越短，競爭性越來越強。從這種發展的趨勢看，如果速度越來越快，整合的可能性雖然增大，相對的受傷害性也同時更趨嚴重。再以紐約為例，紐約每天所需的幾十萬噸蔬菜都是從外面運進來的。這些蔬菜都要用大貨車來裝載，如這些貨車一天停工，紐約就要面對飢餓的挑戰。還有，紐約每天所製造的垃圾也很驚人。這些清道夫們想罷工，一定是在夏天，只消兩、三天，就使空氣污穢不堪。幸好美國工業製造了塑膠袋，解決了危機。

再有電源危機。從加拿大輸進的電源，因爲有些差錯，即導致全市停電，只需幾個小時，就人心惶惶，設想那些被困在二、三十層電梯裡的人真是度時如年。一個非常複雜的體系，其關係網絡十分密集，任何一點出了問題，整個體系就會面臨危機。而且，發展的速度越快，出問題的可能性就越大。

從五四以來，一般知識分子常犯的毛病是和西方相比，自己矮了半截；和日本相比是又愛又恨，差距越來越大；但和印度相比，則自以爲高人一等。所以，中國學者面對印度學者時的蠻橫情形，正和日本學者面對歐美學者的卑恭情形形成一鮮明的對照。原因就是因爲想要科技和富強。所以，一度我有這樣的設想(至今仍是如此想法)，假如中國比較傑出的知識分子開始能夠重視印度，認爲能夠從印度的文化中吸取養分，那就顯示我們的心態已超越了富強第一的典範，就可以面對二十一世紀的挑戰了；假如中國的知識分子完全被西化，或被東洋化的觀點所籠罩，就不能了解其他第三世界。如果發展得越神速，受傷害就越大，倒不如穩步地全面成長。有時，有選擇性地發展，並不表示生存能力不夠，像印度的情況就是這樣。正如梁漱溟先生所提出的世界三大文明，一個是西方，一個是中國，另一個是印度。西方是動力橫絕天下，侵略性極強；而中國不學西方則無法自立；但西方文化發展到一個高度以後，就擋不住印度文化的誘導。印度文化所代表的那種對超越的響往，對西方的年輕人具有極大的誘惑力。其原因在於印度文化的根基較厚。而印度的精神資源是無法想像的！只要脫離貧窮的問題，印度的音樂、哲學、文化、藝術，都是了不得的資源。其地方色彩及學術上的高峰也都令人嘆爲觀止。

綜上所述，在這複雜的現代化過程中，有兩個重大的問題值得注意：一個是發展的速率，發展的前景及動力；另一個則是承受力和對傷害性的防禦能力。

日本在處理古今東西之爭的課題上，值得我們參考。我的同事傅高義[5]寫了一本題爲《日本第一》的書，更助長了日本人的聲勢。但事後他們自己回想起來，覺得不能過分自滿。因爲他們被捧起來以後，受到美國的許多制裁。也許那本書的潛意識是提醒美國人應採取對付日本經濟侵略的有效策略。還有許多哲學界的朋友認爲，日本的文化容受性很大，各種思想到了日本以後，都能有所發揮，不管是傳統的或西化的思想，都有紮根的餘地，所以日本成功了。這是日本突出的一面。但如果同日本的思想家和學者交通，就會發現他們憂心如焚。因爲日本和中國一樣，受到西方文化的挑戰。中國的反應極慢，而日本則反應極快。當時的日本學者福澤諭吉[6]提出"脫亞"的口號，認爲不要再做亞洲人，如再跟中國的命運搞在一起，那就沒有希望可言。因此主張充分西化。但日本保留了傳統意識，在西化和傳統中造成一種良性循環。即使這兩者都是非常強烈的極端主義，卻能各顯精彩。這和中國五四以來的全盤西化和義和團精神所造成的惡性循環不同。日本是以全國的力量走社會達爾文主義的路線。他們有一種危機感。這種危機感促使日本向前發展。長此以往，把日本所有的精神資源和動力都凝聚起來。

要想了解日本的西化，有許多精細的課題必須一一推敲，現在只作提示指出日本雖然西化很成功，但焦慮的情況卻與日俱增，原因何在？用維特根斯坦的話來說就是語言遊戲。這遊戲不

---

5 傅高義(Ezra F. Vogel)，1930年生。美國社會學家，哈佛大學社會學教授，甘迺迪學院講座教授。
6 福澤諭吉，1835-1901。明治時代思想家，提倡"脫亞入歐"。

是從自身的文化根源中發展出來的，因而，對於這遊戲的意義結構、內在動力和價值的理解是不夠的。這就是說，整個西化的模式，它的創始者、評論者、預言者都是西方的學者；而日本在經過幾十年的奮鬥後，不僅已爭取得一些主動權，而且在很多行業方面都獲得青出於藍而勝於藍的成績。但是下一步將如何走？在許多學者看來，日本目前正面臨一種意義和認同的危機。

象徵人類學的資深教授格力夫・吉爾茲(Clifford Geertz)[7] 曾對我學術研究中碰到的古今中西之爭的困境給予同情的了解，從傅柯的角度來分析我所遇到的問題。他所用的名詞叫網絡 context；而 text 的中文意思為文本。在不同的網絡中有不同的文本。夢、意識及討論問題的思考模式都屬於 text 的範圍。他認為，我在處理傳統問題時至少有四個網絡，其中有交互的影響。第一個網絡是現代人的立場。一個現代人多少受到西方文化的影響，甚至可以說比十九世紀的西方人更西化。所謂現代人的立場就是以現代人的觀點，通過現代人所碰到的問題，來了解傳統。第二個網絡是有關雙語並用的問題。如把英文譯成中文，這中間有極大的困難度。第三個網絡是從哲學和歷史的角度也就是專業的角度來討論問題，因此涉及邊緣科學的問題，但跨專業的研究難度雖然很大，還是有可能的。這裡有許多非常有意義且有趣、既屬於哲學又屬於史學、但又非哲學亦非史學的問題。這些問題確實很難處理。第四個網絡是如何面對西方文化挑戰的問題。這裡涉及到個人意願的問題。到底是接受呢？還是隨波逐流呢？抑或是對它進行批判的反省？這完全取決於個人的價值觀念。當然，這種主觀意願也有理論上的根據，但如何超越個人的價值取

---

7 格力夫・吉爾茲(Clifford Geertz)，1926年生。美國文化人類學家，普林斯頓高深研究所文化人類學教授。

向，對客觀事實加以分析，在了解自己的價值選擇之後，對於客觀事實的多樣性及複雜性加以認識，　不僅是一個有意義而且也是一個挑戰性很大的課題。

對中國文化的照察

談到中國文化的導向問題，一般人的了解是，中國文化的發展，尤其是歷史的發展，應還其本來的面目。但如何還法，問題很大，工作也相當艱巨。一個主要的原因是，所有用來分析中國歷史的理論結構都打上了西方的烙印，而且還突出了西方的特性。直到近來才有學者想要突破歐洲中心主義，以平實的心態來了解非歐洲文化的傾向。韋伯的課題是和現代化緊密聯繫的。在這個層次上把韋伯命題和軸心時代發生關聯，然後從軸心時代來看西方現代文明的特色，這種方法取徑是近年才出現的學術大事。以前，西方學者是不可能真正來了解中國文化的。

一個有趣的現象是日本京都學派的教授內藤虎次郎 [8] 所提出的觀點。這一觀點在西方的漢學界及日本、中國學界都有很大的影響。他認為，中國歷史上的近代當屬唐宋之交。這又涉及到韋伯的理想類型的觀點，即把一個現象中的特色突顯出來，造成一個典範，再來了解各種離散的現象，然後用一個理論把它貫穿起來。用佛教的語言來說，是個權法，即權宜之計，方便巧善之門，並非對實際事實的分析。用這種方法，甚至可以把馬克思的五種生產方式劃為理想形態。中國的學者用這五種生產方式來研究中國封建社會的上限和下限之所在，結果把中國歷史自身發展

8　內藤虎次郎，又名內藤湖南，日本漢學家。所謂"內藤命題"(Naito Thesis)是以宋朝為現代中國的起源。

的動力和規律都拋之不顧。

　　內藤虎次郎是根據中國歷史發展的內部動力和規律而立論的，他發現唐宋之交有一個突出的現象，即中國的貴族制度從宋以降逐漸消失殆盡，而唐代還有一些大家族。所以他認爲，自宋代以後，中國有平民文化的出現。通過科舉考試始有士大夫階層的出現，這是一個嶄新的階層。還有宋明理學的興起。更重要的是經濟的發展。大多數的學者都接受中國確有相當程度的商業資本化傾向，以及都市化現象。那時的中國在思想、政治、經濟、社會各方面都有很大的改變，而且，這個典範一直影響中國到十七、十八世紀。在這段時間內，中國有橫向及縱向的社會動力。和歐洲、日本相比，這種動力相當大。從宋以後，一個大家族歷時三、四代而家道不衰者寥寥無幾。農家子弟通過科舉考試可以上升至政權核心的可能性基本存在。

　　還有一點值得注意的是政權中心、知識精英和廣大社會群體之間的區別。知識精英的影響力很大，但不一定握有實權；而在政治實權中的人物，則有些完全不屬於知識階層如宦官外戚之流。在分析中國傳統社會時易犯的錯誤是，認爲中國的士人階級和專制政體的權力中心是合爲一體的。更有甚者，接受黑格爾的觀點，認爲在中國唯有皇帝一人才是自由的，其餘皆無自覺的自由。黑格爾提出這一觀點有兩層意義：一是形式的自由，一是實質的自由。形式的自由即自覺的自由，自己覺得自己是自由的；實質的自由則指實際上的自由。他認爲中國的知識分子、官僚及一般人民雖然實際上擁有很大的自由度，但根本缺乏自覺的自由。這是既片面又無根據的看法。事實上中國皇帝的自由度很小，小到由外戚和宦官來控制。當然，政治權力中心和知識界影響力之間可能有所交叉，但在知識界擁有最大影響力者卻往往並無政治實權。如南宋朱熹，在思想上影響力極大，是全國知識界的領袖，而在政治實權上卻是邊緣人物。他的文化影響力遠遠超過其政治影響力。所以，在最有影響力者和最有權力者之間，需要加以分別。

至於儒家的抗議精神，一方面是清官、諫官，在政治權力中間；另一方面是外圍的隱士。還有就是傳統社會中的鄉紳。鄉紳是地方勢力。對於地方上的管理，常有的現象是在七十五萬人的區域，由不足一百人的領導階層來控制，而控制的方式大半是靠意識形態、風俗、道德素養之類。真正要動武力時，要從州政府來調動，困難極大。因此，有農民起義時，情況往往一發而不可收拾。這樣一個社會，在當時人類文明歷程中是最複雜的，也是動力最大的，而且是科技發展最高、理性化最強的社會。

值得注意的是在這樣的一個社會中，如何維持大一統？從地理條件來看，中國的神州大地沒有理由成為一個統一大國。如四川從地理條件來看當然可以自成一國；福建和外地交通困難而且境內語言種類紛繁，亦可自成體系；從長江下游到河內，比到福建更容易些；雲南有大部分的時間是獨立的狀態；中原亦可分成若干小國。從語言來看，中國的語言相當複雜。上海話和北方官話的關係，從語言學來看，並非英文和法文的關係，亦非英文和德文的關係，也許比英文和瑞典文、英文和俄文的歧異更大。而廣東話有九聲，官話只有四聲。從種族來看，中國從北宋開始，一直到元朝，此間有一百年的分裂，南方有所謂的宋明理學，而北方的學術影響到朝鮮。風俗習慣上也有很多的不同。從馬王堆的材料中可以看出，兩湖地區和江西的不同。然而，儘管有不同的語言和差距很大的風俗習慣，中國確實是一個統一的文明體系。自從漢代帝國崩潰以來，經過五胡亂華、魏晉南北朝時代，到了隋唐又告統一。這從歐洲的歷史發展來看，是一個無法理解的現象。

　　曾受業湯用彤在大陸哲學史研究方面影響很大的任繼愈教授為了打破封建時期的鐵板一塊，認爲封建社會有所謂的上升期和下降期，而把宋代當作下降期。這樣畫分雖然比把兩千年的歷史傳統定義爲封建專制好得多，但仍不能說明事實。從任何資料來看，宋代商業和技術方面的發展都在先進之列。以後，人口直線上升，沒有很大的戰亂。即使是蒙古的入侵，也沒有使人口普遍下降。到了十七、八世紀，人口更急劇上升。明清之交，中國在經濟制度和社會結構以及政治上沒有明顯的變化。人口增多和土地分配的情況，亦和歐洲模式大不相同。另外，值得注意的是，南宋因外族入侵而衰弱，但其經濟基礎還是相當雄厚，其歲收超出唐代的鼎盛時期。南宋以杭州爲中心，中國的勢力逐漸南移，呈現集中的現象，因此有強勢的商業發展的條件，如杭州和廣州是當時世界貿易的中心。從各種情況來看，這和歐洲中世紀的城邦政治的發展不同。中國有自身的發展動力，雖然和西方現代文明的所謂橫絕天下的動力相比，是十分薄弱的。因爲中國是一個以農耕爲主體的傳統社會。但和其他相同時期的社會相比，它的動力確實很大。

　　這裡牽涉到在國際學術上爭論相當多的問題，即鄭和下西洋的歷史意義。在公元十五世紀初，約 1403-1433 這三十年時間，永樂皇帝的宦官鄭和七次下西洋。經過各種考古發掘，發現他在南京的造船廠，以及當時所實使用的木料；在泉州發現他的碑文；在雲南發現他的世系。值得注意的是，當時鄭和下西洋所帶領的艦隊，人數約有二萬多，所用的船隻比哥倫布的船大許多倍。他的組織除了軍隊以外，還有歷史學家和各種企業、外交人才，行政系統非常複雜。所到之處除了印度洋，還遠及非洲東岸，而先行部隊已抵麥加。所以，從當時的航行技術來看，沒有理由不發現好望角。一般的看法認為這是很可惜的。但我覺得，鄭和下西洋是不可能發現新大陸和新航路的。如要發現新大陸，至少在觀念上要和整個科學知識、宗教信仰和探險精神相配合。鄭和的下西洋是當時中國社會的工具理性自然運用的結果。當時在社會上引起的爭議很大，一方面是費用太高，目的何在？另一方面影響了東南亞，使得朝貢者越來越多。但和明代的價值取向並不契合。

中國是個農業社會，不提倡商業發展。但雖然政府不提倡，商業本身靠民間企業人才的發展一直相當蓬勃。只要政府不加以鉗制，工商業就會有發展；即便鉗制，仍不能阻扼其發展的基本動力。另外，整個中國的自我形象是，長期的農業社會和游牧社會交互影響所創造的文明。中國不是一個純粹的農業社會。從春秋戰國到漢代以來，中國的動力常是農業民族和草原民族交互影響的結果。所以，對中國而言，最重要的邊防是在西北。從海洋而來的對中國的壓力是海盜或倭寇。直到十九世紀中葉，在中國的歷史上從未出現過如此強大的來自海上的敵人。所以，從當時的軍事設施及邊防來看，派艦隊到東南亞是沒有必要的。中國實在沒有擴張自己領土的野心。因為如此發展下去，對中國的經濟、政治與社會並沒有什麼顯而易見的好處。

另外，中國的整個社會的價值取向是以受儒家教育的知識精英所導引的。受人文學和古典研究的影響，中國沒有法律的傳統和抗衡的傳統；沒有向外擴張的傳統；沒有向海洋發展的傳統。上次提到的1978年美國海洋學代表團在廣州參觀了漢代的造船廠遺址，和那時所造的樓船，規模極大，簡直令人瞠目結舌。因而，說漢代有強大的海軍是有歷史根據的。即使不相信徐福能發現琉球和日本，從秦漢以來，中國到海外旅行的商人和軍人是屢見不鮮的。費正清說這就是潛力和能力以及實際表現之間的差距。

但這樣的了解還是一隅之見。必須和整個價值系統中的優先問題聯繫起來才有一窺全豹的可能。以韋伯的觀點來看，如果火車的鐵軌已設定，火車頭可以增加行速卻不能改變方向。即使後見之明顯示改變方向有許多好處，但其既定方向的潛勢不容易減殺。其中有理性選擇的問題。而選擇主體中的一個重要的階層就是士大夫階層。士大夫階層不能被認為是中國政治權力中心的附庸，因為他們有自己的人格形象、社會效益及自己的發展目標。這些人所受的思想陶養，很像英國在文官制度中從牛津、劍橋出身的知識精英。他們所要創造的文化價值，基本上是詩詞歌賦，或是企業管理、政治管理，而不是從格物發展到對自然界強烈的追求。所以，科學在中國沒有像西方那樣突飛猛進地發展，雖然科學技術到宋以後，甚至到明代，還可以和西方相提並論。從溯源的角度來看，其中的理由是非常深刻的。我們要回到希臘時代，才能了解為何西方能發展科學；要回到原始儒家，才能了解為何中國不發展科學。而中國之所以不發展，又跟價值優先有關。任何文化都有其體現價值的方式，絕不能把一文化的價值體現變成其他文化發展的指標，否則會淪為文化帝國主義的模式。當然這也並不表示文化是一成不變的鐵板，也沒有文化決定論的含意在內。

從十九世紀以後，中國文化的發展被西方文化的撞擊所切斷。現在雖然不能想像有其他可能性存在，但是這些想像卻能提供對業已出現的發展軌跡作出多層次的分析。在諸多的可能性中，如有一種可能性特別突顯，而且成為唯一的事實，也不能因此而認為在理論上、歷史上只有這種事實可能出現。這是一種歷史的命定論。我不能接受哲學上所謂現實即真理的觀點，雖然這種提法有深刻的意蘊。今日的中國何以是這種面貌，其中有不少重要的偶然因素。這些偶然因素中不少是外來的。如在日本，德川幕府的發展並不是想要革新，它有其自身的方向和發展的脈絡。而明治維新則是針對西方的挑戰所作出的回應。所以，要想反省中國歷史發展的脈絡和動力，當然是要面對西方的挑戰這個課題。但也不能用這個課題所帶來的價值(即社會達爾文主義的弱肉強食的觀點)來作為評價歷史文化發展的唯一標準。

　　其實這個觀點本身相當膚淺，用於當今弊病甚多，即使單用社會達爾文主義來了解西方文化的發展脈絡也失之偏頗。因為這個原因，我覺得重新反省認識中國文化發展的線索，以及它內部的資源和優劣，不僅有學術上的意義，而且有知識文化上的意義。譬如，目前海峽兩岸都普遍認為中國的傳統社會是一個超穩定的系統，這系統的屬性是不變的，已經成為一個自成體系的大組合。甚至有的學者認為，我們所面臨的是啟蒙運動的補課問題。他們認為，因為中國沒有發展啟蒙運動，對中國本身造成一個殘缺，使得中國沒法現代化。所以，要實現現代化就要先回到西方過去的歷史潮流中去。這是否可行？西方的啟蒙運動的背景條件之一是多元多樣的發展途徑，其實英、法兩國的啟蒙精神便涇渭分明。的確，西方走出中世紀是讓英、法、德、意、西各種語言世界自我發展。啟蒙運動的另一背景條件是基督教，雖然教派林立，但聖經(特別是新約)卻是大家都信奉的寶典。所以，要從各種不同的角度來思索這個問題，就得從了解文化本身的資源著手。

　　站在現代西方源遠流長的尺度，亦即東西學術界共同的尺度來看中國的價值取向，可以發現，越掌握和理解西方現代文明的複雜(這"複雜"有兩層意義，一是地域上有各種文化的體現；一是時間上有各個階段的發展)形象，就越能如實認識中國傳統的發展趨向。很明顯，如果接受了軸心時代的觀點，就可以了解各種不同的文明有各種不同的趨向，即各有其運行軌道，不能只用一種發展趨向來作為其他文明的典範，也不能只用一種文明來解釋其他文明的發展。但有一事實不能否認，即只有經過嚴密的思考，才有資格來突出這個限制。在十九世紀中葉以後，軸心文明的發展通過了各種不同的方式(有些是殘酷的戰爭和掠奪)，形成了自己的發展脈絡。如中國屬於軸心時代的文明，也經過佛教等文化的影響，逐漸有自己的發展脈絡可循。但是到了十九世紀中葉以後，一股大潮流衝擊過來，方向也改變了，脈絡也弄混了，即使不願意接受，也不能回到原先的發展脈絡。所以，這時必須深刻體認此一新傳統所代表的精神價值，並且了解它在自己的文化傳統中所發生的作用，向前看，往遠眺。我們絕不能把近代史一筆勾消。有些研究傳統的學者，因為悲憤的意識和屈辱感所致，對於五四運動中的反傳統意識，進行反對反傳統的抗爭。這個意願很強，直想在中國文化傳統中發掘新的資源和養分。這是很可理解的。但是，這個意願如果不能擺在現代中國歷史發展的曲折進程中來理解，那將是一廂情願的感情發洩。

第四講
柏深思：現代化的多面性

　　上一講，我們討論了現代西方的動源問題。這個課題非常複雜，我所提出來的可以說是比較浮面的現象。但是問題不大，因為在我們以後討論柏深思和哈伯瑪斯的時候，會逐漸地使我們對西方現代精神有進一步的理解。我在上一講曾提到現代西方的源頭活水是多元的。有猶太、基督教的傳統。這個傳統特別強調"天職"(calling)的觀念。在猶太和基督教的傳統內，這個"天職"的觀念也許比原罪和靠信心得救的觀念更重要。我也提到了希臘的傳統，特別是希臘的理性傳統，如從科學精神、城邦制度，逐漸發展到民主。我也提到了羅馬的法律和政治制度。在開始的時候，這些提法是針對韋伯所面臨的問題，即韋伯思想的來源和他面臨的當時西方資本主義社會興起所引導出來的很多特殊的課題所作出的回應。我也提到韋伯是"只緣身在此山中"而"不識盧山真面目"。因為現代西方以及在日爾曼傳統中特別突出的希臘文明，並沒有成為韋伯思想的重點。雖然在韋伯的整個思想結構中，這些課題都發揮了極大的作用，可以說是滲透到韋伯思想的每一個層面，但是，當他從比較學的角度進行對人類文明作全面反思時只討論了猶太教和早期基督教，討論了中國文化，討論了印度文化，乃至後來他也想討論回教文化。但是對於現代西方，乃至希臘的精神，也應當作同類的分析，這項工作他沒有做。所以，很多學者說，韋伯的這一空缺，其沉默像大雷雨一般的響亮。這個沉默，也體現了韋伯思想的特殊面貌。

　　同時，在我對西方的現代源遠流長的各個傳統做了一個非常膚淺簡單而且主觀意願很強的分析以後，我也提到了從現代西方看中國文化的導向。各位可能已經慢慢覺察到我討論"現代精神與儒家傳統"的策略。在討論西方現代文明的時候，一定要提到中國文化和儒家傳統。並在這個角度之下，對西方模式的現代化、歐洲中心主義以及由此引導出來的一系列特殊的思想模式進行批判地分解。俄亥俄(Ohio)大學張灝先生[1] 曾經有這樣的提法，我是非常贊成的，即：在我們對於現代和傳統這個課題進行反思的時候，我們不僅要從現代的角度來批判和了解傳統；同時也要從傳統的角度來批判和了解現代。如果用中國的老傳統來說，就是用現代來"格義"傳統；用傳統來"格義"現代，而使之能成為一個辯證發展的關係。

柏深思學術研究總體觀

　　今天我要討論的課題比較集中。雖然比較集中，但困難度對我仍很大。柏深思這位教授，我曾跟他唸過幾年書，可以說有師生之誼。一方面，我對他所接觸的問題，因和他直接交談過，所

1　張灝，1937年生。旅美華裔史學家，哈佛大學博士，專長中國思想
　　史。著有《中國知識分子的危機》等。

以心知其意；另一方面，正因爲有這種交談的個人經驗，所以可能只見樹木不見森林，不能完全跳出他的理論體系，對他作一個比較全面的理解。尤其是柏深思今天已成爲現代美國社會學界被批判得／不能說是體無完膚吧——最厲害的思想家之一。我對他的理解，特別是同情的理解，可以說只代表少數人的觀點。

首先，我們來看柏深思對現代文明的理解，特別是他從社會學出發所建構的行動論。所謂社會行動論，是對西方文明所作的一種反思。我們應該擺在一個更高遠的背景也就是比較文明學的網絡中來看。

柏深思是美國的一位社會學家，在1960年代的時候，他的思想可以說是如日中天。只要和社會理論有關係的學者，多少都受到他的影響。就是今天，他的第二、第三代的學生，還是在美國的會學界(特別是對社會理論有興趣的學者)占據了重要的地位。可是，柏深思的學養，基本上是屬於歐洲的，而不是美國的。他雖然是具有美國特色的社會學家，但是他的教育是在歐洲接受的，而且特別受到韋伯的影響。除了韋伯以外，法國的社會學家涂爾幹(Durkheim)[2] 對他也有很大的影響。另外還可以說，柏深思的整個思想是針對馬克思所提出的問題作一種詮釋和批判。

柏深思是一位多姿多彩的作家。他自己所著以及與同事合著的書一共有十七本。其中最重要的一本是《社會行動的結構》[3]。我在這裡特別強調這本書。這本書可以說是他一生精力之所在。除了這十七本書以外，他最後寫的一本書是《行動理論及人的存

---

2 涂爾幹(Emile Durkheim)，1858-1917。法國社會學家和哲學家。著
   有《社會勞動分工》、《社會學方法論原則》等。

3 《社會行動的結構》(Talcott Parsons, *The Structure of Social Action*,
   New York, 1968.)。

在條件》[4]。從1937年到1978年，在四十多年的學術生涯中，他不放棄反思的權利和義務，並且繼續不斷地進行自我批判的學術工作。這種精神是可貴的。作爲一個學者，他和韋伯可以說是形成了一種非常鮮明的對比。韋伯一生努力，所建構的理論結構中有很多鬆散的地方，必須通過翻譯，通過詮釋，才能把他理論中鬆散的部分和空缺慢慢地填補起來。但是，柏深思在1937年剛剛學成的時候，就很自覺地以求全的心態來建構他的理論系統。因此，他的理論系統比較完備，攻擊的目標也比較明顯。韋伯的理論系統非常不完備，既有豐富的內涵，又許多模稜兩可的觀點。所以，要想全面攻擊韋伯，有很大的困難。這也許可以給我們一個教訓。總之，我們今天來了解柏深思所提出來的理論架構，可以對西方現代文明，特別是他所理解的現代化，以及他所提出的現代化的各種層面，作一個整全的了解。

我這次演講，主要是想提醒大家注意各種不同層次的指涉，即層次與層次之間的內在關係。尤其是對比較細微的內在關係，要慢慢地進行推敲。但是，到底有哪些層次、哪些問題是必須要顧及到的，這是我們今天要討論的問題。換句話說，柏深思給了我們一個藍圖，這個藍圖是一個宏大的結構。我們了解一個藍圖、一個宏大結構的好處，是能對這個藍圖的各種不同層面有一整全的把握。至於藍圖中有些細微的問題，當然不能一一顧到，也許我們可以舉幾個例子，藉以了解他的運思模式。

有一點是我要預先交待的。各位對托馬斯・庫恩[5] 所謂的科學發展、科學革命的觀點可能比較熟悉。庫恩有所謂 "典範"

---

4 《行動理論及人的存在條件》(Talcott Parsons, *Action Theory and the Human Condition*, New York, 1978.)。

5 托馬斯・庫恩(Thomas Kuhn)，1922年出生。美國科學史家，科學哲學家。著有《科學革命的結構》、《必要的張力》等。

(paradigm)的提法。典範，從他科學發展的角度來看，其整合的程度是非常緊密的。所謂典範，就是指一個具有內在統一性和穩定性的解釋模式。所以，當這個周密整合的典範的某一個部分發生了問題(也許因為它和經驗事實有所衝突，也許在解釋的時候碰到了困難)，一定會導致整個典範的動搖。這也就是從一個舊的典範進入一個新的典範所必經的過程。因此，當典範的內在認同、內在邏輯性以及內在整合發生了動搖的時候，這種特殊的科學模式，逐漸就會被揚棄、被超越。

　　如果我們想用庫恩所講的典範來了解柏深思的結構，是牛頭不對馬嘴的。因為社會理論乃至文學理論或其他人文理論，要真正能夠達到像科學理論那樣，具有非常嚴謹的內在邏輯性，嚴謹到可以用數字來表示，是絕不可能的。除非是非常膚淺(也可以說其普遍性很大，但意蘊卻非常薄弱)的解釋模式，才有這種可能。一個社會理論的構成，其中有很多模稜兩可、乃至模糊不清的觀點。如果我們用定義的方式來說什麼叫文化，什麼叫社會，什麼叫政治，想把它嚴格地規範化，然後進行某種推理，這種社會理論本身就不能建構。幾乎沒有一種社會理論是通過這種方式來建構的。因為，社會理論的內在結構，在某種意義上來講，是鬆散的。然而，雖然鬆散，並不表示它沒有其內在的統一性、整合性，也不表示它運思的層次比較低。在運思的層次上，每一個問題都有很多子問題，每一個系統都有很多子系統，其中的交互關係非常複雜。但是，它的大脈絡，有其一定的嚴謹性；它的內在邏輯關係，有時要通過非常細致的研究才能進行定位。以前，許多學者在了解柏深思的時候，認為他是一個系統的建構者；現在卻認為他的系統建構中間出了毛病，因此他的整個 paradigm、整個理論結構都站不住腳了。殊不知，柏深思並不只是一個理論建構者，他也是一位從事對實際社會現象進行分析的社會學的從業員，是一個職業性非常強的社會學研究者。因此，要把他具體研究的課題，提升到一種以解釋社會現象為主要關切的理論結構的層次上來了解。

所以，我們首先要對柏深思的十七本書和一百多篇相當有分量的論文作一個概略的了解，如此才能知道他的經驗基礎是什麼，他的"參照系"(frame of reference)是什麼，在他的整個理論架構中，真正經過具體的經驗事實研究的基礎又是什麼。曾有一位學者在做了一些分類後說，從柏深思的十七本書和一百多篇論文以及無數的演講(一度他在美國教書的時候，大概每星期要橫跨美國大陸至少一次；有時候每個月要橫跨大西洋兩次，以進行對他的理論的辯護、分析以及弘揚他的理論中的一些觀點)中可以看出他所接觸的一共有十二個範圍。這十二個範圍不一定有互相管束的關係，但是我們應該對這十二範圍有初步的了解，由此可以知道柏深思作為一個社會從業員的領導，究竟完成了哪些工作。

柏深思所做的工作之一，是對工業化和西方社會進行分析。他對工業化這個問題提出了相當多的觀點。譬如說，最近皮特・伯格 [6] 說世界上出現了三種不同的工業文明，即西歐和美國模式，蘇聯和東歐模式以及工業東亞模式。這是以前韋伯和柏深思的時代所不能想像的。但是，柏深思對西歐和美國的工業文明所碰到的內部問題，做了許多研究。現在對於工業文明有突出見解的學者，譬如丹尼爾・貝爾 [7]，基本上也是在柏深思所提出的觀

---

[6] 皮特・伯格(Peter Berger)，1929年出生。奧裔美國社會學家，波士頓大學講座教授。

[7] 丹尼爾・貝爾(Daniel Bell)，1919年生。美國社會學家，哈佛大學社會學教授。著有《意識形態的終結》、《後工業社會的到來》、《資本主義的文化矛盾》等。

點上再作進一步的發展。

其次，柏深思對學術界中的保守現象也做了研究，其中有一部分，包括以韋伯思想爲研究對象的，學術傾向是極端右傾的，所謂 radical right。柏深思專門研究了這種保守勢力，或者說是基督教的原始精神、原教旨主義，以及美國的右派。有一個時期，美國的每一個自由主義學者都深受其害。所以，柏深思計對這一現象做了研究。

再者，柏深思完全繼承了韋伯的線索，這是非常明顯的。對於韋伯所提出的科層制度，或叫官僚制度的問題，柏深思從各種不同的角度進行了研究。

還有一個課題也是柏深思研究的範圍，即"職業"。他研究整個醫療制度，把醫學作爲一種職業；他也研究法律，把法律作爲一種職業(他在哈佛大學的社會學系退休以後，長期在法律系教書)。

另外是教育。他和一位同事合寫過一本關於美國大學教育的書，引起了很大的爭議。我基本上認爲柏深思的觀點是比較保守的。柏深思認爲，真正能夠代表美國大學精神的是哈佛，而不是柏克萊。他有一次到柏克萊旅行(大概是1966年，美國的學生運動已開始興起，最早是1964年柏克萊的言論自由運動)，發表了一篇演講(他事後說，這是他最糟的一次演講)。他說，若要分析柏克萊的學生運動，可以從兩個角度來看：一個是勞資之間的衝突；另一個則是在不少州立大學中，學生和教授以及教授和行政單位之間的異化。因此東部的這些常春藤聯盟的大學並沒有這類問題。所以，柏克萊的學生運動在美國高等教育中是屬於特殊現象。另外，柏克萊所代表的可以說是一種反擊文化(counter culture)。他說，當他在路上行走時，居然看到有男孩子戴耳環的，而且不是兩個耳環，而是只戴一個，這是多麼荒謬的事。這些現象在當時的東部都還未曾出現。可是，在柏深思回到哈佛一年以後(即1967年)，戴一個耳環的，搞學生運動的，異化的年輕人，在美國各大學都出現了，而且在東部的大學更為嚴重。1968年，幾乎所有的美國大學都有暴動。所以，雖然柏深思對教育的研究，尺度比較高，但他對學生的特殊感情掌握不夠。

對社會的分層(social stratification)，柏深思也做了很多研究。但這裡面有他的缺陷：他特別強調各種職業之間、各種不同階層之間的整合關係以及和諧關係；對於鬥爭、衝突的關係則注意不夠。他還對美國的群眾社會做研究。他和他的同事 David Resiman 討論過美國的群眾，認為美國的群眾是 "沉默的一群"(the lonely crowd)。他對美國的整個群眾運動的發展有興趣。對於嬉皮，乃至離經叛道、行為不軌的所謂惡棍，吸大麻的、犯罪的、甚至因為神經失常而成為社會問題的人物，他都做過研究。

宗教是他研究的重點。我選修過他的宗教社會學。他是根據韋伯的觀點，從軸心時代的文化一直講到新教倫理的興起。

對於種族和種族性以及美國的種族問題，他也做過研究。

因此，可以說，柏深思在經驗研究的層次，做為一個社會學的從業員對各種社會現象進行廣泛的研究，他的經驗是相當豐富的。他的理論結構是根據一些經驗事實(有些是市場調查，有些是個案研究，有些是與其他人的合作)，在了解各種不同的社會現象後，從各種不同的角度建造起來的。

他還有一個很強的意願，這個意願現在各種不同的科系經常被提到，即 "科際整合" 的問題，大陸叫做 "邊緣科學"，也可以叫做 "交叉科學"。就是在不同的科學領域中展開共同的討論。我在此做一個簡短的分疏：第一，所謂交叉，或叫做

interdiscipline；就是兩個不同的科研，爲了處理某一個問題，非要合起來不可。譬如生物物理學、物理化學；人類學和政治學、社會學，乃至和文學之間的交叉；歷史和哲學也是一種交叉。其次，有一種情形是所研究的課題不能只從一個渠道來了解，一定要有兩、三種不同的科研訓練，才能做研究。第三，還有一種情形，它跟科際研究或科際整合交叉科學沒有太大關係。但你如果要研究一種現象，除了各學科的科際研究外，還要跳出學府之外，跟社會群體大眾和其他的職業聯繫起來，譬如專門集中生態環境問題而組成的科研單位。你若要研究生態環境，不能只找生化學家、大氣物理學家，你還得找律師、政客和企業家等等，大家聯合起來，先解決生態環境的政策問題。這種跨系、跨學科、跨職業而且跨利益集團的合作極不簡單。柏深思那時已懷著這樣一個強烈的意願，希望社會學、政治學、人類學、心理學甚至生物學基本上整合起來。具體的工作是在哈佛的文理學院成立了一個“社會關係學系”。社會關係學系是請人類學教授、心理學教授、社會學教授和政治學教授合起來共同成立的。在很長的一段時間(約十多年)，社會關係學系是使得柏深思的思想突出發展的一個重要學術單位。後來，柏深思的思想在美國受到很大的挑戰，其影響力逐漸降低，社會關係學系也解散了，社會學家回到社會學系，心理學家回到心理學系，人類學家回到人類學系。這個例子，究竟表明柏深思的洞見在當時無法付諸實施呢，還是表明現在的教授專業傾向特強？自身利益的考慮太多？運思的水平較低？或者他們的理想性較差？這是值得以後再詳細討論的課題。

柏深思思想的三個源頭

柏深思的思想有三個重要的源頭。他之所以能把這三個重要的源頭匯合起來，主要是爲了針對馬克思的挑戰。可以這麼說，馬克思在美國的社會學界，自1950年代至今，並沒有突出的發展，這和柏深思的社會學理論有某種密切的關係。

我們前面已經提到，韋伯對馬克思主義的思想做了一個相當全面的修正，他打破了馬克思的基礎結構和上層結構的絕然分隔，以及基礎結構決定上層結構這種經濟命定論的模式。其實，馬克思的這個想法，主要是受到恩格斯的影響。在早期的馬克思及其思想的發展過程中，並沒有出現這種極端的把上層結構和下層結構絕然分隔的極端傾向。因此，很多學者認爲，韋伯對馬克思的修正，乃至柏深思根據韋伯而對馬克思進行的批判是不公平的。這些都可以進一步討論。

柏深思在海德堡大學接受了韋伯的思想和理論結構，然後把他的思想帶到美國。他也是把資本主義的興起和新教倫理，或是新教倫理和資本主義的關係這些課題帶回美國的第一個人。英文版的韋伯著作，是他親自翻譯，經過很細心的整理以後出版的。柏深思把韋伯的思想看作是現代化思想的一個指導原則，以此來研究所謂的"合理化過程"；另外，柏深思對奇里斯瑪(charisma)、對官僚主義、以及對資本主義和新教倫理之間的關係，都做了研究。所以，很多學者認爲，在美國，如果不通過柏深思，就不能了解韋伯的這些課題。我在討論韋伯的時候，特別提到了部分歐洲的學者，其中包括哈伯瑪斯等人，經過一個相當長的時間(在1970年代)，想把韋伯從柏深思的理論體系中解救出來。我所介紹的韋伯，也特別強調韋伯所提到的比較文化的問題。因此可以說，軸心時代各種不同的精神傳統來了解韋伯並不是柏深思所採取的闡釋途徑，而是德國學人設法從柏深思的系統中把韋伯解救出來的提法。柏深思所要了解的韋伯，是作爲一個現代化理論的韋伯。他特別能夠理解韋伯把現代文明描述成"鐵籠"這樣的觀點。

我們可以說，韋伯的理論有硬的一面和軟的一面；從硬的一面來看，是制度化了的韋伯，即現代化官僚制度急速發展、理性化達到高峰的韋伯；而軟的一面則是價值的韋伯，即比較宗教研究的韋伯。後者是指韋伯想通過同情的理解，對各種不同的文化傾向作一番樸實的認識。而柏深思接受的韋伯基本上是硬的一面。

然而，柏深思也有軟的一面。這個源頭來自涂爾幹。涂爾幹這位法國重要的社會學家，也是一大學術王國。即便今天美國社會學界仍有這樣的提法：你是屬於韋伯型的，還是屬於涂爾幹型的？前者特別強調現代化，強調理性；而後者則強調道德、禮俗和宗教價值，強調人的內在精神資源。

涂爾幹的思想是猶太教和天主教這兩大傳統的產物。可是他自己認為，所有偉大的宗教傳統，包括猶太教和天主教，對現代人都失去了作用。因此，他主張要有一種新的宗教的出現。在他花了很多時間研究了各種不同的初民時代的宗教觀點後，發現宗教的本質是社會。這是涂爾幹的中心課題。涂爾幹認為，宗教不是個人的超升，不是個人的得救。宗教是社會現象，是為了維持社會的秩序，維持社會既有的結構和既有的權威而產生的；沒有禮俗就沒有宗教。而對超越宗教的嚮往，一定要落實在實際的社會之中，才能讓人真正了解何為宗教。

此外，涂爾幹對"人為什麼會自殺"這樣的重要問題也作了研究。他提出，為什麼在天主教的國度裡自殺律不高；而在新教社會裡自殺律較高？為什麼在戰爭極慘烈的時候自殺律不高；而在戰爭剛結束時自殺律特別高？他對很多類似的社會現象作了研究。通過這種研究，他發現有一種群眾心理，他把它叫做 anomie 狀態，即一種因價值傾向混亂而導致柔軟無力的感受。這是現代人很難避免的一種心理狀態。如果嚴格地說，即是馬克思或韋伯所說的異化 alienation (我們以前翻成"疏離"；日本則翻成"疏外"；在臺灣早期翻成"疏離"的較多；翻譯馬克思著作的學者，特別是大陸的學者翻成"異化"，現在大多數人都同意這種譯法)。異化的情形就是一個社會的突然鬆散。

社會本不只是所有社會成員的組合，它要比這種組合多一些什麼，那就是良知，即 conscience 或 consciousness，這意味著社會良知。這是涂爾幹的基本觀念。良知一方面是社會的共同意願、共同意志；一方面又是判斷是非善惡的標準，有共同性和普遍性。它是在意識層，而不是在下意識層。任何一個社會，如果沒有良知這種價值的紐帶把它串起來，就不能成爲社會，而只是表面上的一群人，這群人只是表面上的互相運作，而這個鬆散的人際關係並不構成社會。價值系統的崩潰意味著社會本身的崩潰。如果一個社會沒有價值系統，也就是說沒有社會成員所共同遵守的規範，這個社會就不會發展，也不可能繼續存在，即便有使大家都能接受的共同規範，但其標準有許多曲折，並愈演愈烈，直到整個社會的價值認同遭到破裂，這樣的社會是無法健在的。

涂爾幹最重要的論著之一是《勞力分工》(*The Division of Labor*)。這是柏深思所供奉的經典之一。他曾多次對學生說，自1942年他獲得博士以後，每年都要把涂爾幹的《勞力分工》詳讀一遍。這本書有好幾百頁，影響極大。從《勞力分工》可以理解一個社會發展的進程：各種不同的角色的出現，神聖與凡俗的分離，使得社會變得繁雜，多元的傾向也變得明顯。然而，在多元化愈來愈明顯的時候，原來社會結構的機械性的整合、機械性的認同可以演化爲有機性的整合。譬如，一個社會如果完全是用軍事控制或非常時期的條例來控制，則這種整合、這種團結可說是機械的。它沒有共同的紐帶，若要崩潰的話，很容易一敗塗地。有機的整合，表面上看起來很鬆散，有各種不同的職業，不同的價值的互相抗衡，但社會成員有共同的意願，共同的認識。如果沒有共識，社會則無法存在。

以前，我對涂爾幹的理論，心知其意。但只是從理論上、觀念上來理解、來掌握而已。但當我實際觀察一個社會，以驗證他的理論時，我的領會就真切得多。幾年前我到香港，那裡發生了一次黑色星期五事件。我正巧在尖沙嘴碼頭散步，突然有暴動發生：一輛出租車被燒毀，幾個商店的玻璃窗撞碎，但沒有任何人傷亡。當天晚上，香港電視台、香港知識界都認爲這是不得了的一次大暴動。我在美國看到的學生暴動事件，不只是一、二件，有時幾乎天天有。我在印度的時候，也碰到爲了語言的問題而進行的流血暴動。即在日本發生的暴動，也遠遠超出當時在香港目擊的情況。但是，那樣的暴動對香港而言，是整個社會的大震盪。這使我突然醒悟到，香港之所以能夠維持這麼長時間的現狀，並不表示香港沒有矛盾。香港是集世界矛盾之大成、集世界精神污染之大成的地方。但是，香港有一個共識，就是不願意把它現在很脆弱的基礎摧毀掉；所有的香港人都不願意急速地改變香港現況。從調景嶺的難胞到香港的富商大賈都有這種共識。這樣一個共識，使得香港雖然脆弱，又沒有軍隊和其他力量，而且矛盾性極強，但還能維持和發展。

按照涂爾幹的觀點，社會各種不同的衝突都可以出現，甚至包括近似革命的狀況，但如果存在著強烈的共識紐帶，社會照樣可以維持。而這維持社會的共識紐帶類似宗教力量。這同馬克思觀點完全不同。馬克思認為宗教是人民的鴉片煙,因為鴉片煙會迷惑人,讓人不知道真正的利益所在,使受壓迫的階級安心地接受壓迫,而不會有自覺的創造革命的情緒。這個觀點對柏深思也產生了很大的影響。柏深思所了解的美國就是這樣的一個社會。即使美國有很大的動盪,大到學生運動如火如荼的地步,柏深思的回答還是, "這是短期的,再看十年、二十年、三十年,美國將來還是可以站起來的,還是以整合為主線。"

柏深思在晚年接受了不少弗洛伊德心理學的觀點(也許是受同事艾律克森 E. Erikson[8] 的影響),他對自己的整個理論結構又作了一次修正。他把人格發展的問題帶進社會理論結構中來。這個工作即使不成功也有深刻的意義。我們知道弗洛伊德是一個怪傑。他在1900年的12月31日出版了《夢的解釋》(*Interpretation of Dreams*)一書。前面提到的貝拉即認為這是二十世紀第一個思想上的原子彈。這本書的刊行,使人發現,我們所看到的所有的行為和動機,都可能是浮面的、甚至是虛偽的現象。真正的動機結構,真正的意願,真正被壓抑的情緒,如果不經過仔細的分析和心理學的發現,我們就不能真正了解它們。因此,一個人,特別是一個現代人,他的發展是非常曲折的。不僅曲折,而且一個人能否成為正常人,他出生以後最初的六年間是關鍵。從弗洛伊德心理學的角度來看,絕大多數有心理問題的人,都存在著六歲以前所碰到的問題。一般而言,他特別強調對 "性" 和 "性欲" 的理解,乃至對仇父、戀母情結的理解。然而,他最大的貢獻之一,是對兒童性心理與性機制的研究。常識的理解認為兒童是無

---

8 艾律克森(Eric H. Erikson),1902-1993。美國心理學家,發展弗洛伊德學派的重要思想家,長期任哈佛大學心理學教授,1974年退休。

性的，所以一般人對兒童從不考慮性的問題。而弗洛伊德的洞見就是提出兒童期性問題的嚴重，需要特別照顧到才不致造成終身的心理創傷。因此，他對兒童怎樣用馬桶的問題、幼年男女交通的問題、父女關係、母子關係等問題，都給予了極大的重視。他也從分析自己的夢來了解夢的象徵意義，這是很難得的。大多數人醒後都把夢忘掉了；即使能夠重新想起來，也很難下手再進行分析。

弗洛伊德在心理學中有一個觀點(後來有所修正)，即一個人的身心成長是非常困難的，特別是一個人的"自我"成長更是困難重重。他用了一個譬喻，說明自我要靠兩種力量才能夠成長：一種是原初的基本要求，包括性，通常是非理性的；一種是超自我的力量，即社會的內化，乃至父母權威的內化。因此，一個人要成長"自我"ego，這條路是非常狹窄的。因而可以說，從弗洛伊德的心理學來理解，每一個人多少都是扭曲的人格，每一個人多少都不能自我完成，都不能充分體現自我的內在潛力。所以，世界上絕大多數的人都不能夠圓滿自足。

現代文明的特色之一，就是把自我的中心點轉移。人沒有中心點，或更嚴格地說，其中心點是離散的。他這個看法有點像朱熹的觀點，即朱熹關於理和氣的理論。簡言之就是，人騎馬，人在馬上，力量來自馬，而指導原則則來自人。弗洛伊德所講的性就是馬，而 ego 就是人。然而，在朱熹的傳統中，有活人死馬、死人活馬的問題。人是活的，但是真正的發展力量不是來自自己的主觀意願，而是來自其他的源頭。因此，如何在一個非常複雜的情況下，經過內化的、社會的、乃至家庭的超自我，安排各種原初的欲望，這是任何人在發展歷程中都不能避免的問題。依此而言，我們所了解的人，本身即是多樣的。因此基督文明特別標示人應有強烈的幽黯意識。站在基督教原罪的觀點,所謂性善說是很天真的,也是很膚淺的。真正的人,活生生的、要創造自我的人,因為受了各種不同的壓力,很難體驗內在的性善。因為這個原因,柏深思認為要了解一個作為社會存在的人,至少要有三個層次:即要有人格的系統,要有社會的系統,也要有文化的系統。以下我們重點介紹他所說的人格系統。

所謂人格系統,就是把人看作是一個行為有機體,即人是一個生物系統,一個生物的存在。但同時,人又是一個有目標、有理想的動物,會向最終真實和終級關切(ultimate concern)飛躍。這是柏深思對宗教學的理解。有一度,他並沒有把這個課題放在一個發展的層面上來理解,而是把它平鋪地看成四個不同的方向。在晚年的論述中,他才以發展的角度來理解人格層次和社會層次的相互影響。其中有個棘手的理論問題,簡單提一下,就是認同與適應的交互關係。如果大家最近看了金觀濤他們所提的問題,可以知道最近三、五年,中國大陸的學者突然一下子被三論,即所謂"控制論"、"系統論"和"信息論"所吸引。他們好像發現了一個新領域,對馬克思的思想進行了一些批判和改造。其實,現在他們所提出來的觀點,包括金觀濤最近到美國一年以後所提出的觀點,基本上都不能超出柏深思所設置的領域。

柏深思的社會分析模式

柏深思認為,了解任何一個社會結構,都有認同和適應的問題。如果用另一種說法,也可以說是軟體和硬體的問題。認同的觀點,是艾律克森提出來的,這和弗洛伊德的心理學有關。他認為大概是在青春期,人會出現一些諸如"我是誰?""我要幹什麼?""我應該成為怎樣一個人?"等問題。這些問題出現以後，又多半被消解了。但是，就在這個時期，也出現了認同危機。認同危機和生理的成長，和性的發育，和社會的壓力，和家庭所帶來的各種不同的危機，如營養供給、精神支援、乃至家庭所引起的一些干擾，都有關係。一個人如何認同自我，如孔子講的"吾十有五而志於學"，這也許正反映孔子在他的認同危機產生後，決心面對存在的關切著實進行一番學術探討的志向，"志於學"簡短的三個字便體現了孔子少年時代自定方向的大智大勇。認同當然還有許多其他的方式。原來的認同是指每個人在成長或成為一個獨立的人的過程中，常常要經過自覺的反省和自覺的奮鬥，來面對自己各種生理的和心理的乃至社會的要求，作出一種排列組合，一種適應。而且，社會也有一個認同的問題。在1960年代，大家都講文化認同。不過，確切地說，直到1960年代後期才出現認同的觀點。我那時把 identity 翻譯為"認同"，到現在還覺得有點不妥。從邏輯上看，identity 是指一致性的問題。翻成"認同"究竟是不是它的本意，值得我們進一步研究。

如果適應的能力強，認同是要有所改變的，認同要有創建性。但是如果認同的壓力太大，即它緊縮得太厲害，則適應的能力也相對減少。然而，適應能力特別強的，會造成認同擴散、認同消解的不良後果。也就是說，如果認同壓力特別強，適應有困難，可能導致盡棄所有，重新起步的極端選擇。因此，認同和適應，其交互的關係是辯證的，不是由認同來導引適應，也不是由適應來導引認同。

柏深思常常喜歡舉這樣一個例子：因為美國東部比較冷，要用暖氣。暖氣有它的指標，七十度、七十五度、八十度等華氏指標。另外，暖氣是一種力量，即從鍋爐房裡用機體而產生的力量。若把指標擺在一定的度數，馬上就會影響鍋爐的運動。這就好似認同和適應的關係。一個社會,它對於某種價值擺在什麼標準,它的力量就如同上次所提到的火車頭和軌道的關係:火車的力量再大,如果火車頭的軌道擺向東西軸線,它就不可能向南北方向行駛。一定要整個指標有所改變,它的動力大小才有所更換。一個有趣的現象是,人的發展,也可以代表人類的悲劇。人的智力、智慧的成長常和體力、精力恰好成反比;人在精力旺盛時常不知如何善加利用,等到有智慧來調節時,精力已衰矣!等我們的確知道怎麼用時,多半已垂垂老矣。人在感情上的過度揚抑、過度發展,是理性上永遠無法追趕的。這叫做"感情上的結餘"和"認知上的透支",這也是人類獨有的情況。人的理智一定比其他動物要高得多。當人的理智所能達到的領域能夠掌握到世界的各個層面後,他的無知也就會擴展得更大。莊子也說過,"吾生也有涯而知也無涯"。人以整個的生命,以整個人類的集體智慧要掌握的課題與人的無知,是成正比的。因此感情的豐富結餘和認知的貧乏透支是一般人無法化解的條件。

柏深思在他的理論架構中,還提出了一種作用互相影響的模式。即經濟的適應,政治的控制,社會的整合,模式的維持,通過這四方面的交互作用,他發展出一個四向度的分析模式,即經濟–政治–社會–文化。這四個不同的領域是互相運作的。在某種意義上說,柏深思也受到馬克思的影響。他認為,真正的基礎結構是經濟。經濟和維持人的生命有直接的關係。經濟使得一個人的有機體能夠面對他所處的客觀環境,做出有效的適應。不過人的生存問題多少也受到政治目標的影響,也就是說,要通過政治結構、政治方式來搏取社會上認為有價值,尤其是知識精英認為有價值的目標。這些方面都是互相聯繫起來的。

很多經濟學家無法了解經濟,其主要原因在於:使得經濟發生很大的轉換的力量，往往是非經濟的因素。經濟學家稱其爲externalities (經濟領域之外)。這些非經濟的因素中，對經濟影響最大的是政治。我們舉一個簡單的例子：在近代人類文明史上，最大的一次資源的轉換，即由甲地區的資源轉換到乙地區的資源，是石油政治化的那幾年(1970年代)。那幾年有成億的資金由歐美、日本轉換到中東。因此在很短的時間內，中東的好幾個地方的領導忽然成爲巨富。這是中東的石油輸出國組織起來，把石油政治化的經濟結果。事情發生以前約一年，沙烏地阿拉伯的石油部長雅曼尼(哈佛的畢業生，也是季辛吉的學生)曾經在德州發表演講。他演講的內容就是告訴德州的油商，他有一個藍圖，即如何組合石油輸出國的成員抬高油價，進行資金轉化。當時美國的學術界認爲這是無稽之談，完全是痴人說夢。因爲他們有個基本觀念，認爲阿拉伯集團是不可能團結的；而歐美的資金運用，分離的力量很大，不可能促進回教世界的團結。沒想到阿拉伯集團居然團結了。在很短的時間內，資金也轉換了。這個發展，在經濟學界沒有任何人理解，它完全出於一種非經濟的因素。可見，非經濟的因素影響經濟，是很明顯的。

除此之外，任何一個社會如果要整合(integrate)，必須要有一定的規範。而這個規範是要通過涂爾幹所謂的社會價值、社會共識乃至社會良知、社會意識而發展出來的。沒有社會的價值、共識、良知、或意識，則社會的很多方面互相抗衡，無法達到整合的目標。最近有一些學者作了這樣的論斷，我覺得很有意義，即美國的情況是社會的力量大過政治的力量；而東方的國家，尤其是中國，則是政治的力量遠遠要大過社會的力量。到底一個社會能不能叫做公民社會，市民或民間社會(civil society)？這是一個社會(照西方的模式而言)能不能推進民主的重要條件。如果還不是公民社會，沒有足夠和政治相抗衡的壓力，要走民主化的道路是非常困難的。社會上出現的很多不同的壓力集團，有些是職業的，如律師工會、醫師工會、學校聯盟及各種不同的產業工會、商會，再加上宗教、自由企業、大眾傳播和知識分子，都是具有獨特力量的團體。這些力量和政府之間是一種抗衡的關係。但是，這些力量又在一定的、大家都遵守的規範中運作，既不能犯法，也不能違反禮俗。因此，這中間的競爭，有如大家在打籃球，籃球規則大家都要遵守，一犯規就要罰球。這是大家都知道的。一犯規，即便沒有被罰球，但心裡覺得自己投機取巧了，會有不安之感。這是很自然的。社會的運作、社會的整合，就要靠這些規則來維持。

然而，這樣的社會並不一定能夠創造文化價值，如宗教的價值、藝術的價值、或科學的價值。如果想創造價值，非得有其他的層面不可。這個層面，柏深思叫做模式的維持(pattern maintenance)。要維持任何一個社會的模式，需要有它的意義結構。如人為什麼要生存，有它的意義結構。這個意義結構，正是創造文學、藝術、宗教、科學等不同層面價值的基礎。

現在，我們可以把柏深思所了解的社會分成三個環節：一個是學術界，一個是知識界，一個是文化界。它們的關係應該是互相配套的，實際情形當然和理想境地相去甚遠。關於學術界，柏深思專門談過有關大學教育的問題。大學教育是為了什麼？1960年代學生暴動之前，美國的學者認為，大學教育是為社會服務的。加州柏克萊大學的校長克拉克・寇爾(Clark Kerr)甚至說，大學教育就是社會的加油站(service station)。這沒有問題。本來大學就是要為社會服務的；甚至社會可以對大學提出很多要求，尤其是對州立大學。加州大學受到加州議員的干擾很平常。有一次，加州大學的教授和一位州議員同機鄰座，從美國東部飛回三藩市。議員問教授："你工作多少小時？"教授回答說："九小時。"教授心想，如照實講一周只上六小時的課，未免少了點，故意回答九小時。議員聽完，想了一下才說："啊！一天九小時長了一些，但講課本來就很輕鬆嘛！"可是這位議員沒有想到，一個教授一周之中可能有不計其數的備課，指導及行政工作，九小時只是授課的時數而已。所以，兩人之間有差距。儘管如此，大學為社會服務的觀點是可以接受的。因而，大學裡發展農業經濟，發展企業管理，都是為社會服務。不過，如果大學的任務只是如此，那辦大學所花費的經費，從經濟效益講起來，可能不太合算。那最好是辦訓練班。石油公司辦石油公司的訓練班，IBM辦IBM的訓練班，可口可樂辦可口可樂的訓練班，等等。當然，文史哲因為沒有社會效益，都可以取消。

因此，我們認為，大學的任務除了為社會服務之外，還有文化傳承。在什麼地方可以傳承文化？不可能在廟宇，也不可能在教堂。廟宇、教堂裡所傳承的是特殊的文化。而人類的文化、國家的精英文化的傳承，應該靠大學、靠學府來完成。圖書館就是一個例子。不曉得臺大的藏書有多少？學校藏書的多少，就表示學校有沒有雄厚的文化傳統。這也是柏深思所提到的。

有兩點柏深思當時沒有提到，是後來才補充的。其一是，大學教育是為了知識精英的自我人格的完成，其中有強烈的個人主義。我到大學來是為了將來成為一個作家，我利用大學的資源培養自己成為一個作家；或我想將來成為一個音樂家或科學家。我並不是為了要直接服務社會的。但是，如果我真正成為一個科學家或音樂家，那我即使沒有服務社會的初衷，我仍能為社會提供不可言喻的利益。其二是社會抗議(social protest)。社會抗議的意思是大家可以擁有不同的知識結構，甚至權力結構，也可以對任何權威進行挑戰。在一個自由的大學裡，各人不同的觀點都可以充分發揮。因此，大學必須有抗議性和挑戰性。這是四個互有矛盾的價值：為社會服務，為文化傳承，為人格完成乃至進行政治抗議。所以，大學是一個信賴集團，而不是一個企業。大學作為一個社會組織實在是非常脆弱的群體。因為如果大學成為一個抗爭結構，學生和教授之間的抗爭，行政單位和學生、教授之間的抗爭，立即會使大學崩潰。大學也沒有辦法面對社會上的其他壓力。如果社會對大學本身沒有真正的信賴，一定要讓大學告訴人們他們在幹什麼；而如果社會有這種要求，或政府有這種要求，則大學就辦不下去了。大學也是一個能獨立自主的地方。它是學術界；學術界內有些象牙塔精英式的研究。譬如說科學研究，有時要經過十年、十五年，才能知道有無實效。有時超過二十年也看不出會有什麼實效。所以，精英研究之象牙塔有兩個意思：一個是封閉的系統，一個是嚴肅的研究。後者是在化自己的時間，乃至國家、社會的資源，來探求真理、探求人生的意義及價值，是為學問而學問的。

　　美國有一個很有趣的提法：因受教育而無能 (educated incapacity)。這種人鑽進專業知識太深，沒有辦法把這些專業知識付諸實施。這種情況是很普遍的。因此，大學中需要有許多具有知識理性、知識良心的人，把訊息傳給社會以及進行學科之間的溝通。西方"知識分子"這個概念，是十九世紀才出現的。"知識分子"(intellectual)這個概念來自沙皇時代的俄國。俄國在彼德大帝時代特別講求西化。要講求西化，就需要有知識分子。講求傳統的，叫做 Slovaphiles，即熱愛斯拉夫主義者。當時的知識分子絕對是批判斯拉夫主義的；而且，知識分子和政權勢力有強烈的異化之感。參與政治就是出賣知識。這在當時的俄國是很嚴格的。知識分子這個概念傳到了西方以後，有相當的影響力。所以，到了沙特等人講存在主義的時候就堅持，我們雖然是知識分子，但是我們要參與，要在社會中生根。從中國的觀念來看，則知識分子本身就必須是在社會生根的。不生根還稱什麼"士"呢？本來士和官之間有密切的關係，當然會生根的。因此，一個非常傑出的物理學家，如果沒有社會良知，對社會問題不敢提出自己的見解，他就不是知識分子。一個研究莎士比亞的專家，只跟他的博士班學生討論莎士比亞，而不把莎士比亞的訊息帶到社會上，他也不是知識分子。這不是人文學、社會學、自然學的分野，而是社會關切的層次不同。

　　學術界、知識界和文化界的層次是不同的。學術界把知識界的水平向上提升，發覺了真理，發覺了價值，再通過不同的渠道把所發現的真理和價值傳到知識界；而知識大眾則將理想傳到文化界，以提高文化界的素養。所以，一個社會有沒有知識結構，有沒有學術水平，有沒有文化素質，要看它的導向是什麼。很可惜，今天我們社會的導向正好與這正常的情況相反，即以文化界的庸俗，影響到知識界的無聊；而知識界的無聊，又影響到學術界的淺薄。這個反方向的情景，全世界都有。所以，在柏深思所了解的社會結構中，知識精英要通過很多重要的報刊雜誌把他的訊息傳出。如果沒有第一流知識水平的報刊雜誌，這個社會就不可能有完整的"維持模式"(pattern maintenance)。

　　柏深思向我們描述了一個四層次的分析模式。首先是經濟設備通過自然環境使得有機體能成為文化的載體。換言之，我們的自然生命如何成為具有社會涵義的生命形態。政治有目的性、方向性；文化整合有規範性。文化價值是要通過模式的維持來體現的。只有如此，才能從有機體的生物存在，逐漸通過人格系統、文化系統，而達到最後真實。社會不僅要富要強，而且要能創造新的價值。

　　這個當然是非常理想性的提法。但這個提法有幾個特色：第一個特色是強調結構功能之間的關係。所以這一派的思想被稱作結構功能派，它強調的是均衡與和諧。第二個特色是，長期分析的特色。它不太注意短期的效應，不怎麼了解革命、社會動亂，只了解社會能長期維持的理由。第三個特色是，這個模式有它的全面性、概括性，亦即所謂的整全性。各種不同的人生價值和不同的社團之間的運作，都可以擺在這個模式中去理解。第四個特色是，這是一個動態發展的模式，而不是靜態的模式。這個發展的模式，是一個群體從生物的存在，逐漸成為創造文化的價值實體。任何文明，要成為有生命力的文化實體，都要經過這些步驟。正因為如此，柏深思對於馬克思強調階級鬥爭的觀念深惡痛絕。他認為，鬥爭、衝突的模式，可以了解短期的社會變化，但不能了解長期的社會發展。任何一個長期的社會，是不能以衝突為目的的。第五個特色是，他的模式中沒有照顧到邊緣文化。譬如說，美國的印第安人，黑人，乃至新來的移民，如何成為大實體中的一個成員，這在他的模式中都沒有解釋。因此，我們很能理解，他的思想在1960年代達到高峰，當時為很多人所接受。但以後就每況愈下，這也反映了美國文化近二十年來從和諧到衝突的一般傾向。

　　他的第一代學生，現在在美國個各地區都是極傑出的教授。他們多少都從各種不同的角度對柏深思的理論作了某種修正。我舉兩、三個例子。一個是所謂最能代表美國社會學、在美國除柏深思外最受尊重的社會學教授羅伯特‧默頓[9] 教授，曾在哥倫比亞大學教書。他提出了一個中距的研究模式。他以為系統愈大，愈不容易落實，所以要找中距的理論。集中於中距的模式，可以了解政治制度、政治權力的運用以及政治制度中間所建構的各種模式，甚至可以通過政治的神經系統(如消息往來的咨詢系統)來了解政權的運用。你可以分析權威的概念，可以分析宗教、教會在整個社會中的運用；乃至從歷史的角度來理解，但不必談整全的系統。這是默頓的觀點。

　　加州大學的羅伯特‧貝拉教授也是柏深思的學生。最近他對美國社會作了宏觀的剖析，裡面有不少柏深思的觀點。他寫過一本《德川宗教》[10] 的書。此書很有名，是關於德川政治及整個日本的經濟發展。他提出一個特殊的觀點，即民間宗教(civil religion)。這個概念可以使我們理解什麼叫民族魂。這也非常符合涂爾幹的觀點。這種宗教不是既成的有組織的宗教，不是佛教、基督教、回教，而是一般人所信仰的宗教。譬如說，在美國的錢幣上印有 in God we trust 這幾個字；召開國會時一定有祈禱；在教科書中把華盛頓描寫成摩西，把林肯描寫得像耶穌。還有很多大家平常所知的不是宗教、但有許多象徵意義的事物。什麼叫象徵？什麼叫象徵符號？基本說來不僅是標誌。如紅綠燈就是標誌。綠燈可以走，紅燈必須停，沒有更深刻的意義。國旗則是一個象徵。很多人可以為了國旗而捨命。因為象徵符號蘊含著很多價值，甚至有下意識的力量。在長期的社會化過程中，有些價值喪失了它的意義，有些則獲得了新的意義。但象徵符號和標誌又

　　9　羅伯特‧默頓(Robert Merton)，1910年生。美國社會學家，中層理論倡導者。著有《社會理論和社會結構》、《社會理論和功能分析》等。

　　10　《德川宗教》(Robert Bellah, *Tokugawa Religion*, Glencoe, 1957.)。

不完全相同。任何一個社會，它的象徵符號是不是有健康的意義，是不是為大家所遵循，主要看是否達到了社會的認同和共識。如果是由政府所推行的象徵符號，在絕大多數年輕人的心目中已喪失了它的說服力，喪失了它的生命力，那麼，這個符號本身的結構已經鬆散。正因為如此，你可以通過這個理論來了解一個社會的整合性，它的動力、它的凝聚力，也可以從另一個角度來認識同一社會趨向分化、瓦解的蛛絲馬跡。

還有一位教授叫史麥瑟 11，是加州大學的社會學教授。他特別繼承了柏深思思想中的弗洛伊德傳統。他自己進入弗洛伊德的心理分析學院，獲得心理分析的特別證書。要獲得這種證書，必要經過訓練，年齡至少要三十五歲，並要經過一、二千小時的心理分析的臨床經驗，還要進行自我分析。有很多學術界的人都不能通過這個訓練。可見這是非常嚴格的訓練。很多學者希望讓柏深思的社會學理論進入心理學界以及各種其他的領域。史麥瑟是作這方面努力的佼佼者，雖然柏深思的結構功能學派已是明日黃花，至少在美國，柏深思的學說還有相當大的影響力。在我們討論美國社會的生命形態時，還可以對這個問題作進一步的分析。

講到這裡，讓我暫時走出柏深思的論說而從上面所提到的柏深思模式來介紹一下儒家傳統這個課題。

從柏深思模式看儒家傳統

中國是小農經濟，這沒有問題。以農立國是中國傳統文化的一個主要特徵(現在的台灣是例外)。中國大陸要想從農業大國變

---

11 史麥瑟(N. Smelser)，柏克萊加州大學社會系講座教授，專攻社會運動理論。

成工業大國，即改變農業人口和工業人口的比例，這需要一個很長的進程。美國的農業人口已經降到百分之二以下；中國的農業人口可能還是百分之八十。因此有人說，中國要想發展工業化，一百年以後也沒有希望。要想把農業人急速口降下來是很困難的事。但是不是現代化就是這種類型的工業化？這是一個很有趣的課題。美國最近幾年已成爲世界上產量最高的農業大國。美國在農業上的實力沒有別國可以與之競爭；可是在工業製造上美國卻受到很大威脅。在鋼鐵、汽車、甚至電腦各方面都被工業東亞迎頭趕上。美國、加拿大、澳洲都是農業大國。中國以農立國，毫無疑問是受到儒家傳統的影響。一方面儒家傳統是農業社會的反映；另一方面，儒家的這套價值又加強了農業社會的持續性和合法性。其中的過程是非常複雜的。

　　另外，我以前也提到過，如果從經濟制度的發展來看，中國社會是農業社會和草原社會交互影響所形成的，不完全是農業社會，特別是從南北、東西的衝突來思考。而且，儒家的傳統中有關分工的觀點很早以前就提出來了。這個觀點在孟子的思想中非常突出，很值得注意。孟子認爲，一個複雜的社會，不僅要有服務的階層和生產的階層，而且要有士、農、工、商，即生產的階層中要有不同的職業，職業與職業之間是可以轉換的。勞心勞力的成員之間也可以轉換。這種經濟形態的社會功能是一個社會所必不可少的。這種提法和涂爾幹 division of labour(勞動分工)的觀點頗有相似之處。

　　然而，這一重要的觀點在社會思想史上的地位如何，還要作進一步的分析。譬如孟子分工的思想常受當代中國知識分子的批判。近年來最激烈的批判者就是堅持社會主義路線，特別是強調馬克思主義的極左派。馬克思的思想中有一個非常強烈的要求，即在最理想的社會中(如真正的共產主義社會)，一個人可以早上教書，下午打獵，傍晚的時候可以釣魚。因為他不受職業的限制，可以從一個職業轉換到另一個職業，這才為個人自由的充分體現創造了條件。

從儒家的傳統看，職業的分工有它的必要性；而職業分工愈細，社會發展的層次愈高。因此，從勞心、勞力的角度來看，勞心的——所謂服務階層——基本上既要維持社會的政治秩序，也要維持它的意義結構(meaning structure)。社會的意義結構要靠勞心的人來維持。勞心的人，翻成現代的語言，就是在大學裡教書的，在法律界服務的，在大眾傳播或文化界服務的人。社會的意義和價值要靠這些人來創造，也要靠這些人來維持。所以孟子才講"上下與天地合流，豈曰小補哉"。表面上看起來這個提法很玄，其實有其深刻的意旨。必須指出的是，勞力的人，即生產階層的人，可以要求勞心的人履行他們的責任，即"天視自我民視，天聽自我民聽"。勞力的人可以革命。革命的理論基本上是從這個基礎發展出來的。你如果不按照既定的職業來扮演你的角色，那你是可以被鏟除的。甚至講到君王，還有"獨夫"論斷的出現。這種不妥協的論斷如果沒有民貴和君輕的思想作基礎是很難理解的。為什麼會把一個社會的最高領導當做獨夫呢？因為君王和群體大眾是有分別的。從這個角度來看，儒家傳統的價值不僅適合於農業社會的結構，也可與分工的觀點相結合。

究竟儒家傳統的價值在一個非農業的社會能不能發揮它的力量，這是一個很值得探討的問題。余英時教授最近下了很大的功夫講商人倫理的問題。我相信他還有一個意圖，即想說明，像臺灣這樣的地方，如完全變成商業社會，並不表示儒家的價值就沒有存在的必要。我相信，如果我們注意分工的觀點，就能認識到，儒家的價值傳統並不僅僅與農業社會結下了不解之緣，新加坡的例子可以提供參考。

　　不少現代化理論家堅信，以家族爲主的社會是不可能真正發展出制度化的民主。民主制度的建構，以美國的經驗，乃至整個歐洲的經驗爲準則，是靠各種不同的社會企業和各種類型的自由組合而發展出來的，不是從家族制度、一根而發的。從個人的修身到齊家，到治國、平天下，這中間有很大的曲折。儒家傳統的重大缺陷，根據這條思路，就是它認爲這些曲折，可以套在家族制度的關聯裡得到合理的解決。實際上這是行不通的。社會的組織若要發揮力量，一定要和家庭分離，即使家庭可以成爲一個重要的企業或科研單位，真正的客觀制度的發展，非要脫離或超越家庭不可。這個觀點反映在韋伯和柏深思的思想中，就是從ascriptive 變成 achievement-oriented (成就導向)。所謂 ascriptive，就是生來具有的人際關係。最近李國鼎先生 12 提出能不能發展第六種人際關係。問題不僅是第六倫，還有七倫、八倫、九倫、十倫等等很多的人際關係。有些關係是不能從原初的關係網絡中發展出來的，一定要重新組合。

　　我舉一個很明顯的例子：中國爲什麼發展不出類似西方的科學？從科技發展的歷史來看，按照李約瑟的觀點，中國曾有過著非常輝煌的成就。這是毫無問題的。一直到十七世紀，中國還是一個科技水平很高的國家。但是中國並沒有進入現代科學的領域。現代科學直到十九世紀、二十世紀才從西方傳過來。這和中國人能不能做科學家是沒有什麼關係的。現在有很多例子證明中國人是可以成爲世界級科學家的。但是，中國從十七世紀一直到

---

　　12 李國鼎，1909年生。英國劍橋物理學博士，繼尹仲容之後，致力臺灣經濟發展，有臺灣經濟奇蹟之父的美稱。

二十世紀，沒有發展出自己的科學傳統。不僅如此，以前好的科學傳統也被切斷了。這是需要解釋的。除了一些很深刻的文化心理結構的理由之外，最重要的是制度問題。西方的科學發展，不僅僅是靠科學家的天才。在中世紀以後，特別是從十八世紀以來，西方出現了許多科學組織，像英國的皇家科學院，法國的巴斯德研究院，以及名大學的科研機構。沒有這些擁有很長歷史的組織，是不可能發展科學的。科學要靠集體經驗的積累，不能只是個人獨創；科學需要積累，需要有一個客觀的基礎，以維持科學知識。中國以前的科技，特別是技術，多半是家傳的。家傳可以傳給自己的媳婦，但不可以傳給女兒，因為女兒是要嫁出去的，傳給女兒的話，就可能會泄密而外傳。因為這個原因，許多非常寶貴的科學、技術知識，由於家傳發生了問題而消失了。而西方的科學知識是靠那些學會、學報、學術界的人才，一代一代的相傳的。如果沒有這個傳統，再有突出的知識精英，也不能發展科學。

這些發展，這些積累，不僅要靠制度，而且要靠社會的力量。一篇論文，在花上十幾個月的時間寫出後，要先到科學院宣讀，大家認為它有價值，然後才可發表問世。這對於科學家的社會地位、社會影響以及自我理解，都有非常重大的關係。單獨的努力是不可能發展科學傳統的。最近我有一個非常有趣的經驗。在麻州的康橋有一個 American Academy of Arts and Sciences (美國人文社會科學院)，它和費城的 American Philosophical Society (美國哲學學院)一樣，是美國建國以來就有的學會，兩者之間的競爭一直十分激烈。一次，學院要我去發表年會報告，講儒家傳統和工業東亞的問題。我做這個報告的時候，由史華慈(Benjamin Schwartz，我在作研究生時的導師)介紹完了，再由主席宣布：

"歡迎杜教授爲我們這個學會作第1646次的報告！"1646，而且照目前的慣例每年邀請的報告不過六、七回而已，你算算有多少年啊！史華慈對我說："嘿，第一次的報告可能是乾隆時代呢！"這是一個例子。從中可以知道這種學會的傳統和積累。英國的皇家學院的歷史就更悠久了。那是一種科學的組織，而且是真正能體現企業精神的客觀組織，不是短期的興致所致，而是長期的科研單位。

可是家庭企業，發展到下一代就會出問題了。真正的基金會，乃至真正的大眾傳播，譬如紐約時報，剛剛開始時由家庭控制一段時間，但到了一定階段，要把它變成公共事業，才能細水長流地發展下去。雖然目前紐約時報仍是家族控制的大企業，但它早已成爲"公共事業"，而且必須按照公共事業的法則運行，這點應該不會引起爭議。如果限制在家庭的人際關係裡面，再完美也無法發展。所以，以家族爲中心的社會，很難轉換成公民社會。可是反過來說，一個社會如果完全變成了抗衡系統，它要在歷史的進程中長期發展的可能性也相對減少。

在中國的文化傳統中，連續性的共同意識和意願都強，這在西方學術界是不能想像的。舉一個簡單的例子可以說明這個問題(這個例子不一定是因爲儒家傳統，而可能是因爲中國文化的特殊性格。當然在儒家傳統中，它有積極的發揮)。

書寫語文和口語的分離是中國的特色。我想，許多解構學派的學者如德希達所談的那些問題，用到中國，可能有一些不相合的地方。當書寫語文和口語分開以後，中國有各種不同的語言，如普通話、吳語、廣東話、客家話，其區別之大，絕對超過英文和德文、英文和西班牙文，甚至英文和瑞典文、英文和俄文的差別。但是中國的知識精英乃至東亞的學人都可以靠方塊漢字來進行溝通。這裡主要的橋樑是書寫文字。漢字，根據我自己的經驗，不僅可以和中國不同的地區口語不通的人溝通，還可以和韓國、日本的學者溝通。我和日本的西谷啓治 13 教授，在1969年有過四五次筆談。他的德文非常好，但英文不行；而我不通德文，雖學習日文有年，口語卻很生疏；西谷先生不能用漢語交談。雖然有四種語言，但唯一能用的是書寫漢字。我寫"有朋自遠方來，不亦樂乎"，他寫"於我心有戚戚焉"；另外，他講"禪"，講寒山，就這樣談下去，加上點頭，當然也加了一些英文、德文、日文和中文，雖然時間慢一些，卻談得很好。從這個情形看，我們現在的大學畢業生，就可以和中國好幾千年的文化傳統直接發生文字上的關係。你可以和唐代的思想家，乃至漢代的思想家、先秦的思想家對話。這在英文裡面是不可想像的。英文非常傑出的學者，對莎士比亞那個時代的英文尚可掌握，但再早一點的古代英文就幾乎不能唸了。我們英文系的同學，請他來唸一段喬叟(Chaucer) 14 的古代英語，對他的困難等於我們現在唸日文或韓文。可見，英文的斷裂情況是很明顯的。

　　韓國在第二次世界大戰以後，廢除漢字，在文化，知識，和學術各界都造成很大的認同危機。這使韓國年輕的學者對二十世紀初期(不要說十九世紀)韓國主流知識分子的書寫文字都不能讀懂，是現代文明中少見的悲劇。日本在美國占領的時期，美國的教育家建議讓日本盡量減少漢字，因爲漢字妨礙現代化。日本接受了，將漢字壓縮到八百。以前的美國駐日大使賴世和好像也參加了這一工作。可是美國撤退以後，日本的漢字又從八百提升到

---

13 西谷啓治(Nishitani Keiji)，1900年生。日本存在主義哲學家。著有《宗教與虛無》等。

14 喬叟(Geoffrey Chaucer)，約1342-1400。英國中古詩人，英國現實主義文學奠基人。

一千、一千四百、一千六百，據巴黎大學的龐德邁(Vandermeesch)
教授的估計，目前在日本通行的漢字有兩三千，和在大陸通行漢
字的數量幾乎相等。

　　所以，北京《歷史研究》的主編龐樸先生說，在五四時代，
錢玄同公然提出廢除漢字以示全盤西化的決心。那時候認爲非要
廢除漢字，中國才能現代化。語言學大師趙元任先生也有“廢除
漢字，中文萬歲”的設想；其實，簡化漢字的目標之一是爲漢字
拉丁化提供方便。這種觀點是混西化和現代化爲一談。現在堅持
這種觀點的學人已經越來越少了。特別是現代電腦不僅可以處理
漢字，而且處理得不錯。像松下公司有些研究員認爲，用漢字來
做軟體的話不只可行，而且還有不少特長。所以，不能夠認爲漢
字這個代表中國乃至東亞文化的象徵符號必然和現代化發生衝
突。這個課題應該重新提出。從文化傳承的角度來看，儒家傳統
和中國文化的承繼性的關係如何，是值得詳加考慮的。

　　如果從文化傳承的角度來設思的話，家族的觀念可能是在漢
代以後便逐漸地深入中國社會、成爲社會持續的一個重要紐帶。
這點很值得重新研究。最近有幾位朋友談到家族主義的觀念，認
爲像《論語》中所謂“父爲子隱，子爲父隱，直在其中矣！”充
分體現了儒家傳統在家族的關係網絡以內來創造人際關係的價
值。對這看法，我有一點異議。

　　剛剛已經提到家庭制度本身的缺陷，它是不能建造公民社會
的，這一點不容置疑。這確是家族倫理的缺陷。但是，《論語》
裡提出的“直在其中”的觀點並不是家族主義的觀點，而是價值
優先的觀點。在基督教的傳統中，夫婦的關係特別突出的，因
此，在法律由於尊重夫婦關係而不允許夫婦互相反證，因此有夫
爲婦隱，婦爲夫隱，直在其中矣的意味。這種突出夫婦關係爲第

一倫的措施並不表示法律沒有客觀性，而是說在社會上，有些價值，比法律的客觀性一樣有尊嚴，不能破壞。所以，在《論語・子路》篇，有人告訴孔子說，我們這個社會是最正直、最有公義的。一個小孩的父親偷了人家的羊，小孩馬上去告發，後來他的父親被治了罪。如果從現在的觀點來看，孔子的第一個感覺是這種“直”的根本精神違反人之常情，很荒唐。就像大陸有一段時間，由小孩去清算父母親一樣。這在極左思潮的辯護者看來，為了要建立社會主義文明大國，就是要打破家族主義，要去除這種人倫關係，最好孩子們愛毛澤東思想比愛爸爸媽媽更強更深。如果目的是灌輸一種雷鋒式大義滅親的意識形態，這種極端的論調是有說服力的。但是即使在政治大前提下說得過去，也是泯滅人性的殘忍行為。在孔子那時候的傳統，這個提法很不健康。因為這不是殺人，而只是偷東西。你可以用其他的辦法來解決這個偷竊的問題。小孩竟馬上告官，且讓人家覺得非常驕傲，這是令人厭惡的。再就是“父為子隱，子為父隱”的觀點應怎麼翻譯才妥當呢？基本上說，就是父親犯了罪過，兒子要負責；兒子有問題，父親也要負責。他們是血肉相連的聯繫體，不能因為我父親犯了錯誤，我非常高興，變成了客觀的控訴者，並割斷了和他的血肉關係。這是不應該的，違背情理的。應該從另一個角度來考慮這個問題。

在中國的傳統社會中，人際關係的紐帶以家庭的原初聯繫為典範。這種原初的聯繫，如果不經過創造的轉化，它不可能成為現代價值的助緣，還有異化為扼殺個性的外在機制的危險。所以，重要的是要把原初的聯繫，轉化成創造價值的助緣。這個轉化，也就是儒家傳統中所謂的修身。它是一個非常複雜的過程。如果從弗洛伊德的心理學來看，這方面的關係，如父母對子女、子女對父母的關係，假若不能安排好，則整個生命會有很大的殘缺。即使爲了宗教的理想，爲了事業的理想，我們決定要切斷這個關係，這個切斷對我們正常做人的大方向來說，實在是極嚴峻的考驗。我們不能說，只要想辦法忘記它就諸事太平。因爲這種原初聯繫(一種根深蒂固的情意結)是忘不了的。在夢裡，在下意識中，它都會湧現。所以非要面對它，轉化它，使它合理化。這才是正途。

如果我們把這種家庭的觀點擴大到社會的各種不同階層的聯繫，乃至君臣關係(也就是政治關係)，那麼理想社會應該是信賴的社會。所謂信賴的社會，就是說這個社會不僅是一個由各種社會力的抗衡而形成的集團，而且是一個具有共識、共同價值取向的社會。我覺得人們對中國文化曲解最大的(尤其是現代經過所謂的政治文化的分析)，就是認爲中國傳統是專制政體，只有皇帝一個自由人，並通過官僚機制把所有的億萬人都完全牽制住了，由他一人在上面左右。這種可能性太小了。而且，我認爲根本沒有可能性，在中國歷史上並沒有出現過這種情況。

基本上說，中國傳統社會是以放權到下層爲基調的，是個相當鬆散的信賴社會。它靠的是象徵系統的控制，而不是直接運用武力。在中國，沒有辦法直接用武力的方式來控制那麼大的地方，那麼多不同的地域，那麼多不同的語言。所以，所有的人，包括從知識精英到窮鄉僻野的一般群眾，都接受了一套價值。這個價值系統本來是非常複雜的；不是說父親是權威，兒子只要孝順，如此而已。羅伯特・貝拉就覺得非常奇怪，這個世界裡只有中國，居然以這樣的方式運行了數千年。用弗洛伊德的話，中國人是不是徹底地把個性壓抑了，壓抑到自己都不知道的地步。這是非常奇怪的，他不能了解。另外一位美國的漢學家 Arthur

Wright(前耶魯大學中國史教授)說，"中國人認爲，講孝是最自然的感情，而以我自己的經驗，這是最不自然的感情；從自己經驗中最不自然的感情，變成最自然的感情，可見中國人被壓抑的程度，這是不可想像的事。"

我對這一課題進行了研究，或者是哲學上的反思，或者是社會學的分析，知道其中頗有值得深談的內容。舉一個簡單的例子。我們絕不能把父子的關係和君臣的關係混爲一談。中國的五倫關係，每一倫都有其內在的邏輯結構，是不能隨意轉換的。有很多人認爲君臣就是父子，因爲有時稱君爲君父，稱臣爲臣民、臣子。一般語言上，大家可以這樣說，但是實際的運作絕對不是如此。因爲，君臣是以義合，不合則去，有時臣還要和君爭吵，批判君；不僅是批判君王，還要組織其他的知識分子對獨夫型的君王進行抗議；最後甚至要"革命"。當然清官自殺身死的例子也屢見不鮮。

這種君臣之間的關係和父子的關係完全不同。父子不是以義合。父子以親這份情爲關係特色，這份情祛除不了。的確，原初的聯繫是祛除不了的。史華慈教授最近說，我們常常想到作爲父親的你和你的孩子；但我們沒有想到作爲四、五十歲孩子的你和你那年邁體弱的老父。如果這樣去設想，父子的關係就大不相同？什麼意思呢？我們常常把父子關係想成是父親的權威和孩子的服從，這個父親是三、四十歲的壯年，孩子是十幾歲或更小的幼童，這時的父親是相當有權威的；而沒有想到，若父親是七、八十歲，孩子是四、五十歲，這時的父親不僅不能作威作福，而且成了一個依賴性特強的"權威"，因爲他需要孩子的照顧。因此，我們要了解人際關係在發展進程中的隨時轉換。在隨時轉換的關係中，它的 text (文本或系絡)，也必然展示它的複雜性。所

以，我們還要了解到，作爲一個活生生的父親，要用如何的價值
來對待其中的衝突。

　　因此，在中國的傳統中，孩子不只要對父親盡孝，而且要
"諫"，諫就是對父親盡言責，希望他變得更好。最突出的特例
就是舜和瞽瞍的例子。舜的父親是天下最沒有資格做父親的父
親。這個人極蠻橫又無理，而且沒有任何真正的感情，同時還受
到舜的繼母的影響。這是中國神話中創造的一個理應最難成爲孝
子的舜。父親對他不好，繼母更不用說，繼弟也對他進行迫害。
因此，他若成爲一個不孝不仁的人是理所當然的，因爲外在的客
觀條件如此。居然，舜能夠把這些極壞的條件創造轉化成他自己
發展人格的依據，這是極難得的行爲取向，不能要求一般人做
到，即屬聖賢也需要費大氣力才能變化氣質。所以舜成爲聖王。
當然，我們不能以這樣的聖王標準來要求任何人。絕大多數的人
都不是聖王；絕大多數的人都要在複雜的人際關係中生存。所
以，如果父親胡來，則兒子一定會受到很多的壓力。不僅是家庭
的壓力，也可能是社會上的壓力。提出舜的大孝是以最高的理想
勉勵大家自求多福。

　　文化精英和現實政權之間，一定有極大的衝突，所以才會產
生抗議精神。儒家的抗議精神，在今天非常難以理解。我認爲今
天的知識分子，不管是在海峽的哪一岸，很難對傳統儒家的抗議
精神有真切的領會。在中國大陸，因爲批判傳統的意識太強，總
是用封建遺毒來描寫儒家的忠孝節義。我在北京講課時曾舉朱熹
來說明這個問題。在中國思想史中，朱熹是一位相當保守的思想
家，我們不能說朱熹是革命家，當然不是。朱熹雖然是南宋最有
影響力的思想家，但是他並沒有政權勢力。他曾藉因災異大赦天
下的機緣進京上書，他的奏議共分三部分(根據上奏議的成約，皇

帝要親自上朝,所有的大臣也要聆聽宣讀,而且皇帝應有反應)。朱熹奏議的第一部分是指明國家的情勢一片大壞,遭透了,各方面都不行。皇帝點頭承認。因爲南宋當時,金人侵擾,財政等各方面都有問題。這是事實,所以皇帝接受朱熹的說詞。第二個部分是環繞皇帝身邊的這些人,說這些都是唯利是圖的一群小人。皇帝聽了,有點不太高興;但礙於情面,只好聽下去。第三部分乾脆批評皇帝本人,說他修身的工夫不夠。就是這樣很直接的三道奏議。這是不是抗議精神呢?

在當代中國,特別是在毛澤東時代,最了不起的抗議精神是由彭德懷所體現的。很多的歌劇,很多的民間藝術,都歌頌了他在大躍進時代的抗議精神。彭德懷的書面抗議是在廬山提出的。他寫了一篇萬言書。萬言書中說,天下形勢是一片大好;人民的生活也過得去,共產黨的領導極爲英明,政治的大方向並沒有什麼問題的,當然毛主席的路線更是正確無比。但是農業出了一些問題,大躍進有失誤,有很多人餓死了,也許我們要改變主意。結果,不僅這樣委屈求全的進言沒有奏效,而且還把彭德懷打入十八層地獄。毛澤東成爲不可批評的教主,結果在文革時代毛澤東的造神運動也就毫無忌憚地展開了。

從這個角度看,傳統社會中知識精英與政權勢力之間的關係如何?大家共同遵守的禮俗、遊戲規則、制度的實際運作的機制又如何?社會如何成爲一個複雜的、可以創造價值的、又是以農業和家族社會爲主要結構的社會?這些都需要作進一步的認識和理解。

另外,我想以"權威社會"來代替"專制政體"的提法。"權威"這個觀念並不容易掌握。真正的集體主義和專制主義,只有在二十世紀才出現。以納粹、史大林以及中國大陸爲例。這種專制的集體主義，要靠好幾個現代因素的支援才會出現。第一是訊息網絡。當代的訊息網絡可以滲透到任何一個角落，我們很難想像任何傳統社會有此條件。每一個人都要有資料，每一個人都要有檔案。沒有這樣的訊息網絡，就不可能把控制力量從北京一直延伸到地方各處。這一定要靠現代技術。在傳統世界中，我們不能想像一個現代型的專制政體，大皇帝的影響力一直延伸到民間。天高皇帝遠嘛！這是大家日常生活中都能感受到的。第二是要有官僚制度和科層組織，從中發展出工具理性的高峰，使整個控制系統不僅控制行為，還要控制態度和思想。所以才有宣傳部、公安部、國安部之類的情治單位。我們雖然不知道中國的宣傳機構的人文素質，但他們肯定是要用意識形態作為控制工具的，因此是一種類似黑社會的組織。第三是要利用現代科技，能夠把執行法律和政府命令的軍隊和警察，在很短的時間內，從甲地移到乙地，需要有權力集中調動各種社會資源的能力，在傳統社會是不可能作到的。

　　傳統的權威是什麼意思呢？權威在英文中是 authority。權威的原始典範是 charisma，一種超凡的魅力。超凡的魅力是通過領袖人物的特殊氣質來體現的。以先知為例，先知有上帝的意旨，他知道，而其他人不知道。他代表了超越的精神。這種超越性，大家都能感受到。在某種宗教裡面，就有一種超然的魅力以及宗教領袖人物的權威。所以，權威在這方面，和一般的權力大不相同。我們要分別權力和影響力。權力，就是利用某種強迫的方式進行威脅，以改變現狀，它是外來的力量；而影響力則一定要被影響的人感受到，其中牽涉到自願的因素。權威是經過禮俗化的力量，經過禮俗化的權力；權威一定要被認可，沒有不被認可的權威。一般我們所了解的權威，都是政治上的和宗教上的，其實不僅如此。權威基本上是取得的,不是賜予的。譬如說,這位先生是莎士比亞的大權威,但是卻沒有精研莎士比亞的功力,這是不可能想像的。說某人是什麼什麼權威,是因為他經過長期的奮鬥,把一套專業知識或技能搞得滾瓜爛熟,別人不知道的他都知道,他才有資格成為某領域的權威。從涂爾幹和柏深思的角度來看,任何一個社會,如果它的權威結構鬆散了,這個社會的意義結構就會發生動搖。所以,有學術的權威,有政治的權威,有宗教的權威,甚至有企業或其他方面的權威。權威在這裡是社會和進步的積極因素。這個意思,從英文的造字本身可以看出來:authority 有 author 的意思。author 就是創作者。但是,這只是一個側面。

任何權威,或以前所講的 charisma 的權威,必須要例行化、公式化、凡俗化,才能夠逐漸達到長期合法的穩定性。假如完全靠 charisma 本身來控制社會,這個社會必然是動盪的。而使之例行化、公式化,並不表示它的生命力就喪失了,完全變成習俗的、消極的反應,而缺乏自覺、批判和反省的創造轉化的能力。中國傳統的社會中,有這樣一個批判、反省的機制,這就是學校。

我有一度討論孟子,提出了"士的自覺"。如果講孔子的貢獻是"人的反思",即對人做一個全面深入的反省;孟子的貢獻就是"士(古代中國的知識分子)的自覺",即對士自己的角色、作用、功能及認同的自覺。孟子自覺要做一個知識分子。他的這種知識分子有一個特色:即他是參與的,但卻與現實政權保持相當的距離。其實在司馬光時代,孟子這種士的自覺已不為一般士人所理解了。他們認為孟子太傲慢,碰到君王都要申討;甚至看到一位最高領導,也說他"望之不似人君"。很多在當時影響極大的人物，像張儀、公孫衍之流，孟子稱他們是斗筲之人。因此孟子的泰山巖巖給人一種自視甚高、喜歡批評當權者的浮面印象。可是，孟子自覺自己是一個知識分子；認為自己是身在社會，也進入社會，但和社會的現實政權卻保持距離。為什麼可能如此呢？這是一個非常有趣而且值得玩味的課題。因為當時是一個多元的政治社會，甲國不行可以到乙國；齊國不行、魯國不行，還可到楚國；楚國不行還有乘桴於海的選擇，到處可以跑。這個情景有點像歐洲，不像宋明以後大一統的中國。因為有伸縮的餘地，所以才能保持他那不妥協的批判精神；另外必須一提的是，那時他自己也擁有獨立自主的經濟基礎；他可以從講學、可以從各種不同的社會集團給他的贈予來維持他的生活。

　　如果認為孟子想做的是一個政治上的幕僚或顧問，那就把他看低了。孟子的基本形像是王者師，他是老師，而不是顧問。顧問，是受你的資助，再來發言。也不是我們今天所講的"思想庫"(think tank)，為現實政權出謀獻策。他不幹這一套。他有他自己的文化理想、自己的歷史使命、自己的遠見、自己對政治的評價，他有我行我素的氣度和條件。但是，他的批評，不是所謂的目的或工具理性而已，他有強烈的責任倫理的批判精神，即他在批判現實政權勢力時，是以責任倫理的立場來批判的。

　　現在，大家至少都接受孟子確有以民為貴的民本思想。但我接受許多當代中國政治學家這樣的看法，即民本思想本身是不可能開出民主制度的(這前面已經提到了)；有很多制度上的因素，使它不能夠直接發展出來。但是如果因為民本思想不能夠發展出類似西方的民主制度，因此這個文化資源就應該捨棄，應該批判，應該拋到歷史的垃圾堆裡，這點我絕不能苟同。孟子所開發的資源是非常雄厚的，而且非常有價值。在中國歷史的進程中，民本的光輝價值曾在各種不同的政治文化中體現出來。

另外我覺得還有一點很值得注意。如果照柏深思所提出的人格系統、社會系統、文化系統整合起來的思想體系，個人不是一個孤立絕緣的個體；在這樣的思想體系中，極端的個人主義的功過如何，很值得我們的討論。我上次已經提到，從基督教文化的角度來看，任何既有的社會結構，基本上都是不合理也不合法的。因此，任何既成的基本結構，都存在著可以被批判的因素。從這方面看起來，基督教的理論有強烈的革命潛力。而在中國傳統中，佛教和道教所顯現出來的一種放眼未來的思想，特別是來世佛的思想，是和農民革命以及各種不同的抗議精神結合在一起的。因為，一個社會的革命和大幅度的變革，在人類歷史發展的過程中，其時間總是比較短暫的。甚至法國革命，它所改變的和它所繼承的相比，繼承的遠遠要超出改變的。根據這個看法，我們應使人格系統、社會系統和文化系統趨於整合，同時又能在其中保持它的彈性，絕不放棄創造價值的權利和義務；同時，讓它自己又有自我批判的反饋系統，對於一個社會的發展，這種認同與適應的配合是至關重要的。在儒家思想中，可以找到既加強內在認同又開展外部適應的資源。所以我說，中國文化能夠源遠流長，不是拜占庭帝國的模式所能理解的。它能夠源遠流長，是它既有內在認同又有適應外在環境能力的結構，是長期修正和改變的積累所達成的。

有同學問我，何為中國人？這是非常有趣的問題。不同的時代，中國人的意義是不同的。確實，中國人 Chinese 在英文裡是一個文化的觀點，有太多不同的種族、不同的語言、不同的社會背景、不同的階層、不同的歷史蘊涵其中。所謂文化觀點，意味著它既不是命中注定的，也不是一旦形成以後就不能再發展的穩定結構。我雖然非常佩服梁漱溟先生，有親灸的榮幸，向他討教多次，但是他有一個觀點我並不能接受的。他堅持說，中國文化是早熟而不成熟。早熟，就是在很早的時候就發展到高峰(在某方面講起來也許是這樣)，但因爲沒有發展民主，沒有發展科學，所以又是不成熟。現在有很多學者都同意這一觀點。我覺得很奇怪，不易理解。他們認爲，中國思想發展的最高峰是春秋、戰國，以後是每況愈下；到了滿清，簡直沒有什麼創建性的思想可言。春秋、戰國時代，有多少偉大的思想家！那都是軸心時代的人物。不僅是儒家的孔、孟、荀，還有道家、法家、墨家、名家、陰陽五行等家的人物。到十八世紀，想了半天，大概只有一個戴震才算原創力很大的思想家。我覺得這是我們的偏見。中國思想、中國社會的發展，其實每一個階段都有不同的課題，也有不同的運作方式。它是淵遠流長的，但並不表示它是早熟以後就墮落了。事實上，那種關於封建社會上升下降的模式，如果不打破，不要說儒家沒有進一步說明的可能性，甚至對從漢到清的中國思想，也不可能作一個真正的認識和評價。

　　現在我再提一個涵蓋面很大的觀點：如果我們把儒家傳統本身，放在世界的多元文化和中國的多元文化的背景來看，它只是一支而已；但是在很長的一段時間內，甚至在定義具有中國特質的知識長河中，它是一個主流思想。不過，並不因爲它是主流思想，它就一枝獨秀。我認爲，儒家從來沒有在中國社會上一枝獨秀，包括在定儒學爲一尊的漢代。在中國社會中，文化一直都是多元的，各種不同的思想都在發揮作用。儒家的思想之所以有很大的生命力，多少是因爲它能夠不卑不亢，又因爲它是一個兼容並蓄的思想體系。它沒有強烈的排它性。消極地講，它能夠與其他思想和平共存；積極地講，它能夠從其他思想中吸取各種不同的養分來發展自己。但這並不表示它因此就博大精深，可以體現任何思想價值。很明顯，經過現代化以後，很多在西方社會體現得非常好的價值、制度、思想，並沒有在儒家傳統中體現出來，不僅沒有，好像連最基本的發展條件都沒有創造出來。作爲主流文化，儒家當然有其片面性及先天不足和後天失調的情況。

　　我有這樣一個設想：從洙泗流域來看，洙水、泗水這兩條河都在曲阜(現在已差不多乾枯了)，儒家的傳統是源於山東的。這說明，儒家的生命力在它發源的時候就不在政治，而是在文化和教育。它很自覺地不走政治掛帥的路徑。說孔子想做官又做不到，有酸葡萄心理，這是以小人之心度君子之懷。在他的思想結構中並沒有一定要做官的成分；而且，他也沒有說不能做官，只是有些不能做的官，他是絕對不做的。所以他說："富貴如可求，雖執鞭之士，吾亦爲之；如不可求，從吾所好。""從吾所好"，基本上說，就是在社會裡轉化社會。入世而又不屈於這個世界，英文叫"in the world but not of the world"，和佛教的離開這個世界，創造另外一個價值領域，大不相同。它之所以不屈從於這個世界，是因爲它的理想和它所面對的世界之間的衝突太大，它要轉化這個世界。這條路慢慢地擴展開來，逐漸成爲中國文化的主流思想之一，特別是在教育、倫理各方面。

　　到了宋明時期，中國經過長期的佛教文化的影響和浸潤，已把佛教思想融入華夏文明之中，而且也開闢出獨具中國特色的佛教傳統。中國能夠消化佛教的影響，一個明顯的例證，就是現在用漢語所寫成的佛經，特別是佛家原有的經典，這批和一般的古代漢語不太相同的中華大藏經，其篇幅之大已遠遠超出了現存的用梵文和巴利文合在一起的佛經。現代有些梵文學者想從中文翻回梵文，看看是不是和原來的佛教思想相合。所以，你不能說傳統的中國思想是一個封閉的系統。中國佛教界大師大德經過了萬死千難，到印度求經，這是相當虔誠肅穆的。也不能說中國是一個封閉的社會。如果從中國的幅員之大、內地之複雜而說中國是一個封閉社會，那麼也可以說整個歐洲是一個封閉社會，整個美國是一個封閉社會。這是歐美學者都不能接受的。那麼，為何中國學者就一定要接受中國社會是完全封閉的觀點呢？中國通過許多不同的渠道，不僅通過絲綢之路，也通過海洋跟外面接觸；再加上草原文化和農業文化之間的交互影響，以及"和親"和"征戰"等各種不同的交通，逐漸發展起來。到了宋明的時候，儒家這個傳統已經不只是中國文化的組成部分了，因為儒家也已滲透到朝鮮文化、日本文化和越南文化。所以，儒家傳統從洙泗流域一直發展到第二期的宋明，中間經過錯綜複雜的曲折進程。這個進程和中國的社會結構、經濟結構、政治結構和文化結構之間的交互影響如何，是值得我們探索的。這項工作，從嚴格意義的現代學術看來，才剛剛開始而已。

　　我甚至可以說，儒學的精英思想是民間一般信仰的哲學的積累，可以說是 crystalization，即一種結晶；而民間的許多思想，是儒家思想的具體運用。就如坊間等地所出售的善書，如《菜根譚》[15]、《太上感應篇》[16] 等，其價值系統和儒家的價值系統有很多同構的地方。還有一個非常有趣的現象，可以用來進行說明。一般理解，一本書，能夠讓最好的學者精英嘆為觀止，同時又讓一般大眾隨時運用，這在人類文明的發展中並不多見。也許《聖經》有這樣的作用。《吠檀多》內很多觀點也可能起過這種

　　15《菜根譚》：語錄體書籍，明洪自誠著。旨在遵循天理人情，尚德行，輕名利。
　　16《太上感應篇》：道教典籍，宋李昌齡撰。宣揚天道獎善懲惡，旨在勸人為善。

作用。中國的《易經》確具有這個作用。最傑出的哲學家,花再多的時間,也不一定能了解它;而大街小巷算命的、卜卦的都在運用它。這是非常值得重視的課題。即使不是獨一無二的人文現象,也是極少數的例外。

還想順便一提,在宋明的時候,中國的旅遊業是非常發達的。這一點我們平常不注意。在西方的中世紀,一個苦行的僧侶,從一個城堡跑到另一個城堡,可算是一件大事,不僅是個人的大事,而且是群體的大事,因爲旅行所冒的風險極大。沒人能保證出了城堡以後還能安全歸來。但是宋明時代的中國,不管是學術精英還是知識分子,都到處旅行。用禪宗的話說,就是"行腳"。一走就是好幾個月,而且到處論學,遊山玩水,途中多半住在大廟或旅店。從徐霞客的遊記裡可以窺得其中真消息。這與西方中世紀的情況,不可同日而語。所以,中國和西方,確實是相當不同的文化形態。如果我們用從韋伯到柏深思所形成的分析模式,可以看出儒學在中國歷史發展中的各種曲折表現,看出它的特殊形態。但是,我們對這個特殊形態到了解,至今還是十分有限的。

柏深思主義的危機

下面我想談一下柏深思主義的危機。關於這個問題,由於時間的關係,我不能詳說,只是提出兩個論點,提請大家注意。從理論結構來看,柏深思的貢獻是爲社會分析和文化分析提供了一個涵蓋性的藍圖。你可以批評他這個藍圖中的邏輯結構,也可以批評他在討論這些問題時,在理論、邏輯上都有鬆散的失誤;但是,這個藍圖的全面性是很值得注意的。它至少照顧到馬克思的上層結構和下層結構的交互關係,不像恩格斯那樣把馬克思的理論結構凍結在下層結構決定上層結構的經濟命定論。從列寧到毛澤東，包括早期的馬克思主義者和現代的新馬克思主義者，都盡力把馬克思主義發展成一個具有發展活力以促成上層結構和下層結構互動的思想體系。這個新馬體系，可以說是對韋伯挑戰所作的回應；柏深思是繼承韋伯的，因此也可以說是對柏深思的一個挑戰。他把自己的思想建構在這個基礎上，同時也建構在韋伯所特別強調的價值取向的立場上。也就是說，他認同意義結構、經濟動力之間的互動乃至辯證關係。我曾經提到的社會學家皮特・伯格，從提出“工業東亞是第三種工業文明的典範”這個觀點出發，也討論了價值取向(或生命形態，或意義系統)和經濟發展之間交互關係的課題。

　　韋伯提出的這個課題，可以說是柏深思在建立他自己的理論體系時的重要資源。柏深思後來又結合了涂爾幹和弗洛伊德的思想。現在，很簡單地歸結起來說，這四個人的思想融合而成所謂三個層次和四個模式及其互動關係。所謂三個層次，主要是適應和認同的關係，就是我們以前提到的人格系統、社會系統和文化系統。這三個層次是交互影響的。人格系統是基礎，即人作為生物的一般存在，一種動物、生理的存在，還沒有進入心理層次。最上面是文化系統，而文化系統的最高層次，即所謂的終極關懷，也就是宗教意義中的絕對真實。所謂的社會層次，包括經濟、社會和政治。再說四個模式的互動。這四個模式就是經濟、政治、社會和文化。柏深思的這個理論結構，絕對要比馬克思的兩個層次，乃至韋伯的價值系統和經濟動力之間的關係要複雜得多，因此可以說柏深思創造了一個比較全面的系統。這是柏深思的貢獻。從理論結構看，它有一定的長處。這也是為什麼哈伯瑪斯要重新對現代主義乃至後現代主義提出挑戰的原因。他們要重建社會理論大系統——理性化的結構，其目的是要重新回到柏深思所提出的問題。

　　但是，柏深思的這個大系統，爲什麼會發生危機呢？一言以蔽之，就是他把美國社會的特殊經驗，自覺或不自覺地，有選擇或無選擇地看成一種普遍的規律，甚至預言這種經驗是現代社會發展的必然趨勢。這一偏頗使得他特別強調美國的既成事實，並以此作爲人類發展的典範。因此，在1970年代的時候，他受到很多批判，受到很多年輕的學者，特別是新左翼的全面性的抗議，乃至要把他的大系統當做一個大宮殿，從頭到尾徹底拆毀。

　　所以，他的問題，以及他的問題所導引出來的危機，不是他結構本身的完整性和全面性的危機，而是在歷史分析和社會分析中，把美國的特殊情況變成了人類文明發展的必然趨勢所造成的困境。這個以歐洲爲中心、或以歐美爲典範來討論現代化的傾向，可以說是所有歐美重要的社會理論家的通病。這個通病可以追溯到十九世紀，幾乎所有有創見性的歐美思想家，包括黑格爾，包括社會達爾文主義(像史賓塞)，包括早期實證主義思想家(像聖西門、孔德)，包括馬克思主義和新馬克思主義的思想家，也包括涂爾幹、韋伯，當然也包括弗洛伊德和後來發展的柏深思的思想。突破歐洲中心的傾向，是我們這一代人的努力，這也就是最近一、二十年的事，而且，這種努力可以說現在才剛剛開始。有沒有可能性，成功與否，現在言之過早。

　　有一個非常機械、但又十分普遍的提法，從五四一直延續至今，即西化就是現代化。我們如果重新回顧五四時代的中國知識分子，當時的大問題就是把西化和現代化等而同之。他們認爲，除了西化，沒有任何一條其他的路可走。由此，必須把傳統徹底地摧毀，然後才可能有真正的現代化。這是很容易理解的心態，因爲沒有另外一條路可走。假如我們含情脈脈地回到傳統，或者是抱著傳統的大腿不放，最後不僅會被摧垮，而且中國不可能在以達爾文主義爲規範的國際競技場中獲得生存的權利。一直到現在，日本對這個問題的反應仍然如此，不必說近十年來大陸以西方文明馬首是瞻的青年知識分子了。

具體來說，五四時代提出要把漢字廢除，認爲不廢除漢字，中國即不能實現真正的現代化。當時不少重要的知識精英認爲，要廢除漢字，第一步就是要使漢字拉丁化，也就是說要把漢字變成和西方的拼音符號相類似的語言，開始時用注音符號，然後用拼音。但這個運動雖然在普及教育方面貢獻極大，但在廢除漢字的前提下基本是失敗的。失敗的原因十分複雜，以後有機會再談。到現在，即便最激烈的西化派(包括海峽兩岸)也不再強調廢除漢字的課題了。因爲我們再批判傳統，在我們的文化心理中不可能擺脫掉方塊漢字所帶來的文化意識和文化積澱。所以，我們只能在一個同步批判的過程中來展現傳統對現代化的發展可能提供什麼精神資源。這是一個嶄新的課題。

毫無疑問，從五四以來，很多學者把西化等同於現代化。從1919年到1949年左右，西化的觀念是大家普遍運用的；而現代化modernization則是到了1950年代以後才廣爲流傳的觀點。以前只有現代主義，今天看來，現代主義是反現代化的。從1950年代起，所謂現代化的觀念，漸漸成爲社會理論家共同採用來了解人類文明發展的前景。當時有很多社會學的著作，把現代化定義成工業化、都市化，定義成大眾傳播的普及，定義成服務階層的逐漸發展、生產階層的逐漸的減少，等等。實際上，現代化自第二次世界大戰以後，和美國化Americanization逐漸成爲同構語。這和柏深思這些學者所進行的對於社會理論的重建和對於現代化理論的理解，有很密切的關係。以美國爲典範的現代化模式，是第二次世界大戰以後才出現的。

從五四運動至今，有兩個重大的發展階段：一個是從1919的五四時代到第二次世界大戰左右，真正的社會學的思想典範是在歐洲；一個是從第二次世界大戰以後到1970、1980年代，真正的社會學的典範則在美國。美國取代歐洲，可以說是現代史上一個相當重要的發展階段。如果從帝國的起落來說，在這以前可以說是歐洲的世界。但是到了第二次大戰以後，變成了美國的世界。如果再向前看，東亞工業文明正在興起，較寬泛地說是太平洋地區正在興起(也可說是亞太地區，即包括整個東亞、澳洲乃至東南亞和部分南亞)。這個地區的興起，是從美國的典範，變成太平洋地區的典範，有人甚至說是東亞的典範。這個變化，從理論來看，如果成爲事實，那麼它和美國模式的脫序或者脫節現象，或是斷層現象，遠遠要超出歐洲典範爲美國典範所取代時的情況。因爲，美國的典範基本上是歐洲典範的延長，因爲美國的文化來自歐洲。但是，要把美國所代表的歐洲的這個典範變成東亞的典範，其中的脫序或斷層的情形是很可怕的，可能會造成很大的國際衝突。這是很多學者今天正在討論的問題。

到此爲止，我基本上可以結束對於柏深思問題的探討。他在理論結構方面展現了一個比較全面的價值體系。我們至少在分析問題的時候，可以採用這個複雜的藍圖。但我們必須認識到，他的這個藍圖是有其特殊的歷史內涵的，即以美國爲典範的特定的社會、文化、經濟、政治的內涵。這是他的限制。歷史的局限性和理論結構的普遍性，造成了特殊的矛盾；而這在整個社會學發展的過程中，是普遍現象，不是特殊現象。

【答問】

問：您剛剛提到公民社會，請問在中國的傳統中有沒有這個東西？這個東西在當代台灣社會中是否會逐漸體現其價值？

　　這個問題是我剛剛提到的。根據我的理解，公民社會的出現是對政府權威的一種挑戰；而且，絕對是要社會力量增強以後，它才會出現。中國的傳統社會，因爲政治的力量特別強，很難有西方所謂的公民社會。公民社會是從城邦政治發展出來的，有它獨特的政治結構。所以，公民社會在傳統中國沒有出現。但是在現代化的進程中，特別是臺灣社會，已有公民社會的出現，因爲多元化的傾向很明顯，社會力量和政治力量逐漸平衡。

　　美國有一個非常有趣的現象。在艾思本人文學研究中心，每年要邀請很多企業界的知名人士和學術界、傳播界以及政治界的領導者進行交談。也許討論希臘哲學，也許討論中國哲學。有一次我參加一個聚會，會上有政界的、有學術界的、有企業界的、也有大眾傳播界的。政界中一位紐約的議員發牢騷說："我們議員簡直是一籌莫展，沒辦法發揮我們的效用。也許我們這個社會中，就是你們搞大眾傳播的人影響最大，你們講什麼是什麼。"大眾傳播界的人則說："我們大眾傳播沒什麼力量。這個社會發生什麼事情，我們只是加以反映，最多加以評析；我們不能創造事實，只能反映事實。有力量的也許是資本家。"那些資本家馬上跳起來說："最近我們資本運用相當困難。例如想花很多錢到 NBC 買一點鐘的時間，但 NBC 說不賣，要買就應簽長期合約。即使買下整個節目的製作，他們還是要控制，使得我們的信息不能傳遞。還是你們學術界的人，表面上看起來沒有能力，但你們

想把我們的年輕人塑造成什麼樣，就是什麼樣。"而學術界的人
的反應是，美國的學術界是最軟弱無力的。

從這個角度來看，沒有一個職業集團或社會集團是可以掌握
全局的。這就是公民社會的特點。也就是說，它不是一個人掛帥
的，權力的中心也不在一個領域；即使在政治上發生了脫序，還
有其他的力量來制衡。因此，公民社會能使各種不同的價值得以
體現，各種不同力量得以發揮。這種公民社會，在中國文化區還
都沒有出現，而在臺灣地區，目前有出現的跡象。

問：柏深思自己不願意被稱為結構功能學派，因為他自己做的工
　　作是功能分析，是不是受了人類功能學派的影響，如馬凌諾
　　斯基 17 和布朗 18 ？

在柏深思的思想中源頭很多，他也用了馬凌諾斯基和布朗的
方法。他在英國念過書，和英國的人類學家有過交往。另外有一
位英國的經濟學家叫馬歇爾(N. Marshall)，對他的影響非常大。可
是他的功能分析，我看基本上是從涂爾幹及韋伯而來的。因為他
所要了解的是現代社會，複雜的現代社會。柏深思沒有研究過初
民社會、傳統社會。因此，他的思想結構，以科學的角度來看是
很全面的，包括社會學、經濟學、政治學、文化人類學；但從時
間的發展進程來看卻非常短，他所了解的只是十九世紀、二十世
紀的歐美社會。對傳統社會，乃至中世紀的歐洲社會，沒有下很
大的功夫，所以在時間、乃至空間方面講起來，他在比較學方面
是很薄弱的。我舉一個例子。有一次我跟他談話，他說，"你想

---

17 馬凌諾斯基(Bronislaw Malinowski)，功能學派人類學的奠基人之
　　一。

18 布朗(Roger Brown)，1925年生。美國社會心理學家，哈佛大學心
　　理學教授。著有《社會心理學》、《社會語言學》等。

了解儒家的傳統，也許要研究拜占庭帝國。"我聽了非常驚訝。拜占庭帝國早已毀滅了，也許在他的印象中好像一直沒有毀滅，百足之蟲，死而不僵。而他從很多中國學者給他的印象中認爲，中國的傳統也早就該消滅了。但中國的傳統沒有消滅而維持那麼久，和拜占庭帝國一樣，各有很嚴密的官僚制度，很狹窄的文化價值和非常薄弱的經濟基礎，居然也維持了幾千年。這也是我和他一直保持距離的原因。

但是，從柏深思對現代社會所作的分析，我們必須重新理解中國的傳統，特別是儒家傳統的價值。他的分析可以作我們的借鑒。一般而言，不少人認爲儒家傳統跟小農經濟、以家庭爲主的社會結構以及權威主義的政治結構結下了不解之緣。要了解儒家的價值取向，就要了解小農經濟，了解家庭制度，了解權威主義。這是一般人(不管贊成不贊成)都有的基本共識。可是我覺得這樣去理解儒家還是犯了以偏蓋全的毛病，對儒家傳統的價值取向和精神內涵未必有精切的把握。

問：有關社會學分析中的精英主義，到底是實際的社會情況，還是象牙塔的精英主義？

以前我也試著回答這一問題，因爲這是一個十分嚴肅的問題。社會學理論的建構和哲學家的反思有相同的地方。它能幫助我們了解一個特定的社會，不管是文化的層次還是歷史發展的層次。柏深思認爲，要想了解一個特定的社會(他指的是西方社會，特別是以美國爲代表的西方社會)，不能只了解它的社會現象，必須也了解它的運作方式。由此，他提出了一套分析這一社會的方法。對這個方法有所理解，可以幫助我們了解這個社會的理念和這個社會的具體實踐之間的差距。所以，不能說這種反思只是象牙塔裡面的學者玩弄的遊戲，或只是觀念遊戲。

　　另外，還有一點值得注意：即大小傳統之間的交互影響。一個大字都不識的人可以有非常高的文化水平，而且可以成為重要的文化繼承者；而文字運用非常熟練的人，可能並沒有敏銳的文化感受。這就是西方所謂的 literary competence 和 cultural sophistication 之間的關係。語言文字的運用，當然是文化的表徵。但不能說語言文字運用的純熟，是表示文化思想的複雜和精純。在傳統社會乃至現代社會，很重要的文化信息和文化價值是通過口語、通過身體力行、通過肢體語言來傳達的。像我自己，我的保姆給我很多的文化價值。她不識字，但她給我的文化價值中有很多成語，以及四書五經中的核心觀念。通過她的教導，我學到不少儒家倫理。從文化層次來看，她擁有非常豐富的資源。但是她卻是一個大字不識。就像陸象山所講的，"吾雖一字不識，亦可堂正做人"。不識字，是因為沒有很好的機緣，不能通過典籍認識中國的文史哲，但是堂堂正正做人，識字並非必要條件；即使不識字，也可以是一個文化的承擔者。

　　所以，大小傳統是有分別的。但不要把小傳統看成是簡單的傳統；把大傳統看成是複雜的傳統。大傳統是書寫文字所帶來的傳統；而小傳統是口語相傳的傳統。小傳統並沒有嚴格意義下的制度來支援；而大傳統有圖書館等來保存。但小傳統反而普及大眾而大傳統只有少數先知先覺的文化精英才心知其意，也許用"民間傳統"而不是 Redfield 的 little tradition，較能反映實際情況。這中間的交互影響特別複雜，尤其是在中國的文化傳統中。值得我們作系統的研究。

第五講
美國的生命形態

　　討論"美國的生命形態"這個問題，基本上是配合上一講所提到的柏深思的社會理論。我的方式是從基本結構來看當今的美國社會。用韋伯所謂的理想形態的觀點來看，就是把某種有代表性的基本特色有意地擴大，給大家一個基本的印象。這個印象和實際的、多層面、多方向的具體事實是有距離的；但這種方式卻是我們為了解一個現代複雜的工業社會的一種途徑，一種權宜之計。

美國社會的基本結構

　　美國社會的基本結構，配合柏深思討論問題的取徑，可以分四個部分來理解。每一個部分有它內部的複雜性，而每一個部分又和其它的部分之間有著多維度的互動關係。

　　從經濟的立場來看，很多中美學者認為，美國是市場經濟。從美國的經濟著眼，自由市場確在經濟發展中起著主導的作用。但是實際上，從第二次世界大戰以後(甚至有人認為從1930年代就已經開始了)，美國逐漸形成了一個福利的市場經濟。有一些意大利的學者認爲，它是一種有社會主義傾向的資本主義市場經濟。怎麼說呢？就是說政府對經濟的干涉、對經濟的控制和對經濟的引導，逐漸成爲經濟發展的重要模式。如果站在純粹批判的立場，美國從1950年代以後，逐漸成爲一個軍工複合體(military-industrial complex)。據說這個觀念是艾森豪擔任總統時提出的，當時除軍工外，還有學(academic)一環節，即軍事－工業－學術(military-industrial-academic complex)三結合的複合體。因爲科學顧問的堅決反對，才把"學"去掉。所謂軍工複合體，是說美國經濟的動力和聯邦政府的經濟發展策略結了不解之緣。確實，美國在最近十幾、二十年來，從產業工業方面看，如造船、鋼鐵、汽車、電子等，受到工業東亞乃至西德的威脅，逐漸在國際市場上競爭失利。但是美國還有幾種(至少是三種)工業還是居於領先地位的：一種是電腦(特別是以 IBM 爲代表)；一種是航空工業；還有一種是軍事工業。軍事工業的輸出，使得有人說美國是世界最大的軍工廠，不管是什麼地方發展戰爭，美國的武器可以說無孔不入。

另一方面，美國是一個福利社會。它的福利支出在聯邦政府的預算比例中遠遠要超出中國大陸、臺灣、南韓或日本。基本上，社會保險和社會福利是普及全民的。因此，它的財政負擔也非常重。海耶克，傑出的自由主義者(在美國，他反被認爲是傑出的保守主義者)，特別對福利社會進行批判。我記得 1966-67 年他到臺灣旅行時，發表了幾次演講，其中有兩、三次是我幫他翻譯的。有一次，他針對社會保險、社會福利進行了非常嚴厲的批判，並希望臺灣不要變成福利社會，任何社會保險都不必要。我當時覺得非常驚訝。在他看來，自由競爭、自由市場和福利社會、以及政府所發展的各種保險之間,有極大的衝突。可是現在很多社會學家,包括重要的、有民主傾向的社會學家,基本上不能接受海耶克的古典自由主義、也就是現代極端保守主義所提出來的只強調自由而不顧及平等的觀點。

事實上,福利社會和自由市場之間,是有衝突的。因此,美國在經濟發展的路線上,是一個矛盾的結合體。而政府面對這個事實所表現出來的外交政策,也常常有自相矛盾的地方。一方面強調自由經濟;另一方面,當自由經濟威脅美國的地方利益(還不是國家利益)時,譬如紡織業威脅到美國南方的一些地方利益時,它就積極地提出保護主義的策略。所以,新加坡的李光耀先生應邀在美國國會發表演講時,曾經提出說,新加坡已經被美國的開放經濟、自由市場這種理論徹底說服,所以把它付諸實踐。但當一些受美國影響的社會,如新加坡,把市場理念付諸實踐而且向美國進行挑戰的時候,美國卻又因國家利益改變了球規,採取了保護主義的策略。這種自相矛盾的外交政策,為國際市場製造了許多混淆。美國為了小利,有的為了地方的政治壓力,而不能面對東亞的發展前景的挑戰,這是令人擔憂的國際大事。美國的社會學家,乃至美國的政治家,都認為李光耀這種分析是符合實際的。但是到具體政治運作時,還是受到當時地方勢力的影響。這確是美國的民主政治中很難消解的難題。

美國的民主政治,是建立在一個抗衡的基礎之上。長期以來,它的運作很有彈性、很有動力。美國聯邦制度的形成是在十八世紀,相當於中國的乾嘉時代。這種十八世紀就已建構成的三權分立的抗衡政治,到今天還是有著極大的生命力。不過,雖然生命力旺盛,美國的民主政治也暴露出很多弊病和問題。

基本上說,民主和自由的觀點是有衝突的。美國在很多地方，情願維護自由而放棄平等；即使當美國的最高法院強調平等的重要性的時候，還多半會受到古典的保守主義者的群起而攻之。這是美國政治文化的一個特色。這種抗衡的民主政治，和它多樣的開放社會，可以說是結了不解之緣。美國的整個社會和政治的關係，要達到共識是非常困難的。可以說，從1950年代以來的三十多年，各種不同的共識都逐漸破產。這是美國進一步發展的危機。有人開玩笑說，如果你問某個美國人：你是不是美國人？他會回答說：我是美國人。但你再問：你是哪一種美國人？你是屬於哪一個種族的美國人？哪一種政治立場的美國人？哪一種社會階層的美國人？則美國人的多樣性就十分明顯了。這樣的一個開放社會，好處在於各種不同的動力都能發展，各種不同的壓力集團都出現了；而且，它的自由度到了很難想像有哪一種行為是不合法的地步。譬如說，有一些大型的地下組織，竟要培養自己的軍隊。這顯然是不合法的。但是，有很多組織，要想買什麼武器就能買到。當然，核子武器還不能公開買賣。最近破獲了幾個少數人的革命集團，他們所藏的武器是驚人的，迫擊炮、坦克，什麼都有。美國社會之所以不安全，也因為武器控制鬆疏，這在世界上是不可想像的，特別是從工業東亞的角度來看。在東亞社會，若想買日本武士刀，大概會有問題；想買手槍、機關槍，問題就更大了。在美國的話，非常容易；甚至可以郵購，不必自己去買。這是一個很大的問題。

　　之所以如此，是因為美國以前的社會有著強烈的私有財產的觀念；侵犯了私有財產，和侵犯私有權益，乃至人權，是同樣的性質。因此，在美國南方某些地區以及中西部的荒原，陌生人若走進私有農場，受控告或被槍殺的危險性是很大的。即使上了法院，也不一定勝訴。這種情況，從某種意義上說，是保護了獨立的社會力量。社會對政府有非常強的懷疑精神；人民有言論的自由，有批評政府的自由，也有攜帶武器的自由。這和社會的多元化以及壓力集團的抗議都有關係。有一度，美國政府通過行政法令，宣布共產黨是不合法，引起了很強烈的批判。現在，不管是什麼黨，只要成立組織，其合法性就受到絕對的保證。

　　還有一種情況是很難理解的：今天在美國人煙稀少的地區，如果有四、五十個人，就可以組織一個自己的社群。在科羅拉多、德州等地，有自己的內部法律，可以成立小都會，甚至可以自己設道路、開水源。其中分權的現象是很明顯的。舉一個簡單的例子：在加州有一個新興的社群，在它的內部通過一個法律，規定如果有人想要去那裡買地，以三英畝為最低限度，否則不賣。三英畝是很大的面積，這說明非家產萬貫的人是進不來的。如此，他們可以保護自己的內部權益。美國政府為了發展地方社群的企業，設法控告這些社群，認為不能用如此的方式來保護地方權益。如果控告成功，也許三英畝的限度會改為二英畝或一英畝。但是，水源的控制，地方仍有極大的權力。外地人即便有了地，當地不提供水源，還是難以生存。美國各地類似這樣的問題非常之多。所以，逐漸分裂的地方勢力和政府、乃至聯邦政府之間，都面臨著各種不同類型的矛盾。這也是美國的一個很獨特的現象，在其它社會是難以想像的。

　　因此，這樣的一個結構，也就是現代美國學者所認為的現代化、現代主義、乃至後現代主義的典範，體現著美國文化的特色。這個特色淵遠流長，如果不經過仔細的分析，對它很難有深入和全面的了解。我們可以這樣說，美國社會的基本結構：經濟、政治、社會、文化之間的互動，有一個特殊的典範，特殊的傾向，以及難以想像的特殊條件，也就是說美國的具體情況絕無普世化的可能。

美國的特殊條件之一，是地大、物博、人稀。我記得有一位從香港到美國來旅行的朋友，一到洛杉機，就坐灰狗巴士，一直坐到紐約，再到波士頓。剛和我在康橋見面，第一句話就說，"阿呀，中國十億人都搬到美國，可能還有空！這地方太大了，太大了！一路走過來，幾乎看不到人。"如果各位有在美國的旅行經驗，可能會有同感。這是一個人口密度 population density 的問題。你如果到歐洲各地旅行，城市的人口雖然很多，如巴黎、倫敦等。但廣泛地說，西方社會(包括美國)的人口密度都不高。從西歐東行要到伊斯坦堡才發現人口密度有驚人的變化，是一個質的飛躍，而不是量的轉化。在東方，人口的密度極大。因此我向美國的一些學者建議，如果要去東方，最好先到墨西哥、伊斯坦堡，經歷一次小型的文化震盪；不然的話，從中西部一旦進入東京，最初幾個月，簡直不知如何是好。東京的空間運用，不是住慣北美的人所能適應的。美國人到了東京想要發展隱私權，當然不太容易。在東京，有不少住房是用紙門隔的，睡的是塌塌米。這和美國人獨門獨戶，隔音良好，一進門即可陶醉在大音量的音樂中，可以進行自我陶醉和我行我素，完全不能相比。這些都是美國的特殊條件。

美國的耕地情況，也是它的一個特殊條件。中國的可耕地，沒有超出其總面積的百分之十一。而這百分之十一的可耕地，從宋代以後進入近代，它的深耕密植的程度已經接近飽和點。當然經過綠色革命以後，可能會有進一步的發展。真正可以重新運用的土地，在中國不超過百分之三。而傳統中國公共衛生相當進步沒有經過黑死病之類的大瘟疫，從漢代開始，中國人口已經相當多了；好像長期維持五千萬之譜；到了十七、十八世紀，更有進一步的飛躍；二十世紀又有好幾次的大躍進。現在中國是世界上人口最密集的地方，而中國的土地可以利用的面積又是那麼小。美國可以運用的可耕地占其總面積的百分之三十以上，而且絕大多數的農耕地並沒有充分利用。美國的農業生產量非常大，是世界上最大的農業國。但美國政府現在最頭痛的事是花極大的資金鼓勵農民不從事農業生產，即不要耕種，因爲有穀賤傷農的嚴重問題。美國的農業人口已減縮到總人口的百分之二以下。這樣的情況，想把美國的農業典範運用到古老的文明，特別是中國，可能性等於零。

美國的另一個特點是，社會動力的來源是移民。合法的移民，每年進入美國約三十萬。由於美國的人口增長率在下降，它本身每年約減少三十萬人。這樣，基本達到平衡。這是自1965年以後的普遍情形。除了這三十萬合法的移民以外，還有不合法的移民，那已經是無法統計了。最大的非法移民來自墨西哥。墨西哥與美國接壤的面積很大，墨西哥人是如何進入美國的，已經變成和美國聯邦調查局、警察局共同扮演的一個捉迷藏的遊戲。這個遊戲進行了許多年。最近美國想解決這個問題，即把所有不合法的移民改成合法，讓他們的問題徹底解決。然後在邊防上加強巡邏，防止非法移民的大量湧入。可這只是權宜之計。所以，很多人估計，加州到了公元二千年，可能會成爲美國最大的以少數民族爲多數的州。也就是說，加州沒有多數民族，都是由少數民族組合而成。屆時可能有百分之三、四十的加州居民所運用的母語是西班牙語，而不是英語。

自1965年以後，美國移民的名額經過了一次調整。亞洲的移民，特別是華裔，從東南亞、中國大陸、香港和臺灣來的人數劇增。美國從十九世紀以後，大約1882年以後，基本上採取排華政策,重歐輕亞,排華,也排斥日本移民。它的策略,就是以美國人口的原初比例,作爲吸收移民的基本條件。如果說,當初的西歐移民占美國人口的百分之六十,則它的移民名額的百分之六十是留給西歐的。其餘的留給東歐、墨西哥。亞洲的移民名額非常少,即使1945年後排華政策取銷後每年也只一、二百人,一百多年來都是如此,連留學生也包括在內人數也很有限。雖然經過各種不同的法律途徑,表面上自二次大戰以後,歧視的條例都去除了,但在實際運用的時候,並沒有改變排華的政策。一直要到1965年左右,才提出了一個新的方案:對於西歐的移民,給百分之八十的名額,若沒有這麼多人移入,則餘下的名額可以分給其它地區。這就擴展了原來長期積累而得不到解決的地區,如亞洲的移民名額。由於這個方案,亞洲的移民急速上升。加之越南戰爭以後,基於美國的罪惡感,吸收了大約二十萬以上的越南移民。此外還有韓國、臺灣、大陸的移民。即使如此,亞裔在美國整個民族的比例上,還是少數民族中的少數。大概還要經過至少一、二百年,才能發展到在美國少數民族中,擁有政治壓力集團的勢頭。這是美國社會的一些特殊現象。這些現象在柏深思討論社會理論的時候,都扮演著重要的角色。其中,有些是可以普遍化的,有些是絕對不可以普遍化的。

美國不僅是一個移民社會,而且是一個具有冒險精神的社會,一個要開拓新境界、新方向、新市場的社會。其社會的縱向和橫向的動力都很大。舉一個簡單的例子,以加州爲例:在加州居住的居民,能定居兩年以上的人比例較少,大半是搬來搬去的家庭,尤其是在1950、1960年代這種情況極爲普遍。有些美國人基本上是住在汽車裡,尤其是住在旅行車裡,到處流動,沒有固定的家。這種橫向的波動,意味著職業的轉換,動力非常大。很多公司雖然現在因爲經濟不景氣，流動的情況有所穩定，但雇員中所謂跳槽的、轉業的比例仍很大。

再以軍工大企業爲例：在軍工大企業裡，有一些專門從事武器製造的大公司，一般可能有幾萬成員。他們的工作情況是和公司在美國國防工業競賽中的成功與否直接有關的。一家公司成功了，它的雇員馬上增加百分之五十；失敗了，立刻裁員百分之七十。我有一位朋友是專攻航空工程的。他給了我一個生動的描述：他在洛杉磯的一個三、五千人的大公司上班。有一天，因爲牙痛，和醫生約好十二點鐘去看牙齒。結果，兩點鐘回來，整個大公司的燈都關掉了。他摸黑般地找到他的工作房，問這是怎麼回事？一位同事答道："嘿！你不知道嗎？一點半鐘，華盛頓決定不接受我們的發展計畫，所以，我們的經理宣布公司解散了。"我的朋友說："我在此工作了五年了！"他的同事說："我已七年啦！"就這樣，工作不翼而飛了。

一般而言，工程師和企業之間有非常複雜的抗衡關係。當企業需要人的時候，工程師的叫價非常高，而企業因爲需要用人，只得提供高薪。有很多人起薪就是直接協調的，沒有硬性規定，可高可低。同樣的工作，倆人之間的薪水高低，就靠他們自己的協商能力；協商能力高的，薪水就高許多。現在美國的大學也是如此。一個教授如果是通過校方挖牆角的策略而應聘，薪水一定比穩坐的同事高。在學校長期服務的資深學人，薪水未必因年資而提高。反而是外校常來聘請的知名教授才不斷有加薪的緣分，但是談判加薪也可能弄巧成拙；假如校方本來就有另請高就的意願，利用外校延聘談判加薪，難免中計的危險。

我再舉一個例子：有位朋友，專業律師，是紐約某大律師事務所的基本成員。他和另外兩位同事商量要改變這個事務所(有好幾百人)的一些方針，因為他們認為董事會太保守了。他們考慮很久，認為唯一可以令其改變策略的方法是威脅。用什麼辦法威脅呢？這些律師對他們自己的權益是非常了解的。威脅董事會的辦法之一就是三個人同時辭職；因為這三個人是律師事務所的中堅，他們若同時辭職，整個律師事務所就會癱瘓。於是，董事會對他們提出的條件絕對會有所反應。星期二下午，他們把最後通牒送上去。星期三早上，他們三個人很高興，喝完咖啡以後回到公司，發現他們每一個辦公室門口都站了一位門警，辦公室已經上鎖了。門警說，你們三位辭職的要求，董事會已經接受。你們辦公室裡所有的東西都是公司的，不是你們個人的私有財產；任何文件都不能拿走，否則，依法辦理。就這樣，三個人都失業了。這種情況有點戲劇化，但很能反映美國社會勾心鬥角的風格。由於職業的競爭性非常大，美國社會的彈性也很大。正因為如此，它的選擇性也很大。把你開除了，並不表示人情淡薄，這是公事公辦；在下面，私交還是很好的，還可以一起打高爾夫球，甚至一起批評這個公司。所以，美國社會公私分明，人與人之間交通的典範和東方社會的情況是極不同的。

　　我舉這些散離的例子，是想讓大家了解一下美國社會的具體情況。它的職業化傾向非常明顯，完全符合韋伯所提出的現代化、理性化的過程。美國的職業化傾向強可以在各方面表現出來，即便是中、小學，他們的音樂演奏會，或者是一般的話劇、歌劇，其演出水平就很高。有時令人嘆為觀止。有一些地方所表演的歌劇之類，技術精湛幾乎接近國際水平。大學和中學裡的各種不同的團體，為了要進行特殊表演，可以花極大的資本，用好幾個月的時間來從事排練。這種職業性的強度，表現在各種工作上，可以說是有板有眼、全力以赴而且強烈地突出集體精神。在美國，雖然個人主義的色彩非常濃厚，卻很突出集體精神，這和我們想像的情況有相當不同的地方。

總之，它的動力來源相當多，浮面所了解的美國現象，和它實際的情形之間，有相當大的距離。我可以說，大多數東方的社會，特別是東亞社會，對美國的報導，和實際的情形偏差很大。要真正了解美國這個社會是不太容易的。我認爲，中國的學者現在對美國社會的文化心理結構、基礎結構，都了解得不夠。他們多半認爲美國不如我們想像的那麼好，有很多的負面現象；而沒有進一步從它的社會、政治、經濟、文化這些層次來了解。所以，不要說了解得判然明確，就是對這些層次互動的精神，都不太清楚。而且，多半的人認爲美國社會的精神性不太強，乃至有人(如康有爲)說，美國社會出不了哲學家，不像日爾曼社會，乃至法國社會。康有爲雖然是一位保守的儒家，但是對美國的政治文化卻非常欣賞。他說，美國雖然出不了哲學家，但它的政治是很值得佩服的；甚至還認爲美國的政治在某方面已經達到堯舜的禪讓之風。他特別推崇華盛頓，說華盛頓可以做皇帝居然不做，確實表現了民主精神。這種現象在中國歷史上，到目前爲止，還沒有出現過。有哪一個在位的人說，"現在我們放權，實施民主"？所有掌權的人，不僅要保持他們的既得利益，對於外在的壓力還要盡力排除，絕對沒有民主遠見。在這方面，中國和美國的心靈的積習(habits of the heart)大異其趣。

美國人的價值觀和文化觀

概略地說，美國學者對美國社會進行分析的時候(這種分析當然有它的片面性，但可以幫助我們宏觀地了解美國的精神動向)，說美國人的心靈(American mind)有兩面。這兩面所代表的不是兩極,而是兩種方向;這兩種方向之間的緊張使得美國的傳統能夠有很大動力。雖然這種提法有偏頗之處,但確實爲理解美國提供了很好的線索。而且這種提法,在美國思想界有一定的影響力。最近對這個問題談得比較深刻的是丹尼爾・貝爾(Daniel Bell)。他雖不是美國哲學性很高的思想家,但他的分析能力很強。我目前的取徑有不少借鏡他的觀點,但也有些自己的看法。他可以說是代表美國所謂的新保守主義(New Conservatism)。

美國的新保守主義者,現在是美國最有說服力、影響力的一批知識分子。貝爾根據很多思想的研究,特別以1950年代的兩個有美國特色的思想家作典範,來分析美國心靈的兩面。一個思想家叫 J. 愛德華茲[1],是一位清教徒,又是一個超越主義者。超越主義(transcendentalism)也可以說是一種超經驗的哲學思想,即超驗思想。愛德華茲有著強烈的禁欲主義的傾向。他特別提出“內在靈現”(inner illumination),類似王陽明所講的“良知”的觀點。他特別強調個人的自我完成,而且把它置在一個嚴格的喀爾文主義所代表的精神之上。在美國的立國精神中,這種宗教意味濃郁的超越思潮是一個非常重要的源頭,也就是新英格蘭地區——美國文明發展的最早起源——的精神源頭,有深刻的價值內涵。直到今天,依然有一定的影響力。這種清教徒的體驗之學,和美國的資本主義發展,和美國的政治哲學,乃至美國的人生哲學,都有很密切的關係,代表美國心靈的深層結構。

美國心靈的另一面,我們較熟悉。這是以班傑明・富蘭克林爲代表的精神方向。假如說愛德華茲所代表的精神方向是美感的、直覺的、強調內在良知靈明的深度心理方向;則富蘭克林所

---

1 愛德華茲(Jonathan Edwards),1703-1758。美國新英格地區發展喀爾文主義及清教倫理的神學家和哲學家。

代表的是實用的、功利的，即任何事情都要以實用的功能座標系統來定位。有一個關於富蘭克林的軼事很可以反映這種美國心態。他會法文、荷蘭文、西班牙文等好幾國語文，表現了美國社會重要的自我發展、自我認識的觀點。後來他花了很多時間，專門研究電機、電器的問題。另外，他在費城成立了美國的哲學學會。這個哲學學會所做的工作多半是科技的。從十八世紀富蘭克林所寫的論文來看，多半是研究"what"或"how to"的問題，如怎樣修理家庭電器，怎樣了解自然現象，怎樣修理自行車，等等。這些都是有具體的科技內容的論文。美國以富蘭克林為典範的思考，就是這樣。

富蘭克林，身材高大，生活趣味很多，對於人生是樂觀進取的，沒有清教徒的束縛，他有一些法國式的生命情調。他曾代表美國的外交團體到法國。在法國時，有一群法國的知識界人物，和富蘭克林所代表的美國知識界人物對談。法國有一位知識性很強、但十分歧視美國的學者，開始談他對社會達爾文主義的理解。他說，有些地區的人，發育不可能完全。從風土人情來看，能夠發育完全的人，即包括身體和理智的成熟，當然是非歐洲人莫屬。其中法國人是最好的，因為法國的風水最好。而美國這個地方，以印地安人為例，他們的身體、毛髮各方面的發育都不完全。這些人一直給人以小孩(baby face)的印象。所以，法國和歐洲的其他移民到了美國以後，因為風水不同而逐漸退化了。富蘭克林聽了以後，非常生氣，勃然大怒地站起來說，我們從美國來的這些朋友們請站起來；也請你們法國當地的主人翁站起來。大家一站起來即發現，美國去的人多半身材高大，富蘭克林大概有二、三百磅；而法國的這一群人都是矮小的，其中講社會達爾文主義優生學的那位更是小個子。大家互相看了一下，再坐下來進行討論。其中有一位法國人說,當然也有例外,像你們各位。富蘭克林就是這樣一位饒富生氣的人物,他代表一種特殊的美國精神。

富蘭克林曾經指出十三種德行,作爲一個人必須具備的條件。雖然他自己並未全能履行這些德行,但我們可以說,他提出這些德行,可以反應美國這種有實用主義傾向的新教倫理的價值取向。現在我簡單地提一下這些德行:第一是節制,特別是對自我感情上的節制;第二是沉默,這是特別針對歐洲,乃至希臘、羅馬的辯論術的典範所提出來的;第三是秩序;第四是決斷;第五是勤勞;第六是奮發;第七是誠實;第八是公正;第九是中庸,或適度,即不偏不倚,不走極端;第十是清潔;第十一是安詳;第十二是貞潔;第十三是謙讓。以上是他認爲人人應有的基本價值。

部分學者認爲,富蘭克林所提出的這些德行,與中國儒家的思想完全契合無間。但是,在美國的背景之下,不僅表現的形態不同,而且其深刻的價值內涵與儒家所提出的一些思想典範也大不相同。從愛德華茲和富蘭克林這兩位先生所代表的價值取向,我們可以說,美國心靈的自我認同和自我定義,有兩個方面:一個是有"天職感",這和超越的上帝有聯繫,甚至可以說是上帝的選民。這種取向和以色列的自我認識有相似之處。另一面是把整個美國的發展,當作一種實驗(experiment),即美國的發展有超越的終極理由,只要通過實驗,各方面的可能性都可創造出來。可能性是靠人自己創造的。這兩種價值取向,在美國的文化心理結構中,起了決定性的作用。所以,一方面,美國的思想家有一種強烈的宗教感受。美國之所以成爲美國,不能只從常識的層面來理解。美國人認爲她是一個神聖的民族,跟日爾曼、以色列等民族相似(當然也有很多歧異的地方)。越南戰爭時，詹森總統就曾經提出，做"世界警察"，維護公義，是美國人的責任。而雷根則把蘇聯當作罪惡的帝國，而美國當然是代表正義，代表光明。丘吉爾在最有名的敦克爾克大撤退的時候曾說，即使整個歐洲被惡勢力所干擾，將來的新大陸要回到我們舊大陸，來救我們。到了第二次世界大戰以後，美國有名的"馬歇爾計畫"的成功，確實拯救了舊大陸。這些事實，使美國有一種奇特的自我形象，和其它的民族大不相同。這裡面有很深刻的宗教理由。

另一方面，美國又有一種實用的、功利的取向，認爲美國是最年輕、最沒有傳統包袱、最沒有城府的民族，總是在發展和改變中。歐洲有歐洲的包袱，特別是法國；中東和古老的印度文明，都有很多的包袱。而美國沒有什麼包袱，可以拼命向前發展，向前創造，它是"苟日新，日日新，又日新"的現代文明，和其它有很多傳統包袱的民族大不相同。美國不僅強調實用的、功利的取向，而且，面對各種不同的挑戰，可以通過工具理性來改變這個社會。從愛德華茲的角度來看，基本上是價值理性，非常強烈的宗教自我認同。從富蘭克林方面看，則是工具理性，而且認爲放之四海皆爲準；以美國人工作能力和技術水準，足以面對各種不同的挑戰而作出創建性的回應。

有一位學者用了一個很有意思的比喻：當清教徒的酒倒翻了以後，它的香味成爲超驗哲學，也就是超越主義；但是酒本身則成爲商業主義。這是什麼意思呢？在他看來，美國清教倫理的老傳統，對於美國的立國精神，影響非常大。經過二十世紀的各種不同的挑戰，特別是過去的三、五十年，它的清教倫理已不能發揮太大的作用了，所以，酒瓶倒翻了。倒翻了以後，美國哲學的特色，到今天爲止，事實上仍是以超經驗主義爲代表的，也就是

transcendentalism 所代表的。這種超越主義，或超驗哲學，有著濃厚的美國味道。事實上這種超越的嚮往就是韋伯所說的，作為一個基督徒，財富只是披在身上的外衣，隨時可以脫掉(沒有想到一百年以後，外衣變成了鐵籠)。但從另一個角度看，倒翻了的酒跟泥土相結合，成為商業主義，這也是美國精神的代表。商業主義在某種意義上與富蘭克林所提出來的功利思想十分吻合。所以，我們可以說，美國人是最現實的，但又有著最高的理想；美國人的現實可以庸俗到純粹的商業主義，因而美國能在世界上到處競爭。從這個方向來看，美國社會是無奇不有，完全以是解放心靈為導向，所以，個人主義在過去二、三十年特別突出。跟個人主義直接聯合的，是一種享樂主義。和清教徒的精神趨向背道而馳。

我本來想多花一些時間，討論中美價值取向異同的問題。我想這個問題對我們有現實的意義，也可以在這一背景下比較儒家傳統的優劣。但是，今天有其它課題比這個更需要討論，所以，我只是先把一些離散的印象提出來，以後再對此作比較詳細的分疏。

我曾參加了美國的亞洲學會所主持的一項工作，這跟純粹的學術研究有一點距離，可以說是屬於知識界和文化界的活動。課題是，從知識分子的角度，進行中美文化取向的比較認識，即中國的知識分子如何理解美國，美國的知識分子如何理解中國。後來出了一本論文集，我也寫了一篇，題目為〈現代中國知識分子對美國的理解〉，對前面我們所提到的美國社會的文化心理結構中的這兩個精神指向作了分疏。如果要進一層挖掘，美國社會的人文資源非常豐富，從小城市的問題，一直到聯邦政府的問題，都可以進行分疏。其政治、社會、經濟、文化的多樣性、多面性，是很值得深入探討的。

　　一般來說，十九世紀以來，中國文化受到西方的撞擊後，中國不少優秀的知識分子對美國的印象是肯定的、正面的。早期的中國知識分子，並沒有把美國和西方的資本主義，特別是帶有侵略性的帝國資本主義聯繫在一起。因爲美國雖然是既得利益者，但它並沒有主動地參加這些侵略活動。當時美國有一種孤立主義的傾向，要不要參加第一次世界大戰，曾在國內引起很大的爭論。在第二次世界大戰時，如果不是日本轟炸了珍珠港，不是納粹直接威脅到英國，我相信美國的參戰意願還是不強烈的。美國變成一個超級大國，企圖干預世界上的一切事務的現象，是二次大戰以後才湧現的。這在美國歷史的發展中，是史無前例的當代現象。

　　另外一個現象，我以前曾提過，現在進一步加以討論：美國現代社會的傳統性非常強。我深深地感到美國這個現代社會的傳統性和歷史感，要遠遠超出目前的東亞社會，有時候還可以和西歐相比。這是因爲，近三百年，在美國文明發展的歷程中，是極少數沒有受到異國入侵或戰禍空襲的社會。美國位於太平洋、大西洋兩岸，可以自成一個體系。她和鄰居，南方的墨西哥和北方的加拿大，和平共存有年。美國在南北都沒有設防。這半個世紀以來真正受到戰亂的唯一例子就是夏威夷的珍珠港，那是離本土很遠的地方。從波士頓飛到三藩市，大概是五、六個小時；從三藩市飛到夏威夷，也需要差不多的時間。所以，離開美國本土還很遠。因而，長期以來，美國文化的重點，包括思想、哲學、文學、歷史，甚至軍事、經濟，是面向大西洋，背向太平洋的。美國的很多知識精英、政治領袖，橫跨大西洋的時間和次數，遠遠超出橫跨美國大陸，更不用說太平洋了。因此，美國基本上是西方文化。

最近美國才慢慢自覺到，她也是太平洋地區的一部分。記得我還在加州大學柏克萊校區服務的時候(我從 1971-1981 曾在柏克萊的歷史系任教)，大約是1976年，我還和一批專攻東亞研究的同事和校長會談，進行游說，希望他特別重視亞洲研究。那時候用的策略是對他說，哈佛面對大西洋，受到英國劍橋、牛津大學的影響，是很難改變的；而我們柏克萊面對太平洋，如果不能認識太平洋，就別想一天到晚說要同哈佛競爭。校長非常同意。多年來，柏克萊已把東亞研究作為重點，甚至與生物研究相提並論。要是把生物研究與東亞研究同樣重視，則經費一定很充足。最近幾年，南加州和洛杉磯及聖地牙哥，在東亞研究方面，也有突出的發展。在聖地牙哥成立了一個學院，叫做"亞太地區"(Pacific Rim)，專門研究亞太地區。但是我覺得很可惜，因為這個學院純是美國實用精神的表現，而不是愛德華茲所說的價值精神的體現。學院的使命是專門訓練碩士人才，重點集中在企業管理；而對東亞的宗教、哲學、歷史、文學、思想都不重視。所以不能寄予很大的希望。將來它若要真正面對太平洋，則它對於太平洋地區的人文學及社會科學的研究，要進一步提升。

從現在放眼二十一世紀，太平洋地區的一些價值、文化、藝術、音樂、哲學、宗教，對美國社會的影響會逐漸增大，這一潮流是不可抗拒的。現在有些人從經濟和其它方面，看到美國有些地區的亞洲化，這是很明顯的，如夏威夷。夏威夷沒有多數民族，都是少數民族。白種人在夏威夷是居於第二位的少數民族，最多的是日裔；還有中國人，菲律賓人和本地人。它是一個多種族、多文化、多語言的社會，它的亞洲化傾向當然十分明顯。我每一次到夏威夷，就發現它更亞洲化了。現在在夏威夷的餐館、百貨商店，用日語或漢字已司空見慣。夏威夷的 Waikiki 海灘的大旅館已逐步被日本人收買了，有著很明顯的東洋化傾向。此外就是加州。在洛杉磯地區，大約有四十條街(這些街比臺北的街更寬更長，四十條街可以想像比臺北的西門町大幾十倍)，屬於韓國城(Korean Town)的範圍。羅省韓國城的動力非常大，財源充足，在美國移民文化中是一個很突出的現象。紐約地區最近也有這種發展，即韓國城的發展。正因爲如此，所以在了解中美價值取向的時候，有很多以前根本沒有想到的情況，現在開始出現了。

　　十九世紀以來，在中國知識分子的心中，美國的形象和歐洲其他地區相比，是比較健康而不帶有帝國主義色彩的。美國的"門羅宣言"，事實上對中國的不被列強瓜分作出了貢獻。雖然當時美國並沒有很大的力量將它的政策付諸實施，但在中國的一般知識界眼裡，美國的確爲將被瓜分的中國做了一件大好事。此外，就是在滿清時代，不少美國外交官到中國服務也留下了很好的印象，有一個叫伯林根(Burlingame)的，大約是紐約地區的律師。他在中國的表現特別好。滿清政府的權貴對他印象極佳，覺得他是位不帶帝國主義色彩的開明人物。後來，有一些英國和其他國的外交顧問說，中國應該派一位大使，至少派一位公使訪問各國，把中國的情況和各國交流，使中國逐漸進入國際政壇。當時中國沒有精通外語的人才。後來經過談判，清政府便請這位美國先生代表中國，以中國公使的名義回訪美國，甚至到英國和其他國家訪問，最後還到了蘇聯。後來他大概在蘇聯去世。這可以說是中美外交史上的佳話。

　　二十世紀初葉，中國的許多思想家受到美國的影響。我們舉幾個例子：五四時代，陳獨秀在《新青年》的宣言中所代表的新精神，是和中國的傳統極不相同的。事實上，所謂的新精神，約有七、八條是美國的。他的典範就是美國。當時，像美國的杜威思想進入中國，是由胡適傳播的。杜威主義的思想對中國的影響很大。即使法國柏格森的思想，也是先在美國有了很大的發展以後，才在中國大行其道，爲中國的學者所接受。更具體地看，所謂"西化"，很多是"美化"。二十世紀初期，中國到法國、英國的留學生比較多；後來到美國的留學生愈來愈多。

美國是主動要和中國進行文化交流的。如果用周恩來的模式解釋，叫做"文化帝國主義"。五四運動以後的二十多年，中國在教育、醫學、社會學、經濟學、政治學，乃至工程學、物理學、化學各方面，都深受美國的影響。而且，美國的教會集中力量到中國來辦大學。當時辦了至少有十二所傑出的大學，如燕京大學、齊魯大學、聖約翰大學、東吳大學、嶺南大學等等。中國在一個很短的時期，約1920-30年代，整個教育制度趨於美式化。而中國的大學生，在1949年以前，很多的社會習俗跟美國的大學生相仿。如社交方式、社團組織，花很多時間打籃球，或參加其它體育運動之類。那時，中國大陸的大學生的社會風氣，比較像臺灣1960、1970年代的大學生，基本上是美式的。大學裡的院、系設置，也是美式的。還有一個很有趣的現象，我只舉一個例子：像清華大學，那時成立了一個非常傑出的哲學系，是靠美國的一位哲學教授幫助成立的。成立了以後，由他選拔，請一些優秀的學生，如湯用彤[2]、程其保[3]等，到美國他所熟悉的凱爾敦(Carlton)大學進行研究。

通過這種學術界的交流，培養了許多人才。當時中國知識界

---

2 湯用彤，1893-1964。中國哲學史家，對中國哲學，西方哲學和印度哲學都有很深的造詣。著有《漢魏兩晉南北朝佛教史》、《隋唐佛教史稿》、《印度哲學史略》。

3 程其保，清華大學哲學系早期留美學人，曾任國民黨教育部長。

的人物，美國培養了不少。和英國、法國相比，美國的分量越來越重。而且，美國還採取了一個特殊的方法，即把"庚子賠款"設爲獎學金，提供中國的知識精英到美國來留學。有趣的現象是，在很多中國學者到美國留學的同時，逐漸增長的美國傳教士開始到中國進行宗教活動。

美國的美好形象在中國人心目中開始破裂，是美國大兵在抗戰時到達中國以後。美國大兵先在後方，如重慶、昆明駐札，後來人數愈來愈多。在這個時期，中國的反美情緒也愈來愈強。抗戰勝利後，衝突已非常大。有人說，美國大兵開吉普車撞人，酗酒後胡來，這些行爲和形象的轉壞有關。

就中國本身而言，長期以來，各種外國勢力在中國生根，但二次大戰之後，中國又搖身一變成爲一個戰勝國。當時雖是國民黨主政，但受制於美國。馬歇爾來華調停國共衝突，更激發了極強烈的反美潮流。這當然出民族主義和愛國主義。結果，美國的形象在中國知識界，因爲受到左派思想的影響，逐漸地褪色了。到了1949年以後，中國大陸的軍隊和美國在朝鮮戰場發生了直接的衝突。我們現在可以看到很多美國和中國大陸當時的漫畫，中國大陸一般人對美國是仇視的，稱之爲"美帝"；而美國對中國，也有"黃禍"的恐懼心理。1950年代因爲中國反對美帝霸權而美國的反共情緒高漲，漫畫的格調愈來愈低，衝突性也愈來愈大，暴露出很大的種族歧視，更不必提文化上的互敬互愛了。

在中國大陸逐漸成爲統一的政治體系後，從美國的杜勒斯所了解的"世界各種不同政治集團的互動"來看，世界上最大的鬥爭，是自由民主陣容和共產集團之間的鬥爭，也就是資本主義和社會主義的鬥爭。這個提法，基本上把東亞(包括南韓、臺灣、香港、新加坡和東南亞)變成了以美國爲領導的西方自由世界圍堵共產黨擴張的一道牆。但是，據我們對歷史事實的了解，中共政權對外並沒有擴張，它不是一個蘇聯第三國際的代表，成爲赤化世界的工具。可是，從文化交流的情形來看，中美雙方的形象卻愈來愈壞；中美在價值取向上的衝突愈來愈大。這種情況促使"黃禍"的論說在西方知識界愈來愈流行。甚至連索忍尼辛這位批判蘇聯極有力的小說家、諾貝爾獎的得主，在自由陣容中作爲民族英雄、文化英雄來批判集權統治，也認爲將來人類文明最大的禍源是中國。他寫了一篇〈告蘇聯領導的意見書〉，提醒蘇聯領導要好好幹，認爲蘇聯基本上還是屬於西方自由陣容，如果幹得不好，將來蘇聯、甚至西方都要受到東方非理性的、乃至野蠻的民族的侵擾，那時人類文明所受的禍害，遠遠要比以前受到蒙古鐵騎的禍害更爲慘烈。

這種懼怕"黃禍"的情況，非常普遍。最近我看到一份以前保密、現已公開的資料，了解到甘迺迪上台後，最感到危機重重的就是中國大陸將要發展原子武器。因此他直接下令讓美國軍隊參加越南戰爭，和這種憂慮有密切的關係。在尼克森任內，蘇聯曾向美國暗示，如果美國要直接用小型原子彈摧毀中國核子設置，蘇聯不會干涉。蘇聯本想和美國達成默契，美方沒有同意，這便成爲華盛頓和北京在1970年代談判建交的基礎之一。甘迺迪被暗殺後，詹森上台。詹森上台後的第一次重要的電視演說即宣稱：其他的國家，如美國、英國、法國、蘇聯擁有原子彈，對世界和平不會構成很大的威脅，因爲這些都是有理性的國家。如果中國也擁有了原子彈，則世界文明就要受到很大的威脅。這種態度，表面上是政治的衝突，但後面有許多非常深刻的文化和種族歧視的理由。從現在往前看，中美這兩大民族之間的理解、溝通的情況將會如何，互相之間的影響又將如何，還是很難說。以後我們在討論儒學進一步發展的情形時，可以對此課題再提出自己的片面看法。

以上所提到的，不管從結構的理由，還是從美國的文化心理的動向，都有一種形式主義的傾向，或者說是一種靜態的描述。下面我想介紹兩個比較有趣但又比較複雜的情況。

一種情況是，所謂的大眾文化(mass culture)究竟代表的是什麼？這和我前面提到的商業文化，特別是大眾傳播、電視和各種不同的廣告宣傳有密切關係。1950年代以來，美國的全國性社會(national society)出現，書寫文字逐漸被視覺和感官的大眾傳播所取代。這中間很有代表性的是麥克魯漢(McLuhan)所提出的觀念，即傳播的渠道本身就變成了訊息。如用電視來傳播，電視就是訊息。許倬雲先生[4] 的提法，就是文化庸俗化的傾向愈來愈明顯。這種大眾文化，主要靠電視網。不管是 NBC，CBS，還是 ABC，每天看這些電視節目的人，差不多在全國的百分之七、八十以上。甚至有一些節目，如運動、選美，全世界有七、八億到十幾億的人同時觀看。另外，因為各種新興電視網絡的湧現如 CNN，對美國社會已達到無孔不入的全面滲透。因此，大眾文化不僅是及時反映事實，同時也創造了新的事實。美國越戰時的學生運動能夠有那麼大的影響；一些小的暴動或政治抗議，有全國性的反響，都是因為通過了大眾傳播。這種大眾文化對社會有很大的影響力和推動力。同時，也暴露出很多的陰暗面。美國有一個很可悲的現象，即年輕人離家出走，甚至找不到蹤影，人數高達百萬以上。許多青少年出走到大都會，都受到地方惡勢力的侵擾，或是販毒或是賣淫，這種情形很普遍。當然也和大眾傳播有

---

4 許倬雲，1930年生。美籍華裔史學家，匹茲堡大學歷史和社會學教授。

關係。所以，大眾文化的出現，一方面顯示多樣性、普遍性，有很大的動力；另一方面也暴露出現代文明的殘酷。

還有一種現象也很難解釋，即：如果從新教倫理的角度，特別是從愛德華茲的角度來理解所謂的"誓約"(covenant)，其具體的內容是什麼？這種行為今天又是如何體現的？讓我舉一個簡單的例子。美國學者對美國現狀的解釋有兩個不同的路線：一個就是羅伯特・貝拉所說的美國的立國精神，是根據新教倫理，特別是新英格蘭地區所代表的精神方向而立論的。這個精神方向，不僅有著強烈的在宗教上自我完成的個人意願，同時也有深刻的社會責任。所體現是一種宗教的、社群的、互相溝通的特性。貝拉這樣說，是因為最近幾年，美國的動力是從東北到西南，從雪霧帶到陽光帶。陽光帶是以兩個地區的美國文化為代表：一個是加州，一個是德州；而雪霧帶代表的是新英格蘭，包括紐約。新英格蘭的發展有一種迫切的社會福利要求。那裡的富商豪族和有影響的人，因為有深厚的文化傳統和宗教傳統，以及美國扶弱濟貧精神，常有要把他們所獲得的利益和大家分享，以維持社會公平的意願。與此相反，在加州和德州所出現的暴發戶，包括尼克森所代表的政治集團和雷根所代表的政治集團，他們並沒有深厚的文化和宗教的傳統，他們所代表的利益集團多半是石油、航空、廣告，和娛樂(好萊塢)，因此強調個人主義和市場競爭。競爭性強的背後，又常突出優勝劣敗的殘酷事實，也就是說，他們不會照顧更多更大的群體。這和"誓約"所代表的宗教精神是相違背的。

美國當代的危機

美國的現代轉化，特別是1950年代以來，經過了越戰，碰到了很大的危機，這就是所謂"當代的挑戰"。關於當代的挑戰，在丹尼爾‧貝爾所著的《資本主義的文化矛盾》[5] 一書中有相關的論述。從解釋模式來說，貝爾提出了兩個觀點。一個觀點是社會的有效性(efficiency)，另一個觀點即社會的合理性或合法性(legitimacy)。一個社會的有效性要通過工具理性；其合法性則要通過價值理性。當它的合法性發生了動搖，即使在這個社會的運作過程中有極高的效率，認同危機也會出現。這種危機被稱作"合法性危機"。社會的合法性危機，可以從下面幾個不同的方面來理解。因為時間的關係，不能作詳細的分解，只是簡單地提一提。

第一，如果一個社會碰到了由政府不能解決的問題。而這個問題是大多數人都意識到的問題，只是政府沒有辦法解決。這時，它的合法性就發生了動搖。譬如，在美國經濟大不景氣的1920年代，在相當長的一個時期，政府不知道何去何從，所有以前的經濟理論都不起作用。幸好後來有凱恩斯的經濟理論，由政府花很多錢，拼命用公共投資的方式來解決失業問題，改變經濟蕭條的慘狀，終於挽救了美國的經濟不景氣。如果政府在當時無法採取這種方式來解決困難，而人民覺得經濟慢慢萎縮蕭條而政府無能為力，這時，它的合法性危機就發生了。

第二，從一個民主國家來講，如果國會中出現了一種特殊的困境，使得這個代表民意的民主機構逐漸進入癱瘓狀態，則它的合法性也可能發生動搖。在這種困境中往往有三種可能性：一是群眾的抗議，走向街頭；二是權威性控制的出現，即政府覺得放權太多，必須收回，於是造成一種權威性專制(authoritarian

---

5 《資本主義的文化矛盾》(Daniel Bell, *The Cultural Contradiction of Capitalism*, London, 1979.)。

despotism)的出現；三是軍人專政，這在拉美地區出現較多。

第三，當非官方的、民間的、甚至私有的暴力升級時，它的合法性也會受到威脅。最好的例子是在納粹之前的德國，即在威瑪政權的時代。又如現在的西德，以綠黨爲代表，想要衝垮現有的政府的合法性，基本上也是想用暴力的方式。用暴力的方式，就是因爲他們認爲大環境的不合理性已經到了不可忍受的地步，所以他們可以隨時採取任何策略。也正因爲大環境已太不合理了，所以任何的策略，就是再卑鄙，也都可以暴露大環境的不合理性。而一旦大環境的不合理性被暴露，廣大的群眾便可以了解到，這些所謂卑鄙的策略，還有提升覺悟的積極作用。

第四，當社會的各個不同的領域，如政治、農業經濟等各方面出現了嚴重的脫序現象，它的合法性也會受到威脅。也就是說在一個社會的發展過程中，比如說工業文明的發展，要與文化、經濟、政治等各個不同的領域同步。假如在發展過程中，有的發展得非常快，有的則沒有太大的發展，社會就會產生脫序的情形，最明顯的是工業階層和農業階層的脫序。貝爾舉了一個例子，主要講美國和德國。這兩個國家的工業的快速發展，和農業的差距愈來愈大，農民感到不安，一種無根之感、異化感，達到相當的程度。因此農業走上街頭的頻率曾高。

第五，在一個多種族、多部落——即不同的政治文化區——的社會，因爲語言或宗教方面的不同出現了尖銳的衝突，這時，合法性危機也會出現。明顯的例子就是加拿大。加拿大法語系和英語系的衝突，直接威脅到國家認同。現在加拿大的國旗是楓葉標誌，這就是爲了要統一兩種不同思潮而最後找到的妥協。當時，英語系人口占絕大多數，想要用一種比較接近英國的國旗，但法語系的人絕對不接受。如果那時沒有妥協，雖然法語系占極少數，但很可能魁北克就要分裂了。像我們今天去那裡旅行，也要用極生硬的法語，以盡量表示自己不是英語帝國主義；盡量用一點法語來溝通，等到講不通了，才用英語。如果你一開始完全用英語，不用法語，會受到當地人民的歧視。有一度，打電話到蒙特利爾，接線生只要一聽到英語就掛掉了，一定要用法語才行。

　　還有一個更重要的因素，就是知識階層的異化。我認為，當前中國大陸的情況是很明顯的例子。中國大陸的知識分子才是真正的無產階級，不管從哪一方面看。這個問題不改變，許多學生、教師和其他行業的知識分子就會走上街頭。那麼，她進一步改革的前景並不樂觀。

　　最後一個因素，是一個國家受到戰爭失敗的屈辱，或者是重要的外交上、政治上的失利，也會影響它的合法性。

　　從以上幾個角度來看，美國確實已進入一個危機的階段，受到了很大的挑戰。這個危機階段之所以出現，後面有非常深刻的經濟、政治、社會和文化的理由。我在這裡先做一個現象的描述，才能對實際情況有明確的認識。

　　首先是大眾文化的問題。事實上，美國在過去的三十年中，已出現了全國性的社會。1950年代以前，可以說美國是由各種不同的社團所組成的，有著各種不同的特色。1950年代以後，電視逐漸普及，出現了一個新的社會秩序。在新的社會秩序下，區域性的社會問題，經過大眾傳播，多半變成了全國性的問題。因此，美國的聯邦政府不得不走上福利政策這條路。這個福利政策，使得美國的經濟逐漸萎縮。而且，除此之外，又沒有其他的選擇。

　　第二是既有的行政結構，這個問題更嚴重。美國是比較鬆散的社會，是在抗衡制度下建構的社會，既有的行政結構已經無法適應各種不同的要求。從教育來看，美國沒有一個全國性的教育機構。從社會福利以及一些重要的社會設施來看，美國也沒有全國性的組織。更嚴重的是不論聯邦和地方的行政結構，都不能吸引美國的知識精英。我曾經做過一個對比，將美國和日本相比(我想臺灣的情形比較接近美國)。有一點十分明顯，即美國的知識精英不進入政府，做政府的幕僚，而是進入私有企業。美國比較傑出的法律系學生，總要進大公司行號；特別要跟想從事改革的，才會進入政府部門工作(當然也有基於愛國主義或其他理由的)，因此政府官僚中的成員教育水平不高。這種情況使得行政結構本身變成知識精英所迴避的權力結構，再進來一批二、三流的人才，使得其墮性愈來愈大。

一種新的政治風格，叫做“動員式的政治抗議”，即用總動員的方式，把各個地方的大眾集合起來，因運而生。美國的政治抗議事件，其種類各式各樣，不勝枚舉。不論哪一個種族的移民，在美國都可以為了母國的關係而進行政治抗議。當然，舉行遊行要經過申請，獲得批准方可。例如中國的移民，或是在美國求學的中國留學生，也曾經為了“釣魚台問題”舉行遊行示威。而且，有時候還出現反示威的例子。猶太人的政治抗議力量很大，團結性很強。因為蘇聯對猶太人的歧視，在戈巴契夫訪美的時候，紐約的猶太人在兩天之內，動員了三十萬人，在華盛頓遊行抗議。即使為“釣魚台”事件，中國學生在1971年4月，也在一個星期之內，調動了差不多四、五千人，從加州各地集結到華盛頓進行抗議。這種“動員政治”的升高，使得美國現在的政治問題變得特別敏感。

第三是種族歧視的問題，我認為這是美國最嚴重的問題，也可以說是美國的毒瘤。一般人，特別是華裔學者，對這種現象不理解，甚至跟著一些無知的白人歧視黑人(非裔)。他們認為，社會上的搶劫、行凶等多半都是黑人幹的，所以在直接感受上，總覺得這是特殊少數民族自身他們有問題。但是，如果我們從美國社會的結構和發展來看，在十九、二十世紀的初期，美國有百分之九十的黑人居住在南方。即便到了1950年左右，還有百分之六十八以上的黑人居住在南方。然而，從1960年開始，一半以上的黑人卻到了北方，而且，住在大都市的黑人已經超出住在大都市的白人。譬如說，1960年代中期的華盛頓地區(District of Columbia)，它的人口中的黑人占百分之五十五。這個地區的市長，在1963、64年以後一直是黑人。從這個時候開始，黑人逐漸進入美國的大都會，如費城、紐約等。美國極大多數的白人，則逐漸移居郊區。現在，美國大都市的中心地帶，多半是黑人或少數民族，如紐約的波多黎各人。1954年，美國的最高法院做了一個重要的判決，規定不能因為種族而有教育上的歧視，尤其中學教育。因為中學是義務教育，所以，任何一所中學，只要是由公家出錢辦的，都不能歧視少數民族。任何一個中學，都要有各種不同的少數民族參與其中。後來發展成所謂 bussing 的問題，就是強迫把城中心的黑人送到郊區的中學上課，也把郊區的白人送到城中心的中學上課。這個措施，引起了極大的反感。但這是一個策略，一個非常重要的決策。為了要達到社會的平等，甚至不惜犧牲一些人的自由。這在美國歷史的發展中，是一個爭議性極大的課題。

　　美國社會中的黑白問題，一直是最棘手的社會問題，而且愈來愈嚴重，至今找不到解決的辦法。隨著黑人的民權伸展，政治地位的提高以及經濟各方面都比較發展的時候，感到受到歧視的情緒更激烈。即使黑人進入大學以及政府最高領導層的人數都有顯著增加，被歧視的感受只會與日俱增。因而，衝突也會越來越尖銳。另外，這二、三十年來，美國成為很多經濟學家所說的一種富足的社會(affluent society)。富足表示社會有錢，有很多可以運用的資金。這時，社會中所暴露出來的問題會使一般的大眾不能忍受，非解決不可。地方沒有辦法解決，就要州政府解決；州政府沒有辦法解決，就要聯邦政府解決。如果政府沒有能力來解決，就會產生很大的不滿情緒。美國目前面臨的棘手問題包括貧窮的問題、暴力問題、吸毒問題、住房的問題、教育的問題、醫療的問題、都市發展規劃的問題、環境污染的問題，等等。這些問題出現以後，美國黑人的暴力運動升高。從 1963-1967 年的五年左右，每一年到了夏天，黑人就舉行大暴動。經過很詳細的研究之後，發現這些暴動都是沒有組織的、自發的，它的背後並沒有一種企圖推翻政府的力量。所以，如何來處理這種現象，對美國社會的領導層是一個很大的挑戰。

第四是青年人的異化，即代溝的問題。青年人的異化現象，現在討論得很多。但是簡單地說，它和人口發展的特殊形態有關係。從 1940-1950 年的十年中，十四歲到二十四歲的青年，在美國的人口比例上可以說沒有增長，大約是二千七百萬。從1950年代到1960年代的十年中，也差不多是這個數字。從1960年開始，人數激增，這就是戰後的所謂 baby boom，即在第二次世界大戰以後出世的大量嬰兒，這時都到了求學的年齡。在1960年代，從十四歲到二十四歲的年輕人，即從高中到大學的年輕人，從二千七百萬增加到四千萬，增加了近百分之五十。這個增加，現在有人認為是學生暴動最重要的結構上的原因。也正是在這時，出現了"青年文化"和中、老年文化的分別。當時，有些青年提出一個口號："你不能相信任何三十歲以上的人"。現在,那些人自己都三、四十歲了。

當我1962年到美國留學時,正好碰上了"古巴事件"。從那以後,美國的民權運動逐漸勃興了。後來又遇到了越戰。美國以前有過不少戰爭,如跟西班牙的戰爭,乃至第二次世界大戰。但是,越南戰爭的傷害,不僅傷害了美國的經濟、政治,也傷害了美國的靈魂。從美國歷史來看,這是知識精英第一次對美國的基本信念發生動搖的實例。很多知識精英寧願選擇當逃兵,逃到北歐或加拿大,表示抗議。在這之前,美國學生政治化的傾向非常淡,在學生中激發熱情的多是娛樂性質的集體行為,如熱衷於球賽。而且,美國的年輕人完全沒有悲劇感,這和歐洲以及東方都不同。我們不能說他們膚淺無聊,這的確是一種童心未泯的狀態,同時美國青年人對美國的認同感非常自然、強烈。反對越戰的抗議高漲以後,情況整個改變了。在1966年回母校東海大學教了半年書,在臺北做了半年研究。離開美國才一年,等到1967年再度回到美國,一到三藩市,碰到朋友,就想了解一下beatnik culture (即波西米亞的生活情調,對美國的文學各方面有很大的影響)。我的朋友說,你有沒有聽說過嬉皮(hippie)?我說沒有聽說過。他說,現在所有的人都在討論嬉皮。這在美國的生活情態方面,是一個很大的改變。

最後,還有一種一般人所不太理解的現象,即人口的問題。美國在1800年到1810年,人口從五百萬增加到七百萬。從比例上講,增加得非常快;但從數量上講,增加得並不多。而在1950-1960這十年間,從一億五千萬增加到一億八千萬,在比例上雖不多,但數量上很可觀,增加了三千萬人。現在,人口的增加已穩定了。但是,從五、六百萬增加到一、二億,是非常大的增長。

這種改變,不僅僅是人口的增加,而且是整個社會結構的改變。社會結構改變的一個非常明顯的例子,就是第二次世界大戰以後,大約到1960年代左右,有兩千五百萬人口離開鄉村,使農民急速減少。在二十世紀前半葉,從1900年到1940年這四十年中,農業的增長率是百分之二。但是,從1940年開始到1960年,它的增長率增加到百分之八,增加了四、五倍。大概是因為使用化學肥料的緣故,使生產力大為提高。這樣,農業人口急劇地減少,而工業人口則快速增長。從1960年代以後,工業人口逐漸減少,服務階層的人愈來愈增多。現在,服務方面的人遠遠超出產業方面的人,而農業人口已經降到大約是百分之二。這是最近三、五十年所發展的現象,這使得美國的社會結構發生很大的轉型。今天,美國已經成為一個高消費的社會(high comsumption society)。高消費的社會需要非常大的基本投資(臺灣現在的問題也很明顯,和日本差不多),整個基礎結構,如公路、航空、捷運、水源、學校、下水道、住宅以及其它各種投資雖然無法產生利潤但必須建構的設施,不能靠私有企業來建設,一定要靠政府。美國公路的發展,以及其他大的工程如下水道或衛生設備,從1950年以後,都由政府負責。

從1970年以後,百分之七十以上的美國人,都住在大都市;後來,大都市裡面的人又有很多轉到郊區。從農業社會到大都市,從大都市到郊區,這是美國大多數的白人所走的一條路。黑人是從南方到北方,從農村到城市。其結果,大眾要求平等的意願也越來越強。不僅是機會均等,而且是結果均等。然而,機會均等和結果均等的差別太大。從機會均等的角度來看,很多黑人認為,再等一百年,機會均等所創造的條件,對黑人而言,仍然是歧視的。所以,必須要建立保障名額,提高黑人的社會地位。

但是，即使政府願意這樣做，馬上就會影響到白人的利益。白人認為，如果黑人有保障名額的話，白人反而成了被歧視的對象。所以，白人又向最高法院控訴。其間的衝突越來越大。總之，美國社會的人口問題顯示了後工業社會的一個現象，即直接參加產業的人數逐漸降低，而參加咨詢和訊息處理的人數急速增加。現在又發展知識集中，各種不同系統逐漸綜合的情況。

文化層和社會層的斷裂

限於時間，我提出最後一個課題，提請大家注意。簡單地說，就是文化層和社會層的斷裂現象。這個斷裂現象的突出表現是對資產階級價值取向的徹底批判，甚至可以說是資產階級價值理論的崩潰。我基本上是不接受新馬克思主義像詹明信等對後期現代主義的描述，以及對現代主義進入後現代主義的一些說法。其中有很多一廂情願的因素。另外，他們對於根源性的問題，譬如宗教、種族、語言、地域、性別等的理解，也是很片面的。但是，他們認為，對於資產階級的價值體系所進行的批判，會使得這個價值體系逐漸崩潰。這是他們對美國的現象所進行的描述。這一點，我基本上是接受的。所謂資產階級的價值體系，有三個重要的因素：第一個因素是要具備遲緩或延遲滿足的耐力，即delay gratification。他們認為，人可以先努力創造條件，但暫時不享受所創造出來的成果。任何一個社會，要想發展，這是一個非常重要的心理。如果做不到這一點，就會導致寅吃卯糧的情況，所創造的不多，所消耗的卻很大，那社會狀況一定下降。第二個因素是一種心理制衡，這跟富蘭克林的提法有關，是一種心理的自我制衡和節制。第三個因素是整個思考模式的理性化，而且注重專業技術。這是韋伯所說的合理化、理性化，或是所謂工具理性達到一定的高度所產生的狀況。這是資產階級價值體系必然引發的精神方向。

但這個價值體系在美國社會因被批判而逐漸喪失了凝聚力。為何會出現這樣的問題呢？因為，美國的民主制度雖然為發展這個制度而提供了精神價值，但民主制度本身的中心價值卻和美國在第二次世界大戰以後所扮演的帝國或超級大國的角色之間產生了很大的衝突。從西方文明的發展來看，美國應是建立在一個多元的基礎上的，如希臘的城邦政治，而不是一個大帝國。但是在第二次世界大戰以後，美國成為世界警察，變成了一個超級帝國，需要動員許多的資源，建構所謂的工業、軍事的企業大組合。這和她的立國精神及其長期發展的動向是相矛盾的。

此外，美國原來的知識精英多半是來自新英格蘭地區。這些知識精英又是政治咨詢的主要骨幹。可是，這些精英受到了各種不同的打擊包括經濟勢力的減退。加州和德州的新勢力的出現，使美國的知識精英和政治精英或政治實權之間發生了矛盾。譬如，任何政治人物從加州或德州競選成功以後，都要帶一批人到白宮，如尼克森、雷根或布希。那一批人的心態多半是屬於靠自己奮鬥而競爭性特強的新富(Nouvelle Riche)，基本上都是暴發戶。在雷根做總統以後，他的一些高級幕僚發生內部鬥爭，製造了各種不同的傾軋事件，訴諸法律的比例極大。

再者，社會職業化、技術官僚化達到某種程度後，大家的參與感增加，要求直接參與和咨詢的意願特強。任何政府的措施，都要訴諸公眾的許諾，使得行政效率受到極大的干擾。

更嚴重的是社會和文化的脫序。從韋伯的理論來看，任何一個整合的現代社會，它的科學和各種不同的領域，如經濟、學術、法律、文化，都要經過理性化的過程——合理化的過程。領域與領域之間，都有整合的傾向。因此，一個當代的社會，是以理性爲最高指標的。然而，當前的美國，其真正的價值取向是經驗的、物質的、外向的，是傾向於技術的，而且有強烈的享樂主義的成分，和以前的新教倫理出現質的分歧。

美國的社會行爲，本來和年齡、性別、職業、宗教、乃至住在城、鄉等各種外在客觀的條件有關。一般可以依據這些因素來判斷一個人的社會行爲。但現在這種情況打破了。不知道什麼人會吸毒。犯吸毒罪的，可以是社會最底層的，也可以是社會最高層的。也不知道什麼人會變成最大的殺人犯。因爲家庭內部的衝突而造成的死亡現象，現在變得特別嚴重，甚至比攔路搶劫的情形更嚴重。目前 Aids (後天免疫消亡症候) 泛濫成災已從同性戀少數民族集團湧向社會群體大眾。

所以，原來的一些可以運作的模式現在已不敷用了。這裡出現了一種新的文化，也就是像詹明信所提的後現代主義的新文化。這些新文化的創造者，同時也制造了他們自己的聽眾。這是以前美國所沒有的現象。這種人，在美國整個大眾中所占的比例是相當少的，但是，他們的人數已很可觀，也有相當大的影響力。別的不談，以繪畫爲例。

美國的繪畫在1950年代的一個最重大的轉變，是新的抽象表現主義(Abstract Expression)的出現。其中有幾位畫家我非常欣賞。但是我當時並沒有意識到像丹尼爾‧貝爾所提的，我們這些觀眾是被他們所製造的。不是由我們觀眾的喜好來決定他們的命運，而是他們的口味決定我們的嗜好、我們的興趣。他們想到什麼就製造什麼。他們製造以後，經過各種助緣，以及各類廣告宣傳，也就是資本社會特具的商業行爲和現代技術、鼓動了社會風尚；創造了社會風氣，也就創造了觀眾。比較突出的例子是傑克

森・波拉[6]。最初目擊他的東西時，可能覺得一塌糊塗，但經過
了一段時間以後，覺得看不懂反而有點慚愧，於是努力去加強對
它的理解。德庫寧[7]也有這個情形。我比較欣賞的是馬克・羅思
可[8]。在德州休士頓的一座教堂，內部的色調由他全權設計。一
走進這個教堂，便覺得自己融入一種黑紫色的情調之中。聽人
說，參觀者會有兩種不同的感受：一種是覺得很舒服；另一種是
覺得非常不舒服。有些人覺得非常不舒服，甚至有嘔吐的感覺，
非要離開不可。我第一次去時，是到羅思可教堂作演講。主辦單
位一定要我先到教堂坐上三、五分鐘，看看我的反應。幸好我的
反應很好，沒有問題。教堂中的畫儘管都是黑紫色的，但進去不
久，黑紫色顯現出深淺的不同，給人以一種非常奇異的感覺。我
的反應是由寧靜中的緊張所帶來的快感。我想羅思可對視覺及心
理學各方面的現象確實下了一番功夫。

除了繪畫以外，文藝作品也是如此。美國的文藝作品，特別
是電影，都是現代文明的特殊表現。這種表現，有它自己的軌道
和內在的邏輯性。它的創造者，在某方面說起來，符合韋伯所講
的 charisma。這些創造者，不僅創造了新的藝術形象，而且創造
了聽眾，創造了觀眾。而這些聽眾和觀眾，對資產階級社會的基
本價值是持批判態度的。

所以，一切文化表現，無論是在哲學上、文學上、藝術上、
音樂上，都是反理性的成分大於理性的成分。美國社會是工具理
性的高峰，但其文化的表現——一種特殊的價值理性，卻是反工
具的。這種文化和社會脫序的現象，非常明顯。從美國現在的文

---

6 傑克森・波拉(Jackson Pollock)，1912-1956。美國現代畫家。
7 德庫寧(Willem de Kooning)，1904年生。美國現代畫家。
8 馬克・羅斯可(Mark Rothko)，1903-1970。美國現代畫家。

化觀點來看，任何可以訴諸理性的都是墮落的。這在很多地方受
到東方神秘主義如禪宗的影響。譬如說，1950年代以來，美國的
詩人，像思乃德[9]，多少都有些禪味。如果完全不懂禪，在美國
要成爲第一流的詩人的可能性相對減少。當代美國的小說家、文
學家、藝術家，在很多地方和社會的各種軍、工大企業都有很大
的衝突，至少有很大的張力。

　　從柏深思的角度看，經濟、社會、政治的整合和文化的體
現、文化的精神的表現應該是同步的。可是美國現在的情況，很
明顯是大異其趣的。從十九世紀以來，西方所謂的現代主義，特
別是在文學、藝術各方面，基本上是反工具理性、反科學、反物
質文明、反企業、反經濟發展、反政治的。而中國的現代主義，
特別是五四以來的中國現代主義，正好是韋伯工具理性的代言
人。這種不同的情形，應該引起我們的思考。

　　9　思乃德(Gary Snyder)，1930年生。當代美國詩人，深契禪悅，曾從
　　　柏克萊加州大學陳世驤教授習唐詩，特別愛好寒山德清。

第六講
哈伯瑪斯：理性的透視

　　上一講，我們在討論"美國的生命形態"的時候，只提到美國的當代挑戰，即對於合法性的危機問題做了一些交代。對於美國全國性社會的出現、資產階級價值的渙散、乃至資本主義的文化矛盾，只是很簡單地談及。這一次我們要討論的課題，所涉及的範圍較廣。然而，我想先從美國的生命形態所面臨的危機這個課題著手，把哈伯瑪斯的問題引導出來。我今天的目的就是希望大家了解哈伯瑪斯所面臨的西方危機，換句話說就是他的問題意識，而不是他的思想內涵(關於他的思想，以後有機會還要詳加討論)。

哈伯瑪斯思想產生的背景

　　我們前面所提到的兩位重要的社會理論家——韋伯和柏深思，都已經作古了。雖然不能說已經到了蓋棺論定的時候，但至少在他們的哲學的創發這方面，有了終點。我們可以站在一個高屋建瓴的"後見之明"的角度，回顧他們所發展出來的一些思想模式。至於這些思想模式在當代的潮流中所引起的各種不同的波浪，則見仁見智。對此，離下結論的階段還有很大的差距，有些學者以爲建構大系統的時代已一去不返，現在只能從事微觀研究，我完全不能同意。

可是，要想了解哈伯瑪斯，我們所面臨的困難度很大。他出生於1929年，照中國的算法，今年還未滿六十歲，至少還有相當長的一段思想探索時期。他的特點是常常修正自己的思想、發展自己的思想。但是，有一個軸心的問題一直是他回顧自己思想體系的焦點。這就是理性的問題。所以，我的題目爲"理性的透視"，是想從這個線索來了解哈伯瑪斯。不過，因爲他是一個尚在發展中的、在當代西方比較有創見性的思想家，所以要想了解他，比回顧韋伯及柏深思的理論更難。

上次我提到，了解美國的生命形態，有回顧與前瞻的作用：回顧，是幫助我們對柏深思所提出的社會理論、他的實際的社會經驗，作進一步的理解；前瞻，是希望從柏深思所面臨的危機，來導引出哈伯瑪斯今天面臨的問題，也就是他的問題性（*Problematik*）。

有一點值得我們注意，在美國文化發展的過程中，從殖民時代以來，許多美國第一流的思想家橫跨大西洋的次數，遠遠超出他橫跨美國大陸的次數，更不要說橫跨太平洋了。因此，美國的思想家多半受歐洲思想的影響。可是，第二次世界大戰以後，特別是自1960年代以來，因爲美國的國勢興隆，所碰到的問題愈來愈複雜。另外，歐洲有一批非常傑出的思想家，因爲要逃避納粹，或者因爲其他個人乃至社會的考慮，移民美國，對美國的學術界曾發生很大的影響。反過來說，這種美國勃興的現象對歐洲的學術界也是一個史無前例的挑戰。所以，在最近的一次訪談中，哈伯瑪斯公開承認，這三十年來，在西方學術界，美國的動力要超過西歐。因爲，他在上大學的時候，尤其在海德堡求學的時代，一直想要跳出他自己的學術傳統所給他帶來的一些禁錮和約束，特別是具有德國理性的理想主義。這種情況我們應能了解，特別是臺灣的學術界，有相當長的一段時間，受英美文化的影響遠遠超出受日本和歐洲文化的影響。比如說卡爾・波普爾(Karl Popper)，他在臺灣的影響很大。他曾寫過一本書，叫做《開放的社會及其敵人》[1]。這本書在某些方面而言，是想宣揚盎格魯・撒克遜，也就是英語世界(包括英國、美國、加拿大和澳洲)所代表的開放社會，即自由主義所代表、以科技、邏輯實證等爲思想導引的現代文明。同時，對於西方的傳統，不說排斥，也是忽視的；特別是對歐洲大陸的主要文明進行了批判。在他的評論中，不僅是批判馬克思，而且也批判了柏拉圖。

我在談到韋伯時曾說過，德國的文化受到希臘文明的影響。希臘文明在韋伯思想上有很大的比重，也就是說德國思想界的十字架是希臘文明(特別是雅典文明)所帶來的理性、民主、自由，以及後來羅馬發展的法律、人權等各種思想。美國文化的出現，特別是美國的學術界，不能說是一枝獨秀，但受到英國文化的影響遠遠超出受到歐洲大陸的影響。首先在哲學界，長期受到英國牛津分析哲學的控制。只有到了1960年代後期和1970年代中期，才有一些改變的跡象。這個改變，哈伯瑪斯也談得非常清楚。這點和柏深思的理論逐漸受到美國知識精英的批判，美國文化本身碰到了極大的震盪，即所謂的“當代的挑戰”有關。一方面美國政府的合法性發生了危機，也就是美國的知識精英對自己的立國

1《開放的社會及其敵人》(Karl Popper, *Open Society and Its Enemies*, Princeton, 1971.)。

精神開始有所懷疑；另一方面，他們對美國的靈魂、美國的心靈，進行了比較全面而深入的批判，沒有這類的危機感，美國學術界很難擺脫英國心態的枷鎖，也不能平實地了解德國心靈的當代反思。

有些人說，越戰對美國的撞擊，不僅是軍事上、經濟上、政治上的，而且是文化上的。基於一種強烈的罪惡感，一種心靈上的創傷，在某一段時間，美國也出現了"傷痕文學"。美國的"傷痕文學"多半是面對越戰的。以清教精神爲代表的美國的立國精神，落實到國際政治的衝突中，爲何會表現得如此惡劣？有些人甚至認爲，美國的帝國主義傾向才是本來面目。美國也有一些極具批判性的學者，認爲美國實是有史以來最殘忍的帝國主義。因爲美國所體現的霸權是真正的軟刀子。表面上完全是冠冕堂皇的清教徒的理論，乃至爲了救世而履行世界警察的義務；實際上，美國爲人類所帶來的災害和殘忍是史無前例的。所以，很多人在描述美國社會的時候，把美國當作一個工業軍事複合體。而美國原初所具有的一些精神的養分，如工藝的價值、追求自由的願望、對獨立人格的向往等等，面對工業軍事複合體的挑戰，可以說是一敗塗地，完全被邊緣化了。

這種合法性危機的出現，使得美國社會在價值系統方面有很大的轉變。我曾舉過一些例子，如嬉皮(Hippie)文化的出現，乃至雅痞(Yappie)文化的出現，和美國原來的立國精神有很大的差距。特別是代表所謂現代主義、乃至後現代主義的文學、藝術、音樂和電影，實際上和美國政府的政治結構所代表的工具理性，是完全分道揚鑣的。就是說，文化不僅沒有變成現代政府、現代社會結構的反映，而且成爲對現代政府、現代社會結構的一種譏諷，一種挑戰，一種反撲，一種批判。的確，現代主義和後現代

主義與我們前面提到的從韋伯以來一直到柏深思所代表的理性主
義，是背道而馳的。這和五四以來中國知識分子受到西方文化的
影響，要把現代文明帶到中國社會，完全認同理性主義，認同科
學主義，認同實用主義的傾向極不相似。中國大陸的學者甚至
說，任何問題都應該在實用的功能坐標系統裡面定位，任何不能
落實在改革和現代化中的價值，不管是儒家傳統、道家傳統、佛
教傳統，還是中國以前的藝術、音樂，以及代表一些知識分子所
追求的理想的價值取向，都應在批判之列。因此，在中國所出現
的現代主義，可以說是從韋伯到柏深思的工具理性的直接體現。
到現在爲止，這種現象仍然很明顯。面對西方，甚至面對日本，
中國的知識界一方面有又恨又愛的情緒；另一方面又採取所謂的
"矮人政策"。這個 "矮人政策" 在比較文化學上應屬特例。

　　在比較文化學上常常出現的是一種 "強人政策"。"強人政
策" 是以本國的優厚條件或是優勢來批評敵對國的劣勢。譬如在
德國和英國互相進行文化批判的時候，德國批評英國沒有理想性
的哲學；英國批評德國無法建立民主。因此是專門批評對方的弱
點，而發揚自己的優點。這樣的 "強人政策" 是愈比愈覺得自己
偉大，別人不行。法國和英國的比較，法國和德國的比較，歐洲
和美國的比較，都是如此。上次我特別舉出法國的一些社會達爾
文主義知識分子對美國的土著、乃至歐洲到美國的移民所暴露出
的種族歧視。美國對亞洲的批判，乃至蘇聯對東方的批判，包括
索忍尼辛所提的 "黃禍" 問題，都是 "強人政策" 的露骨表現。
日本有一度對中國文化的批判，也表現了 "強人政策" 的傾向。

　　但具有中國特色的比較文化研究卻採取了 "矮人政策"，即
特別要突顯中國文化最糟糕、最墮落、最沒有生命力的面相；而
且要突顯 "敵對文化" 的優勢。這樣，愈比就愈覺得自己不行。

因此，出現了"醜惡的中國人"的形象。這和日本現在的"日本人論"相比，兩者的氣氛有天壤之別。在"日本人論"的論辯中，我們所擔憂的是，過度強調日本文化的特色可能會導致軍國主義，以及過分的民族自尊。而中國人的自我形象的討論，自1980年代開始，是所謂中國"國民性"的討論的延長。這一討論，實際上是配合著魯迅時代所談的"國民性"問題，基本上是揭中國人的瘡疤，突出了中國人的許多弱點。《醜惡的中國人》所描寫的中國人，只有自我毀滅一途。照我的理解，書中認爲中國集世界精神污染之大成；所以，爲了人類進一步的發展，徹底消除污染，中國人就應該永遠跳不出自我批判的窠臼。這種"矮人政策"和"強人政策"在比較文化上都是病態，而採取矮人政策的恐怕病情更嚴重。

在美國文化最近對它自己進行批判的時候，中產階級有一種反應(通常中產階級代表了美國現代思想的主流)，即後期保守主義思潮。後期保守主義的思想家多半在紐約。丹尼爾・貝爾也可以算後期保守主義的主要代表人物之一。這個思潮，從現象分析來說，是逐漸意味到資產階級價值的徹底崩潰。所謂資產階級價值，有幾層內涵：第一，是對於理性和科技的強烈信仰，認爲人類的自救要靠理性和科技。第二，這套價值主張社會的整合。經濟系統、政治系統、社會系統以及文化系統都要有所整合，不強調衝突。第三，強調大多數人的利益，強調市場經濟。另外還強調美國建國原初的價值，如個人主義、個人尊嚴、對於中央政府的不信任。

這些價值，從兩個角度來看，已經渙散了。一個角度是極端思想的興起。抗議精神極強的"新馬克思主義"所代表的新左翼是其中一個例子，他們是自覺地要對美國文化的主導思想進行批判的。另一個角度是內部腐化。內部腐化在比較有知識、有程度的年輕人、特別是大學生的集團裡最為突出；他們基本上已經不相信這一套了。價值理性、工具理性對於他們已失去了說服力。但是，面對現在社會上的各種衝突，個人主義，享樂主義，乃至自私自利的情緒卻特別高漲。他們自以為，我雖然完全不相信這一套，我沒有理由在公眾的哲學辯論時為這一套提法予以任何論證；但我的生活實踐又完全是這一套觀點最庸俗，膚淺思想的具體表現。即便在大學精英中，流行的口號是：以最短的時間、最少的勞力獲得最高的報酬。如果可以買賣股票，不費力地獲得高薪，那比投資產業更好；如果投資產業能獲得高薪的話，那比進行筆耕或進行某種文化事業要高明多了。所以，絕大多數的年輕人走進企業管理、法律、醫學，就是基於馬上能得到實效的現實報酬。特別是第一流大學如哈佛及史丹福所培養出來的精英，投身企業管理、法律、醫學的比例極大，報考研究生院的相對減少，竟然形成了歷久不衰的風尚。

　　以哈佛為例，美國現在發生一些令人難以理解的現象，一個哈佛畢業生，不到三十而且有將近百萬的集資仍覺得在經濟上不能自立，沒有安全感，這已不是物質享受主義，而是赤裸裸的唯利是圖，貪心不足！最近哈佛大學的校長，在經過了長期的討論之後，提出發展倫理學，討論道德問題的計畫。由華爾街的主持人提供至少一千五百萬的資金給哈佛的商學院，其中附帶的條件是，將倫理列入商學院的必修課。但商學院的教授對這項巨款並不熱中。因為整個商學院的課程，從開始的構想到後來的發展，都是基於以商業情報和運作為對象、突出職業性、以個案研究為特色的教育哲學。個案研究對培養一個人在複雜的商業競爭中如何取勝確有收效之益。既然如何取勝是唯一的考慮，其他任何價值都屬次要。現在想把倫理的問題列入考慮，如商業行為的道德化，或商業行為的倫理化，在他們看來不僅不相干，而且和整套課程設置都會發生衝突。這個衝突將如何處理？這是一個非常複雜的問題。最近的辯論是越來越激烈了。法律學院也有文化批判與社會服務兩派的大爭論。一般人文學者認為，美國法律所代表的，其實是資產社會中少數既得勢力的一種意識形態；而法律學院的資深學人並不接受這種觀點。因此進行了激烈的辯論。

這個情形，從丹尼爾・貝爾的角度來看，是資本主義的文化矛盾。大家可以讀一下他寫的書——《資本主義的文化矛盾》(*The Culture Contradictions of Captalism*)。其實，更準確地說，這不是資本主義的文化矛盾，而是美國的文化和經濟、政治、社會之間發生了矛盾。這也是後期資本主義所碰到的難題。

哈伯瑪斯及其思想來源

我們剛才只是對哈伯瑪斯所思考的問題的背景，作了一些初步的介紹。如果要對哈伯瑪斯有深入的了解，還需跨越好幾重觀解上的障礙。我在大綱寫完之後想到一點，即哈伯瑪斯的參照系裡面到底有些什麼值得探索的東西？這就像柏深思所說的，當我們同他對話時，首先要了解他的參照系。我所了解的，有時是道聽途說，有時得之於報刊雜誌，也有時是看哈伯瑪斯本人的專論。此外，我也跟他見過面，並參加過他的研討會。他的參照系到底是什麼，這是一個需要考慮的問題。很有趣的一點是，如果哈伯瑪斯來這裡演講，絕大多數的人可能聽不懂。聽不懂有兩種原因：一是他的運思非常複雜；一是他不善辭令，常患口吃之病，講德文時尚且難懂，講英文就更不用說了。有一次我參加他的討論會，他提出一個非常重要的觀點。當時有一百多位教授鴉雀無聲地聽他講完。坐在我旁邊的是羅伯特・貝拉。他說：“你到底聽懂了多少？”我說：“我先不說。你呢？”他說：“大概不超出百分之四十。我相信其他的人當然包括我在內多半比他懂得少。但是他們都沒有走，而是坐在那裡發楞。”我說：“這就是他的魅力。”

毫無疑問，哈伯瑪斯的口才與他的影響力、語言的說服力、以及筆鋒的說服力是完全成反比的。他不太能說，甚至在學術討論時，常常是不知所云。不過，他勇猛精進，以學術爲志業的精神爲西方哲人的典範，使得他成爲美國學術界最有影響力的思想家之一。他可以說是繼韋伯、柏深思以來，以理性主義爲基本論題而進行重建工作的最重要的思想家。他剛嶄露頭角，就有不少學人認爲他的重建計畫是不可能成功的。現在也只有少數人認爲他會成功。對我而言，即使他不會成功，他的努力是英雄式的，有很大的啓示。我把他突顯出來，而不是把他和其他人物(如解構主義的一些人物)放在一起討論，是有深刻的理由的。

如果從印象式的方式來了解哈伯瑪斯，他是一位對理性各個層面都有比較精確照察的思想家；而且，在他建立體系的過程中，有著一個開放的心靈。他常常進行自我批判，有一套極好的反饋系統。單單這一特長就難能可貴。對於各種不同的批評，他不僅能夠接受，而且不斷地真誠修改自己的理論方式。他是一位“聽德”非常高明的人。在中國的學術界，“聽德”高的人非常少；多半是把自己的觀點提出來，別人不接受的話，就永遠再無對話的可能。因而，哈伯瑪斯的精神，很值得我們借鏡。

讓我在這裡提一個插曲。1975年，我受柏克萊大學文學院長的委託，擔任一個審核委員會的主席。該委員會的任務是審核柏克萊大學的哲學系，以建議它將來如何發展，如何才能從美國排名第五、第六提升到前三位。當時，由於東亞研究蒸蒸日上，大家基本認爲，如果也把柏克萊建構爲東亞文明，乃至太平洋地區研究的重鎮，聘請一、二位教授來講授東方哲學，將可發展柏克萊大學哲學系的特色。由於這個意願，我和其他幾位哲學、數學以及各種不同領域的學人，對柏克萊的哲學系進行了全面的審核。在美國，此種審核是相當嚴格的。哲學系所有的資料，不管是公開的還是秘密的，都可以隨時調用。經過一年半的努力，我對美國的哲學系有了一番了解，提出了一個結論。我們的委員會共七人，最初只有兩個人接受我的意見，最後其他人也被我說服了。我認爲，1975年柏克萊大學哲學系所遇到的大問題是如何聯繫大西洋兩岸的問題，而不是太平洋的問題。現在強迫哲學系面對太平洋，會引起哲學系內部的大分裂，沒有好處。必須先讓它和大西洋聯繫，即把德國的、法國的以及歐洲其他地區在哲學上和美國相契的地方連系起來，才能有進一步的發展。馬上讓它進入東方哲學的領域，不可能。基本上，大家都接受了這個意見。於是，柏克萊哲學系擬請福科來教書，他後來也接受了。可惜他得了愛滋病過世了。去年，他們不但在歐洲哲學方面有進一步的發展，並且聘用了專講中國哲學的年輕教授(來自香港，在史丹福大學獲得博士學位的信廣來)。現在他就在柏克萊大學正式講授中國哲學。所以，柏克萊大學的哲學系正慢慢往這方面發展。我舉這個例子，就是要說明一個情況：歐洲哲學和美國哲學，特別是英美的分析哲學或語言哲學和歐洲大陸的存在主義或現象學之間的距離太大。哈伯瑪斯在歐洲的大學時代，就對英美哲學有一定的認識，我們從他的“溝通理論”中可以很清楚地看到這一點。這是一個哲學上的專門問題，所以我只是簡單地提一提。

　　在現代哲學發展的過程中，有一個非常重要的階段，一般稱爲向語言學的轉向(linguistic turn)。向語言學轉向是現代哲學發展的一個重要階段。最主要的代表人物就是維特根斯坦[2]，尤其是後期的維特根斯坦。後來代表此派學說的有約翰‧奧斯丁[3]。可是，最重要的人物不是來自哲學界，而是來自語言學界，那就是麻省理工學院的 M. 喬姆斯基[4]。他提出了對深度文法結構的理解。喬姆斯基可說是二十世紀極傑出的思想家，在他四十歲以前，就在語言學的領域達到最高峰，是一個劃時代的人物。這些人對哈伯瑪斯都有過一定的影響。

　　還有一位對哈伯瑪斯有相當大的直接影響的教授，叫做約翰‧瑟爾[5]。他寫過一本書叫做《語言行爲》(*Speech Act*)。瑟爾在美國哲學界是位怪傑。他是加州大學哲學系的教授，完全是受到牛津大學語言哲學的訓練而發跡的。但他本人有美國印第安人的血統。所以他有兩面：一方面是英國紳士精神，另一方面又是泥土氣息相當濃厚的抗議精神。這兩面合在一起，成了哲學界的奇人。目前他的思想傾向極爲保守，是否定型尙不得而知。

　　此外，一般說來，哈伯瑪斯代表法蘭克福學派。在法蘭克福學派中，他算是第二代。此學派中出現了許多人物，多半是作社會分析的，直接或間接影響到美國在紐約成立的 New School for Social Research，即社會研究新學院。這一個學院有非常深厚的社

2　維特根斯坦(Ludwig Wittgenstein)，1889-1951。奧裔英國哲學家，邏輯實證主義哲學主要代表人物之一。著有《邏輯─哲學論》、《論邏輯形式》、《哲學研究》等。

3　約翰‧奧斯丁(John Austin)，英國語言哲學家。

4　喬姆斯基(Noam Chomsky)，1928年生。美國語言學家，轉換生成語法創始人，麻省理工學院現代語言和語言學教授。著有《句法結構》、《形式與解釋論文集》等。

5　約翰‧瑟爾(J. R. Searle)，美國哲學家，加州大學哲學教授。著有《語言的行動》、《語言哲學》等。

會批判的傳統。在這個學派中對哈伯瑪斯影響相當大的有兩位，一位是阿多諾[6]，另一位是霍克海默[7]，都是研究美學和社會分析的。

在早期的法蘭克福學派中，從事中國學術研究的有魏復古[8]。他寫過一本書，叫做《東方專制主義》(Oriental Despotism)。這本書從宏觀的角度對世界文明作了一個分析，跟我前面對軸心時代文明的分析的範圍差不多。但是，他所作的分析集中在東方專制政體的興起上，基本上是修正馬克思主義，特別是對馬克思所講的亞細亞地區的生產方式作了一個詮釋。雖然他在美國的漢學界中一直是被批判的對象，但並不能說他的觀點完全沒有道理。他所提出的觀點強調水利，所以有人甚至譏笑他是水利專家。他認為，任何一個專制政體的形成，一定要有廣泛動員群眾的經驗。而動員群眾的經驗一定要跟實際的社會中必需的基礎結構聯繫在一起。東方社會，以中國社會為主，是農業社會。農業社會早期發展水利，其基礎不能靠小社團來維持。假如要發展長江、黃河、運河，需要較大的行政結構才行。一個由生活必需所引起的結構是一個專制的結構；而這個專制政體的結構影響到中國整個民族性、政治、文化以及其它各層面。另外，他將此擴大，講蘇聯早期的沙皇。雖然是一隅之見，但是在他所分析的範圍裡，有許多啓發新思的觀點。

---

6 阿多諾(T. W. Adorno)，19303-1980。德國哲學家，法蘭克福學派代表人物。著有《啓蒙的辯證法》、《反認識論》等。

7 霍克海默(Max Horkheimer)，1895-1971。德國哲學家，法蘭克福學派代表人物。著有《批判理論》、《理性的衰落》等。

8 魏復古(Karl August Wittfogel)，1896年生。德裔美國政治學家，社會學家，中國歷史專家。著有《覺醒中的中國》、《馬克思主義，無政府主義和新左派》等。

　　我舉這個例子，意在指明在法蘭克福學派中，臥虎藏龍，各方面的人物相當多。而且，他們對於各種不同的社會問題、經濟問題及政治問題都有系統分析的興趣，基本上是對馬克思主義進一步的發展。他們批判馬克思，又進一步宣揚馬克思。這對哈伯瑪斯來講，等於是在成學的過程中直接受到的影響。因為他是直接加入法蘭克福學派的。而且，一直到現在，很多人還是把哈伯瑪斯看成是法蘭克福學派的代言人。

　　另外一個傳統對西方學術界的影響很大，即從康德以來的"哲學的人學"(Philosophical Anthropology)，從哲學的觀點來分析人，而非從人類學的觀點來分析人。這個傳統中有一個非常重要的學者叫做舒茨(A. Schutz)[9]。此人對於哈伯瑪斯早期(乃至於後來)有一定的影響。更值得一提的是德國理性主義也就是康德傳統對哈伯瑪斯哲學取向的決定作用，艾培(Apel)[10]在這方面有舉足輕重的影響力。他和哈伯瑪斯的關係好像是師友之間。

　　概括而論，哲學界對心理學是排拒的。哲學家一般以為高層次的理性分析不必顧及心理學家所處理的那些層次甚低的感情問題。既然心理學家處理問題時所用的邏輯是非常鬆散的，有時是一種印象式的談法，哲學家對心理學不予重視，特別是對弗洛伊德心理學抱著鄙視的態度，沒有什麼值得驚訝的。甚至有人認為弗洛伊德的心理學從哲學分析的角度來看，根本不成體系。但在哈伯瑪斯看來，心理學，特別是受弗洛伊德影響的後期心理學是相當重要的。這當然與柏深思不無關係，即認為以人格發展來理解人的全部經歷和人的生命形態在建構社會理論的事業中具有關

9　舒茨(A. Schutz)，奧國社會學家，重視意義結構。

10　艾培(Apel)，德國哲學家，屬新康德學派，強調超越理性，是哈伯瑪斯的道友。

鍵性的價值。因此,哈伯瑪斯在早期就對心理學相當重視。到了他的"溝通理論"發展成熟時,心理學對他的影響更大。其中基本上有三個人(這是他自己提出來的):一個是皮亞傑[11],主要講人的認知發展。一個是庫爾伯格[12],心理教育學家,也是側重於人格成長、特別是道德意志的形成問題的。他在某方面來說,是運用康德的理性主義來了解兒童的道德成長。在美國學術界影響相當大。另一位是艾律克森。

哈伯瑪斯在他最近的書(有關"溝通理論"的第二冊)中認為,直接影響他的主要思想家除了涂爾幹、韋伯、馬克思以外,還有柏深思。他基本上認為他自己的理論是從馬克思、涂爾幹、柏深思的所謂社會建構理論中發展出來的。

另外,在歐洲的學術界中,現在影響越來越大的人物是海德格。但他的影響雖然很大,卻不能完全照顧到歐洲哲學所出現的光輝。凡提到二十世紀歐洲哲學界較有創見的哲學家,海德格可說是典範性的人物。當然,最近因為他和納粹之間的關係,引起了很大的爭議。特別是在法國,對德希達來說是一個很大的挑戰。雖然如此,海德格所涉及的問題是和二十世紀哲學的反思,尤其是對歐洲哲學的反思直接連繫在一起的。在海德堡、慕尼黑唸書而正視哲學的人,多半受到海德格的影響。

對哈伯瑪斯影響較大的學人中,還有他的老師伽德瑪[13]。伽

---

11 皮亞傑(Jean Piaget),1896-1980。瑞士心理學家、哲學家、邏輯學家,「發生認識論」創始人。著有《兒童的語言和思維》、《發生認識論導論》等。

12 庫爾伯格(Lawrence Kohlberg),曾任教哈佛大學教育學院,專攻道德哲學,著有《道德發展哲學》。

13 伽德瑪(Hans-Georg Gadamer),1900年生。德國哲學家。著有《欲望的本質》、《真理與方法》等。

德瑪現在已八十多歲了，是海德格的學生。他創立了一個新學派。這個學派的思想現在在學術界的影響十分明顯，而且在文學界的影響又遠遠超過哲學界，這就是詮釋學。有些學者把它翻成闡釋學。有很多人說，美國和法國爲詮釋學的風潮所掩蓋。如果對詮釋學一竅不通，研究美國和法國的文學，會受到很大的限制。因爲大家的很多觀點是從這個學派演化而來的。當今這個學派的祭酒人物就是伽德瑪。在這裡我們不能詳談，只是提一下伽德瑪對哈伯瑪斯有相當大的影響，扮演了很重要的角色。

詮釋學本來是聖經知識中的一支，和中國的章句之學很接近。原來，在聖經的知識中有一門學問是專門解經的，如果用我們傳統的說法，就是注釋、疏解。注和疏不同，注是 commentary，疏是 sub-commentary，還有 sub-sub-commentary。所有重要的軸心時代的大傳統，如印度教的傳統，佛教的傳統，中國儒家、道家的傳統，希臘哲學的傳統，乃至猶太教直到後來的基督教，還有回教的傳統，一個共同的特點是，它們原初的經典並不多，但是整個文明發展的歷程都和對原初的經典進行解釋的學術工作結了不解之緣，因此所積累的文字資源極爲豐富。

從猶太教或基督教的觀念來看，哲學家最重要的思考模式是解經。甚至有人提出這樣的觀點，任何書寫文字，只要寫下來，就已經是死的，是物質性的。其精神性已不存在。所以，每一代人要通過解釋才能把新的生命力帶進這些經典中。他們用了一個極形象的說法：上帝創造人的時候，要吹進一口氣來。我們解經，就是在死的文字中吹一口氣，讓它活起來。如果沒有人解經，沒有人把生命力吹進，那就只是死文字。在這幾個軸心時代的文化傳統中，死文字特別多而沒有吹進生命的活力的就是儒家，可以說到處是屍體，到處是死文字。不僅是死文字，如果用大陸的話來說,叫做牛鬼蛇神,即僵屍而沒有化腐朽爲神奇,就變成吃人的、扼殺人的生命,乃至腐蝕人的精神性、打擊個人尊嚴的魔道。因此,吳稚暉有把線裝書丟到廁所裡三十年的建議;魯迅則苦勸有志青年不要閱讀儒家經典。

有許多學者認爲,一套思想與現實社會相關性的大小是取決其價值的關鍵,只要是相關的,即是有生命力的;而且對這種生命力的評價,則可以因人而異。1982年,韋政通先生主持了一次關於學儒家的討論(以《中國論壇》爲主,後來出了一個專號)。大家討論得很激烈。在新儒家的定義下,以五人爲代表:熊十力、梁漱溟、牟宗三、唐君毅和徐復觀。對此,有的人持同情的了解,有的人則加以批判。金基耀先生基本上是同情的了解,他說了一句話,我覺得非常懇切。他說:"我最擔心的是儒家傳統和現代不相干。如果不相干,則這個傳統就徹底死亡、徹底沒有生命力。"可是,通過1980年以來多次和北京、天津、上海、武漢及廣州學者的對話,我發現中國大陸的學者對儒家和現代社會是否相干這一點是沒有爭議的,都認爲是極爲相干的,儒家傳統和當前中國整個政治文化結合在一起的。李澤厚提出中國人的文化心理結構,特別是深層結構,即不管從知識分子到農民、商人,一直到政客,都受到儒家的影響。然而,雖然是相干的,而且也有生命力,但他們卻認爲這生命力是負面的:官僚主義、裙帶關係,人與人之間的傾軋,用柏楊的話是所謂的"醬缸"。在"醬缸"中泡過以後,黃河之水也洗不清(況且黃河的水本身就是混濁不清的)。現在看來,這個問題是否要經過更深層面更全面的詮釋呢?

最近,大陸有一位年輕的學者甘陽 14,他的思想的創見性很

---

14 甘陽,1952年生。曾任《文化:中國與世界》編委會主編,現攻
　讀於芝加哥大學社會思想委員會博士班。

高，值得注意。他是《文化：中國和世界》叢書的主編。這個叢書翻譯了許多重要的經典，如伽德瑪的《真理與方法》(*Truth and Method*)，海德格的《存在與時間》(*Being and Time*)，而且學術水平很高。他們還把韋伯的《經濟與社會》全部翻譯出來，有一千五百頁，分上、下兩冊，已經定稿。這些工作是有意義的。

　　甘陽在《讀書》雜誌上寫了一篇文章，題爲〈對傳統理解的問題〉。其中他談到伽德瑪的一個基本論點，即我們不能把傳統對象化。如果將傳統對象化，就把傳統物化了。物化的傳統就不是傳統，即能夠對象化、物化、外在化，與我們的血肉不相連的身外物就不是傳統。此一說法，引起了很大的爭論。其中有一個爭論值得我們注意，就是龐樸提出的觀點。他對年輕一代學者激烈地批判傳統提出反擊。他說，要把文化傳統和傳統文化分開來。傳統文化是我們的遺產，這是一個提法。另一個提法是，我們的文化傳統是什麼？從傳統文化的角度來說，你也許可以把傳統文化對象化作一個研究的課題，只由大學文、史、哲的研究生來處理，其他的人不必擔心。但是文化傳統則是溶入我們生命中的一些價值、觀念。我們的文化傳統到底是什麼？假如我們反省到自己的文化傳統而沒有碰到儒家傳統所面臨的一些問題，這是否說明從五四以來，我們已經真正地超越了儒家傳統呢？所以，最近有很多人提出一個主張，認爲中國大陸是反儒家的，但卻是真正被儒家的封建遺毒所左右。因此，他們在口頭上是反儒的，實際上是尊儒的，所以中國不能現代化。而臺灣是口頭上宣揚儒家，實際上並不真正遵循儒家，所以完全突破了儒家的禁忌，在經濟上成功了。因之，中國大陸是表面上假儒，實際上真儒；臺灣是表面上真儒，實際上假儒。而假儒的現代化成功了，真儒的現代化不可能成功。這是臺港一部分學人的儒家觀。

　　從伽德瑪詮釋學的思想來看，一個思想家對他的文化傳統自覺到什麼程度，則他對傳統文化的理解，以及超越傳統文化的潛力就到什麼程度。他特別強調的觀點是了解，而不是權力的運作。了解是自我解脫的因素。如果接受了他的觀點，那麼，中國知識分子自五四以來的一個嚴重缺陷，就是在了解方面用的功夫很少，而以權力運作爲目標的批判成爲大家的主要關切。不了解的事物進到生命中，很多只在下意識層，沒有辦法把它的力量發揮出來。這樣，它的健康的部分不能利用，而腐朽的部分也無法去除，往往成了傳統遺毒的犧牲者。所以一定要了解，要面對挑戰。這一關過不了，其他情感上糾葛就沒有辦法解開。列文森就講過，從梁啓超以來到1960年代後期，中國知識分子一直處在一個困境之中，對傳統，特別是對儒家傳統有一個非常複雜的感情聯繫。如果用林毓生 15 的話說，即所謂的念舊的情意結。而對西方，則是理智上的接納。因此，這是兩種情感的糾葛，在理智上已和傳統決裂，但在感情上仍聯繫著。像吳虞 16，每星期都和傳統決裂、決裂、再決裂，本來是位胡適所謂 "打倒孔家店的老英雄"；但現在看他的日記，他表面上說個人主義的重要性，傳統價值觀念的腐朽性，而面對他女兒要自由戀愛時，所表現的父權觀念卻又是令人不能理解的腐朽。我們從他發表的日記可以看出，他對西方文化是理智上的接受，並沒有感情的認同。因此，從西方所得的，最多是工具技術的層面，而西方真正深厚的精神文明是不可能進來的。而且，自己本身原應具有的深厚的精神文明又不能發揮作用。正如王陽明所說的，"拋卻自家無盡藏，沿

---

　　15 林毓生，1934年生。華裔美國史學家，芝加哥社會思想博士。著
　　　有《中國意識的危機》等。
　　16 吳虞，五四時代知識分子，被胡適稱譽為四川省打倒孔家店的老
　　　英雄。

門托缽效貧兒。"

除了伽德瑪的詮釋學，梅洛・龐蒂 17 的現象學也對哈伯瑪斯有所影響。

接下來就是馬克思的思想，特別是後來發展的新馬克思主義對哈伯瑪斯的影響。對哈伯瑪斯影響最突出的，一個是卡爾・路尼什 18 ，一個是盧卡奇 19 ，這是許多人都提到的。還有就是他的朋友，一個叫布魯克 20 ，一個叫本雅明 21 。這位本雅明先生的作品特別值得注意。這幾個人物中，有年輕的馬克思主義者，也有新左翼。而新左翼最好的代表還是馬庫斯 22 ，他也曾是哈伯瑪斯的親密戰友。這是一個很長的單子，幾乎無所不包。我們應當注意的是，哈伯瑪斯這批同道的思想動向很明確，幾乎是敵友分明。可是他本人卻不管敵友，都願意進行辯論與對談。所以，從哈伯瑪斯的文字來看，竟沒有前面提到的這些人物之間的感情爭鬥，在當代歐洲思想泰斗中，這是罕見的，特別是在當代法國學者的著作中，門戶之見特別顯豁。

另外對哈伯瑪斯有影響的就是解構學者德希達，以及美國學術界在思想方面有貢獻的的學者布林斯丁(R. Bernstein) 23 經常提

---

17 梅洛・龐蒂(Maurice Merleau-Porty)，1908-1961。法國哲學家，著有《智覺現象學》、《辯證法探索》等。

18 卡爾・路尼什(Karl Loewith)，二十年代德國馬堡大學哲學名教授。

19 盧卡奇(G. Lukacs)，1885-1971。匈牙利哲學家，文藝評論家，二十世紀最有影響的馬克思主義學者之一。

20 布魯克(E. Block)，1885-1977。德國哲學家。

21 本雅明(Walter Benjamin)，1892-1940。法蘭克福學派中最具影響力的文藝批評及社會評論家。

22 馬庫斯(Herbert Marcuse)，1898-1979。德裔美國哲學家、社會學家，法蘭克福學派代表人物。

23 布林斯丁(R. Bernstein)，美國社會新學院哲學教授。

到的理查德・羅蒂(Richard Rorty) 24 。羅蒂原從事分析哲學研究，但後來突然轉行批判專業哲學。儘管這樣，以後他仍寫出許多精彩的哲學論文，重新對維特根斯坦了解，乃至和哈伯瑪斯交通。最近，他還有一篇相當好的論文，討論哈伯瑪斯和李歐塔(Jean-François Lyotard)之間的辯難。他是較同情哈伯瑪斯的。從以上介紹可以看出，哈伯瑪斯的思想受到許多人的影響，這也是他經常修改他的思想的原因之一。

理性思想的線索

在此，我想先提一句，最近聯經出了一種學報性的期刊，叫《思想》，專門翻譯國際學術論戰中的問題。其中有三、四篇和我們討論的哈伯瑪斯的問題有關，可參考。還有東大圖書公司所出的一系列對東西哲人的簡單介紹(由韋政通和傅偉勳所編)，其中李英明寫到哈伯瑪斯。他寫得很平實，從新馬克思的角度寫的。關於馬克思思想直接影響哈伯瑪斯的方面，寫得比較多，關於溝通理論和我所提的其他問題，則寫得比較少。

現在我們就進入正題。先要把離散的現象擺在一個統體的脈絡中，這樣，我們的討論就會比較清楚。

有許多思想家在國外聲譽很高，受到很大的禮遇；而在本國則受到批判，甚至受到屈辱。哈伯瑪斯也有同樣的遭遇。德國哲學界的主流排拒他，甚至可以說是歧視他。因為大家感到他的思想太接近學生的抗議精神，特別是1968年以後。但從學生的立場看，哈伯瑪斯走得不夠快，和傳統思想的決裂不徹底，對革命精

---

24 理查德・羅蒂(Richard Rorty)，美國維吉尼亞大學人文學教授，曾任職普林斯敦大學哲學系。

神的承諾不夠透明，和各種資產階級思想還都有妥協，甚至有人批評他是食古不化的資產階級。在很長的一段時間中，慕尼黑大學哲學系好幾次投票，都認爲他不夠資格到慕尼黑大學講哲學。後來政府撥款成立了"史坦柏研究中心"，由物理界奇才韋瑟克(Carl von Weizsäcker)主其事，特別請他主持社會科學的研究。

　　按照哈伯瑪斯自己的說法，他是一個頑固的理性主義者，多少受到康德的影響。這是德國現代思想家的特點。德國現代思想家，要麼就是尼采的解構懷疑的路線，要麼就是康德的路線。前面提到的庫爾伯格，也是受康德的影響。最近女性主義者對康德的批評很多，認爲康德思想中有濃厚的男性主義色彩。這種批評不管有沒有說服力，應當從學術眼光進行討論。例如對庫爾伯格這方面思想的批評。

　　從庫爾伯格的思想看，一個人的理性決斷是道德成長的表徵。理性的判斷乃至判斷的決心都是道德成長的指標。根據這個指標，六歲的男孩的道德成長好像比同年女孩的道德成長快些。評定的方法是根據對假想情況所作的反應而來。設定某人的妻子病了，他沒有錢，就到藥房偷藥給妻子看病。這件事應不應該訴諸法律制裁？多半男孩都會說應該制裁，因爲他偷了東西；或者說不應該制裁，因爲他對他太太不錯。而小女孩往往不正面回答，而是說，他最好不要偷，是不是從其他地方可以借到錢；或者說他太太的病是不是那麼嚴重，不要偷藥，過幾天就好了。在庫爾伯格看來，小男孩道德成長的水準較高，因爲他在理智上可以做明確的抉擇；而女孩的模稜兩可反映了判斷的糊塗或缺乏決斷的勇氣，因此道德成長的水平比較低。這種觀點受到了批判。哈佛的教授紀靈根(Carol Gilligan)做了很多調查，認爲不能因爲女孩子考慮的層面較廣、態度較曖昧，就說她的道德發展較低。因為這是一個兩難的問題，可能是不同的發展模式。女性的發展顧慮面較多，表面看來是婦人之仁的柔弱，實際上是對狹隘的男性主義的一種批判。最近，有很多學者專門研究印度和南亞，認為如果從印度思想的背景來看，可以發現這不完全是性別的問題，而且也是東西文化價值歧異的問題。東方思想在道德發展的過程中，理性的光要配合感情的熱，和康德所代表的精神有所差別。不僅從性別上來看有差別，從文化的角度來看也有差別。但是康德的理性主義，即人透過理性的自覺逐漸成長起來的道德命題，在哈伯瑪斯的思想中仍占極重要的地位。

另外，哈伯瑪斯唸書時，正是青年黑格爾主義在德國大行其道的時代。青年黑格爾主義對老年黑格爾主義進行了批判。黑格爾到了晚年時，特別注重國家意志，甚至認為日爾曼精神是絕對精神的體現。當時，他奢想作日爾曼的官方哲學家，需要政治上的賞識、接納。所以，他強調國家精神的獨立性，即客觀精神的體現。這種思想為納粹主義強烈的、狹隘的國家主義創造了條件，乃至在第二次世界大戰前後蔚然成風。青年黑格爾主義反而對這種情緒進行了批判，如卡爾・波普爾在分析封閉的社會時，其矛頭除了指向馬克思以外，還指向晚年黑格爾。這是因為晚年黑格爾和晚年馬克思的精神有相似之處。所以當時歐洲、美國所要發展的黑格爾是青年黑格爾，馬克思是青年馬克思。哈伯瑪斯自覺到自己所要發展的是早期馬克思思想，特別是哲學的人學，也就是馬克思的人道思潮所規定的唯物論。

在此，有一點要澄清。1949年以來，中國哲學史被描寫成唯心、唯物兩派的鬥爭史，這是完全受蘇聯馬克思思想的影響，非常不幸。因為在中國哲學中，既無真正的唯心，也無真正的唯物。西方的唯心主義或唯物主義，不僅在中國沒有出現，而且也是不可能出現的。因此，中國大陸如要研究中國哲學，第一個先決條件是要跳出唯心、唯物的模式，否則不可能取得很好的成績。但唯心唯物是現代歐洲哲學乃至歐美哲學發展的重要軌跡，到現在還很難突破。這個源頭當然很深，可以追溯到希臘哲學、猶太哲學。但是，從現代哲學傳統來看，主要的人物是從笛卡兒開始的。笛卡兒非常清楚地把身心分開，把精神和物質分開。我稱他是排斥性的二分法。但是笛卡兒哲學思考的層次是要建立一個強有力的主體性，要建立哲學的第一原則；然後才有懷疑，才有批判，才有挑戰。但能進行思考的能力本身，是使得哲學工作可以進行的不可或缺的先在條件。笛卡兒是在荷蘭進行思考的。由於猶太人受到歧視的緣故，他在荷蘭相當孤立，甚至是在蒼涼的心情下進行哲學反思的。所以，在他進行哲學思考時，社會性、群體性、乃至其他的客觀性都屬次要課題。首先必須在主觀思考本身建立第一義。因之很明確地將哲學思考的主觀性和客觀性分開。這是很重要的工作。

　　笛卡兒為現代哲學開闢了一個排斥性的二分法，影響巨大。因此，在西方哲學中，到底是意志決定存在，還是存在決定意志，是兩大壁壘。而中國哲學處理這類問題的取徑不同。說王夫之是唯物主義，荀子是唯物主義，乃至章太炎是唯物主義，都不能說明問題而且會導致誤解、誤讀。但在西方，是存在第一還是意志第一，二者之間確有非常激烈尖銳的思想鬥爭。

　　馬克思是繼承費爾巴哈的思想，對理想主義和唯心主義進行了批判。在這個觀點下，把哲學的社會作用進行改造或轉化，認為哲學不是來認識社會的，而是來改造社會的。在西方這是一個偉大的思想飛躍。要認識我們現在所處的社會環境，了解人是活生生的存在，有各種不同的原初連繫，有他的社會性，有他的政治意圖、經濟條件，這是哲學思考的第一步。在智性的反思中，哲學、歷史代表兩個不同的思考模式。歷史是具體的，在時空中展現出各種不同的複雜關係；哲學是超時空的，討論基本原則，討論客觀化、普遍化的理念。

　　站在思想發展的角度，從費爾巴哈到馬克思的觀點，把哲學歷史化，把歷史的進程看成是現在存在條件的不可分割的重要因素。這與馬克思自己的經驗有密切的關係。他做過記者，看過各種不同的實際情況，再回到書房中進行哲學反思時，社會上形形色色的問題就凸顯出來，不能抹殺。他的抽象思考，就是要面對現實的考驗。所以，他有各種相當強烈的存在要求，也有一種極強烈的改變社會的意願。另外，他的思路絕對是批判的。要批判，則與現實權力就不能認同。了解的目標是爲了改變現實。爲什麼要改變現實呢？因爲他所要了解的事實是黑暗的、墮落的。所以，從這個角度來看，哈伯瑪斯認爲馬克思的哲學觀點不是命定論，而是真正的唯物論。但哈伯瑪斯認爲馬克思的思想碰到了極大的困難。馬克思對人的理解是單線的、平面的，基本上把人當做一種經濟動物。對人的語言能力，即運用象徵符號的能力，創造價值的能力，以及人與人之間的非經濟的交通種種方面，馬克思的理解很片面，而且可以說是相當膚淺的。所以，哈伯瑪斯承認，馬克思的歷史唯物論也有著僵化的傾向，一元化、膚淺化、經濟命定論的傾向。

　　我曾說過，哈伯瑪斯受到伽德瑪的影響，這一點很值得大加發揮，但目前時間不允許。伽德瑪的詮釋學也可以說要把馬克思資本論所提出的經濟命定論的結構打破，讓它原來存在的需求，以及唯物辯證法中健康的因素保存下來，擺到更大的背景之中。所以，也可以說，馬克思的思想面對伽德瑪詮釋學的挑戰，要做出二十世紀的闡釋，與再闡釋。哈伯瑪斯在某方面承擔了這個任務。

哈伯瑪斯要承據這種詮釋的工作並非偶然，受惠於西方，特別是歐美的語言哲學。歐美的語言哲學有一個特色，其研究的對象是普通語言。這和實證主義、甚至邏輯實證論所要研究的精確的、科學的語言不同。所以，語言學學者常常要討論語感問題。我們可以用中國傳統的提法、甚至儒家的提法，即要了解百姓日用而不知的語言環境。一般人沒有經過反思，而大家都會用，語言能力之出現是人之所以爲人的基本條件。這種語言能力，基本上不是指書寫文字，而是指口語。喬姆斯基和史金納(B. F. Skinner) 25 長期的論戰，可說是孟荀之爭。喬姆斯基主張，一個人運用語言的能力是靠內在的資源而非社化的結果。內在心靈即有這樣的結構，而這樣的結構是與生俱來的。學習語言不是模仿，而是創造，再創造。假如是模仿，則我們不能了解小孩子爲何會講只有小孩子才懂的話，而且，小孩子會講出大人平常沒想到的辭句。有些地方是合文法的，但不合事實，很多是我們平時所不能想像的。所以，學習語言不是純粹模仿，而是聽到外在的不同語句後，通過內在的創造。這等於說學習語言首先觸發了人類本來具有的語言能力，後天努力不過讓它充分地發揮而已。史金納則主張環境決定論。最近史金納提出了自我教育的觀點，影響力很大。這是由蘇聯心理家如何觀察動物(特別是狗)的條件反射而發展出來的學說。在史金納看來，人格形成多數都是環境塑造而成的，通過改變環境，可以改變人的行爲。這和西方老傳統——所謂社會工程者是結合在一起的。

---

25 史金納(B. F. Skinner)，哈佛大學心理學教授，美國行爲心理學派的主要理論家。

　　為什麼又說是孟荀之爭呢？因為孟子認為，人與生俱來即有無窮的內在資源。這個資源可能是語言的，道德的，認知的。人的成長就是如何把這些內在資源充分發揮。荀子則認為，人出生以後有各種不同的情感和欲求，如果不善加節制調和，則必然引起社會紛爭。所以要有適當的引導，這些引導是外來的禮法，而不是自發的。荀子所說的以心制性，是以人的認知能力轉化性惡的原初基本欲求。即一個人會做出許多不軌行為，必須以不同的禮俗規約，來培養自己成為一個合情合理的人。孟子則認為，人有自發性，有許多內在泉源，這是人之所以可能成為道德的存在的依據，必須把內在的力量調動起來。因此，人性是本善的。這兩種觀點的爭議很大。哈伯瑪斯雖沒有提到人性論的爭論，但他認為，人不是一個經濟的、生物的、或者一般所謂的為社會禮俗的存在。人要創造價值，通過人的溝通能力——語言能力來創造。他的這個理論，受到人格發展心理學的影響。

　　雖然哈伯瑪斯的觸覺很靈敏，接觸的層次也很多，但也許是主觀的意願，也許是思想發展趨向的問題，對於神學、宗教，他注意得不夠，且有相當大排拒情緒。在他的理論中，對宗教學，人類的自我解脫等問題，談得不夠。令人費解的是德國在第二次世界大戰後，神學有突飛猛進的發展。慕尼黑大學有兩個神學院(一個神學院等於一個文理學院)。一個是天主教的神學院，一個是新教的神學院。講天主教神學比較著名的是卡爾・雷納[26]，他在歐洲的影響力相當大，遠超過第一流的科學家或社會學家。新教神學院現在的主持人班能伯[27] 也是一時之選。但哈伯瑪斯好

---

26 卡爾・雷納(Karl Rahner)，1904-1984。二十世紀天主教神學家，曾任教於德國慕尼黑大學。

27 班能伯(Pannenberg)，1928年生。德國新教神學家，任教慕尼黑大學。

像和神學家的接觸不多。這也許和新馬克思主義的傳統有關。基本上，他們即使不認爲宗教是鴉片煙，也難免不把宗教當作反映社會根本結構的意識形態。最近，哈伯瑪斯把研究重心放在法律，更具體地考慮社會結構的問題。也許到了六、七十歲以後，哈伯瑪斯會對宗教問題有所感受。

哈伯瑪斯的理論是動態的，發展的，開放的。在現代西方思想中，無疑是一個左右逢源的思考模式，因此是一個開放的體系。而這個開放體系透過各種詮釋的方式，把一些傾向封閉僵化的老傳統又重新復活了。馬克思思想經過新馬克思主義，有能在歐洲復活，這和法蘭克福學派、尤其和哈伯瑪斯的努力有關。

從第二次世界大戰到1960年代，歐洲的思想界、哲學界、社會學界受美國影響的程度，遠遠超過歐洲影響美國的程度。但像哈伯瑪斯這些學者出現以後，使得美國文化又再受歐洲大陸的影響。其中的重要原因是，歐洲學者能夠知己知彼。歐洲學者沒有一個不能運用熟練的英文進行學術討論的。最有名的是達倫道夫(Dharendorf) 28 ，他是德國學者，後來成爲倫敦經濟學院院長，目前是牛津大學之一學院的領導。他的英文極突出。而美國學者絕大多數不能運用德文或法文來交談。因而，相形之下，美國學者較爲閉塞，而歐洲學者的接觸面較廣。

從我對東亞的了解來看，東亞對歐美的理解程度和歐美對東亞的理解程度，兩者簡直不能成正比。東亞可以說是知己知彼，而歐美則不能。歐美現在的學者很像中國十九世紀的士大夫心態——天下的事最後都能解決，外來的衝突都只是浮面的，甚至古已有之。如日本的企業發展很快，也許是1920年泰勒的學說用得

---

28 達倫道夫(Dharendorf)，牛津大學教授，曾擔任倫敦經濟學院院長及西德議員。

較純熟而已。這種氣氛現在很濃厚。嚴格地說,哈伯瑪斯正是其中的例子之一。他的接觸面很廣,但有人最近向他提出挑戰,說他不了解第三世界,對東方的了解太少了。他說,這個問題最好先跳過。他是一個對東方了解極少的學者。只有前面已經提到的較年輕的史魯克特[29] 可能繼承哈伯瑪斯。有一段時間,哈伯瑪斯應邀到柏克萊大學講學,後來寫信來說不能來,因為和史魯克特有一個長期的研究計畫。以後我在德國遇到史魯克特,問他這件事,他說,這當然是一個堂皇的理由。史魯克特先生曾到臺灣、日本、新加坡講學;而現在則一半時間在海德堡大學,一半時間在柏克萊。如果他再繼續努力,不僅歐美的橋梁可以打通,對東方也能夠有較鞭辟入裡的認識。哈伯瑪斯對東方的理解太差。德希達稍好些,但相去不遠。

因此,面對更遠的潮流,迎接二十一世紀,哈伯瑪斯提出的很多課題,可能變成地方化、區域化或受現代西方文化限制的缺點愈來愈明顯,說服力也就逐漸削弱。但是現階段,毫無疑問他在歐洲、乃至英美是最具有創建性和影響力的思想家。對於人類所面臨二十世紀後期的大問題(這些問題當然是由歐美社會的具體經驗而提出),要從理性創見的角度來進行理解,哈伯瑪斯可以說是首屈一指的人物。譬如他提出的"生活世界"的觀點貢獻極大。這是建構溝通理論的基石。所謂生命世界,最好的理解方法是從這個潮流的反面來理解。這個潮流可說是代表西方思想的主流,也就是韋伯所說的,現代化可從理性化的角度來了解。這一觀點一直到今天還有說服力。如果先拋開學術界、文藝界、思想界的問題不談,面對現實的世界,官僚制度逐漸成長,軍工的發

---

29 史魯克特(Wolfganng Schluchter),1938年生。德國社會學家,德國海德堡大學社會學教授。著有《西方理性主義的興起》等。

展，企業的發展，控制技術的發展，乃至國與國之間的外交關係的發展，及最近三論(控制論、系統論、訊息論)的發展，各種新思潮的出現，都和韋伯所提出的理性化傾向有關，這個論說有相當說服力。

　　1984年已經過去了，但是歐威爾(Orwell) [30] 所提出的現象卻逐漸在社會各層次出現，這是大潮流。當然，在西方，從文學、藝術各方面的浪漫主義也反應了對歐威爾所謂的1984之類科技社會的反抗情緒，可是動力不大，也不能改變現狀，甚至我們可以說這種反抗情緒也是科技文明所造成的既成事實的反映而已，即使是代表現代抗議精神的抽象表現主義，其本身也只能是現代科技文明的反映。整個現代主義的藝術都已企業化、廣告化、庸俗化。目前代表現代、後現代精神的作家、電影家、思想家、藝術家、文學家，都是商業化、企業化的產物。這不是現代文明從根本上提出的思考模式，只是既成事實的一個側面。這個情況持續了很長的時間，正如中國大陸的"紅"、"專"之爭。"紅"是代表意識形態的純淨，信仰的熱誠；"專"是專業上的突出表現。如從紅專之爭來看，"專"的優勢遠過於"紅"，"紅"到最後變成浮面的現象。列文森在《儒教中國及其命運》這本書中說，在紅專——意識形態和科學技術的鬥爭過程中，意識形態節節敗退，科學技術節節勝利。甚至在討論後現代和後期工業時，代表美國比較保守的思想的丹尼爾·貝爾，在1950年代後期也提出意識形態逐漸消亡，喪失任何說服力的觀點。在這方面，他有一本很有名的書，題為《意識形態的終結》(*The End of Ideology*)。

---

30 歐威爾(George Orwell)，1903-1950。英國文學家，小說《1984
　　年》的作者。

　　在這個大潮流中，哈伯瑪斯所提出的生命世界和工具理性所能控制的範疇是相抗衡的。基本上，從理智的世界來看，不管工具理性發展到何種程度，想要規範、控制生命世界會有很大的困難。舉一個例子來說明此一現象。原屬麻省理工學院(現在是哈佛)的教授普南(Hilary Putnam) 31 是數理邏輯方面極傑出的學者。這位先生的思想有很多曲折。他從麻省理工學院轉到哈佛時，正是學生的抗議運動高升之際。他對自己下功夫研究的數理邏輯方面的課題，不僅失去信心，而且進行了很全面的批判，變成了新馬克思主義者，毛派，比學生更激烈和極端。他甚至參加了公社。經過這個人生的曲折經歷歷程，他又回到學術界，對許多精神文明問題進行反思，現在已變成一個虔誠的猶太教徒。我們很容易說，對他的思想不必花太多的時間去理解，因為他有太大的轉折。但是羅蒂說，在他認識的師長和朋友中，普南最像羅素。因為他所接觸的哲學課題最為寬廣。普南在哲學界接觸面大，對於哲學思考是以身體之。哲學問題對他而言，是存在的挑戰。所以他才有這種曲折的體驗。最近，普南所關注的哲學課題還包括人工智能的理論。

　　無疑的，人工智能是代表工具理性或是社會工程學發展的高峰。人工智能在最近十幾、二十年來發展很緩慢，和以前的構想不同。有一度大家認為，通過電腦教育出來的機器人棋藝一定可比世界上最傑出的大師還要高明，因為它不會出錯。還有很多人不能做的工作，不能思考的問題，機器人也可以做，可以思想。後來甚至認為，由各種不同思想結合起來的機器人在一般生活中可發生很大作用，每個家庭都要有一、兩個機器人。機器人會成

---

31 普南(Hilary Putnam)，美國哲學家，哈佛大學哲學和政治學教授。著有《邏輯哲學》、《現實主義和理性》等。

爲人類社會生活中不可或缺的配角。但現在這種說法已出了問題。主要是沒有辦法把普通常識(common sense)作一規範。所謂普通常識，有很多現在的認知所不能規範的結構。我們在一社會中，在未作交談以前，大家都已經接受了不少不言而喻的觀點，形成了默契，並具有相當穩固的共識，以爲交談的起點或基礎。如果沒有基本的信念作基礎，絕不可能溝通，連交談三句也費力，特別是意識到對方沒有誠意，話不投機半句多的情況立即出現。這種人與人之間的信賴是普通常識，但其結構之複雜卻很難理解。人與人之間的交通網絡意味著理性的普遍存在，如果我一懷疑對話者的神經有問題，那麼交談的可能性就立即喪失；如何建構最佳的溝通環境是現代文明的大考驗。這些都是機器人所不能替代的。

另外一位也曾在麻省理工學院任職的德萊弗斯(B. Dryfus) [32]，也是研究人工智能極傑出的教授，目前他致力於是研究後期海德格哲學，在柏克萊大學哲學系任教多年。德萊弗斯認爲人工智能的最大考驗是身體的問題，而不是智商的問題。人的思考是跟身體緊密聯繫的。首先有身體，才能發展理智結構、推理能力。假如身體問題不能解決，對於人的理解的客觀有效性只可能是片面的。

從這兩個例子來講，常識的重要性及身體的不可歸約性，是對於工具理性在現代思潮發展中的一大挑戰。這個挑戰使現代西方思想、特別是心理層次，發現了身體的重要性，這正是孟子所說的"踐形"的重要。身體的問題是軸心文化的現代化不能解決的根源性問題。什麼是根源性的問題？根源性問題就是種族問

---

32 德萊弗斯(B. Dryfus)，柏克萊加州大學哲學系教授，曾任教麻省理工學院，專攻海德格晚年哲學。

題、所存在的時空交會點問題、語言問題、性別問題,甚至整個社會趨向的問題。這些問題助長你每天能感受到的生命世界。其中的複雜性絕不是目前哲學界所能理解的。

普南還提出理性和合理性如何結合的問題。人類理性有時可從用數學方式乃至明確的數據來表示。但什麼是合理的?在不同的文化、階層、社會、時空中有不同的理解。現在對於工具理性重新批判時,重新發現合理性的重要。工具理性要是發生問題,影響到科學技術。但合理性發生問題,社會就就面臨脫序的危險。

因為生命世界的出現及生命世界的重要性重新被認識,人與人之間的交互關係從而變成哲學思考的主要課題。人不是一個孤立絕緣的個體,而是在交互的網絡中呈現的自我。所以,人的成長和語言的運用有密切的關係,這種關係所呈現出來的是人際交通的問題。所以,"溝通理論"實際上是對"何為人"這個問題所作的回應,所作的重新定義。人是一種溝通的動物,而不是狹窄定義下的理性動物。不經過溝通——語言上的溝通,人就不可能成為人。因此,兩種類型的知識,一種是客觀、可以陳述的知識,科學知識即是。另一種是技能,即人之所以為人必須要有的技術。我會說英語,我會騎自行車,我會打字,等等都是內化的技能。和科學知識比較來看,內化的技能在生命世界中隨時隨地都有利用價值,非常重要。因此,內化技能和科學理性的認知之間的交互關係如何,是認識論的一大課題。

有一個現象早就應該提出來,即在啓蒙運動以後,西方學術界如何把人文學和社會學的特性突出來加以研究理解。哈伯瑪斯的生命世界,就是這種認知。這種類型的認知、了解和累積性的科學知識不同。科學知識上的累積達到一個程度,後人會超越前人。大學一年級的學生在進入初級物理時,他所掌握的訊息、對物理學的理解，會超越前代的科學巨人。這種專業化知識積累的情況，越來越明顯。但是，在一個高深學院，要進行對馬克思、柏拉圖、孟子思想的研究，最好的大學教授和大一學生同樣在智性探求的層面上都是無知的。大一的學生也可對教授進行挑戰、辯論。因爲從解釋學的角度來講，任何一個經典都可以允許多種解釋。但是，多種解釋既不能無窮，又不是相對。所以，從事人文學和社會學研究時必須注意到非積累性的洞見以及解釋模式的多元多樣性。例如，中文系的學生解釋《孟子》，開始時要了解解釋《孟子》的不只是一家，趙岐可以解釋，戴震有《孟子字義疏證》，其他人也可以解釋。因此，解釋是多元的；但多元又不是相對。有些解釋很有價值，很具說服力；大半則否。我們從事研究，第一步應該把有價值的少數解釋和多數無價值的解釋分開來。然後，再對這些有價值的解釋進行研判，看看經過研判後，我們是否能提出一個具有創建意義的新解釋。這個過程非常艱辛，但它有繼承性、群體性、和共通性。這是一般了解的兩種不同的典範。

李歐塔說，哈伯瑪斯的所了解的科學已過時了。李歐塔的這個批判有些強詞奪理。如果從庫恩看來，科學也跟科學家所組成的社團有關係。所以，從某個角度來看，科學典範的形成有歷史的因緣，也有社會政治和經濟的因緣。不是像波普爾講的完全是積累性的科學，有時是跳躍性的。所以，不同的時代對科學有不同的理解，不同的人對科學也有不同的理解。李歐塔基本上是接受柏克萊大學科學哲學的怪傑費爾阿本 [33] 的觀點。費爾阿本是

---

[33] 費爾阿本(Paul Kaul Feyerabend)，1924年生。奧裔美國科學家，加州柏克萊大學教授。著有《理論本質的存在問題》、《自由社會的科學》等。

一個科學史、科學哲學上的奇才。他認為科學的發明、發展並不一定有內在的邏輯性，多半是外在的偶然因素所促成的。其中有許多無法預料的情況，不能以定義或規定的方式來描述。雖然如此說，自然科學發展的軌跡和社會科學、人文科學之間確有不同。應該說，社會科學、人文科學是面對人的生命世界的；它的認知體系，即認識論，應有所不同。所以，哈伯瑪斯的溝通理論是從這方面發展出來的。

另外，哈伯瑪斯也繼承了馬克思的一套，認為理論探討的本身即有實踐的意義。這種廣泛的實踐意義和康德所說的實踐理性有不同的涵義。哈伯瑪斯要求我們在進行理性思考時，面對生命世界的挑戰，應對現實的經濟、政治、社會負責。因此，不可能說只思考社會理論。社會理論對政治發展的影響要負責任。正如對於你所養育的嬰兒，將來他是成為魔鬼或聖賢不能說對你毫無關涉，至少你的"責任理論"要求你對自己的行為(包括影響)負責。這是實踐的觀點。歐洲學生對他的批評非常激烈，而他卻很重視學生對他的批評，因為學生的觀點對他理論的可行性是一種挑戰。如果要身體力行自己所講的學術問題，那就要對自己理論的實際後果負責任。讓我舉一個簡單的例子，用我自己的經驗來說明這問題。大陸有些學生主張，不能在大陸講儒學；若要講，不能講它好的部分。如果說它好，它的作用一定是壞的。所以，對我而言這是一個很大的挑戰。講它好，就會被當局利用，來壓抑學生的自由民主。這些難題經過思考以後，我決定把它講得特別好，所謂特別好是要跳出一般好壞的格套而進行深層的了解，我以為只有如此才能跳出限制。講得不夠好，政治化了，從工具理性看，只是為了維持現實結構、現實秩序所作的道德說教，但這不只是儒學的責任，也是那些宏揚儒術的人必須承擔的責任。

　　批判理論的勃興，一方面得力於哈伯瑪斯敏感的觸覺，一方面得力於他對各種批評論戰的重視。因為他認為這些批評都反映了社會對他的誤會和了解。這裡有一個因素，在馬克思思想中沒有照顧到，即對意識形態的理解。什麼是意識形態？對此有兩種不同的看法：一個是古典馬克思思想，即意識形態是現實經濟結構的反映，而這個反映是曲折的變形的。所以，意識形態有時在某方面扮演了像宗教一樣麻醉人民的角色，即執政者塑造了一個觀點、一套說詞，其真正的目的只是維持現實政權利益。但這說詞冠冕堂皇，大家很容易相信。正因為大家很容易相信，所以社會秩序維持者常常編造一套神話。意識形態和神話不同，其不同處在於，意識形態本身有政治和社會的適用性和實效性。另一個觀點是把意識形態看作一實質東西，而非現實經濟、社會的反映，而是針對現實以改造社會、轉化社會的武器和工具(象徵控制的運作即是例證)。哈伯瑪斯很明顯地採用了意識形態是改造社會之武器的觀點。因此，他提溝通理論一定有意識形態的涵意。這涵意應如何掌握，對哈伯瑪斯是一個挑戰。

　　還有一點哈伯瑪斯已多次談到，但談得還不夠深刻。如果我們運用柏深思所提出的社會結構理論，若分成三層次或五層次來看，是從有機體到經濟系統、政治系統、社會系統，一直到“最後真實”或“終極關懷”。因此，柏深思看人的發展是通過經濟、社會和文化的來展現人內在的資源，以達成人的自我完善。從哈伯瑪斯的實踐涵義來看，他所提的溝通理論並不是一套維持現有的社會和政治結構的觀點，而是將現有的社會和政治結構進行創造的轉化。這個創造轉化的目標是要突出人類自由、解放的價值。從哈伯瑪斯的觀點來看，現代社會通過溝通理論，必須特別重視生命世界。因為生命世界不能完全規範化，所以不能完全納入理性範疇。但是，除工具理性以外的各種理性都發揮作用時，社會就能創造新價值。而這新價值是藝術家、文學家、影評家所能提供的。因此，這種溝通社會有解放的內涵。在這方面看，哈伯瑪斯受韋伯的影響，突出了人類經驗層次各種領域中的三個領域———一個是科學，一個是政治，一個是藝術。在他看來，溝通理論就是要通過科學從業員，逐漸溝通生命世界和工具理性所能控制的世界之間的交互關係。實踐理性的涵義是要改變社會的不合理性，特別要打倒資本主義社會。所以，有一種革命的傾向，要建立一個更合理的社會。同時，要解放人的心靈、智慧，開拓新的價值領域。

最近有人批判哈伯瑪斯，說他的思想有神話及烏托邦的傾向。哈伯瑪斯在一次訪談中指出，這是對他最嚴厲、最不公平的批評。這個批評完全把他的溝通理論的基本精神抹殺和曲解了。哈伯瑪斯是針對何種問題提出生命世界和溝通理論的呢？剛剛說過，是針對資產社會。前面也已經提到，如果從文化分析來看，資產社會的整個基本價值已經渙散了，所以現在要重新建構。從柏深思的角度來看，從丹尼爾・貝爾這位保守思想家的角度來看，資產社會的價值體系本來已經趨於崩潰了。那麼，哈伯瑪斯要摧毀資產社會，正好像是去打一個稻草結構。

據哈伯瑪斯的理解，在西方，特別是英美，最大的問題是自由型公眾領域的解體。公眾領域叫做 public sphere，自由型是受自由主義的影響。這裡指的公共領域，是透過閱讀、推理，或現代各種不同的資訊而建構的有意義的、非個人少數集團所擁有的特殊的論說領域。任何一個現代文明社會，爲了維持發展其所擁有的動源必須拓展公眾領域，公眾領域必須有它的權威性、繼承性、合法性。但是，現在在歐美社會，這個公眾領域逐漸崩潰了。這類例子很多。美國在1920、1930以來，就有全國性的意見調查。意見調查中有一個非常重要的項目，即一般人對權威的態度。通過調查發現，從1965年以後，各種不同的權威已逐漸喪失了應有的社會地位。美國人並不尊重警察、政治家，但卻敬重神父、牧師。有時反對神父、牧師，但卻欣賞醫生、律師。不同時期有各種不同的權威、典範。但1965年以後，特別是1970年以後，一切權威都在下降，下降到百分之四十以下。這是一個很重要的指標。

　　哈伯瑪斯在討論公眾領域的崩潰時不會忘記西德的情況，特別是他親身經歷的1960年代後期的學生抗議運動。把抗議運動聚集起來，成為一種自覺性很高、目的性很明確的批判精神。在一個高度發展的工業社會中，學生的抗議精神蘊涵著動力，當然也隱藏著危機。它蘊涵的動力對社會發展有好處。最怕是一種漫無目的的懷疑主義，和唯恐世界不亂、乃至和享樂主義結合在一起完全不負責任的胡鬧。這種胡鬧如果是少數人短時期的生命形態的表現，還可以欣賞它的特殊性。但是如果變成根深蒂固的積習，這個社會的信仰結構就發生問題。

　　舉一個例子，在1982年，一位漢堡大學教授給我說過一個小故事。在他講授心理學導論這門課的時候，大約有兩百個學生在禮堂聆聽。這禮堂有兩扇門，且是自動開關。有一天，他講到第五章，門突然開了。有一位穿著紫色長袍的女士，留著修女一樣的短髮，走進來就坐在地上。他覺得有點驚訝，但還是繼續講課。過了一會兒，門又開了，又走進一位跟先前裝扮一模一樣的女士，大約坐在第五排的走道。到了第四位進來之後，他就問她們要不要坐在椅子上。她們回答：凡是男士坐過的椅子，她們就不坐。到最後，一共來了十二位，左邊坐六位，右邊坐六位。他繼續講課，但心中覺得納悶。但學生好像習以爲常，沒有反應。突然其中一位女士舉起雙手。在德國講學時，如果有人舉起一隻手，可以不理會，但是若舉起雙手，就是程序問題。也許外面起火了，或是有其他嚴重問題發生，非中止講課不可。所以，他就暫停接受發問。那位女士站起來說："你這課不合法。"他回答道："如何不合法？我教的是心理學導論。"女士又說："你的課沒有經過大家討論。"於是經過一段辯論後，她們建議要重新擬定授課大綱，並要求投票決定。當時他認爲有兩百多位學生在場，這群女士的觀點不可能成爲多數。但十二位女士說，投票應由多數決定。他說"可以"。結果，要贊成改變課程的舉手時，除了十二位女士外，兩百多人沒有一人舉手；但他要求不贊成改變課程的人舉手時，兩百多人也沒有一人舉手。因爲沒有學生願意和這群女強人直接抗爭。所以，十二位女士以十二票通過。於是，他要跟這十二位女士討論提綱問題。但是她們都不見了。而下一場課的時候，這十二位女士竟然在臺上討論提綱。他說，"這是我的課，你們怎麼可以單獨討論我的提綱？"她們說，"我們投票通過修改提綱。你的成見太深，我們投票決定不讓你參加我們的討論。"所以，他的課就被篡奪了。於是大半的學生都自動退課，只剩下十五個人——三位同情的學生和這十二位女士。當時他想，學生的成績總還要由他評定才授予學分。一個學期過去了，他沒有授課，也沒有被咨詢，而學生該畢業的都畢業了，且都有成績。他覺得很驚訝，於是找校長談。結果發現校長竟然接受了學生的意見，說這個教授沒有資格評我們的論文，因他的思想和意識形態太腐化了，所以要請兩位社會上有名的心理學家來評分。所謂"有名"是指同情他們的心理學家，由他們打分，校長監督。但是校長的那份資料是永遠不能公開的。校長同意了。所以，學生拿到了成績。這是1982年的例子。

　　這種情況在美國還不可能發生，但在西德雖不多見，卻無法避免。現在歐美尤其是德國，少數學生有很突出的極端傾向。多數學生只爲自己的事業，也不想讓搞得太極端的學生影響到自己。這課被占領了，可跑到別門課上去。這就是哈伯瑪斯所說的公眾交通網逐漸衰退的情形。這是很嚴重的問題。極少數極端主義者，可以把公眾交通網搞亂。很多既有的權威結構對它卻一籌莫展。美國大學現在有一種現象，即自由派人士如果不喜歡的保守派人士的講話，他們可以起哄，或者霸占擴音器。這也算是一種暴力。而這種暴力直接威脅一個社會的公眾領域。因大多數人都是被動的，並且不認爲偶發事件有任何嚴重的後果。因此，在學術界，很多公眾領域竟被少數極端分子所控制。哈伯瑪斯提出重建公眾領域的尊嚴性，而這項工作的先決條件是溝通理論的建構。假如一個社會不能溝通，也就是知識分子不能代表多數人爲了維護公眾領域的尊嚴及公眾領域的合法性而進行長期的監督和創造，這個公眾領域將會逐漸消失。即使是現實政權在合理運作，沒有軍隊和少許政治集團的壓迫，整個溝通系統還是會癱瘓的。

　　從哈伯瑪斯所提的以生命世界爲內涵的溝通理論，如果退一步看，從多元的現代社會各種不同的思想交互輝映的角度看，他認爲極需要建構一種嶄新的人文主義的精神。哈伯瑪斯有一點很執著，他認爲新秩序和新精神在宗教領域沒有辦法開拓。這和韋伯、涂爾幹的觀點接近，也和馬克思主義思想較接近。哈伯瑪斯要建構的新秩序或新精神是在現有的生命世界中對人的多樣性進行一種全面的理解。多樣性有兩種涵義，一個是廣度，一個是深度。從這個方式建立人的尊嚴，以建構一新的社會秩序。而這秩序是基於基本信賴。所謂信賴是通過交通、對話。雖然有各種不同的生活情調、生活秩序、宗教信仰，但大家想要創造價值、己立立人、己達達人，就必須接受此信念。溝通理性是信賴社會的基礎。對於每個人所做的工作，以不妨礙他人的自由為前提，從而發展自己的自由。因此，酗酒是較可以原諒的，但抽煙則不可原諒。在麻省規定坐汽車一定要繫安全帶，結果麻省居民群起而攻之，說繫不繫安全帶是我的生死問題。但是超速就不行。從各種不同的渠道建立一種責任倫理，即我要發展我的自由，保障我的人權，創造一個發揮我的潛能的社會；但是我同時要發展他人的自由，保障他人的人權，為他人創造條件。這是人與人之間、階層與階層之間、職業與職業之間，乃至國家與國家之間的基本關係，也是哈伯瑪斯所要建立的新秩序、新精神。

另一方面，哈伯瑪斯要對後期的弗洛伊德思想進行重新建構。對哈伯瑪斯來說，這是一個很大的工作。因長期受弗洛伊德學派的影響，美國的心理學界集中的問題都是青少年問題。弗洛伊德提到最重要的是青少年的性的問題。即使要通過精神分析以解決不正常的情況，也要回到六歲以前。所以，弗洛伊德最大的貢獻是嬰兒的性要求。像艾律克森所做的工作是研究認同的危機。認同危機是十五、六歲時的問題。因此出現了青年文化。所謂青年文化是十四歲至二十四歲之間的青年人所創造的文化。這是社會動力。十三歲以前的孩子很想早點長大；過了二十三、四歲就盡量不要讓自己衰老。過了三十歲而慶祝生日的就不多。七、八十老翁還堅稱自己剛剛過了五、六十。所以，美國的文化常受青年文化的誘導，也就是說，可以打籃球的年歲是多數美國人所珍惜的黃金時代。老年人相形之下被邊緣化，甚至被遺棄了。在流行的幾千萬份的雜誌中，沒有為老年人辦的雜誌。我在

1972年參加由艾律克森主持的一個會議，討論成年人問題。發現美國社會學討論青春期、少年期的論文成千上萬，討論成年期的論文幾乎沒有，更不用說老年期了。

不過現在的觀點變了，認為人的發展是長期的。按照孔子的觀點，"十五而志於學，三十而立，四十而不惑，五十而知天命，六十而耳順，七十而從心所欲不逾矩。"站在儒家的立場，假如孔子活到八十歲，跟釋伽牟尼一樣，還要繼續不斷地修身，還要更上一層樓。絕大多數的儒家學者都肯定這一點。人是一個永恆發展的過程。如果觀察基督傳統，以耶穌為代表的基督教精神，耶穌真正做人子的活動時間沒有超過三年(三十歲到三十三歲)。所以，在宗教形象中，他永遠是一個年輕人。很難想像耶穌到了四十、五十、六十、七十歲的情況如何。耶穌所體現的是一種極高明的精神價值，他的光好像是突然升起的，不是漸進的。這個漸進是人從嬰兒一直發展到老年，每個階段都有危機，也都有進一步發展的潛能。這是在歐美研究人格心理最近二十年的新認識，是一種新人文主義的勃興。這一新思潮的突出表現是對身體的重視。西方哲學思想上對身體的理解相當片面。宗教神學的重點都在證明上帝的存在，乃至人的自我超越。所以，禁欲主義發生相當大的威力，對身體各個層面的理解都很不夠。其次，從身體到個人的發展，也就是人格系統出現的問題，以至社會系統出現的問題、文化系統出現的問題，都是值得我們討論的。這也許是哈伯瑪斯想要進一步創建的工作。

第七講
現代主義的挑戰

　　今天我們要討論的題目是"現代主義的挑戰"。這個題目很廣泛。在此，我並不是要提出什麼特殊的看法，或者介紹某一學者的特殊觀點；而是想利用這個機會，對我所要討論的主要課題——"現代精神與儒家傳統"，作一個橋梁，把前面所討論的問題過渡到儒家傳統這個問題的討論中。雖然我對現代性曾經做過一些思考，但是我現在必須坦白說，這個課題相當複雜。我今天能夠提出來的，只不過是一些個人的觀點，不是一個客觀的系統描述。我用"現代主義"這個名詞只是權宜之計，甚至"後現代主義"、"後工業文明"所代表的一些意識形態、資本主義後期的發展、乃至"反現代主義"思潮等等，在我的範疇之內都是相干的，都是要討論的。所以，現代主義不是針對後現代主義的提法，也不是針對後工業社會或後資本主義社會的提法，而是一般性的提法，針對以動力橫決天下的歐洲從啓蒙運動以來的理性主義、資本主義、工業化(所謂西化)這些大潮流所作的一個盡量全面的回顧。這種工作，一般在學術界中很少提到，因爲範圍太大，無從說起。隨便你怎麼去討論它，都是片面的。

當代世界面臨的現實問題

為了要把這兩個題——"現代精神"和"儒家傳統"連繫起來，我認為今天的討論極為重要。不過，雖然很重要，並不表示我已有很多洞見可以分享。所以，如果各位有什麼自己的觀點，要打斷我，給我一點啓發，我是非常歡迎的。

我正在考慮一個問題，前面已多少提到了，即可以從今天人類存在的困境這個角度來談我們的課題。在自強運動的時代，李鴻章曾經提過這樣一個看法：西方文化撞擊中國的現象，是三千年來未有的、史無前例的。到今天，經過了一百三十年的發展，他的看法確有預見性。而且，從韋伯所討論的資本主義精神來看，西化的動力越來越大還是方興未艾。不過雖然如此，最近十年我們突然發現人類因為西化、現代化而碰到了一些史無前例的困境，這又是以前完全沒有預料到的。但是這些問題不僅是西方文化的問題(雖然我後面要討論到歐洲中心的論說)，而是已經變成了全人類的問題。

從軸心時代的角度來看，幾個偉大的軸心文明都有它不同的價值取向，不同的生命形態，其中雖有互相交流、互相溝通的痕跡，但基本的價值取向不僅不同而且有很大的歧異。不過從十九世紀鴉片戰爭以來，現代西方所體現的啓蒙心態已經變成一個淵遠流長的歷史。而展現在我們面前的任何一個文明，任何一個社會，任何一個經濟體系，多多少少都被西方文明這個以動力橫決天下的特別趨向所籠罩。今天，可以說在任何文化區，特別是東亞文化區，不管我們是贊成或反對全盤西化，西化是業已內化的生命形態，這是擺在眼前的顯而易見的事實。也就是說，如果我們從事社會學的分析，我們的很多構想，包括討論問題的範疇體系，都已染上了西方文化的色彩。因此，西方文化已是現代東亞文明中不可消解的組成部分。像大陸的李澤厚先生，最近為了討論"中學為體，西學為用"的問題，提出了"西學為體，中學為用"的看法。開始的時候，這個觀點在中國大陸引起了很多爭議，我也基本上不接受這個觀點。但是，他所謂的"體"就是社會的實體，是實際的經驗。實際的經驗，在他看來就是西學。從個人生命到政治結構、經濟體系，乃至學術界的辯論，社會上各種不同的動向，多半要從西方文化的範疇來理解，而不是從傳統文化的範疇來理解。從這個角度來看，傳統文化已過時了。即使在深層的文化心理結構中還有一些作用，但是這些作用也要擺在西方文化撞擊的前提之下來了解。

甚至可以更具體地說，就以在世界經濟競賽中取得勝利的日本為例，如果我們用維特根斯坦所謂的遊戲規則來看，雖然日本在經濟上取得了勝利，但是對它的遊戲規則應該如何評斷，規則的價值應該如何理解，都是值得考慮的。在我看來，這些法則都是西來的，不是從日本文化本身展現出來的。因此，它的經濟的成功和它的自我理解，尤其是知識分子的自我理解之間有很大的衝突。我想，臺灣、南韓、新加坡也一樣，多多少少有所謂認同破裂的危機。而西方文明本身，第一流的西方學者也並不一定感覺到對西方文化內部所發展出來的、衝力極大的現代化過程，能夠完全從理智和情感上掌握住。對他們來講，也有強烈的異化感。最明顯的人類困境，是1980年代開始的所謂"地球村"觀念的出現。地球村觀念的出現，可以說把很多不同的文化濃縮了，也可以說是積壓在一起了，內容非常複雜，層次非常多；而且它們之間的相互連繫又非常緊密。

　　地球村意識的出現，可以說是一種共識的出現。可惜這種共識不是主動而自願的一種文化認同，而是恐懼和顫慄的心情下出現的——如果用祈克果[1]的觀點來說，世界的和平，多半不是因為理智的結果，而是國際政治結構的安排，是對毀壞和暴力的恐懼。其中最突出的現象就是核戰問題。核戰的問題，我相信在國內的討論比較少，但是在歐美的討論非常多。可以說，自人類掌握有核子武器以後，很可能造成人本身和整個生態系統的毀壞。它的爆炸威力之大，第二次大戰以前根本不能想像。

　　這還不是指直接的核戰衝突，而是指整個核能問題。我前面提到過的神學家柏里(Thomas Berry)說過，人類的智慧和從培根以來的、以權力和工具來發展科學的精神，強迫自然對人類的智慧、人類知識的權力作出各種不同的反應，逐步投降。一般來講，現在的科學研究，特別是物理學研究是愈小愈好。小到什麼程度呢？很難說。小到要用非常大的加速器的撞擊才能顯示。要造一個加速器，已經超出了任何一個國家可以全權處理的地步。一個國家要發展最尖端的加速器已不可能。現在世界上大型的加速器都是國際合作的。這種大型的加速器的碰撞力量極大。用柏里的象徵神學的話來說，是把自然一直逼到一切屈服、沒有退縮餘地的地步。因此，她就釋放出輻射，象徵了一種毀滅自己、毀滅一切的力量。所以，這不僅是原子戰爭的問題，也是原子發電的問題。

　　以前很多人認為，只要原子發電能達到相當的比例，則世界的能源問題可以解決。我想，即使在臺灣，對原子發電也有一種震駭感，因為這個代價太大。從最近蘇聯的車諾比事件及美國的

　　1　祈克果(S. A. Kierkegaard)，1813-1855。丹麥哲學家。著有《恐懼與顫慄》等。

三浬島事件，可以說明恐懼核子發電的意外確是現代人的夢魘。這不是反科學，也不是反技術，而是對人類的生存條件的一種很直接、本能的反應，即認爲核能再發展下去，不僅不是一個光明燦爛的偉大時代，而可能是一個自我毀滅的末世。當然，我們現在很難想像，從蒸汽機的時代發展到電力的時代、到原子的時代後，下一步是什麼？很多人都懷疑能否真有下一步。下一步也許是集體的慢性自殺，或是突然出現的大爆炸。

　　現在，大家的敏感度越來越大，認識越來越深，對人類集體慢性自殺的問題考慮較多。突然死亡，看起來沒有預期的可能，問題也許沒那麼嚴重。但是慢性自殺，特別是集體的慢性自殺，這個問題比較嚴重。因此，人們對環境的問題逐漸重視了。核能的問題，基本上是大家對突然死亡、整個文化及其其他方面突然中止的情形的一種直覺的、生物性的反應。環境問題的出現，使人們發現這個世界確實很小，很脆弱，確實是地球村。有許多東西是沒有國界的，比如說空氣的污染，乃至化學的污染，都是沒有國界的。現在大家還常常提1972年召開的國際環境保會議。在那次會上，只有在文革時期的的中國還相信“科技萬能”，拒絕接受“科技是有限的”、“能源的發展是有限的”、“環境的衛生必須保護”這些觀點。現在想起來是一則笑話。早些時候，中國的代表到美國匹茲堡參觀，看到匹茲堡的日落因爲空氣污染而顯得特別艷麗，從山上看，它的顏色是非常奇怪的。現在看的話，我們覺得非常可怕，好像是恐怖電影一樣。當時中國的代表一看，覺得美極了，是工業文明的象徵，即使導遊嘆息地表示這是空氣污染的結果，他們也不在乎。他們說，只要我們的工業能夠發展，能看到這樣的日落就心滿意足了。現在我想，如果你在海邊看到的日落是奇奇怪怪的顏色，並知這是由於受臺北盆地的污染所致，你還會自然湧現出一種強烈的美感經驗嗎？我想大概有困難。

今天的中國大陸，幾乎沒有不受污染的河流。這是一個悲劇。我在1978年的秋天，跟美國的海洋學代表團訪華，其中有位化學家做過很多水質的測定，如長江、黃河。當然，水質的測定，還可能有其他的目的，如可以了解整個原子爐、發電及其他各種成份的問題。但我們不從其他方面來考慮，只考慮污染。以前，青島、天津的對蝦銷行全球，可是在很短的三、五年內，好像竟絕跡了，有沒有再生的可能，不得而知。這些污染的情形，在科技發展較高的社會反而有較大的改進。比如日本、東京的大氣層的污染在最近十年中大有改進。他們花了很大的資金，在設工廠、汽車製造各方面，都重視污染的問題。而高度發展中的國家(臺北就是一例)沒有遠見，也沒有財力，甚至沒有意願對污染的問題做全面的照顧。而污染的問題，基本上是慢性自殺。這是一個值得大談特談的課題。

此外，現在可以從各種不同的角度，在太空裡測量地球的全貌。從哥倫布以來，發現了新航路、新大陸，也發現了原來沒有人跡的所有地方。今天除了南、北極外，幾乎沒有一塊地方不被人類的科技所照顧，而且還有精確測量的記錄。人類還發現，甚至環繞地球的大氣層也有限，也會受到不可補救的傷害，更不要說水源了。一般的理解是，以美國消耗資源的方式為例，她的人口比例不高，但所消耗的資源占全球的百分之七十。照這個方式消耗下去，則現在既有的資源只能維持人類生命二十年至三十年。當然，我們可以駁斥這種說法是危言聳聽，因為不可能大家都美國化；另外，會有新資源、新動力的出現。但是，即使一個新資源、新動力的出現，究竟要通過怎樣的渠道才能夠付諸實用？這中間的差距、時間、費用以及各地區能否共同探勘，都很成問題。這是人類的困境。因爲這個困境，造成了一種史無前例的現象，即各種不同的交互影響的整合和各種類型的分裂同時出現。

我在第一講介紹主題開始討論的時候，就已提到全球意識和尋根意願。這是從比較哲學的角度來理解的。但是，把它落實到一般的經驗層次，問題就層出不窮。沒有一個放諸四海皆爲準的理性模式能夠對這種整合和分裂的辯證關係做全面的理解。其中有情緒的成分、歷史的包袱，還有許多其他的社會、政治、經濟的原因，使得無法利用理性模式對這一現象作番深入的研究。以美國爲例。最近幾年來，地方主義抬頭，甚至區域性的思想也在抬頭。這些思想的抬頭，在美國社會中造成很大的分裂。這也就是哈伯瑪斯所謂的公眾領域的逐漸解體。

以前，一般的理解是，因爲大眾傳播，使得一種新的公眾領域的出現，而通過大眾傳播，特別是電視，大家每天看的是同樣的節目，同樣的影劇，很可能建立共同的認識。沒想到，科技發展到現階段，即後工業社會的階段，選擇性特別大，各種不同的節目的地方性、地域性特別強。現在臺灣這種現象已很明顯，我們可以看自己要看的電影，三、五人即可形成圓滿自足的單元。

選擇性愈來愈多，造成多元化的傾向和價值的相對性，即相對主義的出現。此時此地，我們最直接的關切是和自己關係緊密的社群。只有在這一層面才會有強烈的社群感。這社群範圍必然很小，比如自己的小家庭或自己所居住的城鎮。對於空氣污染，大家一定先想辦法解決我們自己居住的城鄉的問題。如果我們能夠建造一個天羅地網，把其他地區的空氣污染排除在外，我們也許不在乎其他的社群如何如何。有一次我在加州的一個小城參加討論會，有一批哲學家自稱爲主張救生艇哲學(lifeboat philosophy)。我當時以爲那是一種同舟共濟的意思，即把整個世界當做一個在宇宙大洋中的一葉扁舟，必須同舟共濟，可能是要提倡世界大同的博愛思想，所以先入爲主地對他們的取向有偏好。談了一下，沒想到他們眼睛睜得那麼大，說這個人是從什麼地方來的，怎麼浪漫主義的意識那麼濃厚？他們說："What are you talking about?"他們說："我們講的是加州的一個小城，救生艇是救這個小城。"那我說："地球村呢？"他說："地球村的問題太大，想通盤解決所需的時間也太長。"我說："那你的這個救生艇觀念完全不符合康德的原理，不能放諸四海皆爲準。"他說："什麼東西放諸四海皆爲準？天下沒有放諸四海皆爲準的東西！我們這是完全爲了維護我們自己的利益。"我說："那你這樣自私自利，你的鄰居也如此嗎？"他說："大家都可以如此，現在就是如此啊！"問題只在於誰能夠先把這個目的達到。他們不在乎其他人也做。大家所努力的就是創造一個以自我爲中心、但又是以社群爲主的意識形態。

當然，我可能把他們講得膚淺了一點，實際上他們是經過非常細緻的思考的。從環境衛生、從法律、從生態等各方面來考慮，基本上是以社群爲主。如果在臺北要這樣子考慮，則臺北實在太大了。大安區可能也不行。要考慮也許就以臺大本身爲單元。怎樣先維護我們自己的利益？到最後還不行的話，我們大家都住校，諸如此類。不過這種紮根的思潮如果建構在"己所不欲勿施於人"的基礎上，還是可以達到"己欲立而立人"的道德水平。

中國大陸的情況也值得一提，特別是所謂單位制度。因爲每一個單位都是整合的，單位對個人的照顧是從生一直到死。所以，你只要屬於這個單位，例如你屬於北大，那從你小孩的教育，你自己將來的發展，你的假期，你的生老病死，等等，北大全要包下來。所以，系主任要管的，不只是教學的問題，也是全系教職員乃至本科生的住宿問題、薪水問題、小孩將來上小學、中學的問題、升遷的問題、甚至婚喪大典的問題以及父母親友的問題。所以，有一度在大學裡面，除了最後的殯儀館沒有建以外，其他全部都有。有自己的藥廠、托兒所、汽車公司，各種小集體。每一個大小集體都成為自我圓足的單位。這種現象，嚴格地說，不只是封建遺毒的回光返照，也是現代集團的控御機制。

但是，另一方面的情形正好相反。跨國公司的力量越來越大，這點我前面已經提到了。跨國公司的本身沒有國家、民族的觀念，它所帶的國旗都是小國的。比如，以前美國許多油船公司都是在"賴比瑞亞"(Liberia)，非洲的一小國註冊。許多大公司為了逃美國的稅，都掛賴比瑞亞的國旗。跨國公司的資金往來非常快，它和任何國家都沒有太大的關係。但是它在世界上的影響力有時比很多國家還要大。這種極大、極小的兩極分化造成了所謂地球村的複雜面貌。這種兩極化之間有一種非常奇特的辯證關係，這完全不是韋伯當時可以想像得到的。所以，各種文化的原始連繫，不管是宗教、還是語言、地域、種族、性別，都重新浮現，成為二十世紀、二十一世紀影響力越來越大的存在條件。

在這樣一個多元化、多樣化傾向越來越劇烈、各種大組合逐漸分裂、小組合又通過不同的渠道重新組合的非常複雜的過程中，如何建立人類共同的關切？許多人在宗教哲學、社會思潮乃至經濟體制各方面都進行了思考，即多元化下面的共同基礎是什麼？這是一個十分嚴峻的問題。

從這個角度考慮問題，我自己的簡單設想是，目前人類存在的困境，不僅僅是因爲地球村的出現而要求共識，同時因核戰、環境、資源的限制等顯而易見的結束，必須徹底改變現代西方的文明典範，人類的生命形態才有延續的可能。所謂現代化，不僅使得人類的社群和各種不同傳統的社會的距離拉大，遠遠超過過去幾千年的發展；而近一百多年的突變，又使我們現在所生存的社群內部產生複雜化和分裂的傾向。所以，大家要用一點想像力。地球村給我們的形象是很小的，因而，地球也越來越小。所用的觀念是積壓的、濃縮的。但是，如果我們要設法了解其中的複雜性，並加以剖析，即把地球村打平、壓平，它是可以無限膨漲的。意思是說，地球村內部有爆炸性的分裂潛力；村中各戶，戶中各人，不僅沒有形成共識而且距離和隔閡愈來愈大。

以前，人們只講東西，現在南北的問題也非常嚴重。所謂南北的問題，就是指資金比較充足、科技比較發達的國家和技術比較落伍、且經濟發展比較緩慢的國家之間的差距。這種南北的問題，不僅出現在第三世界，而且出現在歐洲本身。我上次特別提到，北歐和南歐的距離越來越大。不僅如此，每個國家內部的各種不同的地區之間的差距也越來越大。

最近，中國的趙紫陽宣布了經濟大循環的策略。所謂經濟大循環的理論，就是想利用沿海發展的策略，先造幾個香港。從中國的沿海，從廣州、海南島一直到北京，都開放。不管是“五口通商”還是“十口通商”，都先讓它開放。很明顯的，這種策略如果成功，一定使得香港的經濟發展和深圳之間的距離逐漸減小。深圳和廣州之間也會逐漸減小距離。然後廣州和廣東其他地區的距離也逐漸減小。這應是好現象。但是，同時一定是沿海地區，從廣州一直到天津、北京，和內地的差距越來越大。再從內地來看，武漢地區和武漢以外一百公里的地區之間的距離也越來越大。另外，長江下游的城市，以至南北之間的差距也會越來越明顯。更具體地說，同一個大城市，也許也會出現同樣的現象，如紐約、東京、倫敦、巴黎，等等。對這些城市，要用立體的觀點來理解，不能用平面的觀點。立體的觀點是說，很可能住在同一個樓中的第二十五層樓的人和住在第二、三層樓的人有著完全不同的命運。同樣住在一個區域，住在北道的人、住在南道的人、或住在東道、西道的人的命運也各自不同。

另外一個問題，就是人口爆炸的問題。中國的人口還在上升。中國人口的基礎原來就是非常雄厚的，因爲沒有黑死病的肆虐，所以它的積累性從中世紀進入現代一直是逐步提升；而且，現在的人口還在急速地繼續增長。印度、印尼也是一樣，也包括亞太其他地區。這種人口的增長，和整個歐洲——特別是西歐——的人口下降，形成一個鮮明的對比。在東德，最近用強有力的方式來鼓勵人口增殖。如果有三、四個小孩，你就可以安坐家中，享受國家的福利待遇。但這種鼓勵仍未使人口顯著增加。在中國，政府以強烈的壓力(和印度大不相同)只允許一個小孩。這種生育的政策，也沒有使人口增長的趨勢銳減。現在，鄉村裡人口的增加的速率又明顯上升。另外，如果一家只生一個小孩的政策能夠貫徹到底的話，將來發展的趨勢就是一對夫婦要養活七口人(包括他們自己)，不必提人口老化的嚴重後果。

美國大概經過七十五年，年齡才逐漸增長；而中國可能在二十五年就要達到類似美國的"老化"狀況。加上青年人都是獨生子女，其整個心理塑造的過程，是靠各種不同的滋養所培育出來的；他們都是受惠者。靠這樣一個受惠者來供養七口人，還要負起國家、天下大事的責任，這種壓力必然造成反彈。所以，在這樣的情況下,將來會發展怎樣的態勢呢?很難說!

　　另外,現在發展"地球村"的說法本身也帶有很大的譏諷性。有些國家要花極大的資金鼓勵農民不要耕種,怕穀賤傷農;但同時其他地區又出現嚴重的饑荒。不僅在非洲或南亞才出現饑荒。由於糧食已經完全政治化了,也就是說,無論美國、澳洲、加拿大等糧食出口國,如果要用糧食來支援其他國家,一定會出現政治化的局面,成為政治鬥爭、政治抗議的一種手段。因此,在二十世紀末葉放眼二十一世紀,國家主義、民族主義,甚至非常極端化的國家主義和民族主義,還會發生很大的威力。造成國與國之間,區域與區域之間的衝突是免不了的。

【答問】

問:請問杜先生,美國是否出自自願,才花很多錢去幫助那些貧
　　窮的國家呢?

　　這個問題,我想已經過時了。以前,美援是美國對外支出的大項,雖然美援的數字和全國總生產量來比是相當少的,在比例上無法和日本相比。美國現在是世界上最大的負債國。而在1984年以前,美國是世界上最大的債權國。這種情況出現以後,美援的有效運用已經不太可能了。另外,美國現在最大的問題不是它有很多的資金來支援外國,而是它自己能不能改變寅吃卯糧的生活方式。現在在美國多半用信用卡,今天所花的,多半是二千年左右的資源。所以,如果更嚴格地說,我們不能夠責備年輕人走"雅痞"路線(即以最少的勞力取得最大的報酬)。因為,美國整個中年以上的年齡階層的消費方式,已使得年輕人將來想進一步發展的可能性越來越小。現在的年輕人要想在二、三十歲的時候自己買房子就很困難。所以,代溝的問題越來越嚴重。由此,外

援的問題已不是美國人的主要關切了。當然，美國的政府和民間一直沒有中斷人道拯災的活動，但在定期經援方面，除了對以色列及盟國的承諾外，已瞠乎日本之後。

問：請問，在1970年代的時候，普遍化的力量是否遠遠超出分
　　離的力量，即整合的力量要遠遠超出分離的力量？如果是
　　這樣，是否意味著分離的力量都是短期的？

　　根據我前面提到的柏深思的"社會行動理論"，我們可以堅持主流是"整合"而失調、脫序、分裂現象都是短期的，時間一長這些短期的現象就逐漸消聲匿跡。但現在看起來，特別到了1980年代，放眼公元兩千年，一些分離的力量卻越來越大。所以，我們不能說全球意識的出現一定會把尋根意識打破。有一度在臺灣的文藝界曾展開鄉土文學和現代文學的辯論。鄉土文學所表現的是地方意識。當時有些評論家以爲，地方意識雖然出現，但現代化的力量是不可抗拒的，假以時日，地方意識就會逐漸消解。沒想到地方意識近年來發展得越來越有生命力和說服力。其實地方意識的勢頭強勁，並不表示整體必然呈現分裂的狀態，其實相應地，高層次的整合也可能因根源性的挑戰而變得更有韌性了。現在有一個有趣的發展，就是關於訊息往來的運用問題。各種不同的訊息網絡都連貫組合起來了。在美國，個人是自由的，但是每個人的財源收支狀況卻可能被國家機關弄得一清二楚，毫無"自由"可言，這就是稅收局訊息網絡無孔不入的必然結果。稅收局對每位納稅者的整個財源和開支的情況都瞭如指掌。如果稅收局方面的訊息控制和聯邦調查局、中央情報局的幾個大的電腦系統完全溝通的話，那麼每一個公民對情治人員說來，大概都是透明體。

　　美國人對隱私權的問題非常重視。自由度和隱私權有著密切

的關係。到底這種現象能不能幫助我們對西方理性主義的限制有一個比較深刻的認識,這不僅是哈伯瑪斯的課題,也是我們必須面對的課題。到底哈伯瑪斯所理解的西方理性主義有沒有限制,以及他所努力想建構的理論有無基礎性的缺陷,在我很直覺、很散離的經驗來看,回答必然是肯定的。哈伯瑪斯這種現代性觀點的出現,蘊涵了幾個重要的價值,即:資源是無限的,進步成長是可能而又必要的。

這種無窮成長的觀點,是自培根以來科技掛帥的理想主義、科學主義所接受的信念。如果沒有進步和發展的觀點,則整個西方由理性主義所導引的現代化過程,就沒有掛搭處,沒有根源性。我相信,到現在,已經有很多人了解西方理性主義有它的限制。1972年,羅馬俱樂部提出"成長的極限",在全世界引起爭辯。這也是聯合國舉辦"生態環境保護"及其他課題討論的命意所在。根據羅馬俱樂部的理解,世界的末日已經不遠了。很多人都持有類似悲觀的看法。但實際情形並不那麼簡單。有一度認為油的來源在很短的時間內會枯竭,所以油價上漲。可是現在油價反而跌了。因而,中間有很大的活動餘地。可是在根本上,信念確實發生了某種程度的動搖。即對所謂無窮的、無限的成長過程的信念的動搖。有些人,像修馬克(E. F. Schumacher, 1911-1977),所講的 small is beautiful (小巧才美),就是對這個問題的反應。所以,現在許多思想家開始對成長、進步、發展這些觀念的內涵作比較深刻的批判。

另外一個極困難的題目是科技的問題。很明顯,在現代發展的過程中,是技術掛帥,而不是科學掛帥。這種技術掛帥發展到一定程度,就是技術帶領科學。技術在某種程度上,對於人與人之間的交通,乃至學術探討做了重新的定義。我再舉一、兩個例子，可以說明這個問題。從醫學方面而言，很多發展出來的新技術的誘惑力很大。不用，非常可惜；用了，是不是有實效，不知道。但是非用不可。譬如對疼痛經驗的控制。現在發展了激光之類的方式，來控制你的某部分的神經的疼痛，甚至你自己可以調控電療。有的人有特殊的疼痛經驗，可以接受精確的控制，精確到自己可以利用腦內的電器設置直接控制難以忍受的疼痛經驗。所以，用工具理性來講，它確實有效，一用就有效了。但是，為什麼會有效？有沒有長期的副作用？過了這一代以後，到下一代有沒有什麼後遺症？都沒有考慮，也無法考慮。只要它管用，我現在就用，要它馬上見效。誰會注意科學解釋，只知道它有用、有效。為什麼有效、有用？在複雜的神經系統中，它的運作方式是什麼？是化學的？是物理的？或是其他的方式？那已經沒有時間、也沒有辦法和意願來關注。

技術本身發展的速率很高，影響力很大，特別是當它能夠商品化、能夠普及的時候。因此，科學就瞠乎其後。因此，自從十八世紀以來，我們所了解的科學實驗、科學精神，都經過了巨大的改變。所謂近代科學，基本上是一個企業化的科學。這已是有目共睹的事實。這就是說，兩、三位很有創建性的科學家，假如不要通過非常複雜的實驗工具來進行科學研究，那種可能性已越來越小了。想做科學研究，就要申請很大的款項，以建造各種不同的儀器。而款項的申請不一定是學術性的，純屬政治的及其他非學術的因素必然摻雜在內。所以，發展得最快的是軍工科學，雖然這樣發展曾遭到學府的反對。在美國，有很長一段時間，像麻省理工學院、加州理工學院、柏克萊理工學院的教授們都拒絕和政府的軍事工業部門合作。他們堅持所做的研究一定是不保密的，一定是公諸於世的。然而，這樣在資金方面就很難獲得保

證。政府撥款的研究項目，第一流的科學家不一定能參加；有些
參加了也受到同輩的批判。在這種情況之下，技術的發展和科學
的發展的分離就更大了。這是現代工業社會所面臨的嚴重課題。

在西方理性主義發展的過程中，特別從它的思維模式來看，
人類社會各個獨立的領域都有相當大的動力，也就是說這些獨立
的領域都有獨立的發展勢能。根據一種分工的觀點以及各種領域
之間必然相互抗衡排斥的認識，讓各類利益集團大鳴大放是有利
於調動現代社會活力的。現在，排斥性的二分法已不再適用於各
種不同的領域交互影響的模式之中了。這也是大家認為值得進一
步討論的問題。我舉一個例子，可以說明這一現象。以哈伯瑪斯
本身的問題做例證。他認為，現在要建立他的溝通理論，一共有
三大領域：一個是美學的領域，也就是感性的、藝術的領域；一
個是倫理的領域，也就是有規範性的道德的、政治的、法律的領
域；再一個就是宗教的領域。這三個領域基本上是分開的。從感
性，可以討論到藝術的、美學的問題；從倫理，可以發展一套規
範，甚至可以發展出一些法律制度；從宗教，可以發展一套終極
的信仰結構。這三個領域是不相管束的。在感性世界，美感經驗
是直覺的、生物性的。如果要進入倫理世界，受規範的控制，要
有一個重大的飛躍。如果是倫理的，那就不是感性的，而是感性
的昇華，甚至要突破感性的一些原初的動向，才能進入倫理的世
界，才有法律制度可言。這其中的距離是非常明顯的。我前面提
到後現代主義，或者以前所謂文學、藝術、建築中所體現的現代
主義，基本上是從美學、感性的層次對規範性的理性的一種批
判。這也就是丹尼爾・貝爾所講的文化和政治、社會的分裂。

更有意思的是，從倫理這個範疇進入宗教，其中需要信仰的
飛躍 (leap of faith)，也就是說，在規範性的倫理世界，所有的理

性，所有的運作原則，進入宗教的層次都不起作用了。它已是另外一個世界。在這個領域裡導引的力量是信仰。祈克果介紹宗教時認爲，以信仰爲主最突出的例子是在《舊約》中關於亞伯利罕的故事。《舊約》中說，上帝答應了亞伯利罕老年得子；所得的孩子是他的獨生子。上帝明確告訴他，這個孩子將享盡天年，作爲選民的種子。可是，亞伯利罕有一天聽到上帝的聲音說，要亞伯利罕把他唯一的孩子作爲犧牲品來祭祀上帝。這是極不合理的矛盾。祈克果稱它爲 absurdity (荒謬)。這在人類理性上講起來是荒謬的，但亞伯利罕並沒有追問理由，只要是上帝的意志，即使是人類的意志無法理解，對他而言也是不可違背的定然命令。所以，他就帶著孩子和屠刀上山血祭。就在要下刀的那一刹那，上帝告訴他：很好，我知道你是真正信仰我的。這個故事在基督教裡面是一個爭議性非常大，很能反映信仰絕對性的重大課題。從祈克果的角度來說，正因爲亞伯利罕接受了上帝的意志，才使他成爲一個信仰的武士 (the knight of faith)。康德也提到這個問題。康德從理性主義的角度認爲，如果是如此荒謬的要求，絕對不可能是上帝的旨意，應該通過人的理性把這念頭消解掉。所以，在某種意義而言，如禪宗的“言語道斷，心行路絕”，或是道家的“道可道，非常道”，這種信仰領域的飛越，是人類的理性永遠無法理解無法契及的。

　　以上的三分法，在西方的思想中影響非常大，對哈伯瑪斯是一個很大的挑戰。因此，在哈伯瑪斯的觀點裡，盡量想辦法消解掉宗教的問題，而特別提出認知的重要。認知應在人類每一個世界中的倫理、法律、政治、經濟等範疇起作用。這些領域是可以用理性來了解和掌握的。雖然如此，在西方文化發展的過程中，對於由希伯萊文明引導的動力是無法完全消除的。所以，在西方的傳統中,一直到今天,針對理性主義而發展出來的一套神學思想,與各種不同的領域之間還是判然明確、不容混淆。這種模式,目前也出現了嚴重的問題,使得其中的內在連繫已不很明確。一個人主體的內在感受必須用理性世界的法律、規約來控制。現存的凡俗間的運作標準和超越世界的運作標準之間的衝突往往很大。應採取什麼消解的途徑?

羅伯特・貝拉認為,個人主義是代表歐美的獨特精神,和集體主義之間有著很大的衝突。同時我們知道,除了資本主義是西方的以外,社會主義、共產主義也是西方的;自由主義所代表的人權是西方的,納粹所代表的強烈的集體主義也是西方的。所以,一個非常複雜的、波瀾壯闊的傳統逐漸演變出一個五彩繽紛的世界。這中間所發展出來的各種領域錯綜複雜,我們要想用一套在西方所發展出來的理性主義來一窺全豹,有很大的困難。怎樣面對這些問題呢?西方在啟蒙運動以後,擁有了各種不同的資源。這些資源非常豐富。我們從東方社會出來的人,在面臨這樣一個花樣繁多的現代西方時,就整個被震撼住了。這在一定程度上阻礙了我們去剖析當代西化的限制。這個限制是什麼呢?這些資源能否對當代人類所面臨的困境提出一個新的導向呢?人類所面臨的困境。其實是西方自啟蒙運動以後所發展、所導引出來的。不說是必然的結果,至少是從歷史發展的實際過程中所導引出來的沒有預期到的後果。

許多西方學者想要跳出歐洲中心主義,事實上也是面臨了這種問題的挑戰。但是,他們是很難主動自覺地跳出自己的文化模式的。這個複雜的情形,對我們來說到底意味著什麼呢?我之所以要說現代主義的挑戰,一方面是現代主義創造了各種不同的可能性,這種可能性對全體人類而言,都有著極深刻的意義;另一方面，由於這種可能性所導引出來的爆炸性的危險性，我們又該如何防範呢？

西方理性主義的限制

　　針對啓蒙以來傳統西方理性主義的限制，當代西方又出現了兩個很受重視的潮流。一個是解構的潮流。這一潮流中比較突出的代表是福科和德希達。解構的工作，基本上是從形上學的角度和語言學本身來加以分疏的。但是，這一工作的很多方面，尤其是非常精緻的方面，是繼承了海德格的思想。用福科的觀點來看，它是一種知識考古學的挖掘。一定要挖到西方傳統、甚至希臘哲學的初期，挖到前蘇格拉底時代，從那裡開始進行思考。因爲，解構主義者認爲，問題不僅僅出在啓蒙運動，不僅僅出在文藝復興和中世紀，也不僅僅出在亞里斯多德和柏拉圖，而是出在蘇格拉底以前。這種反思，看來是很值得效法的。在中國哲學中，這種氣魄、耐力和深度，即一步一步地相前推進，一個字、一句話都不放過地對傳統進行全面的反思，還是十分缺乏的。在西方的學術界從事這種工作的人物是相當多的。比如，從軸心時代的文明這個角度來理解。這當然還是很粗淺的分疏，但是確有深刻的意蘊。

　　我們可以說，在軸心時代有兩種差別相當大的動向：一種是肯定存有；一種是否定存有。這是兩種相當不同的模式。希臘哲學、猶太教思想以及後來發展而成的基督教思想，乃至儒家思想，其相同的地方都是肯定這最後的真實。從這個角度來進行思考，什麼是最後的真實？海德格有一篇非常有名的論文，題爲"What Is a Thing"（〈東西是什麼〉），就是問：爲什麼是有而不是無？而整個西方的思想，不管它多麼極端，它的問題總是如何來了解"有"，即"What is being"這個問題。海德格最後用一個比較玄的提法問："如何能夠讓我們重新聽到存有的聲音？"換句話說，經過很多理性的思考，存有的聲音已經斷裂了，聽不到了，如何才能回到蘇格拉底以前的原初智慧呢？他所想到的基本問題就是存有的問題。沙特的哲學有許多創建性，但他也是從"意識"、從存有的角度來運思的。而他對於所謂的"虛無"，是從負面來理解的。德希達的解構，不管怎麼解，他沒有想出辦法真正突破猶太基督教和希臘哲學這兩個傳統，特別是這兩個傳統對 being 的理解。

如果換一個角度來看，代表虛、無、空的大傳統是印度佛教和中國道家。真正的解構哲學，如果從軸心時代而言，是佛教。佛教的解構，可以解到最深入的地方。無論是"無自性"還是人的問題，都可以分解到最原初的空無。特別是《金剛經》中所體現的不要著相。它那龐大而複雜的理論系統完全是從一切都要解構掉的基礎上建立的。這樣看來，德希達的解構思想既不全面亦不徹底。這樣講，雖然很膚淺，但也很有意義，尤其是有比較文化學上的意義。在某一個文化中認爲是天經地義的課題，在另一個文化中卻從不是問題。我們面臨二十世紀各種不同文化交互影響的大環境，要想突破歐洲中心主義，就不能不吸收它們的養分。所以，這些問題既已提到議程上，我們就必須面對它。舉一個簡單的例子：整個歐洲的神學都是環繞著上帝的存在問題而展開的。如果我們想要強迫中國哲學來解答上帝存在的問題，這是完全不相契的。在中國哲學中沒有上帝存在的問題。不僅沒有出現，即使可以想見也不會成爲重要的課題。爲什麼在一個文明發展中，聰明才智之士認爲不解決上帝存在的問題就沒有倫理發展可言(如尼采說，上帝死了，很多西方哲人的反彈是：如果上帝死亡,我們整個道德制度就要崩潰);可是在另一個文化模式裡面,上帝這個範疇卻根本不成其爲問題。正如芬格瑞特(H. Fingarette)所說的 "not even a rejected possibility",即連被否認的可能性都沒有。因爲連問題都還沒有出現,你如何能做否定的回答呢?這種現象,在比較哲學上是一個尖銳的問題。

【答問】

問:解構是什麼?爲什麼很多學者要做解構的工作?

這個我不太容易回答。但是可以這樣說,他們之所以進行解構,確實是想對他自己的文化進行深入的反思,使他自己能夠在文化限制的困境中解脫出來。

問:解構是不是說,對一個理論不太滿意,想重新建立一個新理論?

可以有這樣的意思。但是,這個意思是常識性的。目前在歐美學術界用解構這個觀點,特別是從德希達的哲學出來後,解構顯然是一個非常嚴肅的哲學方法。如果要詳細說明,當然很複雜。因爲有解構,先要有結構。結構學派(以李維‧史特勞斯 Levi-Strauss [2] 爲例)是一個影響力非常大的學派,在歐洲占主導地位至少有幾十年。我舉一、兩個例子。你可以從結構的嚴謹程度來了解初民的思考模式。你用結構學分析初民社會的理性思維,可以從它的社會組織、親屬關係、語言符號等慢慢地了解它各種不同的深層結果。結構學代表一個很重要的西方思想潮流。這個潮流,可說是理性主義進一步的發展,甚至也可以說是突破

---

2 李維‧史特勞斯(Claude Levi-Strauss),法國人類學家,結構主義哲學家。著有《憂鬱的熱帶》、《野性的思維》等。

歐洲中心主義努力的產物。結構主義提醒人們，不要以爲初民的思考是很簡單、很片面的，只有我們現代西方人才能夠達到非常高的理論水平和邏輯思維水平。任何不同的民族，它的思想模式，它的運作各方面，都有一些非常複雜的結構。所以，要從各種不同的象徵符號系統、語言系統來了解各種不同的結構。這是一個源遠流長有深厚人類學基礎的發展。

再進一步，對結構學作反思或反抗，即可認識到這一理論有其局限性和片面性，它還是受到歐洲中心主義及理性主義的影響。當我們對自己的傳統作進一步理解的時候，特別是對自己的語言本身的限制進行思考的時候，我們會打破浮面的理性主義所導引的結構主義的思想，能夠把很多被認爲既成的、可以用理性加以分析的結構打破，再看它在整個文化運作中間，它的權力結構、它的非理性的其他因素之間的交互影響。這是福科的最大貢獻。他在很多冠冕堂皇的理性架構後面，看出它的一些所謂象徵的控制，權力欲的發展等各方面的問題，及各種社會的一些非常基礎的欲念。因此福科從對待邊緣人物(如犯人、精神病患者、同性戀之類)的態度分析了主流思想(霸權論說)的權力結構。在這個方面講，福科的思想又是和後期的馬克思主義的一些思想是一致的。所以說，解構的意思，並不是常識性地把想要了解的東西解開以後，再看看裡面是什麼問題。

問：解構的種種過程，是不是隱含了主體的消解？

只從主體的消解來理解似乎簡單了一些。解構方法涉及以語言爲中心的論題。語言是不可能私有化的。語言是一種社會實體，一個群體共同擁有的產物，是一個沒有辦法經過分析、經過認知而擁有的資源。另外，值得強調的是，不能夠把語言工具化。一般大家常常認爲，語言是用來表達我們思想的工具。這是一個非常錯誤的觀點。但是，可不可以有不用語言而能表達的思想？語言確實是用來彼此了解的、不可或缺的助緣。我們了解我們自己就是通過語言，通過語言的建構。

還有一個觀點似乎很極端，就是說我們完全可以不必肯定一個自我，我們可以從禮俗、權力結構、語言等等渠道化解自我之後再重新來了解一個人。人的概念、人的思想及自我認識是如何形成的？皮特·伯格有一本小書，叫做 "*Social Construction of Reality*"（《真實的社會建構》），他對所謂真實的理解、對人際關係甚至對自我的理解，都是由社會建構而成的。從弗洛伊德心理學來講，就是"超我"；既沒有一個孤立絕緣的主體和主觀意識在後面導引，也沒有解放個體的問題。這樣的說法，將整個主體性的中心點動搖了。我們奢想掌握自我的中心點本身，根本是一個錯誤。從佛教來講就是執著，是一個虛幻的執著。我們以爲有自我，其實沒有自我。所謂的自我都是各種不同的因緣假合集聚而成的。其實這些因緣假合，可能是語言的力量，可能是社會的力量，也可能是政治的力量。如果用佛教的觀念進一步說，就是"無自性"。我們並沒有這個經常運作的、有著內在認同而不被其他力量所解構的自我，因爲這種自我是完全不可能存在的。我們自己在行爲上不是一個個人主義者，但在信念上仍可以是一個非常強烈的個人主義者。但是，在理性思維的過程中，卻沒有辦法建構自我。隨你怎樣建構，基本上都是執著，都是錯誤。

我們平常有這個感覺：我是一個作者，那麼我寫出來的作品應該是屬於我的。其實這個想法是錯誤的。寫成的作品，就等於出世了的孩子一樣，是一個獨立的生命。要如何理解這樣的說法呢？這情況可以扣緊我們此刻的課題來談。如果我現在提出了一些信息，我當然有我的意願。但是當我把這些信息講出來之後，它的價值卻不是我所能控制的。這個信息的價值,是靠諸位聽了以後,在社會上發生某種運作而產生的。而且,我講出來的和被接受的之間的差距,我是沒有辦法掌握的。另外,作者的意思原來是什麼,作者並不能獨占解釋權,也無法洞悉其內涵。一個批評家可以說:"我了解你是怎麼講的。"作者說:"你搞錯了。這個不是我的原意。"批評家可以說:"你有什麼權利說這不是你講的意思?你怎麼知道你的下意識是什麼?你怎麼知道你的作品擺在觀眾的參照系裡時所呈現的面貌究竟如何?你如果對這個問題沒有經過反思,你有發言權嗎?"所以很多作者,特別是浪漫型的作者,他們從內心所湧現出來的觀點通過讀者消化之後到底代表什麼意義,他們是完全沒有辦法掌握的。所以,一個批評家可能比一個作家更了解作品的公眾形象,或時代意義是什麼。這是一個非常複雜的問題。我現在正在進行講課,你如果告訴我我並沒有在講課,我會馬上說,"你胡鬧!"因為我知道我是在講課。但是你可以馬上反駁:"我相信你不一定知道自己究竟在幹什麼。"我就不能立即判定你的挑戰毫無意義。

事實上,一個人提出來的觀點,在特定的語境裡所得到的信息,可能和他自己的想像有很大的差距。這就非要學習不可。學習的話,就是希望我所討論出來的一些觀點和原來的意願、和被接納的意思之間的差距不要太大。這中間表示我們有某種共識,有某種 pre-understanding (先在的了解)。所以,哈伯瑪斯所提出的理想的語言情況,就是真正的溝通。但是,從德希達看來,真正的溝通的可能性是非常困難的。在中國,儒道釋三大傳統對這一課題的理解都非常深刻。

一個真正懂得我們心裡深處信息的朋友,叫做知音。我們大都很熟悉伯牙和鍾子期這個非常感人的故事。伯牙是第一流的音樂家，而鍾子期聽德極高，是第一流的音樂欣賞家。所以，在伯牙彈琴的時候，鍾子期知道什麼時候是意在流水，什麼時候是志在高山。因之，每一次伯牙在彈琴的時候，只要鍾子期在，他就感覺到不是他個人孤獨地在演奏，而是有共鳴在。鍾子期死了以後，伯牙就把他的琴摔了，因爲他的知音沒有了。所以，知音是真正了解他的人，而且是真正的共鳴。

　　"知心"或"知己"這些觀念是同類的。這種心領神會的溝通，從哈伯瑪斯的角度來看，只有在真正理想的語言環境中才能夠達到。很多學者批評說，這種可能性太小了，因爲人與人的溝通多半難逃各種不同的誤解和曲解。所以，我抱著這樣一種態度，雖然被誤解是我的命運，但是，我希望誤解的層次比較高一些。我在中國大陸參加學術討論時，我的論點常被誤解，而且誤解的層次相當低。比如有人說，我也許不知道五四的批判精神，而且在西方講學，只能向西方人宣揚中國文化的長處，所以專門講它好的一面。類似這種誤解，我是很難接受的。但是，想讓他們誤解的層次提高，也是一項艱巨的工作。其中牽涉到很多溝通的問題。

　　再回到這位同學剛剛提出的問題。個人作爲一個自主的個體而能離開他的語言環境，離開他的交通網絡，從而發揮他的主觀能動性，這一點，從現在各種不同的理論來看，都是不可能的。因此，要突破歐洲中心主義，有兩種途徑：一個是剛剛講的"解構"，另一個則是哈伯瑪斯的"重建"。但是，不管是解構還是重建，對傳統的詮釋都是意蘊深厚的學術工作。從1980年代哲學思想的發展來看，即便是對傳統加以否定的分析哲學家，以及很多以前跟傳統決裂的哲學家，都重新從批判的角度來了解傳統。這種情形變成了一時的風尚。以前的大師大德，不管是美國文化界或歐洲文化界的，都成爲熱門人物。大家都對傳統進行再分析，從整個希臘哲學的人物，如蘇格拉底、柏拉圖、亞里斯多德、甚至斯多葛學派到近代哲學家，如笛卡兒、康德、黑格爾等，乃至美國的哲學家，如愛默生、懷德海等等。

在強調傳統與現代不可分割的評論家中，較有代表性的是艾略特(T. S. Eliot) 3。他有一篇很短的文章，影響卻非常大，叫做 "Tradition and Individual Talent"（〈傳統和個人才能〉）。他把整個傳統講活了。他認爲，所謂傳統，不是一個積累的過程，而是一個再造的過程。任何一個有才能的人，他的創造只要變成傳統的，他就進入了傳統；而整個傳統就因他又經過了一次嶄新的排列組合。

假如我們說傳統是有機的東西，那麼，有機的東西的一個特性就是它的整合性(當然這個觀點可能引起爭議)。一個新的因素進入後，不像地質學是按照時間的順序排列出來的，而是整個傳統要經過改造——各種不同的改造。因此，我可以這麼說：有兩種意義的 "同時代"，英文叫做 "contemporaneity"。一種是時間上的同時。我們都是同時的，雖然年齡有差別，但都是在同一教室裡共商舊學，從橫切面來看，都是同時的。法國的 "年鑑學派"(Annal School)是從這個角度看 "同時" 的。我在加州大學服務的時候，同事中年鑑學派的信徒特別多，而且他們歷史分析都很出色。他們傾向於做比較微觀的分析，喜歡看 "同時"；或找一個小村莊，或找一個案件，或用不同的檔案，來對一件事做各方面的描述。從一件小事能夠體現整個時代的精神面貌和心理狀態。福科有這樣的提法：你跳過不同的認知斷代時，中間並沒

---

3 艾略特(Thomas Stearns Eliot)，1888-1965。二十世紀最有影響力的，出身美國的英國詩人，作有《荒原》。

有連續性。所以，歷史是斷裂的。那麼，對"同時"如何理解呢？第一流的哲學家和他同時代的人的關係，是山峰和山脈的關係。我們要把山峰之頂端和山脈連繫起來以後，才能對馬基維利(Machiavelli)這些人物的創建性有一個比較全面的理解。這套方法取徑也受到深度心理學的影響。艾律克森(Erik Erikson)是一位重要的人物。他講過"心理實在和歷史實然"之間的關係。說得通俗點，很像時勢造英雄和英雄造時勢的課題，但其中確有複雜的雙軌互動關係。

可是從傳統的觀點看來，超時代的對話不僅可能，而且是慧命相續的保證。所以，同時代有另外一個意思，即高峰之間的對話。那些人是處在同時代，雖然他們之間隔了好幾代甚至一、二千年，但其中仍有對話的可能性。我們有很多例子，西方的思想家不一定接受。但不接受也無所謂。比如說"尚友千古"，就是和千年以前的人交朋友。這在中國傳統中的影響非常大。重要的思想家，他的對話不一定是和他的同時代人。常人中，同一個教室、同一個辦公室的人會有很多共同的語言，但真正的哲學家的對話卻往往來自不同時代的人。如陸象山的對話對象是孟子；王陽明跟陸象山的對話跨越了四百年；反而朱熹和同時代的陸象山雖然有鵝湖之會面對面的溝通機緣和書信上的間接來往，卻很少對話，只有衝突。李退溪在十五、六世紀韓國的朝鮮，卻和朱熹對話。他的時代比朱熹晚，差不多是王陽明時代。他跟朱熹進行對話時已閱讀過王陽明、陳白沙的文章，還有在明代極有影響的人物如羅欽順的文章。但他基本上是批評他們的。他主要的對話伙伴是朱熹。時間的差距雖大，但我們不得不承認這種對話的可能性和意義所在。

傳統是一個複雜的體系。當一個高峰進入同時代以後，即進入了原來傳統所具有的結構，這個結構就要重新排列。朱熹等於說是對孔孟以來的傳統做了一次"重建"。通過他以後，整個儒家傳統有所改變。到了陽明，又再重建。以前認爲重要的人物突然不重要了；以前根本不重要的人物被發現了；以前認爲可以定義一個時代的、具有光輝價值的思想被束之高閣；有些東西又被重新抬出。如果不是陽明，則陸象山就消聲匿跡了。因爲，當時象山和朱子論戰以後，大家認爲朱子是勝利了，而陸象山的觀點有些像禪宗，不重要。可是到了陽明以後，象山的比重又提高了。相形之下，朱子卻受到了貶抑。這種類型的轉變是有機的。每一個時代都有它的信息，他的信息提出以後，從這個時代和其他時代之間的長期對話所造成的特殊結構，又經過一次重新的排列組合。所以，傳統一定是有生命力的，沒有生命力就不可能成爲傳統。

列文森在《儒教中國及其現代命運》[4] 這本書中對儒學進行批判時，曾用過一個觀點，叫做"歷史的意義"(historical significance)。所謂"歷史的意義"可以從兩方面去理解，可以把比重擺在歷史，也可以把比重擺在意義。如果把比重擺在歷史，就是說只有歷史的意義，跟我們現代人不太相干。如果把比重擺在意義，就是說意義不僅是新聞性，不是短時的意義，而是有歷史性的意義。歷史的意義和歷史性的意義中間有很大的不同。英文中 historical *significance* 和 *historical* significance 之間有很大的不同。

上次我提到，傳統文化和文化傳統要分開。傳統文化，我們可以把它對象化，當做過去的歷史陳跡。但是我們的文化傳統一

---

4 《儒教中國及其現代命運》(Joseph Levenson, *Confucian China and Its Modern Fate: A Trilogy*, Berkeley, 1968.)。

定是活的。我們的文化傳統，一定意味著我們的歷史意識、社會意識、文化意識。沒有歷史意識、社會意識、文化意識，我們就無法了解我們今天的存在意義到底是什麼。所以，在自我定義的過程中，不可能把活生生的傳統完全逐出門外。現在在西方，一個非常有意義的工作，確實是考古學的挖掘。跟福科談的一樣，要把整個西方的傳統作一個既全面又深入的挖掘，才能把它的資源充分地展現出來。每一個傑出的歐洲思想家(除了專門從事數理、邏輯研究的哲學家)，都有深厚的傳統意識。這個現象有目共睹。甚至搞數理邏輯很突出的普南(Hilary Putnam)，他之所以在哲學家中受到那麼大的重視，也因為他有深厚的傳統意識。很多在專業的哲學工作中非常突出的人，正因為沒有辦法參加這種類型的會談，對整個傳統的資源理解不夠，而在思想的辯論中被邊緣化了，甚至被逐出了哲學的殿堂。這種例子相當多。所以，其中有一個很大的吊詭，即：現代西方的出現是跟傳統的決裂；但在它發展的後期，要想突破現代西方所出現的理性主義的各種不同的限制，以及現在面臨的問題，歐美思想家又都要通過對西方整個傳統的挖掘，從這方面來超越自己。為什麼解釋學能夠在西方影響這麼大？如果我們不懂解釋學，或者沒有接觸到解釋學的課題，那我們就沒有機會接觸到人文學。因為人文學幾乎變成解釋學的代號。解釋什麼？不是狹隘的注經，也不是狹隘地回到傳統，而是主動地爭取到對傳統作既全面又深入的反思的權利和義務。

我們還得照顧到西方的經濟動力。哈佛的蘭德斯(David Landes)[5] 教授曾經說過，如果要了解現代歐洲，一定要了解普羅

---

5 蘭德斯(David Landes)，哈佛大學歷史和經濟學教授。著有《解脫的普羅米修斯》、《資本主義的興起》等。

米修斯 (Prometheus) 精神。他出了一本大書，叫做 "*Prometheus Unbound*"（《解脫的普羅米修斯》）。普羅米修斯拿了火把卻被天神控制，並加上枷鎖。現在歐洲，就像想從枷鎖中解脫的普羅米修斯。正因為如此，火把已在世界燃燒，整個世界都被他燃燒了。另外，像尤利西斯所代表的探險家，情願跟魔鬼打交道，連自己的靈魂都可以出賣，但要創造新的領域。這些都體現了現代西方文明的開拓精神。現代西方的精神資源，多半來自歐洲的源頭活水——三個大的傳統，即希臘的、羅馬的、希伯萊的。現代的歐洲學者對這些傳統再進行分析和討論，使得它又有了很大的生命力，影響非常大，不僅整個美國的學術界被它所掩蓋，東亞等各地也受到輻射性的影響。

歐美哲學的反思有一定的知識社會學的基礎，有些情況確有不足為外人道也的地方口味。像普通語言學，以及奧斯丁這些人，如果沒有到過劍橋、沒有到過牛津、沒有參加過他們叫做 common room 會客室裡的談天，根本就無法了解語言哲學論說中的精華。但是，世界上所有的哲學家，不管是新德里的、臺北的、漢城的，都搞牛津口味的語言哲學。用中文翻譯也罷，用韓文翻譯也罷，都使得劍橋、牛津這些小地方的口味變成了世界各地方人的口味。像德希達，他基本上是巴黎的口味，也成了世界的口味；哈伯瑪斯可算是德國的口味，特別是法蘭克福的口味，也變成了世界的口味。從比較哲學的立場而言，我們可以不接受當代西方哲人的觀點，但是，他們的深層反思，以及能夠通過現象學、詮釋學、結構學和解構方法，把各種不同的傳統資源重新發揮起來，達到現代學術界的高峰，而且是時空交會(也就是超越古人傲視時賢)的高峰。這是我們不能否認的。假如我們以阿Q精神否認他們，另外開一套(這種努力其實比比皆是)，多半仍跳不出他們的格套。所以，這不是靠激情可以解決的難題，更不是大家隨便談一談就可以了事的。

　　一般的理解，現在因爲文化交流頻繁，什麼地方出現了新的觀點，什麼觀點影響力大，很快就會遍及全球。但是事實如何呢？舉一個簡單的例子。最近工業東亞的興起，使太平洋地區的影響力越來越大了，很多世界性的跨國產品不一定是美國的，也不一定是歐洲的，而可能是日本的，乃至東亞四小龍的。但是從學術的角度來看，我們若要把世界最有名的一百所大學排列起來，東亞的大學能夠進入這一百名之內的相當少。其中或許有偏見，但從很多客觀的條件如圖書數量、學術交流、科系的建立、科研水平、教學素質及出版情況等來看，東京大學在培養日本知識分子方面有很大的影響，但跟歐美的學術發展動態比，它還是一所第二流的大學。這連東京大學的資深教授也得承認。因爲它整個的思考模式和分析方法都是外來的。也就是說，要爭取學術的獨立，是不能夠靠狹隘的民族意識就可以在很短的時間內達到，一定要經過細水長流的方式，讓它慢慢地形成。

　　可是，另一方面，西方學者本身也認識到，只是從詮釋傳統，特別是西方的傳統出發是不夠的。一定要走比較文化的道路。比較文化，基本上是比較中西文化。這條比較文化的途徑，其重要性越來越明顯，而且客觀的條件也愈來愈優厚。但是，東亞社會跟西方截然不同的是文化資源太薄弱，隊伍太小，價值領域也不夠。所以，在現階段看起來，力量還非常薄弱。但我想，到二十一世紀中葉可能情況會發生質的變化。

　　十八世紀的歐洲思想家，基本上對東方思想，特別是中國思想，不僅有同情的了解，而且常常用東方思想來引證他們的思想的先進及合理。但十九世紀的歐洲思想家，因爲歐洲的動力太

大，完全成爲歐洲中心主義。這樣，不管自覺也罷，不自覺也
罷，沖淡了對東方思想的了解和研究，尤其是從黑格爾以來。到
了二十世紀，特別是二十世紀後期的歐洲思想家，都認識到比較
研究的重要性。如哈伯瑪斯，最近有人問他：你對第三世界、對
東方思想的看法如何？他回答說：這個問題我暫時不回答，但
是，我知道它的關鍵性。德希達也是如此。然而，整個東方世界
所能夠提供的養分和挑戰太薄弱了，這包括在美國、在歐洲進行
東方研究的全部範圍。所以，我再舉一個例子，是我個人的經
驗。有一位叫班傑明‧納爾遜(Benjamin Nelson)的教授，我和他
進行過多次長談。他說得非常好，他說：像我們這樣的交談真是
"踏破鐵鞋無覓處"。他花了十多年的時間，到處想找談友；終
於找到了，可以談了。不幸，對話只三易寒暑，1977年他突然心
臟病發作，在歐洲死去。他那個時候，特別希望找東方人談，希
望從比較文化的角度來了解自己思想的局限性，乃至歐洲思想的
局限性。這樣的意願是非常強烈的。但是，絕大多數包括在美國
和其他各地的東方學者，比西方學者更西化；而且，他們所提出
來的範疇多半對西方學者是過時的東西。所以，對西方學者的挑
戰當然是很薄弱的。

　　另外，有些東方學者沒有採取哈伯瑪斯所謂真正的以溝通理
性爲主的方式，要麼就是非常狹隘的民族意識，要麼就是非常狹
隘的文化意識，基本上是一種批判、抗衡、打擊的心態。譬如
說，在哲學界，我經驗得很多了。有的中國學者，因爲長期積累
的憤憤不平之氣，開始要對西方學者進行全面的批判。這批判，
事實上是謾罵。說什麼：你們還在野蠻時代的時候，我們早就進
入了文明時代了！從歷史發展的階段來看，這本是普通常識，不
要說孔孟，就在兩宋理學大盛的時代，主宰現代西方文明的德

國、法國、英國都還是蠻荒之地。可是你講這些話，在哲學思想上如何落實呢？沒法落實，只能長一時之志氣。所以，真正的思想挑戰，也就是紮根東方而對當代西方有哲學涵義的挑戰，我覺得還沒有出現。但是可能性很大。可惜有學養有洞識可以承擔這項工作的哲人所組成的隊伍太小，自覺也不夠，加上研究的課題本身沒有多樣性。雖然大環境極佳，客觀條件極好，真能扭轉乾坤的論說卻很難因運而生。

西方本身還有一個值得提出的現象。五四時代對這一側面的理解當然不夠；現在看來，應該是習以為常了。即我們不能用西方這個觀點來了解西方。西方這個觀點太籠統、太含糊。一定要打破西方這個觀點，以了解其內部的不同文化區域之間經過長期抗衡、對話所展示出來的一些問題。所以，要進一步地了解法國文化，了解英國文化，了解日爾曼——德國文化，了解意大利文化，了解瑞士文化，等等。就是把層次向下降，這樣可以逐漸從西方文化的複雜性和多元性來了解西方的動力。

提到英、法、德、意、瑞等西方文化的特色，使我想起一則笑話：即從社會功能、社會角色來了解天堂和地獄。西方人常常談天堂和地獄的區別就是社會功能的不同。如果社會功能配合得好，就是天堂；如果社會功能配合得不好，就是地獄。在天堂裡，廚師都是法國人，警察都是英國人，工程師都是德國人，行政人員、官僚都是瑞士人，情人都是意大利人。這是天堂。如果在地獄裡，廚師都是英國人，警察都是德國人，工程師都是意大利人，官僚和行政人員都是法國人，而情人都是瑞士人。我覺得這是歧視瑞士人的笑話。但是，從這個笑話可以了解到德國人的嚴謹，特別在工程方面以精確取勝。

說到德國人的民族性，我又想到一則笑話：一個人在燈下尋找遺失的手錶。明明知道錶不是在燈下遺失的,但是只有燈下有光,他必須在光明的地方找。所以,德國人如果將錶遺失在草地上了,他的工作是先將草地畫格子,然後一格一格地找,作下記錄,最後非找到不可。意識形態在德國是非常明顯的。比如說東、西德的鬥爭、德國綠黨的問題,等等。意識形態可以使德國整個崩潰,這是非常嚴峻的問題。

法國則是個人主義大行其道的地方。法國的學生是誰也不怕誰,任何權威都要打倒,就是不能夠忍受權威。三個法國人在一起,就吵得天翻地覆。法國的個人傾向、個人主義非常強,真正是笛卡兒的傳統。

英國呢?英國的傳統意識非常深厚。意識形態對英國根本沒有什麼影響。但是英國的階級衝突很尖銳。工會和貴族的語言是不同的,口音或是牛津-劍橋腔,或是倫敦腔,一聽就知道屬於哪一階層。這兩個階層之間的鬥爭非常強烈,所以,英國的工會的影響力非常大。但是英國的民主制度一般講起來,非常穩固。而法國呢?不知已有多少次共和,總是政局不穩。在德國的話,要穩就穩得很,大家的向心力很強;如果發生動搖,則會有爆炸性的危險。在意大利,共產黨的力量非常大。一方面是共產黨的力量,另一方面是天主教的力量,兩種力量互相均衡。通貨膨脹再嚴重,意大利人的消費還是非常高,非常講究生活享受。而瑞士,一方面是銀行家,一方面是心理學家。在蘇黎士(Zurich)的銀行家和心理學家占人口的比例,是世界上最高的。有人說,你來到蘇黎士,天下太平。經濟的問題,完全由銀行家替你操勞;心理的問題,心理學家可以幫你操心。所以,你的身心問題就可以在蘇黎士獲得解決了。但是在瑞士,最大的問題是,由於長期的制度化,使得青年人的異化感特強。所以,現在的蘇黎士已變成歐洲販毒僅次於阿姆斯特丹的地方。

這些比較細微的情況的改變，和他們的國民性，和他們所代表的不同的哲學傳統，不同的政治制度有關。所以有的人說，法國和英國經濟發展的衝突，在很多方面可能就像現在美國和東亞的衝突。因爲，英國經濟發展的模式，和法國經濟發展的模式相當不同，整個教育和政治的制度也大不相同。

所以，應該把西方這個觀點打破，進一步了解西方內部的動力。如果要進行比較研究的話，以國家或地區爲單元可以提供很多方便的條件。有了這些方便的條件以後，我相信慢慢地，非西方的學者可以和西方學者進行對話；進入對話以後，可能對真正有創建性的、思想比較突出的、敏感度比較高的西方學者在突破歐洲中心主義方面的努力，可以有一些積極的貢獻。

儒學的創造性轉化

我最後提一點，可以引導到以後我們討論儒家傳統的問題。目前有一個新現象的出現，是以前，至少是西化大盛行以來無法想象和無法預期的。這就是所謂太平洋地區的重要性。1979年，以美國地區來看，通過太平洋的貿易額(包括貨物和服務業)，已經超過了通過大西洋的貿易額。這是1979年的事。到了今年，1988年，通過太平洋的貿易額大概比通過大西洋的貿易額高出百分之四十。所以，從純粹的經濟利益和經濟發展來看，太平洋地區對美國的重要性已經遠遠超出大西洋及整個歐洲地帶。前面已經提到，1984年以來，美國成爲世界最大的負債國。如果從美國貿易透支這個問題來看，國外四個最爲緊要的地區是日本、西德、臺灣和南韓，其中三個地區都在東亞。這種個情況，史無前例。

　　再者，所謂太平洋地區，要包括澳洲、紐西蘭、東亞、東南亞。將來，第二批在國貿方面起作用的，大概是"亞細安地區"，即新加坡、馬來西亞、泰國、印度尼西亞、菲律賓這些地方。這些地區，看起來可能會繼續發展而起飛。也屬於太平洋地區。更值得注意的是，現在中國仍是未知數。假如中國的發展，到了二十一世紀，全國總產值能夠達到日本的二分之一(目前是十分之一)，那是不得了的前景，有爆炸的可能。因此，從各個角度來看，今天是太平洋地區升起的時代。我們不要講二十一世紀是中國人的世紀，這沒有什麼特別的事實根據。有些學者說，中國人多。可是人多是歷史現象，不是最近才出現的。有的人說，我們資料多，我們的聰明才智之士特別多。這些，我覺得是一廂情願的提法。但是，太平洋地區現在已經起來了(當然工業東亞是太平洋區的一部分)，這是明顯的事實。這個地區的興起，導致了一個值得從地緣政治的環境來設想的新情況，即：霸權的轉移，在現代化的進程中的變化很快。以前稱霸，如唐朝的稱霸，或許可以是三、四百年；漢朝的話，可以二、三百年。從十九世紀開始，稱霸可以維持三代的例子就不多了。我們知道，英國稱霸的時代就很短；而葡萄牙、西班牙、荷蘭，它們稱霸的時間更短。美國的霸權，如果從第二次世界大戰算起，也沒有多長的時間。即使日本能在經濟方面一枝獨秀，這段時間也不會太長。看來變局會越來越加速，這好像是不可抗拒的大趨勢。

　　那麼，下一步我們要問，假如太平洋區的興起，哪一種思想、哪一種意識形態可以作為這個地區的代表呢？我們還要問，假如只有西方的工具理性所代表的思考模式，東亞地帶、太平洋地區必須以同樣的方式來壟斷、爭奪、擴張，那麼，人類的前途不是暗淡無光麼？這中間有很多問題。中國人經過了一百多年，

三、四代的屈辱，現在站起來以後，是不是應該走一條完全以富強稱霸爲指導原則的路線，也就是對強國加速競爭能力，對弱國伸展剝奪魔掌？如果真是這樣，將來中國是否會成爲威脅世界和平的禍源呢？最近在國內外的中國(和華裔)知識分子中都坦率而公開地討論這一課題。固然我們不必講得太露骨。所謂"黃禍"確是反映了歐洲中心主義的思想。可是，我們能否說一個時代的興起，即太平洋時代的興起可以沒有任何指導思想，沒有任何價值體系，沒有任何遠景，對於人類的各大問題沒有任何提案，只是用摸著石頭過河的方式，以達到中國富強的目標爲終極關懷呢？假若中國通過各種不同的、複雜的競爭渠道，把歐美所代表的發展典範靈活運用，在國貿方面大展宏圖，我們就能心滿意足嗎？拿破侖擔心中國這條睡獅的怒吼，這當然是歐洲中心的憂慮，但站在中華民族的立場，我們不能深思熟慮作爲醒來的巨人，我們對人類前途的觀點和責任是什麼？

　　最近，中國大陸官方提出一個很響亮的口號，我對這個口號基本上沒有什麼批評。但是仔細分析，中間的問題很多。這個口號就是，要把中國建設成一個具有中國特色的社會主義現代文明大國。這個口號中有三個符號特別值得我們注意：一個是中國的；一個是社會主義的；還有一個是現代的。很明顯，這三個符號有實際的內容。所謂中國的，就是以儒家傳統爲主的中國文化；所謂社會主義的，就是馬列主義思想。到底毛澤東思想的情況如何，我到現在仍搞不清楚。最近，北大對於兩座非常龐大的毛澤東像，用爆破的方法把它毀掉。不管怎麼樣，北京當局認爲中國還是要走馬克思、列寧所代表的路線的。所謂現代的，就是部分接受西方的東西，所謂市場經濟也罷，資本主義的管理也罷，科學技術也罷，自由人權、民主制度也罷。這個口號希望的

是最好的結果,即把傳統的、現代的、東方的、西方的所有精華
都能夠充分發揮。這是冠冕堂皇的口號。但是,如進一步分析,
就會發現它在意識形態上走到了一個十字路口。在這個十字路
口,蘇聯的模式已經不能再用,已經過時了。但是,要把蘇聯的
模式徹底揚棄和摧毀困難度極大。因爲在中國,包括現在的大學
制度,仍然是蘇聯的模式。對西方的模式又不願意採用。用東歐
的模式,不管是南斯拉夫還是羅馬尼亞,現在看來根本不行。對
比較先進的東亞模式,即所謂日本模式,南韓模式,臺灣模式,
新加坡模式,中國是否列入考慮的範圍了呢?我看也還沒有。所
以說,它現在處在一個十字路口。

　　困難的地方是什麼呢?困難在於,大陸要引進西方的東西;
而真正發生影響力的西方不是現代西方,不是我們現在在課堂上
講的現代精神,而是歐風美雨式的比較浮面的東西。對於傳統,
在中國的一般年輕人心裡所理解的,也不是我們現在課堂上所講
的孔孟之道,而是所謂封建的東西,也就是"醜陋的中國人",
是醜陋的中國人所體現的各種歪風。而所謂社會主義的路線,也
不是馬克思、列寧所代表的理性的社會主義,而是斯大林式的專
政,集權主義。所以,真想把神州大地建設成有文化、有理想的
現代文明大國,談何容易?西方這條路線不可能走得通,中國的
傳統又無法充分繼承,那它自己的立國精神、立國的方針能不能
繼續,都是問題。所以,由於中國大陸這個未知數,使得我們現
在還不敢講太平洋地區將代表什麼意義。

　　可是,有兩個情況是以前沒有想到的,而現在看起來卻很容
易理解。五四時代,人們認爲西化就是現代化,只有這一條路可
走。因此,在各個地方對西化或現代化進行反思的時候,基本上
接受的是西方的一些理論範疇;即使沒有辦法落實,還是勇猛精

進求其必成，因爲別無發展途徑可尋。現在出現了另一種可能性，即西方當時所代表的一元發展模式，已逐漸轉化成爲多元發展模式，資本主義也不僅僅是一種類型的資本主義，有關係資本主義以及其他一些不同模式的資本主義。這是在五四時代無法想象的。這一現象說起來十分有趣。正因爲西方的模式被本土化，所以，它的有效性和局限性都充分顯露出來了。因此，批判它的時機也已成熟，這種可能性已經成爲現實。在五四時代，即便有強烈的意願，要跟西方路線決裂，在思想上、感情上都是無法做到的。正如列文森所說，在感情上排拒西方，但是在理智上非接受西方不可。因此，在感情上所排拒的和在理智上所接納的，造成了很多的緊張、衝突，與矛盾；而且在理智上所排拒的和在感情上所接納的，是膚淺的、工具性的結合。現在出現了嶄新的情況爲我們提供了面對現代西方文明進行深層反思的優越條件，放眼二十一世紀，中國應走哪一條路？看來西方化、蘇聯化，乃至東洋化都無可能，也沒有必要；但是具有中國特色的現代化途徑必須吸收資本主義，社會主義，以及既非資本主義或社會主義又是資本主義和社會主義的工業東亞的發展路線。

　　另外一種情況，也是五四以來完全沒有想到、也沒有辦法認識的，即以前所有對中國問題進行的思考，都是在中國的核心地帶出現，從核心地帶影響到邊陲，從邊緣地帶來影響核心地帶的例子雖然屢見不鮮，但很難形成主流。最近十幾年，很明顯的，講思想發展的動力，海外學人所提出的問題，常是激發國內知識界進行文化反思的動因。這是從1980年代以後才出現的情形。海外思想直接影響內地，意味著西方文化，即以歐洲中心主義爲特質的現代文明，經過了一個中介，即海外的學者，慢慢地滲透或猛烈地撞擊到中國大陸。這個過程，非常複雜。以前，大陸思潮的真正動力不是外來的，外面對它基本上沒有任何影響。在中國近代發展過程中，在商業等方面的很多新興的思想都出現在邊陲地帶，特別是廣州。但是文化動力基本上是在北京，或許也應當包括武漢及上海。可是，近三、四十年來，海外對中國文化的思考和反省，在不少方面超出了中國本土。這樣一來，歐洲的思想，美國的思想，通過海外的中介直接對國內的意識形態提出了挑戰，發生了很大的震撼。這個變化，在中國歷史上沒有過。因為有了這個改變，所以新的思想的激盪出現了。這個新的思想的激盪出現以後，很可能將五四以來的古今中西之爭提到另一層次。

　　由於以上兩種情況的出現，使得現在(1980年代)大家對問題的討論有了很大的改變。這個改變的出現，可以從三個脈絡來理解。第一個是中國本身的問題；第二個是東亞的問題；第三個是太平洋地區的問題。1982年，在新加坡討論到儒學能不能有進一步發展的可能性時，我做了一個初步的構想，認為儒學有沒有進一步發展的可能性，要通過四個途徑。這四個途徑，每一個都十分艱難，也許一個也過不了關。第一個途徑是從思考的模式來設想這是一個什麼問題。簡單地說，為什麼這是一個值得深思的哲學問題？為什麼這個哲學問題還有強烈的現實意義？在軸心時代出現的精神傳統多多少少都還有生命力。現在沒有人懷疑，放眼二十一世紀，基督教到底有沒有生命力？回教到底有沒有生命力？印度教到底有沒有生命力？佛教到底有沒有生命力？但是一提到儒家傳統就不知何以回應。有的人甚至說，如果它還有生命力，我們有責任把它斬草除根；有的人則說，它好像還有生命力，但是在什麼地方我不知道；有的人說，我希望它有，但現在看起來不怎麼行了。這難道不是大家應該關切的問題嗎？但是，關切什麼？是不是因為民族感情，因為儒家傳統以前發生過很大的影響，現在就一定還要有影響？埃及文化以前曾發生過很大的影響，今天早就博物館化了。我最擔心的是，有人認為儒家傳統沒有現實的相干性，因此和今天中華民族的日常生活沒有關係。所以，我首先要提出的是，這是什麼問題，和我們(國內外關心民族文化前途的知識分子)對自己當下文化傳統進行反思時的存在聯繫是什麼？這是第一個必須討論的課題。

　　第二個必須討論的問題是實際的問題。這個問題要社會學家、人類學家以及各種不同的學者通力合作。對於儒家文化區的政治文化的實際情形乃至道德倫理價值，要分開來研究，不能統而論之。要做臺灣的研究，日本、南韓、新加坡、越南以及其他華人社會的具體研究。當然，儒家傳統在中國大陸的情況是不是如一般哲學家說的是文化心理結構或其他生存結構的問題，或者類似的所謂堅忍、勤勞、儲蓄等等民族性的問題呢？很多的具體的、實際的課題，在不同的社會即有不同的表現。這是非要具體分析不可的。現在，這類研究在臺灣剛剛開始。我覺得楊國樞 6 等幾位先生做的工作非常有意義。中國大陸現在也開始了。這種情況很有趣。現在問卷調查在中國大行其道。大學生到處調查各種不同的價值取向。當然研究方法目前還欠精確。有人研究現在大學生中到底有多少現代人，有多少傳統人；多少人是從農村來的，多少人來自城市等等。這類調查提出的問題非常有趣，如對傳統的一些看法，對婚姻、家庭、國家的種種觀點，問卷安排得很巧妙。所以，你不僅可以看出一般的動向，也可以看出來自都市的人和來自農村的人的區別。

　　第三個要通過的途徑很有現實意義，也是很難理解的課題，

---

　　6 楊國樞，1932年生。臺灣中央研究院研究員。著有《心理學》、
　　　《心理與教育》等。

即這種思考對於中國大陸的意識形態的作用如何？中國要實現現代化，那麼中國的文化傳統在這個現代化的過程中，可能扮演的角色是什麼呢？它的意義何在？這個課題也不是隨便可以解答的，也要通過非常實際的調查和研究。對於這個課題，我覺得大家都愈辯愈勇猛，愈辯愈上勁，好像形成了打倒傳統和回歸傳統兩大陣容。如果要作進一步的分疏，最值得探索的還是黑白之間的灰色地帶以及各種其他光譜。

第四個課題是到底這個傳統能不能和其他軸心文明的傳統進行對話？當然，儒家的傳統能夠發展，跟佛教有很大的關係。沒有佛教在中國的播種，生根，開花，結果，就不可能有宋明儒學的發展。那麼，和基督教的關係呢？有一點很值得提示：中國主流知識分子即便是長期宣傳全盤西化的極端派，同時又多半是反基督教的。這類例子在五四時代屢見不鮮。五四反基督教的情緒和全盤西化的情緒一樣高昂。當然，那時是因為科學主義掛帥而反基督教，認為基督教已過時了，後來受共產主義的影響，把基督教在中國的傳播貼上文化侵略的標籤，定罪為文化帝國主義。但是，如果要真正了解現代世界，我們就會認識到，了解西方而不面對基督教文化是不可能的。而基督教是不是就是西方的，這本身也是個非常有趣的問題。佛教呢？佛教不僅僅是印度的(印度信佛的人還不多)傳統，還是中國的、東亞的、西藏的，同時也是加利佛尼亞州的傳統。儒家傳統作為中國文化的主流，有沒有面向對世界的可能性呢？

只有等到以上的四個問題都展開討論，才可以問儒家有沒有進一步發展的可能性。我的基本觀點是(這是我開始時就提到的)，一定要接受現代西方文明的挑戰。這是一個前提。如果說儒學要有發展，即使不說好幾百年，至少也得幾十年。我曾經舉過這樣一個例子。如果說中國文化真正地吸收了印度文化的佛教，而長期使佛教成爲中國文化的組成部分，這當然是好幾百年的文化事業。從公元前大概一世紀左右，經過魏晉，一直到隋唐，佛教才逐漸發展到顛峰狀態；而且深入民間，弘法的道場無所不在。所以，今天用中文書寫的佛教經典已經超出了梵文經典。我們現在不能想像中國文化面對西方文明的挑戰，能否把西方文明內化，成爲中國文化的一部分。然而，這個工作如不做，中國文化就沒有進一步發展的可能。這是一個長期的任務，我們現在還只是一個開端。有了這個開端，要到何時何地用中文所書寫的西方文化資料可以跟英文、法文、德文、西班牙文、意大利文相比？但是，很多人認爲，中國文化要把西方文化內在化、本土化，這個可能性實在太小了，結果只能是中國文化的西方化。如果是這樣的話，將來用英文、法文或其他文字所表現的有關中國的資料，可能要比用中文掌握的有關西方的經典多得多。無論我們的民族感情如何，這都是一個值得認真考慮的問題。

　　就我自己的感受而言，如果儒家這個傳統，面對西方的挑戰沒有創建性的回應，它就沒有發展的可能。這個創建性的回應是多層次的，至少應該分三個層次：一個是宗教的層次，對基督教所提出的問題有沒有創建性的回應？然後是社會的層次，對馬克思和各種不同的民主制度、不同的社會思潮有沒有創建性的回應？有沒有代表中國特色的民主制度、具有中國特色的政治體系、具有中國特色的經濟結構、具有中國特色的社會結構的出現？還有一個是心理的層次，即能否對弗洛伊德的各種心理問題作出回應？1982年我們提出這個設想的時候認爲，最好有十年的時間，或者二十年的時間，大家分頭做工作，從各種層次進行思考，看看到底臺灣的情況如何，香港的情況如何，新加坡的情況如何，有了這種經驗事實的積累，再看大陸的情況如何。然後再談儒學和基督教以及其他文化的對話，慢慢再設想有關經濟發展的問題。大概幾十年以後，如果按照我們的意願的話，對這個問題就會有較全面的掌握。沒想到三、五年之間，前面提到的四個途徑的問題都同時出現了，到處都在討論，都在辯論，而且深入到各個層面。因此，帶來了一種錯覺，認爲儒家文化和工業東亞的興起有很密切的關係。甚至有些人認爲，在中國大陸提出儒學的問題，基本上是對馬克思思想的挑戰，就是想以儒家的道德理想主義取代馬列的思想。這個問題提出來以後，當然十分敏感，因爲有政治含意。意識形態在大陸是一個非常嚴肅的課題，要比臺灣敏感多了。總之，有各種完全沒有預期到的反應。

我們在進行儒學發展前景的討論時，曾有人提出，要使儒學在中國大陸這種複雜的環境中還能被一般人所重視，至少應集中探討如何跟大陸目前政治文化中具體情況銜接的問題，最好是找到儒學和馬克思思想的結合點。這不僅是策略，而且，長期發展下來，馬克思主義就會中國化。所謂中國化就是儒家化。這是必經的過程。但是，從策略方面看，我覺得這並不是很好的策略。在這方面，我基本上接受方勵之他們的觀點。因爲，一種思想一旦變成官方思想，就會成爲僵化的教條，那就變成了沒有說服力的東西；而它的本身形象也會從內部腐化。所以，這從策略上講這是下策。但是，從理論思維方面來看，儒家傳統和馬列主義的比較研究還是值得考慮，值得從長計議的。我現在有這樣一個感覺：馬列思想能夠進到中國，在很短的時間內變成正統思想，而且發生很大的作用，這個事實是不能否定的。這一現象，從歷史的原因來看有兩個側面：一方面是純粹西方的，另一方面是反對西方的；一方面滿足了中國知識分子認爲救中國的意識形態必須來自西方,另一方面又滿足了知識分子一定要打倒帝國主義、列強,發揚民族精神的願望。這兩個意願的結合,使得馬列思想在中國大行其道。但是,另外一點,從結構上來說,是不是馬列這個傳統和儒家思想有很多相契的地方。這是值得討論的。我認為,其相契之處表現在:其一,它們都是想要改變世界,而不是僅僅來了解世界的;其二,它們都是全面的、整合的意識形態,各個方面都可以包容在內。當然還有理論與實踐的結合,平等思想,塑造人格,突顯道德意識,強調責任倫理等等。

經過這些思考,大家可能已經意識到我們現在可以比較真確地回答最初提出來的問題了:即能不能在二十世紀,放眼二十一世紀,面對這些重大的思想挑戰,基於儒家傳統而進行反思?這種反思不僅有哲學的意義,也有現實的價值。我不知道現在是否已經有了這種條件。我想,可能性一定有,但是不是真實的可能性還難說。我們不需要一廂情願的可能性,而是希望真實的、在理論上站得住、在實際上又有一定說服力的可能性。那就需要創造。這個創造,我覺得非常艱難。所以我覺得,現在的大問題是,聰明才智之士(這有點發牢騷)把力量集中在不需要很大的聰明才智即可得心應手的工作上;而這一需要極大聰明才智的工作,不僅有聰明才智的人不肯來,而且即使來了也自認倒霉,要逃還來不及。這是一個非常嚴重的反常。

舉一個簡單的例子。在我看來,不需要很高的智能就可以達到一定能力的是醫學。這無論在以前還是現代,確實不需要太高的智能。而且再聰明,經過一般的科班訓練以後,能發揮的能力就是如此而已。同樣的病例,你開了一千次刀,變不出什麼花樣來。所以,很多醫學界的人(美國、中國及各地都一樣)到了相當的程度,即中年的時候,一定不滿足現狀,他們一定想發展第二個嗜好(牙醫例外,牙醫碰到的考驗不純是技術性的問題)。於是,很多醫生變成第一流的音樂家、小說家等等。現在醫學界所吸收的都是聰明才智之士,而醫學作為一個學科,它所需要的天分基本上有限。所以現在的醫學院常常說,我們不要找太聰明的人,我們要找比較穩重、比較四平八穩的人。因為,聰明才智的人會把醫學搞得有點手足無措。但是,哲學或歷史是真正需要才智的。再聰明,再有能力,再能掌握各種不同的語言和信息,面對哲學或歷史的大傳統,仍是無知無能的幼童。

以前在美國,最聰明、最有天分的人基本上是在醫學界等,現在有了很大的改變,有好多聰明才智之士向哲學、歷史轉進。當然這個情況還沒有完全改變。現在在中國大陸,真正傑出的年輕學人大多在中文、外語以及法律、企業管理、外貿等領域而學哲學、歷史的智商急速下降。受到這個情形的限制,隊伍很難組成。很難想像,研究法國的歷史,最好的學者不在法國;研究英國的歷史,最好的學者不在英國;研究美國的歷史,最好的學者不在美國;研究日本的歷史,最好的學者不在日本。例如,有的法國學者通過比較文化的理解,對美國學術界的一些問題,如美國的民主制度的研究,可能是最好的;對法國革命的研究,最深刻的是英國的學者;對美國的黑白問題分析得最好的,是瑞典的學者。這種例子雖然很多(因為你可以通過比較研究,對某一個文化有較深刻的理解),但是,一個真正有學術傳統而且知識的生命力旺盛的現代文明,絕不會放棄對自己傳統解釋權,而且,擁有這種神聖權威的學人在國內一定受到尊重,譬如日本的"國家財"就是很好的例子。這不是狹隘的、心理學意義上的民族自尊。但是,這個解釋權必須通過長期的積累性的思考,才可能擁有,才能保證實效。

　　五四時代的中國，絕大多數的聰明才智之士都究心於文化事業。那時比較重要的人物，不管是蔡元培還是傅斯年，更早一點的像李大釗、陳獨秀等等，基本上都是屬於文化工作者。其中有很多人以前是學醫的，後來也轉到文化方面來，如魯迅。可是西南聯大以後，許多聰明才智之士都去學科技，要用科技救國。所以，後來科技方面的人才特別多。目前美國的很多有名的華裔科學家，多半是西南聯大以後到美國學習的，他們在國際學壇作出了驚人的貢獻。現在中國知識界的景況很不好。在這種情形下，要知識分子爭取解釋權，是緣木求魚。這個情況也許會持續相當長的時間。現在有兩個很大的動力，一個是經濟，一個是政治。經濟有實際效益，政治有權力。這兩個領域象徵著富和強，所以吸引了許多聰明才智之士。但幸好能夠對經濟、政治進行深層反思而沒有被捲進去業商從政的還是大有人在，他們安身立命之處是從事學術研究和知識探討。

　　在中國大陸的特殊條件下，出現了一個非常突出的情況，就是在文化界最有影響力的是文學家。在這個領域裡，人才不能算少，但是知識的寬度和思想的深度仍不夠。大陸和臺灣的學者都有這個問題。我們文學家的思想性比較薄弱，反思的能力不夠。所謂反思的能力不夠，就是缺少一種群體的批判的自我意識。因此，完全是感性的。有些行為使我感到心裡難過。中國大陸一大批的作者，老的和年輕的，環繞著瑞典國家諾貝爾獎金的主持人，質問他為什麼不給中國諾貝爾文學獎。我相信他們的義憤是真誠的。但給了以後是不是馬上會改變整個結構呢？我想是不會的。再有十個諾貝爾獎擺在面前，也不能提供水平。也許巴金應該得到，也許應該在沈從文逝世前頒發給他。但是很明顯，他們作品的深度和思想性都不夠。歐美、日本也有這個問題。而中、南美的作家，因為他們從解放神學的角度，從很多其他的精神文明的角度出發，對一些問題進行了相當程度的思考，因此獲得了很大的成就。

再回到原來的課題。要討論儒家的傳統，尤其是面對現代世界來討論儒家的傳統，這並不是少數人可以完成的事業。我以上提出的幾個課題，基本上只是把問題提出來，只點題，離擊中其要害還隔了幾重公案。但課題的提出本身就已經非常困難。所以，我分了幾個渠道，開始先討論韋伯、柏深思以及哈伯瑪斯等面臨的問題，從這個角度來看西方文化的挑戰。再進一步，談到為什麼儒家傳統這個問題現在又提上了日程，值得討論；為什麼傳統和現代化能夠聯繫起來。這樣，就導引出儒學第三期發展的前景問題。我希望不要引起誤會。有很多人說是我首先把這個問題提出來的。其實，三十多年前，至少二十多年前，很多學者就已經提出來了。陶希聖先生他們的〈中國文化本位宣言〉上講得非常清楚：第三期就是除了先秦、兩漢以及宋明到清以外，從五四以來儒學能不能進一步發展的問題。這個問題非常重要。我所做的是，問題提出來以後，再把它擺到軸心時代的文明以及各種不同的文化思想的多元傾向下，看它有無進一步發展的可能。

第八講
儒教中國及其現代命運

　　這個題目應該擺在括弧裡面。因為這是借用列文森的一套比較有名的書，叫做《儒教中國及其現代命運》(*Confucian China and Its Modern Fate*)。此套共有三冊。列文森寫了大概前後十年，是對儒家傳統進行比較全面的反思後所得到的結果。這本書在1960年代的初期就出版了。列文森先生在1969年還不滿五十歲，因為急流翻艇意外喪生。這本書從1960年代開始，就已成為美國學術界討論儒家傳統的重要參考資料。書裡的觀點雖然是列文森個人的看法，但這些觀點在當時就很有說服力，而且長期在美國學術界特別是中國思想史研究的領域裡發生極大的影響。所以，我特別用這個題目作為我這次探討的課題。

　　在前面幾講裡，我討論的基點是現代精神。我首先是從軸心時代的涵義這個課題起步的。軸心時代的不同的精神文明的出現，包括印度教、希臘哲學(特別是蘇格拉底以後的哲學)、希伯萊的傳統(特別是猶太教第二次聖殿的傳統——把一元上帝超越外在提出來的傳統，以後發展成基督教的傳統、回教的傳統)，以及中國的儒家和道家的傳統。這些傳統，特別是希臘和希伯萊(大陸學者叫做"兩希")，導致了西方文明的發展，包括了從文藝復興到啓蒙運動的發展。所以，爲了了解現代精神，我們必須溯源到現代西方的源頭。它的一些基本的精神，也就是猶太教和基督教的宗教傳統、希臘的科學民主傳統、羅馬的法律制度、政治傳統。必須指出，這些傳統不是靜態的歷史現象，而是動態的生命世界。因此影響到中世紀以後的文藝復興，乃至啓蒙運動。而啓蒙運動所代表的西方精神，雖然導源於兩希和羅馬文化，但它卻有自己的生命力，也就是以動力橫絕天下的發展態勢。這也就是一般學者所謂的浮士德精神或普羅米修斯精神。我有一位同事，大衛・蘭德斯(David Landes)，在討論西方近代發展的動力時，特別提到 Prometheus Unbound (解脫的普羅米修斯)，用這個觀點來了解動力橫絕天下的現代西方。

然後，根據現代文明的問題，我先討論了韋伯有關資本主義興起的理論。但是在討論韋伯的時候沒有集中於韋伯如何了解現代文明的課題，而是把韋伯當作比較文化學家來了解西方的特色。所以，討論韋伯的時候，也把韋伯研究中國、印度、早期基督教，乃至想要研究而沒有研究的回教等等這些問題提到日程上。從韋伯所討論的資本主義的興起追溯到所謂現代西方的動源這個課題。

然後，我也討論到柏深思心目中的現代化(現代化這個詞是1950、1960年代才出現的，以前只有西化這個觀點，亦即從結構和功能主義來理解現代化)，他繼承了韋伯、涂爾幹乃至弗洛伊德的思考途徑，從而建立了他自己的"行動論"。這個行動論在解釋力和說服力方面均有不可抹殺的價值。在介紹這個理論的時候，我特別指出，柏深思所提出的觀點事實上是對1950、1960年代美國式的現代化的一般陳述。根據柏深思的理路，現代化不僅僅是西化，更具體地說是美化，是把美國的現實當作第三世界將來勢必如此發展的理想。因為越戰乃至學生的抗議，美國很多自由主義和左翼學者對柏深思的這種提法進行了激烈的批判。美國的新保守主義和極端主義也對柏深思所說的現代化作了嚴厲的攻擊。另外，歐洲的學者，特別是從結構主義、解構主義以及後現代主義的角度，對柏深思的現代化理論那就更是橫眉怒目痛加鞭撻了。這些批評，有些是非常嚴謹的，有些則是情緒的反應。

面對這些批評，德國思想家、法蘭克福學派的重要學者哈伯瑪斯建構了他的"溝通理論"。這也是立基於韋伯、柏深思的理性主義而作的進一步發展。我對他的一些觀點只作了初步的介紹，而且很明顯地對他的觀點是採取了比較同情了解的取徑。之所以同情，是不是由於他的觀點和儒家的傳統有相同的地方，這我現在還不敢講。因為，到底對儒家的傳統應該怎樣去理解，將來儒家傳統的進一步發展可能會出現什麼問題，這些現在都還只是我們思索的對象，並沒有一定的結論。接著，我討論到現代主義的挑戰。在這個課題下，我提出了人類存在困境、西方理性主義的限制，以及需要對猶太教和基督教傳統作比較全面深入的理解。

最近，我到香港去開了一次會，重點是基督教和儒學的對話。我很榮幸地碰到很多第一流的基督教神學家，也有不少從臺灣、香港、新加坡等地來的基督教神學家。還碰到了不少我以前認識的、常常進行學術討論的、對東方文化很有興趣的基督教神學家。在這次學術討論會上，北京大學的湯一介先生[1] 提交了一

---

1 湯一介，北大哲學教授，專長魏晉道學和中國傳統哲學。著有《郭象與魏晉玄學》、《魏晉南北朝時期的道教》、《中國傳統文化中的儒道釋》等。

篇對中國傳統哲學批判的文章，題為〈內在的超越〉。他認為，儒家的內在超越一定要接受西方外在超越的挑戰，而且，一定要開出外在超越的一面，也就是法律、制度、政治、乃至宗教的外在超越，才能補儒家內在超越的不足。

除了這個內容非常豐富、非常複雜的基督教傳統以外(當然，基督教傳統到馬丁‧路德有一個很大的轉變，到喀爾文又有一個意義深刻的轉變，這才為現代西方文明精神的出現創造了條件)，另外值得我們注意的是西方科學精神和基督教傳統之間的複雜聯繫。我們都知道，牛頓是第一流的科學家，但是牛頓自己卻認為他最努力進行的工作是神學。他大半的時間是在做證明上帝存在的工作，雖然他在科學上有很大的成就。當然，更近的例子是愛因斯坦。愛因斯坦是一個非常虔誠的猶太教徒，他甚至不相信量子力學，不相信上帝會用或然來建構世界。這是他的局限。猶太教及基督教傳統不僅與西方的科學精神有聯繫，而且與西方的民主制度，以及(在韋伯看來)與西方資本主義的興起，都有密切的關係。這一點是值得我們注意的。

另外，希臘傳統所代表的理性，也就是理性思維特別是邏輯數學，以及後來經過培根發展出來的實驗科學，這兩者的結合成為具有西方特色的科學精神。托馬斯‧庫恩(Thomas Kuhn)從文化心理的各個角度出發，認為西方的科學發展是一個文化現象。所以，有人提出，不同的文化應該有不同的理智思考，不同的科學精神。甚至有人提出具有中國特色的科學精神，認為它沒有表現在物理上面，而是表現在醫學上面。這是很可爭議的。但是我們現在所了解的科學傳統基本上是西方的，沒有中國的天文學、物理學、化學(當然有中國的文學、藝術)。所以，站在比較文化的宏觀立場，西方式的科學當然是中國所缺乏的。這和傳統有著密切的關係。西方的民主制度也是從希臘文明中開拓出來的。這個民主制度特別配合了羅馬的法律和程序政治的模式，以後經過中世紀才逐漸發展出人權、自由乃至個人主義、隱私權，等等。這也是中國所沒有的。這是西方的特殊貢獻。

因此，要了解西方，不能只從實用功能的立場、從科技和企業管理著手，必須追溯其後面的精神源頭。我希望大家不要誤會我的提法，以為現代精神出了毛病，要大家來補救。這樣的理解很有歸約主義傾向的意味。其實現代西方文明事實上已經變成人類文明的共同傳統。從發生學來講，它可能是通過船堅炮利打到東亞來的。所以有著很強烈的民族主義的人不免義憤填膺地表示，這不是我們自家本有的，是硬塞進來的，要把它嘔吐出去。但是，它進來以後，經過一個世紀以上的發展，已經成為我們文化生命的一部分，可以說是組成部分。這是人類的公產。我們可以從不同的角度來理解它，乃至批判地理解；但是要全盤地否定它，不僅不可能也沒有必要，而且根本不健康。它確有積極的一面。我覺得，所謂以西方為典範的現代精神，為人類開拓了很多的價值領域，不僅是科學、民主而已，還有美學的、倫理的、宗教的，等等。這些價值，任何一個現代人，無論他是否喜歡，多少都會受其熏陶。如果有人問，有沒有世界語言，也許麥可‧傑克森(Michael Jackson)的音樂就是世界語言。它不僅僅在莫斯科受到很大的歡迎，而且在東京和其他地方也一樣。這個當然是一個很浮面的現象。但是，很多西方開發出來的價值領域逐漸變成人類文明的共同財富，這個提法應該不會引起很大的爭議。

可是這個文明也把人類帶到自我毀滅的邊緣。這是有目共睹的事實。也就是說，受到西方文化塑造的人，是不是一個能夠繼續生存的實體，已經出了很大的問題。我曾提到，不管從核戰、環境、生態、資源等各種角度來看，這都是一個極其嚴肅的大問題。有人說，現在很多年輕人，特別是美國的年輕人，至少百分之四、五十對人類文明的前途是抱著極度悲觀的態度。這個情形很令人憂慮。這一次我在香港開會，也討論到大陸的問題。大陸二十歲的年輕人的主要思想動向是虛無主義，對這個世界將來走哪條路抱著極大的懷疑態度，所以，盡量在有生之年多享受。我剛剛到美國去的時候是1962年，那時因為古巴危機，大家感到超級大國要火拼，所以很多年輕人對長期的文化工作興趣非常淡，對於感性的、刺激性的玩樂興趣特濃，很怕在核戰開始以後喪生。這個情況和西方文明是有著密切關聯的。

還有一點我沒提到，至少沒有明確解釋，即所謂現代主義作為一個文學運動、藝術運動、建築運動，基本上是批評現代化的，跟現代化直接衝突的。這種思潮反理性，注重人的感性、直覺，和後現代主義是同樣的一個潮流。而在東方，尤其是在中國五四以來所發展的現代主義，是為了理性、科學、西化而創造出來的意識形態。所以，中國的現代主義就是遵奉科學的、自由的、民主的、人權的。這和西方現代化過程中所湧現出來的反潮流的現代主義大不相同。到今天為止，中國代表現代主義的思想多半是科學主義的、理性主義的、現實主義的，和西方所謂的現代主義(modernism)正好相反。因為這個原因，一方面西方現代精神為我們開拓了很多價值領域，以前不能想像、夢想的，現在變成了事實：自由度提高了，選擇性增大了；但另一方面，由於我們所處的社會真正變成了地球村，也把人類帶到了自我毀滅的邊緣。我們在對自己的文化傳統進行反思的時候，這是一個背景了解。不要忘記這是現在東西南北任何人都必然碰到生存的困境，不僅是中國人、東亞人，也是美國人、德國人、意大利人所面臨的生死關頭。

所以，我想在對儒教中國及其命運進行反思的時候，不僅僅站在一個中國人的立場。當然，我是一個文化意義的中國人。但是，在對這個問題進行反思的時候，我的立場和我前面從軸心時代來討論現代文明的運思層次是一樣的。因此，我能同情地了解列文森。

列文森的挑戰

列文森是一個虔誠的猶太教徒，同時對西方，特別是文藝復興以來的思想有非常深刻的理解。他也是一個傑出的中國學研究者，一位從來沒有到過中國的漢學家。在他那個時代是不能到中國的。他最早是和梁啓超進行對話，從任公的心態來了解中國人的現代心靈。他的博士論文就叫做〈梁啓超及現代中國的心靈〉(Liang Ch'i-ch'ao and the Mind of Modern China)。列文森這條思路在西方學術界影響相當大，即從了解梁啓超來了解現代中國知識分子的心靈，從了解中國知識分子的心靈來了解儒教中國的現代命運。所謂"儒教中國"不是說儒教就是中國，而是說以儒家爲特色的中國。當然，中國也可以道家、佛家或其他文化爲特色。

我到美國後不久受到比較大的震盪就是列文森的觀點。那時我基本上不同意，覺得要批評。當時在哈佛唸書的幾位同學，包括比我高兩、三屆的張灝和從芝加哥前來訪問的林毓生，每一個星期總要談三、五次，覺得應該對列文森的觀點進行批判地理解。但我當時覺得問題很大，說十年不一定能做出反應。張灝說，不要自暴自棄，三、五年就夠了。林毓生說，大概三、五個月就解決了。張灝居然試作了反應。他有關梁啓超的博士論文後來在美國發表了，基本上是對列文森觀點的批判。即便如此，我們並沒有把列文森的觀點徹底重構。最近十幾年來，不僅列文森的觀點在美國仍然有很大的影響力，在中國、東亞也有很大的影響力。所以，這個問題是一個很嚴肅的問題。我那時認爲十年可以解決是比較樂觀了一點，結果過了二十年，這個問題依然存在。很多港、臺及大陸學者對儒家的理解還沒有超出列文森的水平。

列文森所看到的梁啓超所碰到問題和中國所碰到問題，基本上也是他所接觸到的五四時代思想界知識分子所碰到的四大問題。上海的一位學者馮契[2]，這是一位思考能力很強、對中國問題提出了相當突出的見解，但是國外對他不很熟悉的長者。他說，五四以來中國知識界所碰到問題叫做古今中西之爭，就是傳統和現代、中國和西方的問題。亦即如何繼承傳統，如何引進西方文明之類課題所引發的爭議。列文森在研究梁啓超以後作了一個評斷，說梁啓超對傳統有各種感情的牽連，對西方是理智的認同，這是梁啓超作爲當代中國知識分子的困境。這個表面上看起來是很容易理解的。面對西方，各種不同的傳統、特別是儒家的傳統，在梁啓超心靈裡引起了很大的震盪。但他不願意拋棄在感情上和他有千絲萬縷聯繫的傳統，特別是第一次大戰結束後到歐洲旅行，看到西方的沒落，使他對傳統的感情更深。但同時，他又跟業師康有爲大不相同，他提倡共和、新民，基本上對西方有一個強烈的理智認同，認爲中國非要靠西方文化才能脫胎換骨。這樣，理智的認同西方和感情的迷戀中國造成他對中國傳統的理解和分析不能提到一個非常高的層次；而對西方理智的認同也不能真正了解基督教和西方現代文明的複雜關係，不能了解浮士德

---

2 馮契，1915年生。華東師範大學哲學教授，專長認識論、中國哲學史、邏輯學等。著有《中國古代哲學的邏輯發展》(三卷)等。

情結所體現的具有爆炸威力的西方精神。換言之，我們所熟悉的正是我們決定拋棄但卻不忍拋棄的，而我們極生疏的又是我們刻意獲取但卻無法獲取的。所以，兩方面都落空了。列文森的這一觀點，可以說是用心理歸約主義來分析當代中國的一個結果。

在列文森看起來，這個矛盾的心理在中國知識分子群中是一個普遍現象。梁啓超是中國第一流的知識分子，梁啓超在所不免，其他人等而下之就更不能解脫了。列文森認爲，中國和西方在文化上的攻守之勢有一大消長。他舉了一個例子，很有意思。

當年利瑪竇到中國來傳教，從廣州開始到北京，十幾年中真正把中文掌握，而且，古代漢語相當好。他的《天主實義》所運用的文字(當然是有人幫他修改了的)相當高明。最近有人把它翻譯成英文。從他的思想各方面來看，他對於傳統的中國文化，尤其是儒家文化有相當深刻的理解。所以，在十七世紀的上半葉，從1610-1660這五十年，以耶穌教會所代表的天主教在中國大行其道。中國的第一流學者像李之藻、徐光啓等都接受了天主教的洗禮。法國學者傑克・坎內爾(Jacque Gernet)最近寫了一本關於這一儒耶交通的書[3]，對當時在語境中出現的困難作了鞭辟入裡的分疏。但是根據列文森的說法，那個時候利瑪竇爲了要把基督教的訊息傳到中國，一定要學儒學，了解儒學理論體系，用儒學的語言把基督教變成中國式的。這樣才能向中國的士大夫進行傳教和交通。結果是，中國的語言沒有變，基督教進來以後，使得中國語言的詞彙增加了；中國人思考的文法沒有變，基督教進來以後，使得中國人思考文法的運用更純熟了。這樣，中國以儒學爲主的主流思想融解了外來的基督教思想。這是非常明顯的。

---

3 參見《中國與基督教的影響》(*China and the Christian Impact: A Conflict of Culture*, Cambridge, 1985.)。

　　但是，到了梁啓超的時代，即使要說明中國文化還有生命力，還有價值，也一定要用西方的範疇來說明。當然，中國也有自己的民主精神，比如孟子的民本思想；中國也有自己的科學；雖然沒有西方的理性主義，中國也有自己的合情合理的傳統。用西方的範疇來格義，來說明中國文化還有生命力，這意思是說，文法變了，語言變了，思考的方式也變了。而且這個變是質的變化，不是量的變化。

　　這是兩種不同的語言環境。以前是用自己的文法、語言來消化外來的文化；現在是用外來的語言、文法來助長自己的威風。這是一種認同的破裂。列文森分析這個問題時用了兩個常識性的二分法(現在這些常識性的二分法都出了毛病。儘管如此，我們還常不自覺地運用，尤其是在中國文化區，它還有很大的說服力)。一個是傳統和現代的絕然二分，是傳統的就不是現代的，是現代的就不是傳統的。所以，傳統到現代是一個斷裂。現在還有很多人堅持這個看法。另一個是歷史和價值的二分。這在我看起來是很奇怪的。難道歷史就沒有價值，價值就不是歷史了嗎？但他用得非常巧妙。他認爲，有一些歷史的累積陳跡，還有一些尙有生命力的價值，這是不能混爲一談的。所以，他提出了一個很形象的名詞，叫做“博物館化”。他認爲，中國文化在現代中國人的心靈裡已經成爲滿足情緒需要而未必有實用價值的古董，已經被博物館化(museumization)了。

　　大家不要認爲這是很可笑的，一點都不可笑。很多來臺灣的學者，無論東方的、西方的，來的目的就是到故宮博物院。他們看完了就走。我有幾位朋友到臺灣，任何地方都不去，就是到故宮博物院。他們說這就是中國。故宮博物院真是了不得。如果諸位沒有去過的話，我會覺得這是非常令人驚訝的事。但最近我發覺很多人沒去過。我告訴他們，人家不遠千里而來，什麼地方都不去，就是要去故宮博物院。從甲骨、金文一直到現代的文化，裡面收藏的都是精華。但因為博物館化了，跟埃及文化一樣。埃及文化現在在大英博物館裡，而在本地已經找不到了，要到最好的博物館才能看得到。好雖好，但它是死物，已經是對象化、外在化了的東西。

列文森認為，中國傳統文化在很多方面已經被博物館化了。雖然中國傳統文化還存在於中國人的心靈裡，而且可以看得到，有時還可以摸得到，但這已不屬於他們了。不屬於他們的意思是說，這些東西沒有很大的生命力，在社會沒有起積極的作用。這就叫做博物館化。這種博物館化的歷史現象和你現在碰到的生存問題之間有很大的距離。如果講得露骨一點，很多從事國學研究的學者，在研究中國文化時，也把歷史和文物完全對象化了，就像研究埃及文物一樣。考古發掘出來的寶物，和我的生命沒有多大的關係，儘管我可以做出很好的描述。我並不是說這個工作不重要。這個工作本身是學術，有些最高的學術價值就體現其中。但是，毫無疑問，這種工作和具有生命力的反思並不一樣。

在列文森看來，使得儒學有生命力、影響力的基礎，從鴉片戰爭以後慢慢崩潰了。儒學是在農業社會產生的。小農經濟是它的基礎，其表現在家族制度和家長式的政治制度。這已經被摧毀了。晚清所代表的專制制度也被衝垮了，剩下一些也都博物館化了。留在人們心中的只是浮面的印象。它們雖也有價值，但這是歷史化的價值，實際上是歷史的陳跡。而真正的價值，在五四以來的中國知識分子中間，都是和西方文化相聯繫的。所以，價值來自西方。我把這種觀點批評為"矮人政策"。"矮人政策"不僅把中國文化矮化，而且把它醜化。從魯迅的國民性的研究來看，都是罵人詞語：奴性、沒有創造性、沒有進取心，等等。胡適曾坦率地要求中國人認罪，因為我們百事不如人。陳獨秀也做過這樣的分析。因此，列文森在提到儒家傳統的時候認為，中國的知識分子對中國文化還有情緒上的聯繫，但在理智上並沒有把它看作具有生命力的、有機的而非機械的價值系統。

很多人認為，列文森不僅批孔，而且對儒家有極大的仇恨。事情是否如此呢？1971年，我到加州大學去教書，其實是去接替列文森的位置。我在那裡接觸了不少列文森的同事、學生，同時也認識了列文森的家人，並成為好友。我發現，列文森對於儒教現代悲慘命運的描述，其實是根源他對自己的猶太文化的一種憂心如焚的終極關懷，對猶太文化前景的描述，乃至對所有軸心時代的精神文明的描述。他的學生常常說他曾為儒家文化悲泣流淚。他並不認為儒家文化的消聲匿跡是件好事。這與五四時代批判儒家、打倒孔家店的知識精英的心態完全不同。我覺得非常奇怪。於是再看他的東西，看他發表的散文、演講稿以及學生對他的評論，等等。

他在《儒教中國及其現代命運》一書的最後一章裡引用了一個猶太傳統的故事。這個故事描述的是集體記憶的逐漸消亡。第一代的猶太長老某甲(因為猶太長老的名字都很長，就權且叫猶太長老某甲吧)為了解決碰到的困難而進行祭祀。他到一個山裡，點了蠟燭，誦讀經典；然後和弟子一起做了一些儀式。做完以後，問題也就解決了。他知道為什麼要這樣做，知道每一個禮俗的細節是什麼意義，知道這些意義之間的聯繫是什麼，他是這些禮俗不可分割的組成部分。過了一代，猶太長老某乙也碰到了困難，也同樣到山裡和他的學生進行祭祀，以解決問題。他的儀式做得很好，但是，他已經不太清楚自己為什麼要這樣做，這之間有什麼特別的關係。又過了一代，長老某丙也要祭祀，他知道這個地方。但是，地方是找對了，儀式卻有點混亂，前後不太清楚，更不了解爲什麼要這樣做了。到了長老某丁以及以後的各代，大家一起談的時候，都知道以前我們的長老是到某山做祭祀儀式的，他們做得很好；但我們已經不知道那山在哪裡，也不知道該怎麼做，更不知道爲什麼要這樣做了，我們只能空口騰說，講講這個故事！

受到韋伯的影響，列文森認爲，現代文明是一個專業化的、以科技爲主的文明。這個文明對精神世界基本上不作全面的理解。所以，我上次也提到，韋伯所認爲的現代人的最大的特徵是職業屬性，因爲職業對現代人的壓力最大。所以，現代化的過程是職業化、專業化、官僚化、理性化的過程。這一過程又和科技、工業文明連在一起。最沒有辦法在這種文明裡生存的人格形態就是儒家所代表的這種人格形態。儒家所代表的人格形態是人文學的充分體現。一個人可以是一個詩人、藝術家、書法家，同時也是政治上的領導。不僅是政治的，而且是學術的、文化上的領導。他是全能的。這可以說是所謂的文藝復興人。但是，儒家所代表的所謂士大夫的典範，在現代工業文明的分工越來越明細的情況下是不能生存的。列文森認爲，這不能生存不僅是儒家的命運，也是所有重要的精神文明的命運。這些文明將來都要被以西方爲代表的、以工具理性爲主的價值所取代。因此，他認爲儒家的命運是一個悲劇。這個悲劇對他來講如同身受。他並不願意看到這個文明的崩潰的。他批評梁啓超是因爲他喜歡梁啓超；他批評這些思想家，是因爲他認爲中國思想家所碰到的問題也就是將來對猶太文明、基督教文明有很強烈感情的知識分子也會碰到的問題。這是列文森所提出來的課題。這個課題是值得我們反思的。

傳統的危機和全盤西化思潮

　　現在，我不想完全順著列文森的思路來談，因為他的思路有些地方已過時了。我想換一個角度，以一個大家都熟悉的現象來談這個課題。凡在中國文化區唸過小學、中學的人都知道，鴉片戰爭以來，以儒學為典範的中國文化受到了非常大的撞擊，可以說基本上走向了逐漸沒落的乃至不可逆轉的窮途末路。近代中國文化發展的軌跡，可以說是從片面適應到全盤認同。所謂從片面適應到全盤認同，是針對西方文化的挑戰這個問題來談的。

　　我曾多次採用認同和適應的觀點，這當然受到韋伯、柏深思的影響。根據柏深思的四個層次的社會理論，認同是文化的層次。在文化層次的價值取向一定會影響到經濟行為。而適應基本上是經濟、政治的層次，它也一定影響到社會、文化層次。從這個角度來理解，在西方文化撞擊到中國的時候，當時中國的知識精英的敏感度很高，馬上覺得非要適應不可。但是，對於西方文化所帶來的全面挑戰卻理解不夠。如果以十年為標準，從鴉片戰爭開始，每十年是一個逐漸對於適應的升高。最初是由我們來適應西方，而不需要改變自己的文化認同，主流文化沒有發生該不該繼承的問題。但這種適應愈高，認同就逐漸退縮；到最後，以完全適應西方作為唯一的認同。這個過程進展得很快，不過六十年，兩代而已。

　　還有兩個方法可以用來理解這個過程。一個是從沿海到內陸，從軍事到文化。一開始中國知識分子認為西方所帶來的只是船堅炮利，所以，只要我們發展我們的海軍、企業、兵工，就能應變。於是在沿海著重發展軍事工業。逐漸認識到要有政治上的

改革，不能只重經濟。再後來發現，只有政治上的改革也不行，
要有社會的變遷。最後是文化的更新。這是一步一步的理解，但
這個過程非常快。最有代表性的是魏源所提出的"師夷長技以制
夷"，把他們的技術學過來對付他們。魏源的《海國圖志》對西
方的理解是東亞的高峰。所以，日本在1860年代明治維新前後要
想了解西方，還得把魏源的東西翻成日文。中國對西方的了解的
全面性及其深度，至少比日本早了二十年。有的學者，如道利
特‧普坎斯(Dwight Perkins) [4] 在作經濟發展研究時說，在明治維
新的時候，如果有一個能夠了解經濟發展的學者跑到東方來進行
調查，他的結論一定是，中國將來向西方文化作出回應以及他的
現代化前景，是無可限量的；而日本則希望極小。因爲當時中國
的知識界已經動員起來了，他們非常了解西方挑戰的重要性；而
日本當時還不知道怎麼辦才好。中國有統一的意願，而日本沒
有。

　　到了自強運動的時候，知識界的主要人物都是受儒家文化影
響非常深的學人。其中最突出的是曾國藩。西方的學術界和中國
的學術界對曾國藩的理解都很片面，這是不能了解"自強運動"
各種問題的主要原因。曾國藩的材料太多太複雜；另外，由於大
陸意識形態的控制，認爲曾國藩和太平天國發生衝突，所以是反
革命的劊子手，不應作任何正面的肯定。實際上，曾國藩在"自
強運動"中起了非常大的作用。他甚至安排讓一百個幼童到美國
學習西方文化。當時認爲如能在經濟、工業方面取得實質的改革
就可以阻擋西方。但是到了康有爲、梁啓超的時代，也就是"戊

4　道利特‧普坎斯(Dwight Perkins)，哈佛大學經濟系教授，經濟發展
　　研究所所長。著有《中國農業的發展，1368-1968》、《中國：亞
　　洲的下一位巨人？》等。

戌變法"的階段，他們就已認識到非要徹底的政治改革才能對付西方的挑戰。後來提出一個一廂情願的觀點，即張之洞的"中學為體，西學為用"。在"自強運動"的時候，嚴格講起來是1860年以後到同治中興，最有象徵意義的可以說是胡林翼的一個插曲。他騎在馬上發現一艘西方的汽艇在江上運行，他就以最高的速度和它競爭，跑了一段以後，從馬上摔下來吐了血，卻沒有辦法趕上汽艇。他那時就認為中國的命運不很樂觀。可以說，西方工業革命的成果到了中國以後，使得這個天朝禮儀的老大帝國各種制度上的毛病都暴露出來了。儘管曾國藩、李鴻章、左宗棠都作了很大的努力，但沒有把中國政治的積極性調動起來，對西方的回應是片面的。

而日本明治維新以後，知識界從上到下同心協力追趕，並把西方的遊戲規則全面默認了。就像後來日本的福澤諭吉所說的，日本必須離開亞洲才能和現代西方競賽。因為這個世界上的遊戲規則改變了，所以也要改變幾千年來習以為常的遊戲規則。不僅要改變我們的運作方式，也要改變我們的適應能力。中國沒有看到這個問題。中國之所以沒有看到，當然有很多理由。中國太大了，各方面的問題非常複雜。中央政體和地方之間的矛盾衝突，乃至滿清所代表的、而且以儒家文化為主的實體本身，都有很大的缺陷。所以，把中國和日本相比，就等於把英國以及歐洲大陸包括大部分蘇聯地區擺在一起相比一樣。這是很難從中找出共性來的。

我之所以說張之洞的"中學為體，西學為用"的提法是一廂情願的，因為他希望保持認同，進行某一種適應。"體"就是認同，"用"就是適應。他沒有想到無用之"體"，無體之"用"。如果中學是"體"而無用，就正中列文森所講的，是一種感情的認同，它在社會上不會發生很大的作用。而西化、西方的學術只是"用"而不能進入我們的"體"內，則西方真正比較深刻的價值是帶不進來的，只能是一種工具理性的了解，即從功能的立場或實用的立場來接受。所以，所謂"中學為體，西學為用"，導致了中學成為無用之"體"，即一套抽象的、沒有實質價值的空洞語言；而西學成為無體之"用"，即一套散離的科學技術而沒有整合的文化價值。對西學，只是學它的科學技術，而不學它的民主制度、科學精神，不面對它的宗教、哲學各方面的考驗，這樣要真正了解西方是很難的。所以，"中學為體，西學為用"的模式表面上看起來很有說服力，骨子裡是一種沒有理論基礎和實踐價值的自欺欺人的浮辭泛語。

接著，一種比較極端的思想隨之興起。這個極端的思想的產生有它的必然性，因為中國沒有任何其他的路可走了。這個極端的思想就是五四精神。我們可以說，從鴉片戰爭到五四運動這一段，就是中國文化的認同節節敗退的時期。如何適應西方挑戰的問題越來越嚴峻，危機越來越大，其影響所涉及的層面越來越多，越來越廣。不能只從軍事、工業、企業組織等來適應，要整個政體適應。不僅政體的適應，還要整個價值觀念的適應，要脫胎換骨、一層層地改變。

所以，到了五四以後，古今中西之爭實際上面臨著四個必須同時解決的問題，即：如何徹底批判傳統的消極部分(用大陸的話就是封建遺毒)？如何批判繼承傳統文化的有涵蓋性的人文精神、人道主義？如何全面地深入地引進西方現代文明？如何嚴正地排拒西方文明所導致的浮面現象，或者說歐風美雨？這四個問題必須同時解決。如何對待傳統和如何進行西化這兩個問題有其內在的同構性和邏輯聯繫。我們若把傳統當做一個封建遺毒，把它庸俗化、膚淺化，最後拋棄了之，以這種態度來對待傳統，那麼當我們面對西方文化的時候也一定是膚淺的、功利的、不加揀擇的囫圇吞棗。那就會把西化當做很簡單的科學技術，以一種科學主義把它帶進來。反之，我們愈能對傳統的多樣性、複雜性作一個比較全面深入的照察，我們就愈能對西方文化所帶來的複雜問題乃至它的精神動源作深入的引進。這中間有一個悖論：不繼承就不能揚棄，不揚棄就不能繼承；不能深入地引進就不能排拒，不排拒就不能深入地引進。另一個悖論是：如果我們不能夠把傳統的源頭活水引進來，我們就無法揚棄它的糟粕；如果我們不能深入地了解西方，同時並批判地抗拒它，我們就不能把它的精華真正帶進來。

可惜，從五四以來，把這四個向度的立體問題變成了平面的問題；平面的問題又變成了線的問題、點的問題，把立體的多樣性和複雜性給壓縮掉了。平面問題最明顯的就是張之洞提出來的體用之說。這本來是一個立體的問題，後來變成平面的問題，最後又發展為線和點的問題，即全盤西化和義和團所代表的狹隘的民族主義。所以，從五四開始，因為急迫的適應問題導致了認同危機。如果用林毓生的話來講，就是中國意識的危機。張灝也提出中國良心的危機、意義結構的危機。這基本上是說認同的破裂。

這個危機導致了很多後果。其中一個就是狹隘的義和團精神和極端的全盤西化所造成的惡性循環。一方面是強烈的民族感情。義和團精神所代表的，可以說是阿Q的變態心理。但它也有深沉的一面，即用中國的功夫來對付船堅炮利，用中國的魔咒來對付西方的文明。這可以說是一種根源性非常強的原始主義或基調主義。義和團精神在大陸是一個非常健康的象徵符號。有一度在美國華裔社會反對美國歧視少數民族的沙文主義，用的符號多半也是從義和團來的。有一個美國最極端的華人組織叫義和拳。到底他們的功夫練得如何，我不太清楚，但每一個人都是強烈的極端的愛國主義者。現在你們也常看功夫電影，這裡面所表現出來的，其實和義和團有相同的地方。目前整個華人區，不僅香港、臺灣、新加坡、馬來西亞、印尼，而且在中國大陸，功夫電影非常流行。1985年我在中國大陸時，好幾次學生反日運動，大家都不知道是什麼原因。那時我也常看電視。很多電視連續劇是反日的功夫片。用我們的功夫、摔交對他們的柔道，用我們的長矛對他們的大刀。總之，打得天翻地覆。另外，像"四世同堂"這樣一些很重要的反日話劇、小說都搬上了舞臺。媒體在反日運動中所發揮的力量是不可低估的。

　　和這種強烈的民族意識為代表的力量相反的是全盤西化的思潮。這一思潮的代表是知識精英。知識精英為什麼要全盤西化？就是因為意識到狹隘的民族主義無法救國，一定要以開放的心態接納西方，所以痛恨狹隘的民族主義，甚至從中引申出對任何的傳統象徵符號的狠批。"打倒孔家店"這個運動當然同全盤西化和義和團精神的惡性循環所發生的現象有關。當時已有袁世凱和各地軍閥宣揚尊孔讀經，把儒學當成用拙劣的意識形態來控制人民的工具。這更激發了在北京、上海各地先進的知識分子對傳統文化、特別是儒學的反感。比如，舉一個最近的例子。嚴家其是公認的在中國大陸政治理論界的尖子。他最近寫了一篇文章批評龍，說龍不能代表中國，認為我們想到的龍就是珠光寶氣這種帝王形象。中國應該有其他形象來代表。用龍作代表，這中間義和團的根源性非常強。所以說，非常狹隘的民族感情的力量和全盤西化的力量之間的長期鬥爭，一直持續到現在。我叫它惡性循環。

　　這種循環後面有一個背景值得我們注意，即我們一般所謂討論的傳統(如儒家的傳統、道家的傳統等)到了五四以後，在中國知識界逐漸成為一個遙遠的回響，大家心裡知道有這麼一回事。而真正在中國知識分子的心靈裡發生化學作用、引起很大威力的是另外一個傳統，我叫它悲憤的傳統。凡是在中國文化區接受教育的，即使只受過初等教育、乃至專門攻讀教育學的人，都無法逃脫或消解的情結。這種強烈的悲憤感和屈辱感，從鴉片戰爭以來，一直到五四達到高潮。所謂達到高潮，就是認為一切能夠阻擋西方船堅炮利、侵略中國的力量都失去了效力，包括經濟、政治、社會和文化的一切層面。

　　中國從天朝禮儀大國變成東亞病夫，不過是一、兩代的時間，相當於日本從明治維新變成強國的時間。這個情況的改變，使得能夠反思的中國人形成一種悲憤的傳統。這個悲憤的傳統所積累的不是地質學上的沉澱。地質學上的沉澱可以通過考古的發掘，一個階層一個階層地理解。而在中國知識分子的文化心理結構中起震盪的是一種具有化學作用的內在積澱。這種化學作用是很厲害的。我們不知道它什麼時候爆發出來。爆發出來的時候，情緒的因素非常大。想超脫出來，作平實的觀解並把悲憤的激情洗刷掉，不是很容易的，有時適當其衝，逃也逃不掉。並且，這不是個人的，而是集體的。這種屈辱、悲憤的傳統主要集中在知識階層中。

　　從這個悲憤的傳統中發展出另一個傳統，就是五四以來的反傳統的傳統。這個反傳統的傳統有非常深刻的文化意義。如果我們不了解的話，就很難跳出五四。到今日為止，五四這個名詞一提出來就令人振奮。1980年，我在北京大學參加五四運動的營火會。我看到北大學生這麼年輕，大家都學交際舞，就以為五四精神蕩然無存了。沒想到1983年清除精神污染以後，學生突然一下子振奮起來了。可見，五四以來的積澱，在它發揮作用時威力非常大。到現在，五四精神不僅在北大校園，而且在其他學校都有一定的影響。而這個力量是什麼？如果我們很膚淺地說它是反傳統，絕對不能了解到它的正面意義。它的正面意義，在我看來就是中國知識分子的群體批判的自我意識的再現。這種知識分子的群體批判的自我意識，和孟子所講的大丈夫精神有非常密切的關係。大丈夫精神是以天下爲己任，先天下之憂而憂，後天下之樂而樂的范仲淹式的胸懷。所以，很明顯，它是一種理想主義。現在很多人說，大陸二十幾歲的年輕人都是虛無主義者。但只要有學生運動，就不是虛無主義。學生運動，不管是爲了爭取民主還是爲了抗議黑暗的政權，都能激發他們的理想主義。知識分子事實上是最沒有權的人，而且也沒有錢；但是有影響力。而這影響力的本身可以把政治權威打倒。所以，這股力量非常大，一直在中國的知識長河中發揮很大的力量。從漢代以來，甚至從春秋戰國以來，這種力量就躍躍欲動，甚至有如決江河的潛勢。

五四的群體批判的自我意識出現以後，第一個矛頭就針對中國文化本身的陰暗面。在人類發展的歷史中，這是一種偉大的集體反思能力的體現。面對自己的黑暗進行批判，目的是爲了什麼呢？爲的是救亡圖存。所以，反傳統的精神和強烈的愛國精神結合在一起。有一點我覺得很有趣，不少學者作過分析，特別是外國的學者。中國的學者因爲深陷其中，有時對它的共同的趨向理解還不夠。

西方的學者在分析五四時代極左極右各種不同意識形態的動向時，得到同樣的結論，即不管你的思想屬於哪一類型，愛國主義、民族主義是一個基調。而在西方，極左的思潮(如接近共產黨的思想)基本上是提倡"工人無祖國",不僅批判愛國主義,也批判民族主義。但是,中國最左的思想基本上是愛國主義和民族主義所激勵而成的。所以,這是在當代中國出現的一種特殊的思想形態,在現代政治的發展過程中相當例外。一般的情形是強烈的民族主義和以強烈的文化認同爲基礎的傳統主義結合在一起的意識形態。

舉一個明顯的例子就是日本。日本爲何會變成軍國主義?這個過程相當複雜。但是基本上是在和西方競爭時,把它的遊戲規則完全內化,而且發揚了日本的傳統精神,特別是神道的精神。所謂大和精神,就是對立於西方,我比你更行的精神。這裡是強烈的民族主義和強烈的傳統主義的結合。所以,到現在,神道精神和狹隘的極右派的民族精神常常是結合在一起的。另外一個例子就是納粹。納粹所代表的日爾曼精神,從黑格爾的角度來講是絕對精神的充分體現。日爾曼民族的優越感達到最高峰的時候,也是納粹政權充分體現狹隘的民族主義、甚至種族主義的時候。

中國的情形有點奇怪。總認爲我們根本不行,過分的民族自卑。有一個文獻說,胡適之特別討厭狹隘的民族主義。有些人要提倡中國文化的優越性,他說,我們要向世界認錯。他舉出一百種錯。這一百種錯都表現出來的話,可說是集世界民族錯誤之大成。從魯迅的國民性的分析,巴金對家庭的理解,不管哪一種象徵符號,即便是以前在傳統社會中最有生命力和價值的現象,都是狠批的對象。甚至可以使我們自豪的象徵符號都被揚棄了、污染了。但同時又說我們將來了不得,將來一定可以起飛,表現出強烈的民族主義和愛國主義。這個惡性循環,從五四以來一直是現代知識分子的困境,至今仍沒有跳出。

如果再進一步分析,這中間有非常微妙的、意義非常深遠的價值衝突。一方面是強烈的愛國主義和民族主義，另一方面塑造中華民族影響最大的、使中國人成為中國人、在歷史上發揮力量最大的儒家傳統，又是大家批評的對象。另外，即使強調全盤西化，但這個西化和我們所了解的西方完全不同，因為這個西化對整個西方精神文明是排拒的。在五四知識精英的心目中，真正代表西方文化的就是科學和民主，特別是科學。因此他們非常反對基督教。如果真正要全盤西化，至少應該重視基督教的精神價值呀！但又不是這樣。不僅不願做基督徒，從五三慘案以後，特別有反基同盟、非基同盟的出現。徹底反對信仰基督教的歷史，從鴉片戰爭到今天已經有一百八十年了。很多已經做了基督徒的人也開始反對基督教，要發展具有中國特色的中國式教會。所以，這種西化情結有一個特色，就是科學主義掛帥。但科學主義掛帥基本上是受到西方文化發展中孔德所代表的古典實證主義的影響。這個實證主義是說，人類的文明的發展是從迷信的宗教，經過玄想的哲學，進步到實證的科學。科學就是現代文明的最高典範。

　　科學主義掛帥最突出的表現就是1923年的科玄論戰。那時，丁文江代表科學，張君勱代表玄學。張君勱所謂的玄學其實是生命的哲學。梁啟超當然支持他，後來梁漱溟也支持他。支持丁文江的主要人物是胡適。

　　從科學派看來，科學不僅可以救國，而且可以解決人生的任何問題。這是一種強烈的科學主義。當然，科學主義導致的一種社會現象是當時的知識分子對於科學深信不疑，露骨地說是迷信科學。但是，當時大家所提出來的還有德先生。德先生對於民主，乃至民主所代表的很多基本觀點，如人權、自由等等，都退到第二義上去了，不成為大家努力的追求。這種情況，和知識分子群體批判的自我意識的逐漸減低，有著密切的關係。

科學救國是一個非常響亮的口號。正因爲屈辱的傳統是當時最大的傳統，所以，救亡圖存是任何一個有血性的中國人必須獻身的事業。這是大家的共同認識。在這種氛圍、意見氣候裡，很多其他的價值都不能突出客觀有效性，也不能表現獨立性。比如，對美學、倫理道德、宗教的追求，基本上都喪失了合法性。凡事一定要和政治救國聯繫起來，否則就是奢侈、逍遙、墮落、不負責。一個很好的作家，當他開始要創作的時候，心裡就會湧現一種罪惡感：我怎麼能做這種事呢？現在我的同學都在外面搖旗吶喊，有的要犧牲他們的生命，有的要報名從軍，我怎麼能在這裡做這種工作呢？所以，很多作家留下很多作家日記，寫長篇大論的東西非常困難，多半是短的，在壓迫感極強的心境中趕出來的急就章。而且，寫出來的一定是慷慨激昂，一定是爲了燃眉之急的大課題。魯迅只寫雜文、短篇小說，連他的《阿Q正傳》也是在報刊上一段一段發表的。阿Q怎麼死的，不是他原來的構想。因爲編者說，現在我不需要這種東西，或者編者對他寫的東西不敬，爲了解決這個問題，就把阿Q給弄死了。這有很多成分是出於現實的考慮，受制於偶然因素。這是社會上各種力量的互動所導致的不可預期的後果。在這種情形下，一切都聯繫到救亡圖存；反之，就不能發揮其生命力。

救亡圖存是主流。在這個主流下面，有一種強烈的政治化傾向。任何問題都政治化了，而且主動地、情願地政治化。否則，就是放棄了作爲有血性的中國人的權利和義務。所以，我可以這樣說，在救亡圖存的大前提下，不僅西方文化的精神文明、基督教的精神文明、希臘理智傳統的精神文明進不來，就是西方傳統的自由、博愛、人權的價值也進不來，至少要被中國知識分子充分認可是非常困難的。傑出的科學家，希望他的工作立見成效，即不能像牛頓、愛因斯坦那樣從事真正純粹的科學工作。有抱負的政治活動家，即使他要好好發展民主理念，也要配合政治的大運動。要犧牲就犧牲，不僅犧牲個人的權利義務，也犧牲自己的理想。這種例子很多。比如丁文江就講過，"如果蔣介石要獨裁，而獨裁能夠救國，獨裁有什麼不好。"他當然不是推崇蔣介石，這是一位信奉自由主義的人所講出來的話。他的意思是，如果某人的獨裁能夠救國，打倒日本人，那我的自由主義不要也沒關係。為了這個遠大的、而同時是燃眉之急的目標，大家都要盡義務。國民黨元老吳稚暉也說，要把線裝書丟到茅廁裡三十年。而"三十年"這個尾巴是非常重要的。一般引這句話是，"把線裝書丟到茅廁裡"，這不是他老人家的意思。他的意思是丟到茅廁裡三十年以後還要撈出來。因為目前這三十年的當務之急是要救國。

　　胡適之先生是少數的例外。他說，我們不要談主義，談問題吧！談大主義有什麼用？還是解決問題吧！他看到這個大政治狂潮淹沒了一切，但他這樣的話是一個很孤立的聲音，這個聲音並沒有什麼效應。實際上他是不可能起作用的。因為，他的老師杜威在哥倫比亞提出工具理性、提出功能主義問題時，哥倫比亞當時沒有大問題，學生運動到1968年才出現。哥倫比亞在1920年代是天堂。最近馮友蘭回到哥倫比亞，看到現在的哥倫比亞有點問題，如黑白鬥爭、販毒、以及犯罪率很高，老師和同學都有危機感。但是，在1920年代，哥倫比亞是美國學術界的樂園。哥倫比亞的猶太教神學院，基督教聯合神學院，都是名望很高的大專院校，也是真正搞學術的地方。大家禮尚往來，不打領帶就不能進教室。所以，當時美國不僅學術界，整個社會也沒有危急存亡的大問題。那時提出功能主義，是面對具體的需要，一個一個地、孤立地解決問題的。而當時的中國到處是火焰，到處是救亡圖存的聲音。面臨軍閥割據、日本的侵略，亡國滅種的感觸很深。在那個緊要的關頭，胡適想把杜威思想引到中國，說我們大家不要談主義，要談問題，對中國人，尤其是對年輕人是不可能有說服力的。當時的年輕人，特別是敏感度比較高的年輕人，都積極走向政治。這是完全可以理解的現象。

下面我們要討論爲什麼馬列思想的出現那麼快，而儒家文化，特別是儒學所代表的這些理想被拋棄得這麼徹底？

馬克思主義在中國

剛才休息的時候有幾個問題，我不能一一回答。但是有一類型的問題跟我現在講的課題有直接的關係，應該照顧到。在討論到馬克思主義的興起以前，我前面已經從強烈的反傳統主義、西化思想、愛國主義這幾個角度對馬克思主義的興起作了一個背景的了解。有一點必須提到的是，五四時代的中國，確實是文化的百家爭鳴時代。在這個時代，各種不同的思潮都進來了，比今天無論是臺灣還是大陸都要活躍得多。當然，這裡相當程度是政治的原因。政治的力量不能有一個涵蓋性的意識形態作主導，所以當時不管哪一種西方思潮，如柏格森的生命哲學、杜威的工具實用主義、羅素的哲學、無政府主義思想、早期社會主義思想、尼采的超人哲學、叔本華的意志哲學、康德、黑格爾所代表的理性主義、英國的自由主義、英國式的社會主義、各種類型的科學主義，都傳播到中國。杜威來中國兩年，到處旅行，演講；胡適幫他翻譯。杜威在中國的演講集，他自己竟沒有底稿，最近夏威夷大學出版了杜威在中國演講的論文集的英文版，對杜威的學術發展有一定的研究價值。羅素在中國也有相當長的一段時間，回去以後對中國問題作了很多介紹和理解。泰戈爾也到過中國，但他的影響因爲科學主義的關係遠遠沒有美英兩國的哲學家、思想家的影響大。

那個時候，看起來沒有讓馬克思和列寧主義變成中國的顯學的理由，至少沒有這種傾向。但那時有一種思想看起來應該很有說服力，而且提出這個思想的學者本人也是五四時代舉足輕重的學者。這就是蔡元培所提出的吸引西方文化精華的思想。他特別提到應該發展具有中國特色的美學，以美學取代宗教。這同當時的學術潮流和氛圍都很相合。提出來以後，大家都接受了。但是好像並沒有具體落實。儘管如此，我認爲可以聯繫蔡元培以美學代表西化在學術、知識及文化界並沒有發生顯著影響這一歷史現象，來了解馬克思思想在中國大行其道的主要原因。

在1921年共產黨成立的時候，只有十二個人。這十二個人的思想非常分歧。真正能了解馬列思想的絕無僅有。當時毛澤東對馬列思潮並沒有什麼理解。馬列思想之傳播於中國，在學術上應該歸功於李大釗。李大釗當時在北大是一個有影響力的學者，不過他也只是百家爭鳴的一家。1917年以後，他對俄國革命的成功、蘇維埃政府的成立寫了文章弘揚，並宣傳布爾什維克的思想。但當時很少人重視他的呼籲。可是，到了1920年代後期、1930年代左右，馬列思想影響越來越大，滲透到各種不同的社會科學領域。不管是研究經濟學的、社會學的、還是政治學的，多多少少都受到馬列思想的影響。

爲什麼在五四時代並沒有特別的說服力、也沒有一枝獨秀跡象的思想，到了1920、1930年代有這麼大的影響呢？我認爲，除了其他的理由外(比如整個共產黨運動的問題，這個描述起來相當複雜)，在思想上面，五四可以說得到一個結論，這個結論認爲，要想在中國傳統裡面找到足夠的精神資源，發揮它的動力來救中國，可能性不僅很小，而且基本上沒有。不可能在中國傳統中找到足夠的資源，在思想上成立一套意識形態來救中國。救中國的意識形態一定要在西方才能找到。因此以很大的力量去學西方，就是爲了給中國在思想上找一條出路。一方面是安頓自己的生命，發展一種群體意識；一方面也是爲中國尋找出路。這裡面有一個值得注意的、哲學上的例證，那就是王國維。

　　王國維是中國學術界普遍受精英學者敬重的高人，因爲他不僅有哲學洞識而且有深厚的國學修養，文筆又犀利，思想又細膩。讀王國維的書確實開卷有益。無論在文學、藝術、歷史、哲學，他都是一個既有創見又有積養的學者。那時他提出一個觀點，他說自己碰到了一個很大的困境，即我所愛的不可信，而所信的又不可愛。所愛的就是西方的理想主義。西方的理想主義基本上是指生命哲學。但是受到科學主義等各方面的影響，大家所接受的只是經驗科學的真理。理想主義的真實性如何，很令人懷疑，也許是一套玄想，所以不可信。但確實是我所愛的。而所信的就是一套乾枯無味的科學主義所代表的實證主義。我知道它是對的，但我不能愛它。所以，這是人生一大困境，不能再搞哲學了。所以，他去研究文學。不過，應當指出，王國維在政治上是位保守的，以滿清遺老自居的文化人。雖然不少同情王國維的學人爲他辯解說他因爲受到業師羅振玉的影響。實際上，王國維不保守，保守的是他的老師。最近，羅振玉的兒子把王國維寫給羅振玉的信發表了。從信中很明顯地看出，王國維確實認同滿洲，他的自殺確有政治上的意義，他的政治思想不僅保皇而且是認同大清帝國，這點沒有問題。但亡國，在他看起來，不僅是亡中國,而且是亡天下,整個中國文化都會被摧毀。這是他自殺的文化意義。在當時的氣氛下,他那比較微妙的感情,和人生的體驗掛鉤的一些哲學思想,不能和政治大潮流吻合,所以,他的說服力是很小的。而以科學主義爲主導原則的意識形態,基本上認爲倫理學、美學、宗教等已不符合時代潮流,必須加以排拒。如果蔡元培以美學爲西化助緣是屬於軟性的,那麼馬列的經濟命定論可以說是硬繃繃的西化策略。

在西方的很多意識形態中,真正算得上是全面的、資本主義社會的產物的,是馬克思主義。任何問題它都可以解釋;而且它的目的不只是解釋而已,更厲害的是,它是絕對的西方的,又是徹底的反帝國主義的。它絕對是西方資產階級社會所產生出來的一套意識形態,但同時又徹底地反對西方的資產社會,反對西方社會達爾文主義引導下的帝國主義。在當時中國的學術氣氛中,意識形態要來自西方,這是全盤西化和反傳統所要求的。同時,這個意識形態一定要和強烈的愛國主義,也就是反帝國主義、反侵略的悲憤之情結合起來。馬克思主義,特別是經過列寧解釋的馬克思主義,在蘇聯已經發生了很大的影響,俄國革命成功了。這個成功更暴露出英、美、法所代表的文化、政治、經濟的帝國主義色彩。所以,這在中國形成一個很大的轉向。這個轉向不僅僅是共產黨的興起而已,還影響到了國民黨本身。所以,孫中山先生晚年對蘇聯非常重視,甚至提出民生主義就是共產主義的口號,雖然三民主義發展的途徑和共產主義發展的途徑不太相同。所以才有所謂聯俄容共的措施。

還有一個比較有趣的現象,即所謂馬克思主義知識分子作爲先鋒的觀點,意指知識分子的反思、群體的工作是要改變社會。不僅要改變社會,而且要徹底地把社會不合理的現象暴露出來。

它有一種非常強烈的打抱不平的心態。後來落實爲階級鬥爭思想。這套思想在學術界發揮了很大的作用。通過學習小組和宣傳，在史學界、社會學界、政治學界、經濟學界都有廣泛的影響。歷史唯物論是一個比較全面的解釋模式，階級鬥爭論則是一個可以付諸實施的革命原則。另外馬克思主義還強調物質性和科學性。現在我們看來，它的科學性嚴格地說並不科學，和自然科學所講的科學沒有什麼關係。但它本身是一種科學主義，把科學技術提到宗教的地步。它攻擊代表歐洲的、源遠流長的理性主義是所謂的唯心主義；而它是純粹唯物的，主張以唯物思想改變社會，創造新的社會秩序。而這個革命理論的背後又有濃郁的物質主義的意味，以一種突出辯證唯物論的科學爲基礎，強調馬列主義的科學性。所以，當時不少科學主義者、強烈的愛國主義者以及反對玄學的、反對西方帝國主義及其霸權心態的人，都成爲馬克思主義的信徒。

另外，馬克思主義在進入中國的過程中間，本身也變成了特殊的意識形態，即所謂的"革命的意識形態"。它和一個強有力的政治、軍事運動合在了一起，這就是共產主義運動。共產黨的運動，按一般的理解是農民革命。這是毛澤東的貢獻，把中國成千成萬的農民組織起來了。但是，共產黨的成功不能沒有知識分子的宣傳。如沒有知識分子的直接參與，農民革命怎麼會成功？而且，真正組織農民的，大部分是知識分子。所以，這是一種知識分子和農民相結合的力量。

從湯恩比的觀點來看，它的隱蔽發展的時間相當長。很多革命，三、五年不成功就整個失敗了。而中國共產黨從它1921年建黨開始，一直在奪取政權的過程中逐漸壯大；經過了三、五十年的發展。所以它有深厚的本土性，泥土氣息非常濃郁。這個發展當然牽涉到毛澤東。

很多西方學者認爲毛澤東是儒家。在我看來這個評論不知從何說起，有點莫名其妙。但是一位西德的學者經過長期的艱苦努力，把毛澤東所引用的語言，包括《三國演義》、武俠小說、馬列經典、儒家經典等都加以分疏，結果，用儒家辭彙的比例很大，以此證明他是儒家。可是我的感覺是，我們要想了解毛澤東，不考慮儒家因素是不行的。當然我們還要了解中國民間傳統，乃至中國經過長期發展的政治鬥爭藝術，比如《資治通鑒》、《三國演義》、《孫子兵法》，等等。因此，如果我們不了解儒家這個傳統，特別政治化的儒家，我們大概無法了解爲什麼毛澤東在中國發生了如此巨大的影響。可是，如果我們想要通過毛澤東來了解儒家，那就糟糕了。毛澤東絕對不是儒家，這是很明顯的。他自我定義不是儒家。根據他的傳記，他反傳統的意識很強，所體現的抗議精神，有一切打倒的氣焰，是種不信邪、自我中心傾向極強的霸道，他當然不要做儒家。他把秦皇、漢武、成吉思汗都不放在眼裡。成吉思汗只會射大雕，文化水平不夠高；秦皇、漢武也沒有我毛某人那麼集政權、思想領導和人格魅力於一身。在文革前後真正想樹立毛澤東的神聖權威的極左派又想起要批孔，希望用毛澤東思想來取代儒家思想，變成千秋萬世的指導原則。沒想到那是以卵擊石，現在連找毛澤東的書都不那麼容易，至少小紅書已變成了絕版書。那時是一、兩千萬冊的書，造成全國紙荒，所有最好的紙張都用來印毛澤東的書。結果，我1985年去找毛澤東的小紅書，不僅是"善本書"，簡直成爲稀世珍本了。

毛澤東的思想非常複雜，而且泥土氣息很強，確實是馬列思想的本土化，是具有中國特色的馬列思想，又是非常反傳統的。

儒家在1949年以後一直倒楣，跟毛澤東思想有密切的關係。五四時代對於儒學的批評是正面的批評。其中一個最大的好處是釐清作用，把儒家所有的缺點都用放大鏡來看，把它全部暴露出來了。但是，這些正面的批評被軍閥等人利用，結果是走向內部腐化，利用儒家，所謂尊孔讀經，來維護既不合理又不合情更無法律基礎的政權；使得儒家原來的精神面貌被割裂了，出現了一種扭曲的怪現象。基本上說，以馬列為基礎的毛澤東思想取得正統地位以後，有兩種思想在中國再也沒有生命力了。所謂的兩座大山，一個是封建主義的儒家思想，一個是帝國主義的資產階級意識形態。但具有極大的諷刺意義的是，到了文革以後，這兩座雖然曾以為被徹底摧毀了的大山又浮現出來了，而且比以前還有力量。一個是以儒家為特色的傳統思想，另一個是以自由主義為核心的西方思潮。這個課題值得認真研究但目前無法討論。

毛澤東的思想，聯繫馬列思想，基本上有三個因素在當時是非常有說服力的，後來叫做新民主主義。一個因素是群眾運動，把全國的人民群眾的積極性調動起來。這個群眾路線的力量是要根據另一個因素，即階級鬥爭的原則來發揮作用的。這個原則和中國傳統的文化是有著極大衝突的，因為它認為社會的動力要靠矛盾和鬥爭來促進。中國是一個平均主義根深蒂固的貧弱國家，叫做一窮二白。中國沒有像英國那樣的大地主，也沒有像法國那樣深厚的貴族傳統，也沒有美國式的資本家。中國的地主再大，土地還是很少的；資本家再有錢，財富也不可能積累那麼多。這和歐洲的情況完全不同。但就在這個基礎上還要為了使社會有動力而製造矛盾。除了這個群眾運動和階級鬥爭以外，還有另一個思想因素叫做繼續革命。這幾個因素的價值取向都是和儒家的根本精神相違背的；當然，仔細分疏，也有可以接榫的地方。

　　但是，照列文森的理解，五四運動以來，全盤西化和義和團精神的惡性循環出現了，整個學術的政治化傾向變成了不可抗拒的潮流。因爲要救亡圖存，所以多半人都認同一個能夠救中國的政治力量，而放棄學術的反思，丟掉了知識分子獨立的批判精神和思考的權利及義務。

　　現在西方學術界在討論"延安精神"時認爲，這個精神的出現是經歷了所謂長征這段事實，因爲長征可以說是一個奇蹟。長征以後，沒有被打垮、淘汰的這些黨員最後在陝西延安安頓下來。然後經過西安事變，國共達成某種默契，並把共產黨編入八路軍，聯合抗戰。給予共產黨一個難得的喘息機會。所以，像查爾瑪斯・詹森(Chalmers Johnson，一位曾在加州柏克萊大學任教的政治學者)就說，共產黨在中國的興起是因爲農民的國家主義、民族主義；但如果沒有抗戰的那段時間給它喘息和發展，它是不可能成功的。不過有很多人反對這個提法，認爲共產黨之所以成功，有在意識形態方面非常深刻的理由，至少可以追溯到五四運動前後。這個力量是非常傳統的，因爲它完全結合了農民。它的鬥爭方式包括坦白、吐苦水，等等，有很多可以在傳統思想結構中找到根據，如鄉約、社學之類。所以是真正具有中國特色的馬列思想。那時，所謂的游擊戰是把軍隊整個和農民合在一起，完全深入泥土。這是很具體的形象，即打地洞，到泥土中生活。所以說，它的意識形態是非常傳統的。但它同時又是馬列思想所代表的西方文化的產物，強烈地反傳統，反封建主義。一方面是傳統的，和小農經濟、地方勢力結合起來；另一方面又對家族制度等機制進行批判、打擊。因此，政治化的儒家的許多因素同這個集團有著千絲萬縷的聯繫，非常複雜。

　　不過必須指出，即使政治化的儒家和馬克思的儒家化有關，如劉少奇《論共產黨的修養》所代表的價值取向，它和毛澤東的極左思潮還是格格不入的。特別到了文革時代，有一本由紅衛兵編輯的書，通稱《毛澤東思想萬歲》，所收集的多半是毛澤東沒有經過整理的言論，很多是即興宣洩而吐露的真情。那裡面的內容大多是他想到什麼就講什麼，很能體現他這個人的思想動向。在他的思想裡，知識分子的比重很大。但這不是尊重知識分子，知識分子是他的鬥爭目標。一方面，他非常討厭和看不起知識分子，另一方面又覺得知識分子對他是很大的威脅。這在他的字裡行間表露得非常突出。有的人從心理分析的角度，說他在北大作圖書館管理員的時候，受過知識分子的氣。這是確實的。傅斯年也不太看得起他，胡適更看不起他。所以，他從那時起就耿耿於懷。

另外，他對知識分子又反覆表示，他本人也是知識分子。所以他在利用和對付知識分子方面，有獨特的策略和辦法。有一點十分清楚，即他自己雖然文人氣息很濃而且喜歡賣弄文采並且博覽群書，他對整個傳統的人文文化特別是儒家傳統的人文文化基本上是排拒的。而且，他堅信他那一套經過本土化的馬列主義是可以取而代之的，可以成為中國真正的意識形態。想以毛澤東思想取代孔孟之道是他的野心。但事實證明他對儒家傳統的攻擊無異以卵擊石。

這個新的意識形態有一個特色，即信仰它的人都是虔誠的馬列主義者，包括現在很多抗議精神非常強烈的中國知識分子，如劉賓雁、王若水、蘇紹智等第一流的思想家，都還是虔誠的馬列主義者。這些大多是五、六十歲以上的學者(再年輕的一輩就有很大的不同)。這種新的意識形態基本上成了中國共產黨的宗教。加入中國共產黨等於參加一個宗教組織，是要終身奉獻的。現在的情形當然大大的不同了，但它有一段上升期，影響力很大。這個所謂的左派思想，強烈的愛國主義、救亡圖存的思想，強烈的宗教奉獻思想，強烈的改革革命思想，基本上是繼承了五四的反傳統思想。他們甚至認爲1919年孫中山先生所領導的資產階級革命只是政治革命，很片面，不過是把政權打垮而已，現在要做社會改革。這個工作是要把馬克思主義本土化，但是從這個基本的路線出發，經過一段時間以後，導致了強烈的反知識分子的心態。認爲真正救中國的力量不是來自知識分子。知識分子可以做宣傳家，可以利用他們；但真正的力量來自工農兵，特別是來自農民。因此，它和儒家的價值取向和生命形態都無法契合。堅信這一套的知識分子常常暴露出對知識分子的鄙視。

爲了救亡圖存，中國知識分子接受了中國共產黨的領導，而且成了馬列思想的信徒。這就是我所要提出的知識分子的政治化過程。這個政治化達到一定的程度以後，黨的威信必須從宗教教主乃至上帝的觀念去理解。其中有很大的狂熱性。但是，這個狂熱性又和民族的救亡圖存纏繞在一起。如果沒有那個救亡圖存的總體方向的力量，馬列思想和共產黨也不能發揮那麼大的作用。在這個情形下出現了一個新的領導階層，而這個新的領導階層的結構是相當鬆散、文化水準也非常低落，他們都是從實際的革命經驗出發。如果說，五四的反傳統在知識的層面上引進西方文化，那共產主義的興起是把傳統真正徹底地根除。這根除的代價是很驚人的。第一個代價是知識分子獨立運作的條件沒有了。這在中國文明發展史上是從來沒有出現過的。中國傳統的知識分子，無論稱爲“士”也好，“士大夫”也好，總是中國思想的主流。他有解釋權，有影響力，因此他也多少有政治力量。即使沒有權沒有錢，但是他有極大的影響力。而在共產革命的過程中，知識分子的解釋權、影響力被徹底地剝奪了，結果，知識分子被徹底邊緣化，成爲眞正的無產階級。如果再具體地說，列文森曾講到過一個觀念，即 rootless cosmoplitan (沒有根的、但有世界性的觀念論者)。中國知識分子就成了這種人。他的視野很廣，了解的東西很多，關切國家大事的情緒很高，但是他在社會上沒有根，這個根被鏟除了，或者是主動地放棄了。因爲當時這樣一種反知識的力量，只要能夠救亡圖存，知識分子願意接受。

從1949年到1957年左右，共產黨的聲威如日中天，因爲它把中國統一了，把所有第二次世界大戰後所帶來的問題，如通貨膨脹等，基本解決了。有人說1956年時是夜不閉戶。大家認爲堯舜盛世已經到臨。另外，在中國剛剛建立起來的時候，就和美國打了朝鮮戰爭，居然打成了平手。這在中國知識分子群體中以及一般社會上所產生的影響是難以想像的。可是，萬萬沒有想到，就是文化水平很低、而且經過長征長期奮鬥的既得利益者在中國製造了一個新的階級。而這個新的階級竟是最封建的：認爲天下是老子打出來的，現在要分享了。他們把封建遺毒以及五四所要打倒的，乃至魯迅所描述的所有的弊病都充分地暴露出來了。這個集團，在1950年代還是革命集團，有它的理想性，而且也確實把包括知識分子在內的群體大眾調動起來了。但是沒想到經過十幾、二十年以後，竟變成了一個充分暴露權威主義的既得利益集團，好像是一個黑社會裡的幫會。這和蘇聯史大林主義一黨專政，就是現代的專制，是一個具有現代色彩的全面控制。這也是在中國文明史上從來沒有出現過的。它的領導一直滲透到中國每一個角落，任何一個人都有檔案，都由公安局直接控制。管人的人比例在中國文化發展中是最高的。這時，傳統是徹底摧毀了，知識分子的群體的批判的自我意識也不存在了，黨的領導控制了一切。而以前真正在黨裡發揮極大作用的工農兵的革命精神也沒有了，取而代之的是既得利益者的封建意識形態。

傳統與中國知識分子

這時候，有一點反思能力的年輕人再也不能忍受了，要造反了。但是，火種點燃以後一塌糊塗。從破四舊到打倒一切，因此，形成十年浩劫。這十年，在中國文化發展中間是史無前例的，破壞也是史無前例的。而它的鬥爭的對象又是儒家傳統的基本價值。甚至造成這樣的感覺，使得中國不能真正進入社會主義的就是儒家傳統。至今還有人說，文革的真正力量來自封建遺毒。批孔是假的，真正的力量是儒家封建遺毒的突出表現。大陸很多第一流的知識分子如蔡尚思就提出過這樣的觀點。這是一種文化的歸約主義，它把中國傳統，特別是有代表性的儒家傳統歸約為封建遺毒，並以此作為一個符號，即所有中國人不爭氣、不前進、不能進入現代社會的原因。一切問題都丟到這個垃圾箱裡。這個符號和儒家傳統解了不解之緣，好像不反對儒家不僅沒有理性，並且是自暴自棄。

到了這個時候出現了第一次可以令人想到五四時代那群體的批判的自我意識，這就是四五運動。我相信四五運動我們現在了解得不夠，以後可能會慢慢地和五四運動相提並論。四五運動是1976年的天安門事件。這次事件是非常奇怪的。表面上看來，在這樣嚴格控制的社會體系下，要有真正代表知識良心的群眾運動的出現幾乎不可能。但是，居然出現了。歷史的原因是紀念周恩來。周恩來的形象那時候很好，現在有不少問題，是因為他和毛澤東的關係。今天認為周恩來是真正代表具有知識分子風骨的政治家的觀點的說服力越來越小了。但那時大家很真誠地紀念他，到天安門獻花，由於"四人幫"鎮壓而發生學生暴動。那時很多人朗誦詩，非常有象徵意義。這不只是中國的傳統，也是蘇聯傳統。蘇聯詩人朗誦詩就像臺灣最有名的歌星唱歌一樣轟動，特別有政治性的詩歌朗誦，往往成千上萬的人聽。天安門的詩有很多都保留下來了，很感動人。詩中體現出來的又是五四精神，即要求自由、民主、人權。這是中國當代史中的大事。在五四時代的德先生和賽先生，到後來，德先生逐漸被淡忘了，賽先生則被所有人接受，形成了科學主義。大家為了民族存亡投入一個偉大的政治運動中，德先生所提出的自由、民主、人權也就退居到次要地位。在這點上，海峽兩岸差不多一樣。在臺灣，為了反共，不能隨便亂搞；大陸為了安定團結，也不能亂搞。可是，四五運動則將民主問題突出來，要求非常強烈。其中關於自由民主的言論是很深刻的，而且分析得那麼鞭辟入裡。這不管在西方文化還是在中國文化來看，都是光輝的。這可以看作是五四運動所代表的希望中國進入現代化、民主化意願的突出體現。

在這個發展過程中，一個新的知識分子群體的批判的自我意識出現了，特別是在1978年以後。我第一次到中國旅行是在1978年，在那裡一個月；1980年在北京師範大學研習，住了大半年；1985年在北京大學哲學系教了半年書。中間還去過好幾次。那時和官方的接觸很少。我主要想了解一下到底在中國社會廣大的知識分子中間有沒有一種群體的批判的自我意識，可以獨立於政治之外。在1978年我就感覺到有，但沒有具體的例證。1977、1978級的大學生進來以後，情況就發展得很快。

我舉一個簡單的例子。就是我在北京師大訪問的那半年。那些大學生當時還只是一、二年級，他們就串聯成功，全國的大學生合起來辦了一個雜誌叫《這一代》。我看到第一期的時候，非常感動。結果很快被查禁。但馬上又出來了一個雜誌；又禁掉，又出來一個。每禁一次，每出一次，它的言論都升高一級。到了1985年的時候，《青年論壇》在武漢大學出版了。它的推銷員到全國銷書，有些只有十六、七歲。但這些小孩子可以坐火車、長途跋涉，帶上二十至一百份《青年論壇》，到處兜售。後來，許多年輕理論家在廣州集合數百人開會討論，所提出的觀點都是五四精神的再現，理論的水平相當高，政治的抗議精神也非常強。所以，我當時感覺到，中國知識分子的群體的批判的自我意識又出現了，而且是反對現實的、反對不合理的政治控制、反對封建遺毒的。這裡所謂封建遺毒，就是長征以來所謂代表工農兵的利益集團的腐朽心態。這個利益集團現在年紀大了，要把他們的權力傳給他們的下一代。所以，接班人就是所謂高幹子弟，都是既得利益者。我在美國碰到不少高幹子弟，不能說個個面目可憎，但大體上素質不高。他們多半把中國當做是自家的財產，非常囂張。所以，現在第一流的知識分子(無論在哪個大學)和高幹子弟的衝突很尖銳。這是中國的一個大問題。配合這個問題，我想提一下中國知識分子面臨的困難，作為我們這一講的結束。

　　列文森提出來的、馮契先生講的“古今中西之爭”是五四以來的大課題。如果在健康的情況下，應該可以對傳統的陰暗面進行徹底揚棄的；而對代表中國文化的人文精神如儒家傳統有批判性的繼承；對西方的精神價值可以盡量吸收，但對西方的浮面現象可以嚴正地排拒。揚棄、繼承、引進、排拒這四大問題應該是一個立體的結構，是要同時解決的。可惜，這四大問題有時被壓成兩個問題，而且又把兩個問題壓成一個問題。立體的被壓成平面的；平面的被壓成點線的。

　　現在大陸的年輕知識分子第一個困境就是，他們所能看到的、所知道的、所熟悉的、和傳統有聯繫的，都是他們所不要的。所看到的都是思想控制，人事方面的走後門，特權，各種騙局，沒有企業精神，沒有法律，沒有自由，沒有個人獨立尊嚴，沒有強烈的宗教情操。他們把這些歸結爲封建遺毒。而封建遺毒在他們的價值系統中就是儒家。因此，他們痛恨並要揚棄這個價值傳統。他們所要的，不管是民主、自由、還是人權，都是他們所不熟悉的，只是想當然耳。進一步說就是，該繼承的沒有繼承，該揚棄的沒有揚棄，該引進的沒有引進，該排拒的沒有排拒。該繼承的是傳統文化中還有生命力的精神，如能夠樹立知識分子風骨的五四精神，"先天下之憂而憂、後天下之樂而樂"的氣度，具有全面深入的涵蓋性的人文主義精神。該揚棄的是封建遺毒，如小農經濟的保守，以及雖然出身農民卻成了騎在人民頭上的既得利益集團。這是一種以家族主義爲特徵的意識形態。該引進的是西方的工具理性以及一切有價值的文化傳統；該揚棄的是隨著開放而湧入的一些商業文明的渣滓。

在這樣一種揚棄和引進都不成功的情況下，信仰、信賴、信念都出了問題。年輕的知識分子又得出了和五四時代幾乎一樣的結論，要和中國的封建傳統徹底地決裂。那樣，儒家一定又要倒楣。同時，他們相信，只有從西方才能找到救中國的路。整個中國傳統，包括已經本土化或半本土化的馬列思想已經沒有多大生命力了，只有各家各派的西方文化才在大陸才有很大的說服力。

今天我所作的是現象的描述。先是從列文森的《儒教中國及其現代命運》導出課題，當然其結論是比較悲觀的。但這不是我的意願。如果這是最後一講，給了大家這麼一個悲觀的結論，這是很不明智的。幸好下面還有四講。

第九講
工業東亞的興起

　　今天我所要討論的課題，也許會引起很大的爭議。因爲我的觀點是很容易被誤解的。所以，我在討論這個問題的時候要特別的小心。你們如果有什麼問題或觀點，要打斷我，非常歡迎。這個課題錯綜複雜，我希望不要講得太單調，只是一面之辭太沉悶。但是由於這個課題包括許多面向，牽涉的層次極多，不少問題還在我的腦子裡打轉，因此，目前我所能提供不可能是一個眉目清楚的陳述。不過這些問題我已思索有年，雖然離深思熟慮還有一段距離，總有些自己的看法。但我仍想說明，很多觀點其實不是我提出來的，不少加在我身上的論說實在和我無關；有些觀點我希望進一步地展開，而現在只處在摸索的階段。

　　很多人認爲，工業東亞的興起，爲希望儒學進一步發展而又感到沒有可能性的知識分子提供了一個條件。我並不接受這個觀點。我認爲，這個條件即使是提供了，是禍是福還很難說。儒學有沒有進一步發展的可能？簡言之，五四以來，要把這可能轉化爲現實，至少經過了三代人的努力。這個文化事業不是站在社會功能的基礎上來進行的，也不是狹隘的民族主義，當然更不是情緒上因西方文化的撞擊，在認同危機的情況下作出的一時反應。相反地，爲儒學再生創造健康條件的文化事業是以理性主義爲支柱，在追求真善美的基礎上，對人類文明所創造出來的價值或價值源頭作的重新反思。這項工作至少進行了三代。

經濟發展中的文化因素

最近，中國大陸的一些學者在重新理解和反省三十年來哲學思想發展的動向，即從五四運動到1949年這三十年。得出的結論令我很驚訝。他們認爲，這一時期的思想主流是儒學。我說儒門淡泊，怎麼突然變成主流了呢？他們的理由是，在這時期，大風潮基本上是西化的，但在哲學上從事比較深刻反思的，以儒學爲基礎的特別多。我覺得很奇怪。以前我自己的理解是，在五四時代，只有熊十力、梁漱溟等少數幾位學者，面對無情的歐風美雨，討論儒學的問題。馮友蘭從哥倫比亞回來後寫的貞元六書，要重新建立儒學，特別是朱學；賀麟從西方黑格爾的哲學出發，重新建立陸王的哲學；還有張東蓀等很多自成體系的思想家所作的工作，多半是儒學的重建。但這並不表明在知識界和其他社會層面，儒學有生命力，而只是在很小的哲學範圍內，儒學的研究有一些發展。從大風潮看，還是各式各樣的西方思想占主導的地位。

不過有一些人指出，1949年以後一直到文化革命前後，很多重要的問題仍然是密切關聯中國傳統的問題。譬如，那時的《哲學研究》、《歷史研究》、《紅旗》一類的理論雜誌中，和儒學有關的研究文章特別多，有些地方甚至比討論西方文化更多。這個現象應如何理解，以後還可以討論。不過，從第二次世界大戰以來，有一些新的現象出現；但不知經過了怎樣曲折的道路，才和儒家倫理結合在一起，成爲大家爭論的課題。從學術界一些專門從事比較文化的研究的學者到一般知識界，大家都相當關心這個課題。今天我們就來討論這個課題，看看它和儒學的進一步發展的前景有什麼聯繫。

首先，我想先作一個現象描述。當然這個現象描述不是完全客觀的，也就是說，我所了解的現象本身即有很大的爭議性。

第二次世界大戰以來，從西方文明的發展看出了一個非常重要的質的變化，即西方以理性主義、特別是韋伯爲代表的工具理性的主導原則的說服力受到了很大的挑戰。現代化的多元傾向出現了。一百多年來，所謂現代化就是西化。但二次大戰以後的趨勢有所改變。對於這種改變，西方很傑出的學者經過了很長的時間才意識到。在1950年代，柏深思提出的理論，基本上還是以美國文化的特殊現象來了解世界文化將來發展的一般規律。要到1980年代的今天，西方的學者才主動地要求必須跳出歐洲中心主義。西方文化一方面爲人類開拓了各種不同的精神領域、價值領域，而且爲人類創造了以前做夢都想不到的奇蹟；但同時，也把人類帶到了自取滅亡，乃至整個生態系統也趨於毀滅的危險邊緣。這個新的現象的出現，也是到了1980年代，特別是最近的五、六年，西方的學者才對它作出深刻的價值判斷。

我們應從比較高遠的文化角度來理解這個現象，讓我先介紹賴世和[1]。賴世和是一位傑出的漢學家，也是日本朝野共同推崇的文化英雄。在他快要從哈佛大學退休的時候，日本 NEH 國家電視台派了一個很大的隊伍跟著他。他曾在三個地方接受教育：

---

1 賴世和(Edwin Reischauer)，1910-1990。美國日本文化權威，曾任駐日大使，哈佛燕京社社長及哈佛大學講座教授。

巴黎、京都和美國的康橋。電視台的隊伍隨著他到這些地方，作了關於他整個傳記的序列報導。他有一度是美國的駐日大使，同時也是美國研究日本最有影響力的學者。他在很多年前(大約是1970年代)，在美國的《外交季刊》上發表了一篇很短的文章，叫做 "The Sinic World in Perspective" (〈中國文化區的透視〉)。當時大家已感覺到日本的興起。而所謂亞洲四小龍的興起，要到1970年後期大家才逐漸理解。開始的時候只有日本。日本在戰後的恢復非常快。不僅非常快，而且主動自覺地以美國馬首是瞻，但又獨立於美國。美國的很多學者一度把日本當做應該培植的對象，但是它確有青出於藍的潛力。賴世和認為，日本是一個更大的文化區中的一個成員。如果想要了解日本，就要對這個更大的文化區作進一步的了解。他認為，受到這個文化區影響的其他地區也會像日本一樣進一步發展的。但不能從三、五年來看，而是要從十年、二十年的角度來看這個問題。這個看法在當時引起了很大的爭議。有很多美國的學者，特別是美國保守的官員說，賴世和到底是我們美國送到日本的大使，還是日本送回美國的大使？你要搞清楚你的立場呀！因為這位大使的夫人是一位日本貴族。賴世和返美述職發表演講的時候，多半是批評美國，要美國多了解日本。所以，美國的保守主義對他是很有意見的。

另外提出同類觀點的是一個美國知識界的怪傑，叫做何曼・凱恩[2]。如果說有一門學問叫做未來學的話，他就是創始人之一。當時他所作的工作是 war game (戰爭遊戲)，特別關注核戰的遊戲。後來他對科技研究的興趣逐漸淡了，而對價值取向的問題

---

2 何曼・凱恩(Herman Kahn)，1922-1983。美國軍事學家，軍事戰略顧問。有論及現代技術社會及日本、澳洲與第三世界經濟發展的著作。

興趣特濃。他說，美國要沒落了。1970年代，雖然美國在打越戰，但是基本國勢極強，是世界上最大的債主國。美金是世界上幣值轉換的標準，美國所擁有的黃金是世界上最多的，生產力是世界上最強的，工業企業是世界上最先進的。他卻危言聳聽地說美國要沒落了。他認為，美國沒落的主要原因是它的價值系統，即韋伯所說的清教倫理精神的沒落；取而代之的將是亞洲。而代表亞洲的是儒家文化的倫理。這在當時的美國是不能被理解的，認為這只是一種未來學的預言、揣測，沒有任何實質的價值。

1980年，國際性的雜誌《經濟學人》(The Economist) 發表了當時英國的國會議員(現在是哈佛政治學教授)馬若然(R. MacFarquhar)的一篇雖然很短但卻帶有刺激性的文章，叫做 "The Post-Confucian Challenge"（〈後期儒家的挑戰〉）。他認為，日本對英美的挑戰要擺在比較大的背景中來看。背景中的主角就是中國，即從經濟發展的角度，中國會不會在最近幾年重新站起來的問題。但是，這個問題在作結論以前，先要看看幾個受到儒家文化影響的地區的運作。

這篇短評是針對完全站在歐洲中心，尤其是英美中心的國際知識分子而發的。當時大家認為，兩大陣容的對抗是自由世界和共產世界，即美蘇超級大國的對抗。從馬若然的角度來看，蘇聯對美國、歐洲整個文化的威脅只限於軍事，長期影響不大。而且蘇聯自身有很多問題，將來會沒落。當時世界又屬於資金大周轉的時期，即中東的石油突然價格上漲，影響到西歐、東亞，和美國。所以，很多學者討論中東對西歐的石油威脅。臺灣的經濟學家王作榮先生曾說了一句話，有三種賺錢的方法：最高明的是靠智力、咨詢；等而下之是靠勞力，加工出口；最不爭氣的是靠祖宗的遺產，就是挖地下的油。也許，靠祖宗的遺產賺來的錢沒有靠勞力賺來的錢高明，但賺的錢不少；而且資金的轉移相當大，尤其是在1970年代。所以，很多中東的小國家變成了經濟大國。但從馬若然的角度，這只是片面的經濟威脅，不是全面的危機。而以日本所代表的工業東亞(後來他們用的名詞是 NICs -- Newly Industrialized Countries，即新工業國家或新工業地區)所帶來的不是蘇聯式的軍事武力或中東式的金融財政，而是一種全面的生命形態，代表完全不同的價值體系、發展模式和前景。他預言，如果中國也能夠在經濟上逐漸發展，那太平洋地區的時代一定會來臨。將來面向二十一世紀，就不是大西洋的世紀，而是太平洋的世紀，甚至還可能是中國人的世紀。這個觀點提出後的爭議性更大。最近五年的爭論就更不必說了。

皮特・伯格是一位純粹的西方社會學專家，有人稱他是 Mr. Sociology(社會學先生)，因為在美國社會學界，他的接觸面極廣，處理的問題極多而且也有自己的思想體系，雖然他的價值取徑很保守，和自由學派大異其趣，但頗有宏觀的見地。他針對工業東亞興起這一現象提出了一個觀點，即第三種工業文明的出現。除了美國、東歐、蘇聯以外，他還到臺灣進行了各方面的考察。當時他說，這是資本主義的第二個實例。不過，那還是很離散的印象。最近他出了一本書，叫做 The Capitalist Revolution (《資本主義的革命》)，最後一章就是＂工業東亞＂。把他的觀點擺在韋伯解釋資本主義的大系統中來討論。

可見，工業東亞的題目的提出有相當長的背景，絕不是少數學者為了一廂情願的想法。現在，這個問題已經提到了日程上。值得注意的是，從賴世和開始，這些學者都相當重視文化的因素。重視文化因素並不意味著輕視制度因素。文化因素的考慮是逼出來的，但決不是＂文化命定論＂。前面我所提到幾位學者都不是文化命定論者。所以，文化和制度的爭論要從另一個角度來理解。

這個課題是怎樣提出來的呢？有必要回顧一下歷史因緣。現在我們能夠看到的就有好幾十種不同的論文和專書。哈佛的東亞研究所十年來出版了十多本有關的論著，集中討論南韓經濟發展的各種不同的問題。最近還有好些論文討論新加坡的經濟發展問題；也有討論香港發展的問題。相比之下，臺灣的經濟發展是較薄弱的環節，研究的人比較少，連重要的統計資料都沒有。這是一個金礦，可以盡量發掘。從事學術研究，從經濟、政治各方面來討論，這裡就聯繫到一個很值得注意的課題，就是韋伯的命題。

如何把這個現象和韋伯的命題聯合起來，在理論上有很大的困難。首先，韋伯的命題是解釋歷史現象。我以前說過，解釋可有好幾種類型。解釋歷史現象的方式和數理邏輯的推理相當不同。一個同樣的歷史現象可以允許各種不同的解釋方式。立場的對錯常常沒有層次的高低那麼重要。如果我們考慮的是數學課題，那麼，對錯就很重要。對文化歷史現象進行了解，常常是層次的高低遠遠要比對錯來得重要。所以，有些學者從脫離歷史發展的因果關係來了解這個現象，便發生以偏蓋全乃至無的放矢的毛病。譬如說，到底儒家倫理和工業東亞的經濟發展是什麼關係？它是必然條件還是充分條件？從這個角度來討論問題，層次就非常低了，而且可以說是在非常膚淺的層次設問。因為，所有的歷史現象都不能如此解釋。當然，韋伯以清教倫理來解釋資本主義的興起，既非必要條件，又非充分條件，它是一個背景的了解。背景的了解是一個很重要的因素。這個因素如果認識不清的話，現象的全貌就無法掌握。但是，韋伯的理解基本上是一個現象的描述，而且，他用的是親和力的方法。所謂親和力的方法，即甲現象的出現和乙現象合在一起；要對甲現象理解的話，意味著對乙現象應有認識。如果甲現象出現在什麼地方，乙現象就陪伴在什麼地方。所以，你要對乙現象作些解釋，到底乙現象和甲現象之間的關係是什麼？這要很具體地來分析。如果把韋伯的命題提出來，最簡單的、也可以說是最膚淺的觀點就是說儒家倫理影響了工業東亞的經濟發展，或說儒家倫理和工業東亞的經濟發展之間有"選擇的親和性"。

如果從一個膚淺而簡單的因果關係來理解，第一個碰到的難題就是，如果韋伯是對的，那麼韋伯所了解的儒家傳統就是因為沒有創造轉化的動源，才解釋到清教倫理能夠影響資本主義的興起；如果儒家倫理有清教倫理的動源，那儒家倫理也可以影響到資本主義的興起。有些學者現在就想說，儒家倫理事實上有這種類型的動源，影響到了中國商人的倫理。那麼，儒家倫理如果真正影響到商人倫理，但傳統中國商人沒有發展出工業資本主義，這個現象又如何解釋呢？除非你說，中國有中國特色的資本主義的發展，這個資本主義和西方的不同。這就是韋伯所說的商業資本。商業資本不僅在中國有，在印度也有，世界各地都有。但是工業資本是使世界作重大轉化的重要動源，我們無法說中國也出現了工業資本。總之，資本主義的興起代表了西方的精神，這既成的事實是無法改變的。所以，如何運用韋伯的解釋模式是一個很有趣的課題。

最早運用韋伯命題來理解東亞現代化的一個線索是羅伯特．貝拉在1960年代寫的博士論文，叫做《德川宗教》，基本上是根據柏深思的角度，講價值取向如何影響經濟發展的。他受到韋伯的影響，解釋日本為什麼有經濟發展。他說，我們必須了解儒家，而且特別要了解儒家的心學。爲什麼他有這個解釋呢？因爲他發現德川時代很多重要的企業家受到陽明學的影響。他認爲，這是一個動態的哲學，而且有轉化世界的功能。這個提法在很多地方和韋伯的清教倫理有共同之處。雖然它們的價值動向、價值結構和價值系統不同，但社會功能卻有相似的地方。這個解釋叫做"作用功能主義"的解釋，在西方影響很大。日本的很多學者對他的觀點作出了反應，其中比較有名的是丸山眞男。這位教授是日本當代政治學、社會學家中極受尊重的學壇祭酒。他在1967年同時得到哈佛和牛津的名譽博士學位，可見英美學術界都很推崇他的科研成果。他的研究重點是日本現代的政治思想，特別是日本如何突破朱子學的樊籬而爲西化創造了有利條件。丸山眞男不一定完全贊成和接受貝拉的解釋，但他認爲這是開創研究日本現代化非常重要的作品。因爲貝拉突破了把現代化問題只放在狹隘的制度層面來討論的限制，而把文化資源、精神資源也列入考慮的範圍。所以，《德川宗教》的影響非常大，雖然只是一篇博士論文。過了二十多年，這本書又開始了第四、第五版。貝拉寫了一個序言，認爲自己以前的思考結構很有問題，他已不能接受以前的解釋模式了；但是把它當做歷史文獻的話，仍有價值，因爲它曾在歷史上發揮過積極的作用。他現在覺得仍有意義的提法是，把具有日本特色的儒家傳統和日本經濟發展聯繫起來，也就是把韋伯和柏深思的課題帶入東亞研究的領域。

　　另外一例是重新把韋伯對於儒學的解釋作一個批判性的認識。提出這一論說的是墨子刻 3。他的貢獻主要在一本書中，叫做 *Escape from Predicament*（《逃離困境》），講的是儒學的困

---

3 墨子刻(Thomas Metzger)，1933年生。美國史學家，哈佛大學博士，史丹福胡佛中心研究員。著有《逃離困境》等。

境。這本書事實上和我們所從事的儒學研究有密切的關係。他和張灝有長期的對話；另外，他在哈佛作過研究，討厭哈佛的左傾思想，變成批判以費正清爲主的哈佛學派的主要人物。他十多年的努力，是把哈佛學者對中國理解的偏差糾正過來。最近幾年，他和史丹福大學的馬若孟(Ramon Myers)合作，要把臺灣的發展經驗提供國際學術界參考。認爲如果中國學臺灣，中國的問題就可以獲得解決之道。臺灣不僅是三民主義精神的充分體現，而且是第三世界的希望所在。

墨子刻特別受到兩位先生的影響，但這兩位先生之間卻存在著矛盾。在墨子刻的運作中，把兩個矛盾力量變成了互補。這兩位先生，一位是唐君毅，另一位是殷海光。他把這兩位先生的觀點配合起來，代表現代中國知識分子對儒家傳統的反思，重新對於韋伯了解的儒家課題作了一個批判的理解。韋伯的一個基本觀點認爲，儒家傳統的內部張力不很大，所以，受到儒家文化影響的人有妥協的傾向，和現實妥協，和世界妥協。這一點我們要回到哈伯瑪斯乃至柏深思的論題。他們認爲，基督教文明因爲是超越而外在，所以可以否定現實的合法性，從而進行批判，從外在於世界來改造自己，改造世界的時候，可以徹底重新加以整理，可以和浮士德的精神掛鉤；而儒家承認現實的合理性和合法性，常常和現實妥協，所以推崇中庸之道。堅持中庸之道就不能發揮什麼革命精神，是一種無法改變現實的妥協精神。墨子刻從研究唐君毅和殷海光，一下子看到了中國知識分子的內在衝突，一種強烈的憤恨悲愴的感情。這和儒家傳統到底有什麼關係呢？殷海光是反對儒家的，唐君毅是贊成儒家的，但爲什麼都有那麼大的張力呢？在他看來，可能儒家理想性和現實性是永遠無法統一的。儒家基本精神是從個人的修身轉成家庭的和諧、社會的安定、國家世界的太平。這是堅信個人道德力量的自我純淨必然會有社會實效性的思想。

墨子刻對於現代西方政治學的理論，涉獵甚廣。最近他在《當代》發表了一篇關於中國政治問題的文章，寫得很精彩。在討論當前中國民主政治的文章中是比較突出的，至少在中文文獻裡。但是，在墨子刻看起來，從內聖推到外王是根本不可能的。道德再純淨，不能改變外面的實際情況，一定要通過制度的渠道。而制度不能通過個人的道德來開出。制度的建立不可能是家庭的擴大。因此，他認爲傳統的儒學，如宋明儒學，就有非常大的張力。以自我的要求，特別是道德的轉化要求，希望在社會上發生實效，這中間是有距離的。真正的儒者，都是不能自我完滿的人格。這個觀點很有說服力。在宋明儒學中，羅近溪說過一句很有名的話："真正仲尼臨終不免嘆一口氣"。嘆一口氣是不得已，有很多的事情我們不能靠主觀的意願來要求、來轉變。

不過，墨子刻暗示仲尼知其不可而爲之，事實上是對孔子的一個批評，而不是讚美，是說他有一種唐吉柯德的精神，這一精神是沒有現實性的。在墨子刻看來，具有儒家傳統人格的人，內部具有很大的張力。這個張力和基督教的張力量性質不同，但強度相似。這種張力在現代化轉化過程中發揮了很大的作用。這也就是說，他認爲儒家傳統塑造的這些人不是對現實妥協而已，是要改變現實；不僅要改變現實，而且要依照一個永遠無法徹底完全的理念來改變現實。從自強運動以來的那些人物來看，李鴻章就很難說是怎樣了不起的儒家。曾國藩是儒家，這是因爲他的人格形象和他所做的工作。還有康有爲、梁啓超，一直到現代認同儒學的人。他認爲，雖然殷海光是反對中國傳統、反對儒家的，但他那知識分子的抱負、以天下爲己任的抱負，是與儒家傳統聯繫在一起的。

因此，可以說墨子刻是把儒學和現代化過程中的複雜問題提到日程上來了。以前的學者對這個問題看得比較簡單，認爲儒家傳統阻礙現代化，所以，現代化必須突破儒家的禁忌。突破多一點，現代化的可能就大一點；突破少一點，現代化的可能就小一點。而墨子刻的觀點，是看到了現代化發展過程中的複雜性，這是比較符合事實的。這中間的交互關係的確相當複雜。到底在現代化的過程中文化的因素應該怎樣理解？多半的經濟學家對文化的問題沒有敏感性，這是職業的限制。因爲文化的因素無法用現有的經濟學所發展的模式，給予一定的位置。不要說文化，政治的因素對經濟學家來講，已經是外在的。文化的因素對經濟學家來說，不僅是外在的，而且是潛在的。如果經濟的因素不能解釋，政治的因素也不能解釋，最後才把文化這個潛在因素提出來。到那時候，大概精疲力竭了，就不會把文化當做複雜的課題來理解。但是，在受到韋伯、柏深思等人影響後，文化已經是滲透到各種不同的領域中的價值動向。

人是複雜的群體，文化的因素是相當重要的，你不能把它割裂掉。所以，現在很多經濟學家已經接受了這一點，認爲很多影響經濟的重要的因素是非經濟的。比如股票市場的突然崩潰，多半不是經濟因素，而是政治因素，因爲政變或其他因素。所以，伯格最近在波士頓大學成立了一個研究中心，叫做 Institute for the Study of Economic Culture (經濟文化研究所)。經濟文化是說影響經濟的文化，不是任何文化。藝術、哲學都是文化，但不一定影響經濟，可以不加以考慮。影響經濟的文化，也就是韋伯所考慮的問題。我以前提過，韋伯曾坦率表示，對於宗教，他完全沒有真正的感受，無法有特殊的理解。但是韋伯學的重要貢獻之一就是了解宗教價值如何影響經濟行為的歷史事實。在這方面，如果回到柏深思的模式，我們可以這樣說：任何一個現代化的過程，除了硬體制度問題以外，非要接觸觀念問題、價值問題之類的軟體。在中國大陸，現代化被稱為"四化"，即科技、工業、農業、軍事的現代化。所以，魏京生提出第五個現代化，即制度的改革——政治的現代化。如果沒有政治的現代化，就不可能有穩健的經濟和科技的現代化。現在有一些學者說要有第六個現代化，也就是觀念、文化的現代化，我所認識的多半大陸學者接受這個提法。因為，沒有觀念、價值的現代化，沒有現代人的意識形態，中國即使在四化上突飛猛晉，離現代化還是隔著幾層公案。

僅靠市場經濟的發展是很難開出現代化的。有人說，市場經濟是最大的自由主義者。靠市場經濟的發展，價值系統會不會改變？當然會，但不一定向符合民主、自由或人權的方向轉進。如果認為價值觀念的改變、政治制度的改變是經濟現代化的先決條件，就不會發生制度論和文化論的爭論。什麼叫做制度？絕對不是靜態的機械結構，一定是一套運作的方式，有它具體的內容。這套運作方式一定要牽涉到人的因素、價值取向的因素、程序的因素和其他沒有經過反思的習俗。這裡就有文化的因素。空談文化而不落實在實際的制度過程中來運作是不可能的。文化不是一套理念而已，它要在不同的運作中發揮積極或消極的作用。所以，不可能出現文化命定論和制度命定論的問題。

要不要考慮文化的問題，是一個複雜的歷程。有些學者為了學術上的精確性而遠離文化的因素。比如數理經濟學家，他們認為愈脫離現實，經濟學的理論思維就愈高，因為經濟學家的工作基本是模式建造。一個數理經濟學家建構一套解釋模式，這個解釋模式本身的合理性、藝術性就是它的價值，而能不能解釋社會現象是其次的。但是，假如要解釋社會現象，我們那就一定要接受很多混淆的新東西，否則，我們的模式就經不起考驗。所以，制度一定蘊涵價值取向的問題，而價值取向一定要落實。這是一個複雜的課題。

對儒學傳統的重估

從上面的線索再重新回到工業東亞，到底工業東亞是什麼？一種經濟體系？一種政治結構？一種社會組織？一種文化取向？還是毫不相干的幾個大異小同的地區？我們可以從各種角度來回答這個問題。我選擇了文化歷史的解析途徑，理由何在？再說，為什麼要把工業東亞提到日程上來？為什麼從賴世和開始，經過凱恩、馬若然、伯格這些都不是專門研究中國文化歷史的專家，把這個課題提出來？我們將如何對他們的觀點作出回應？

另外，值得注意的是，在韋伯了解清教倫理和資本主義興起時，資本主義已經發展成型了。因此，韋伯的命題是一個歷史的回顧、歷史的分析。在當時只有一種資本主義的發展道路，那就是西化。韋伯對以資本精神為導向的現代西方傳統所作的價值判斷是否定的。所以，他才提出鐵籠的問題。比照鐵籠的提法，我們不難想像工業東亞所象徵的就是大家唯利是圖，拼命賺錢。如果這種刻畫並不離譜，那麼儒家倫理教人做人，做一個完整的人、全面的、有價值的、有生活素養的、有抱負的人，那麼為什麼今天在工業東亞，它所培養出來的竟是唯利是圖、以賺錢為最終目的的利欲熏心的人呢？這到底是儒家倫理的福還是禍，很值得大家探討、辯難。

所以，我們討論這個問題和韋伯的最大不同是這個現象還在發展，必須在它逐漸形成的過程中來了解它，我們是"身在此山中"。我們的討論，無論意願如何，都會多多少少和這個現象發生互動的關係。我舉一個非常簡單的例子。哈佛大學在兩年前召開了儒家倫理和東方企業的討論會，我擔任評講。其中主要的發言人是印尼最傑出的企業家之一。印尼是非常排華的。這位企業家是華裔。他發表了一篇很感動人的文章，認爲他的企業精神完全是受儒家的影響。我覺得非常奇怪，因爲儒家倫理現在受到非常多的批判，而我所了解的東南亞華僑多半是五四精神的繼承人，對儒家倫理基本上是反抗的。他怎麼會有那樣同情的理解？真是海外的知音。所以，我和他談了談，才發現，他講這個是因爲馬若然是這樣講，他認爲我曾這樣講過，現在大家也都是這個講的，所以他相信了，而且挺身而出，心甘情願地爲儒家倫理作見證。原來我們是想從他那裡知道儒家倫理對企業精神是不是有積極的貢獻，他卻說他之所以講是因爲我們在講。所以，我們不能說這個觀點是印尼商業企業家獨立發展出來的。他們堅信儒家倫理和企業精神有關係，是不是受到我們的影響呢？這種例子很多。以前，儒家被認爲是最沒落的，所有壞事都要歸之於儒家；如果它的形象比較好了，很多人以前不是儒家現在也是儒家了。這是一個互動，很難掌握它，比韋伯要想了解資本主義和新教倫理的困難度大多了。因爲此間的中介和互動的因素太多了。

　　雖然如此，這是一個嚴肅的問題，在國際學術界已被接受。所以，現在有很多研究計畫同時進行。有一個研究計畫很有意義。夏威夷的東西中心是一個很大的研究機構。它一方面受美國政府的支持，一方面是民間集團。它下面有一個研究計畫，是由密西根大學的經濟學家鄧伯格(Dhernberger)主持。他提前退休，專門來做這項研究。這是五年計畫，叫做"亞洲經濟發展模式的文化基礎"(The Cultural Basis of Developmental Model in Asia)。所謂模式,是說這個具體的經驗可以讓它普遍化,可以變成典範。這個研究牽涉的人很多,五年計畫的資金運用接近百萬。皮特・伯格曾經提到這個問題。他說,你要小心!有人正以一個發展模式的特殊性來說明文化因素的不能輸出。如果它不能輸出,那就意味著這個特殊的文化現象是不能重複的,也就是說,這個典範是不能在其他地方適應的。但是,如果說制度是政府的策略所主持的,譬如在臺灣經濟發展的歷程中經合會所扮演的角色就特別突出,或者日本的 MITI (國際貿易和工業部),也就是配合工業、貿易、國際發展各方面的智囊組織所發生的效果,或者是香港的貿易局、新加坡的經濟發展計畫,這些都是可以輸出的。假如我們說這些和儒家有關係,而儒家文化又是和中國、東亞人血肉相連,我們不能要求加勒比亞海岸諸國先變成儒家,再發展經濟。這就等於我們不能要求以前的東亞人先變成基督徒,然後才有經濟發展的條件一樣。這是策略問題,不是現象解釋。問題是要了解現象和發展模式之間的區別。鄧伯格和他的同事現在做的研究就是這個。

另外一個研究也很有意義。是加州大學戴維斯分校的加里・漢默頓(Gary Hamilton)教授和新加坡大學社會學系的郭振羽(Eddie Kuo)以及東海大學社會學系的高承恕所制定的一個國際研究計畫,集中研究臺灣和新加坡。這個項目的題目是 "東亞企業精神的制度基礎"。它所了解的制度是廣義的,其中牽涉到文化的因素。

最近,由楊國樞先生主持的一個有關臺灣地區儒家倫理和企業精神的研究課題,是一個基本上由中央研究院支持的項目。他們至少提供了兩個調查報告。一個是以英文發表;另一個可能即將在中研院史語所集刊發表。這都是值得參考的科研動向。

　　還有一個很有發展潛力的研究計畫，我本人也參加其中。這是由美國人文社會科學院所支持的一個比較大型的計畫，題目是"The Rise of Industrial East Asia"(工業東亞的興起)。這個計畫分四個部門。第一個部門是工業東亞興起的意義，由傅高義主持。他曾寫過《日本第一》，是從經濟、社會、政治、文化各種角度來了解日本現象。第二部門是我負責的，即儒家和工業東亞發展的關係問題。第三部門是馬若然負責，研究工業東亞和大陸發展的關係。第四部門是亨利・魯紹文斯基(Henry Rosovsky)負責，研究工業東亞對美國和歐洲的涵義。我說這個計畫不大可能完成，因爲題目太大，所需的經費也太多。這是一個構想。這個構想已經有兩年了。

　　除此之外，我所知道的這類研究計畫至少還有五、六個。不過現在還只是一個開端。但不管我們是否贊成這種類型的研討，我相信再過三、五年，這類問題還會有新發展，有研討高潮的出現。

　　現在我想對這個現象作一個簡單的描述，即問題提出的緣由。對我來說，從文化歷史的角度來探討這個課題是很有必要也是很有意義的，因爲這裡牽涉儒家傳統如何塑造東亞文明的公案，也就是第二期儒學發展的問題。在這裡我只能提供一個粗淺的描述。

　　所謂儒學的第二期發展，在中國是宋明儒學；在韓國是朝鮮朝，即從1382年到1910年，橫跨中國的明清兩代；在日本是德川前後。1970年在澳洲首府舉行的最後一次世界東方學會會議(以後這個國際學術組織就分裂了)。會上，一位大韓民國的學者叫高炳翊發表了一篇很有預見性的文章，題爲〈儒家的時代〉。他所謂的儒家的時代就是我剛才提到的那個時代。他認爲那個時代對東亞乃至世界的現代化都有深刻的歷史及現實意義。如果我們對那個時代的了解有偏差，我們目前想對東亞的發展前景作一宏觀的評估或了解也必然有限制。他基本上是針對韋伯的思想，特別是針對柏深思等人對韋伯的解析所提出的回應。

這裡又牽涉到另一個課題：宗教的進化。羅伯特・貝拉很早以前發表過一篇論文，叫做〈宗教進化論〉，影響很大。他把世界宗教分成五個階段：初民宗教、古代宗教、歷史宗教、前現代宗教和現代宗教。所謂歷史宗教，就是軸心時代的各大文明。而他認爲前現代和現代宗教只有基督教。前現代的宗教就是從馬丁・路德到喀爾文這一段所謂新教勃興。如果只有歷史的宗教而沒有前現代宗教，這個歷史宗教和現代化就沒有直接關係。只有經過前現代宗教轉化的宗教，才跟現代化有直接關係。這是很明顯的。韋伯認爲，在基督教的發展過程中經過兩次重要的轉化：一次是路德的轉化，一次是喀爾文的轉化，然後才有新教倫理。新教倫理影響到資本主義的興起；而資本主義的興起是現代化的主要指標。所以，現代化是和現代宗教聯繫起來的。從這個觀點來審視當代精神文明，回教、猶太教、儒家傳統、印度教、佛教都和現代化沒有直接關係；真正和現代化有直接關係的只有通過從天主教進一步發展到前現代基督教，也就是由天主教轉化成新教、由新教轉化成新教的教派之一的喀爾文教。講得比較尖銳的話，這是宗派性極強，文化約束極大的歐美中心主義論說，還帶有幾分文化帝國主義的色彩。當然貝拉後來基本上放棄了這一觀點，但在那個時代，貝拉的宗教進化論不僅很有說服力，而且成爲美國宗教學、人類學和社會學界公認的最平實的論斷。因爲人類只有一種現代文明的典範，而這個典範又確實和基督教傳統結合在一起。

　　但是，這個思路可以啓發我們去了解儒家文化在前現代所扮演的角色。這就是宋明儒學。宋明儒學象徵了東亞文明的一個重大的精神發展階段，這個提法在臺灣應該不會引起太大的爭議，因爲研究宋明儒學的還是比較多。但在中國大陸還會引起很大的爭議。有人認爲，宋明儒學不過是封建社會後期的遺毒、人民的鴉片煙，沒有什麼創建性的東西，了不起出了一個王陽明，也不過是強調人的主觀能動性，屬於唯心主義的觀點。所以，整個宋明儒學一句話就可以駁斥掉。甚至還認爲儒學發展的最大悲劇就是異化而爲宋明理學。假如儒學發展跳出宋明理學，我們現在就可以和西方一爭長短了。這等於說基督教的最大悲劇是發展出路德和喀爾文教，否則耶穌可以直通後現代。這種論點造成了一個印象：宋明儒學中沒有發展出什麼健康的東西，不必花時間去研究。可是，從高炳翊的角度來看，在相當長的一段時間裡，整個東亞文明都受到儒家文化的影響，從中國的文化主流變成東亞文明的一部分。這個進展是東亞社會的前現代階段。不了解這個時代就不能了解東亞文明進入現代化的曲折過程。作爲韓國、日本和中國的學者，都應該正視這個時代。我們對這個時代內部的複雜問題、它的長處、短處、社會結構、政治組織、經濟動力、文化取向愈了解，就愈能理解中國、韓國、日本的現代化曲折。反之，我們就不能掌握東亞現代化的來龍去脈。

　　日本京都大學的島田虔次曾到北京大學做過報告，說他長期思考的問題就是中國沒有辦法現代化，是不是因爲中國沒有進一步發展具有中國特色的啓蒙運動？這個問題，中國大陸武漢大學的蕭箑父教授[4] 也提出過。這些學者對中國的十七世紀進行研

---

4 蕭箑父，1924年生。武漢大學哲學教授，專長中國哲學史。著有《中國哲學史》、《中國哲學啓蒙的坎坷道路》、《吹沙集》等。

究。中國的十七世紀,是出現大思想家黃宗羲、顧炎武、王夫之的時代。這個時代,中國的商業化以及都市化的發展很快。另外,有一些非常突出的思想,譬如李贄,他認為儒家的五倫應該只保存一倫,就是朋友。何心隱也提出過這類觀點。黃宗羲對整個專制制度進行了批判,認為中國傳統的專制政體就是皇帝變天下公器為私有。我想,現在我們要批判專制政體,要完全超出黃宗羲還是不太容易。顧炎武在《天下郡國利病書》和《日知錄》中對整個中國的社會制度中的問題進行了討論。王夫之也是一個非常突出的思想家,特別是在歷史哲學、形而上學方面;同時也是格致之學的大師。格致之學就是西方所謂的科學,理解客觀自然的學問。特別是方以智的《東西均》,現在看起來仍是非常有創建思維的奇書。所以,那時是中國人心智大開的時代。島田虔次1945年寫過一本書,叫做《中國近代思想的挫折》。他指出,如果中國照十七世紀那樣發展的話,一定會走向開放的現代化。但是,因為滿洲入境以後,以高壓的手段把所有這個可以發展的力量鏟除了。

另外,我們了解到,十七世紀也是基督教(所謂耶穌教會所代表的天主教)在中國突出發展的時期。中國基督教的黃金時代是1610年到1660年,那時利瑪竇所代表的基督教在中國有很大的發展。到十八世紀,因雍正和西方的禮儀的問題,才切斷了和西方文化的交往。

有一種思考叫做 counter-factual (非歷史事實),即設想中國是不是有自己發展的可能?蕭筵父認為有這個可能;包遵信則認為這是夢想,要走中國這條路是一萬年也走不出來的。雖然有爭議,但問題的提出意味著前現代的宋明儒學所代表的精神。它內在的精神動源是十分豐富的。進行這種歷史的思考,是了解中國近代曲折的一個比較開放、有創發力的途徑。

在北美研究宋明儒學最有影響的是狄百瑞[5]，一位非常難得的學術領導。1966年，他在美國舉行了一次關於明代思想研究的研究會。從那時起，他即以奉獻的精神把宋明儒學的問題提到美國人文學界的日程上來，在美國學術界引起了廣泛的重視。當然這不是他一個人的努力，很多人參與了這項工作。其中對他支持特別大的是陳榮捷教授[6]。陳榮捷先生已經是八十六、七歲了，住在匹茲堡。但他每個禮拜坐飛機從匹茲堡飛到哥倫比亞講授宋明儒學。這類傳道授業解惑的工作持續了幾十年。在這個過程中，他們對宋明儒學進行了整體的理解，而且對朝鮮儒學、日本儒學也加以分析，尤其對朱熹進行了合作研究。1982年在夏威夷召開了世界最大的朱熹學術討論會，討論的論文由陳榮捷先生編輯，有六百多頁，是一次盛會。臺灣錢賓四先生和北京的梁漱溟先生都被邀請，但沒能參加；香港的徐復觀先生已經寄了論文，卻在開會前過世了。所以，會上由余英時宣讀了錢賓四的論文，我宣讀了梁漱溟的論文，劉述先宣讀了徐復觀的論文。在梁漱溟先生的論文中，他擇善固執的精神充分體現。因為他自居陸王學派，特別痛恨朱熹，論文就把朱熹從頭到尾作了非常嚴厲的批判。我本想在英文的翻譯中將它軟化一下，但我想這樣不敬，所以把它全部如實地翻出來了。宣讀以後，大家都很驚訝，說我們這個朱熹大會的開場白盡是貶程朱而褒陸王。但是，從另外一方

---

5 狄百瑞(William Theodore de Bary)，1919年生。美國哥倫比亞大學霍勒斯・卡彭蒂爾講座東方研究教授，曾任副校長、大學院長。專長宋明儒學。

6 陳榮捷(1901-1994)，哈佛大學哲學系博士。曾任教達特茂士(Dartmouth)及哥倫比亞大學，專攻宋明理學，著有《中國哲學資料》，是北美中國哲學研究的開路先鋒。

面來看,這是一個學術會議,不是一個尊朱會議。會議開得相當
成功,這和狄百瑞、陳榮捷先生的努力有密切的關係。

最近狄百瑞在哈佛發表了第一個賴世和講座,以紀念賴世和
在學術界的貢獻。這個講座有一個先決條件,即所有的講員一定
要談東亞問題,而不能只談中國問題、朝鮮問題,或日本問題。
狄百瑞的課題是東亞文明的對話,即日本、朝鮮、中國的長期對
話。早期是佛教,到後來就是儒家倫理。最近,在柏克萊大學的
另一個講座 Tanner Lectures,狄百瑞則從儒學的當代困境提出儒
學有沒有進一步發展的可能。

通過這些學術活動,儒學的時代涵義,即它是否屬於前現代
的宗教這個問題已經被提到了國際學術的日程上。我們似乎可以
作這樣的結論:工業東亞課題的提出,意味著東亞社會有一個共
同的文化歷史背景。這個共同的文化歷史背景是什麼,可以進一
步分疏。但無論如何,儒家倫理是一個必須考慮的因素。這點我
想不會有人反對。除非我們認為前現代好幾百年的歷史發展和現
代已毫無關係,早就過時了,被西化取代了。即便如此,為什麼
第二次大戰以後工業東亞這幾個社會能夠發展?它們之間有沒有
同構的地方?是不是屬於同一個文化區?是不是屬於同一個政治
體系?都是值得考慮、值得注意的學術課題。

東亞社會的同構現象

我最近在幾次討論會中常強調一點:所謂工業東亞,毫無疑
問是受到中國文化的影響;但是工業東亞的精神資源非常之多,
不能武斷地說就是儒家傳統。這一點極為重要。舉一個很簡單的
例子,整個東亞都受到大乘佛教的影響,而且這是經過好幾個世
紀,由成千上萬的大師大賢的蔭德積累而成,所以影響深厚。大

乘佛教當然是先到中國；以後又到了韓國朝鮮朝，朝鮮朝以前是
高麗朝，受到佛教很深的影響；日本在德川以前也受到佛教的影
響。所謂佛教在這裡具體地說是大乘佛教。大乘佛教現在的生命
力還極旺盛，不僅在西藏而且在臺灣、日本、韓國、香港、新加
坡都有生命力，目前還有回歸印度並遠播歐美的態勢。

　　另外，日本有根深蒂固的神道(Shinto)。神道是一個非常複雜
的思想傳統和精神文明。神道很明顯受到儒學的刺激，因爲不少
日本知識分子曾運用很多儒學的語言來表述神道精神。沒有通過
儒學的表述，神道便無法成爲具有文字內涵的象徵傳統。它的本
土性很強，是深入民間的精神文明。所以，日本人常體現由神道
和儒家結合起來的精神素質，譬如山崎闇齋就是很好的例子。

　　韓國有薩滿教的傳統(Shamanism)，現在引起很多大學生的興
趣。他們請巫師到學校來作法，學習巫術也蔚然成風。巫可以說
是精神的一種中介，人和天打交道的一種中介。學巫是爲了讓神
附身。韓國的一些知識分子喝酒以後，就開始用他們的行爲表現
自己的傳統。當然這和儒家沒有多大關係。原來巫術只是在韓國
的婦女和民間流行。所以，在韓國的女權運動和巫聯合起來打擊
韓國的男權現象。男權現象基本上是受政治化儒家的影響。

　　臺灣、香港、新加坡的民間宗教的影響相當大，占人口比例
據說高達百分之五、六十，相當可觀；譬如基督教在臺灣只占有
百分之三左右。總之，這些民間傳統的資源非常豐富，它們以各
種不同的方式來表現，可以是大家樂的方式，也可以是求福、祈
神、拜拜、乞靈的方式。其中包含了道家、佛教及薩滿教的因
素，內容相當複雜，所以，我們只能說儒家傳統特別是儒家倫理
也應列入考慮。

　　另一方面，儒家傳統也不那麼簡單地只是社會上層的一套倫

理,如忠孝節義、勤勞節儉,而是滲透到社會各個階層的做人之道。我們不可能在中國找到一本善書而不涉及儒家倫理;也不可能找具有中國特色的民間宗教組織而沒有強烈的儒家傳統。比如一貫道對於人與人之間的理解,對忠、孝的看法等,都深受儒家的影響。在日本的社會裡,各種人與人之間運作關係(有些可以提到反思的層次,有些是習俗性的),也無不與儒家傳統有關。韓國也是如此。這個情況極為複雜,值得深入研究。

在這樣複雜的情況中,第一點值得我們注意的是經濟發展的策略。這幾個社會完全不同。韓國和臺灣的政治力量很大,但韓國所走的政治路線和臺灣正好相反。臺灣是放權。從1960年代以後,讓國民發展。所以,它不發展重工業,發展中小企業;而韓國借外債發展重工業,特別是培養六大公司、七大公司,政府撥出上億的貸款來發展重工業、造船業、汽車工業。所以,它現在有深厚的重工業基礎。同時,企業界和學術界以及其他地方的矛盾非常尖銳,貧富之間的差距很大。而臺灣的經濟發展,至少到現在為止,比較平均。香港是完全的自由放任;雖然自由放任,並不表示政府沒有扮演重要的角色。日本是充分的民主;雖然它是一黨民主。臺灣和南韓如果不能說專制,也可以說政治權威主義非常強。新加坡的政治權威亦越來越強;但基本上是英國式的民主制。行動黨確是很廉潔的政黨,沒有明顯的作弊傾向,選舉一人一票。所以,投行動黨票的新加坡人的比例可能下降,但行動黨控制政治有年,一黨獨大的情況比日本穩定。所以,東亞社會的幾個地域各有各的特色。

我們看到,這些社會的精神文明傳統都不同,政治組織、經濟發展的策略也不同,但我們為什麼要把它們擺在一起呢?這些社會是不是因為受到儒家和中國文化的影響才發展起來的?可不可以這樣說呢？

　　現在我想先提醒大家注意東亞社會中都普遍存在的現象，然後再對這些現象作一些分疏。一個很值得討論的現象是人民。這不僅是政府本身的自我理解而是人民對它的要求在西方學者看來，東亞人民對政府的期望有點太不現實太理想化了。西方在自由民主的基本前提導引之下，愈小愈弱愈少控制人民的政府愈好，因爲政府是罪惡的淵藪。但在東亞社會中，人們卻認爲政府要對社會的安定、繁榮、和平、發展全權負責。這些社會對政治的要求有兩個方面：一方面是它的權威和能力，另一方面一般人認爲政府要保證全體人民的福祉。因此，社會上任何部門出了問題都要找政府解決。譬如，政府和企業沒有很大的矛盾。從整個四十年來看，政府和企業不是一個抗衡的關係。歐美的政府和企業多半是抗衡的，一個是經濟，一個是政治，德國的例子比較特殊。但在東亞社會，不但沒有抗衡，而且企業界常常借助政府的力量進行發展，特別是進行國際競爭。日本所謂的政府不僅是執政黨，而且是整個官僚組織。這一點在西方社會覺得很不容易理解。因爲進入它的官僚組織就可以進入社會的上層，所以，在日本，做官是大家所願意的。可是在美國，聰明才智的人並不願意做官。第一是他不願意經過競選的屈辱；此外，在政府任職的薪水較差，社會地位也不夠高。不過，在東亞，一般都覺得做官還是不錯的，雖然不是終極關懷。這種現象充分顯示在東亞社會政治權力凌駕經濟勢力之上，而且權和錢的結合極爲緊密。到底是不是和政治的權威主義有關，我不知道。

　　雖然東亞社會有著不同的形式，但它們的政治實質、政治層面都是滲透到社會各個不同領域，形成了一個沒有西方所謂充分的公民社會的情況。即使在日本，中產階級的力量雖然很大，但是政治的力量還是涵蓋一切。所以,西方的學者覺得非常驚訝。日本的米價比國際市場高出八倍,但日本的家庭主婦不抱怨,因為她們知道國家保護農業。而這些社會都有保護農業的傾向,雖然是在高度發展的工業社會。現在日本和美國談判,最怕的是美國的牛排、豬肉、蔬菜、水果的輸入會直接影響到日本農民的生計。臺灣的農民心態也很強。

還有一個情況是世界其他地方都有但形式和作用各自不同,而東亞社會卻如出一轍的,就是考試制度。考試制度如在臺灣實行的聯考,同樣類型的考試香港、日本、南韓、新加坡都有。如果說,這些社會多少都受到儒家文化的影響,而儒家第一流的知識分子痛恨的就是科舉制度。中國在1905年就廢除科舉,而且打倒科舉制度是五四以來一直宣傳的口號。但是,這些社會卻都有近似的會考制度,以此來決定升學男女到什麼樣的學校念書。沒有什麼介紹信、家庭背景、面談、課外活動的好壞,等等,唯一有決定性的因素是成績的好壞。只是一場考試,客觀的考試,每年決定百千萬東亞青年的前途。這是什麼原因呢?在拉丁美洲沒有,美國、歐洲、非洲、印度、東南亞其他國家都沒有類似的制度,只有這些地區有。你說它沒有任何文化的因素滲透其中嗎?大家覺得有問題,想改變;但改了一個世紀還是考;而且考試的壓力成為社會年輕人最大的壓力。比如,在新加坡作過這樣的調查,現在三、四十歲的人,不管你是不是企業界最成功的人物,夢裡最大的恐怖常常和考試有關。在西方社會也許和性或其他方面有關,但在新加坡成年人的夢境卻不能擺脫對考試的恐懼。或者是準備到該考的時候錯過了時間;或者是開考以後寫錯了題目;或者是沒有完成考試,反正都和考試有關。我自己老早就跳出了考試制度,對考試並不太重視,但是夢裡有時也會出現這樣的下意識。記得聯考考三角的時候，好像走錯了教室，所以考了另外一個課題。這個問題在這些社會中非常嚴重，而且在集體意識中膨脹得非常大。

　　所謂考試文化反映了教育領域的情況，其中牽涉許多錯綜複雜的問題。有一位專攻日本社會學的英國學者陶爾(Ron Dore)對日本的教育作了系統的研究。他認為日本的教育是 meritocracy (一種選賢與能的精英政權)，即通過能力、成績來評斷社會地位的教育。這種 meritocracy 在東亞社會中的影響非常大。我最近參觀了臺北衡陽路一帶的補習班，深感這個問題的影響之大。在美國這種教育壓力是不能想像的。另外，因為對考試制度的重視，很多家庭甚至願意犧牲事業、錢財和享受，來為下一代創造受教育的條件。這種情況在非東亞的社會也是無法理解的。有些人因為孩子在國內考不好，甚至要移民，放棄自己的事業。所以，現在所謂華裔或亞裔特別是第一代的子女，在美國學府成績非常突出。他們受到的壓力至少有三個方面：一方面是上加的，一方面是橫向的，還有一方面是自發的。也就是長輩、同學和自我三面夾攻，而且這三面還在交互影響中各自提升。所以，很多青年在選擇研究方向或課題時，說是自我決定的，其實多半還是社會決定的。不少同學對我表示，他們很討厭所唸的科系，但是因為這三方面的壓力，只好唸下去；而興趣所在的課題因為得不到親友的認可或社會的鼓勵只好作罷。這種影響非常大，影響到人格的發展、人際關係、婚姻、事業等等。

　　還有一個現象是大家不太了解的，就是家庭。東亞的家庭在社會中發揮了很大的作用。有一點我要聲明的是，臺灣的家庭和日本的家庭是完全不同的。日本的家庭嚴格地說，在許多地方很像公司的組織。第一個不同是，中國家庭裡沒有長子繼承。所以，中國的財富從宋以後就逐漸分散了，有時連女兒也可以分到。日本則是長子繼承。但日本的長子是一個代號。選長子是爲這個家庭選經理，誰能把這個家庭的企業、事業帶起來就選誰。如果這幾個孩子都不行，就找養子。養子也許有血統關係，也許沒有。選經理的前提是才能，如果家裡沒有經理人才，就從外面請一位來理家。這在日本非常普遍。

家庭在工業東亞現代化進程中發揮了很大的力量。新加坡最近強調三代同堂，困難非常大。兩代就不太容易。但是它的方法很值得一提。以前，三代同堂是住在同一公寓裡，這個公寓可能有五、六間臥室，結果申請的人很少。現在造兩棟公寓在同一個大樓，大家可以互相照顧，小孩可以請父母照顧，而的活動空間可以是他們自己的公寓。結果大受歡迎。這種代與代之間的親情的聯繫，在東亞社會裡的質和量都比西方社會強得多。家庭不僅成爲感情上維繫社會的因素，而且在資本形成的過程中也發揮了很大的作用。

另外一個很奇怪的現象是孩子依賴父母的年限問題。在西方基本上是到十七歲；十七歲以後就獨立發展。我們可以從社會學的角度來說，在東亞社會中獨立發展的可能性不大，所以大家非在一起不可。這是一種理由，但不能涵蓋文化心理因素。從比較心理學或人格發展學的角度而言，東亞的孩子依賴父母的時間確實比較長。一般要到大學畢業，有的甚至大學畢業以後，還是住在家裡。這樣，還能充分體現個人主義的自由精神嗎？也許，社會條件改進以後，可以有各種不同的選擇。當前日本的實際情形也是如此。

如果放大家庭的觀念，講各種不同的原初聯繫，這點西方當然也有，但和東亞有根本的歧異。所謂各種不同的原初聯繫就是同學、同鄉、同志、同好、同道、朋友的關係。很多人對中國社會作過研究，發現這種橫向的聯繫非常複雜。工業東亞能夠發揮很大的競爭性，和這個有關。這種聯繫常常不是有法律制約的社會組合，基本靠信用。有一個爲國際學壇所關注的現象，從雅加達印尼，通過馬來西亞、新加坡、香港，已構成一條似有形又無法定形的華人金融組織叫龍脈，是華人社會相互資助可以調動大量資金的信用共同體。這個若隱若現的組織是非官方的、超國際的，同時又是地域色彩極濃的，但也不是私人的。維繫它的主因是各種複雜的人際關係，可以創造很大的財富，甚至西方的一些企業也和他們掛鉤。從他們那裡得到的信用保證比有些政府的還安全。因爲有些政府根本沒有信用，需要和這種非政府的、又和華人社會有關係的財團發生關係。所以，以前看起來不科學、落伍的東西，現在好像在瞬息變幻的國際金融市場中發揮了作用。

　　還有一個是儲蓄率的問題，這是經濟學家十分重視的現象，應該如何解釋？和文化有沒有關係？美國今年的儲蓄率漲了，大家都覺得非常高興，大概不會超過百分之八，而以前都在百分之六以下。臺灣的儲蓄率大約是百分之三十以上；香港和日本也很高。日本從一個那麼高度發展的國家來看，發展的速率已漸趨緩慢，但儲蓄率仍高達百分之十八以上。新加坡是強迫儲蓄。自願的加上強迫的，占百分之四十五。儲蓄率可以表明這個社會在心理上有沒有前瞻性，能否凝聚不消耗再投資的潛力。今朝有酒今朝醉的人是絕對不肯也不能儲蓄的。在美國住過一段時間的人可以知道，一個人愈能借債就愈神氣。美國的中產階級用信用卡維持生活水平的大有人在，一般的花費，三、五年還不一定賺得回來，是充分體現寅吃卯糧心理的消費社會。那麼，是不是制度的改變，儲蓄的習慣就會改變呢？這是值得考慮的，也許有其他更深刻的理由。

地方組織也是一個值得注意的課題。在世界經濟發展過程中，東亞都市的形成和歐美國際城市的出現有顯著的差別。東京、香港、臺北、新加坡、漢城的都市發展和紐約、倫敦、巴黎、柏林很不一樣。最突出的區別是這些東方的都市是自成體系、自我調解的許多小社團組合而成的。比如臺北，在任何地方，我們一般需要的東西都可以買到。如理髮店、藥店、餐館、市場、雜貨鋪，等等。但如果在紐約或西方其他大都市就不同。城中心是大家工作的地方。所以，那裡的餐館是中午開的，五點以後就沒有生意了。因爲城市中心種族衝突大，犯罪率高，大家往郊外遷移。結果，城中心沒落了，住在城中心的多半是無依無靠的人。商業區和貧民區結合在一起。因此，都市的形式很不相同。另外，對都市的控制也不同。比如，日本有具有日本特色的派出所。這個派出所就是一個人，騎著自行車，用一個電筒，一個電話。如有閑雜人等出現，或在什麼地方逗留較久，他就會打電話提請當局注意，因此管理表面上非常分散。而美國的警察都在黑人或貧民區之外，一有情況就如臨大敵般侵入，有很明顯的區域衝突。這些不同，有沒有更深刻的原因？還是僅僅因爲都市的設計不同？很值得考慮。

從這些現象，政府、教育、家庭、社會、都市的形態、儲蓄率等各方面來看，東亞社會確實有同構的地方。這些同構的地方的文化資源從何處而來？是不是由於政府的設計？現在有些片面的說辭是，這些工業的發展就是政府賢明領導的結果。政府是一萬多人的精英組織，如果它和社會的其他方面沒有關係，能不能想出有效的方案，帶動經濟的快速發展？還是所謂賢明的政府其實是和整個社會的其他階層的互動所磨練出來的集體智慧或是受到深層價值取向的影響所造成的後果？這也很值得考慮。這些現象促使西方的學者對東亞文明提出一些解釋。他們認為，從文化歷史的角度來看，雖然除了很深厚的儒家傳統以外，工業東亞確有各種不同的精神文明，但從價值總體取向來看，儒家倫理是導致工業東亞文明如此發展的基礎之一。

另外一點值得注意的是東亞所代表的企業精神或具有東亞特色的企業家，這也是一個很有趣的課題。香港大學企業管理系的系主任戈爾登‧雷丁(Gordon Redding)調查研究了上百的華裔企業家，他們主要散布在香港、臺灣、新加坡、印尼(印尼當作控制的例證)，研究他們的價值取向。這個研究計畫是皮特‧伯格的“經濟文化研究中心”所資助的。在研究價值動向的時候，他們把很多價值貫穿在一起，叫做 clusters (即不是散離的價值)。很多在甲現象出現時，乙現象也出現，丙現象也出現。但是，其他不同文化背景的企業家雖然也能體現同樣的價值，但其排列組合卻大不相同。當我們把好幾個價值擺在一起來考慮時，就會發現中國企業家的自我了解、對其僚屬的運作關係以及市場各方面的信息等等，是和西方企業家有基本的不同點。

舉一個簡單的例子。當我們在做調查研究時，會發現西方的企業家是在如何創建新的條件、如何把以前沒有意識到的潛力發揮出來這些方面來表現他的企業精神的；而東方、中國的企業家則常常認為，如果他們的人際關係搞得好，他的企業就能發展。日本和美國企業風格最大的不同是，美國的企業家，特別是 CEO (chief executive officer，相當於執行經理)，他們所表現的個人主義色彩非常濃。一上台的第一件事往往是大肆更張，竭力改革，把整個企業組織作一徹底轉換。但是，他之所以有這樣的意圖，因為他有權利我行我素，突出個性；可是往往他的領導班子在落實這些決策時需要花很大的力量，很長的時間，來克服長年積累的阻力。日本的情況是，做決定非常慢，需要各種橫向縱向的協調。很多改革的意見是從底層提出來的，所以做決定需要反復推敲，極爲謹慎。可是一旦決定以後，付諸實施卻相當快。日本和美國的管理科學和技術之間的差距極大。

儒家文化和工業東亞

從各種不同的角度來看，工業東亞代表的是嶄新的，至少和西方古典資本主義根本不同的發展方向。所以，伯格提出了資本主義的第二個實例，甚至提出了新資本主義的觀點，針對古典資本主義而言的現代(也就是二十世紀)的資本主義。這個課題在國內(大陸和臺灣)很有爭議。值得注意的是，整個工業東亞深受美國的影響。自從第二次世界大戰以來，美國文化的影響特別從反共陣容擴展到國際金融和貿易體系。因爲這個原因，出現了依賴理論。這種理論認爲，現代社會之所以能夠發展，是依賴歐美的經濟核心地帶而發展起來的，它本身沒有獨立運作的能力。依賴理論在第三國際曾有相當大的說服力，影響很大。因此，制度、文化及其他方面的因素對世界經濟大體系的影響被認爲是微不足道的。

可是，依賴理論的說服力碰到了一些困難。第一個困難就是，照依賴理論來看，美國經濟的衰退應該影響到工業東亞的衰退，但是實際上卻形成經濟抗衡。美國經濟最近運用各種不同的方式來對付工業東亞，甚至保守主義上升，美金增值。至少從最近一、兩年看來，假如依賴理論是解釋工業東亞發展的原因，也很難解釋它現在發展的結構，最多只能說是一個歷史因緣，並不一定能說明它現在以及將來發展的結構因素。另外一個困難，即以前認爲美援不僅是這個地區經濟發展的必要條件甚至是充分條件，但現在看起來，美援在世界各地的運用(如埃及、中南美洲、菲律賓)十分可觀，但並沒有使得這些地區的經濟獨立發展。很明顯，美援在工業東亞確實一度創造了發展的條件，然而工業東亞進一步發展的動力基本上不是來自美援，反而在美援越來越低落甚至完全沒有以後，這個地區的經濟發展更快了。從日本的情形來看，可能因爲它的經濟發展的影響力促使它在政治上的野心，所以日援可以說在世界上超出了美援，尤其在東亞和東南亞，它的影響力已在迅速增強。

綜上所說，工業東亞所代表的企業精神以及東亞的社會組織所導引的特殊的政治發展路線，加上以儒家爲主的文化價值，創造了一種不同於現代西方的生命形態。這一現象對整個西方的經濟理論提出了很大的挑戰。此處涉及到一個複雜的問題，也是感情因素非常強的問題。有一位美國學者叫做康民司(Bruce Cummings)的，最近提出，這個地區的共同特色是因爲日本殖民影響的緣故。臺灣在日本的控制下是五十年；韓國也受到日本很長時期的控制(1910-1945)；香港、新加坡要到二戰以後才擺脫日本軍國主義的魔掌。毫無疑問，在第二次世界大戰期間，日本想用軍事力量來達到東亞共榮圈的目的。在麥克阿瑟時代，特別是麥克阿瑟時代以後，日本朝野曾對其將來發展的策略作了很多的討論，認爲日本根本不可能再發展軍事控制，因此日本不必有軍備；只需從經濟的方式來進行發展。所以，可以說日本朝野第二次大戰以後逐漸形成的共識是經濟的東亞共榮圈。實際上，面向二十一世紀，好像經濟的東亞共榮圈勢在必行，至少在某一方面來看是如此。

　　這是不是非制度、非文化的因素，或者說是歷史的偶然發揮了最大的效果呢？其中有很多值得爭議的地方。最值得爭議的是，到底日本和四小龍的關係是一個主從的關係還是一個抗衡的關係？現在看起來，這也是一個複雜的課題。這幾個社會都有強烈的不安全感，都是如臨大敵，如果不好好幹就沒有明天。新加坡最明顯。新加坡的領導人士說，我們沒有第二道防線，我們不能犯任何錯誤；如果犯錯誤就必然亡國。臺灣也有強敵壓陣的感覺，認為一點錯誤都不能犯。韓國更是不得了，三十八度線已經被干擾過一次，那是真正的戰地，所以，弦繃得很緊。香港也是一樣。是不是不安全的心理、危機的心理使這幾個社會發生了很大的動力？我想朝野上下的不安全心理在國際競爭方面確實起了激勵的作用，但不能以偏蓋全，犯了心理歸約主義。這一定是但也只能是重大的原因之一。

　　南韓的社會學家常常提到 hahn 這個字，它沒有任何的翻譯。Hahn 在我看來很像中國的恨，不是仇恨的意思，而是〈長恨歌〉的恨：有悲憤、遺憾、悔恨種種涵義。在南韓有一度用電視來達到全家團聚的目的，因為沒有辦法真正團聚。人出現在電視上，大家一起看電視，這是他的父親，那是他的弟弟，等等。那種全國性的不同的家庭悲劇展露在百萬觀眾面前常達數周之久，這種靠電視找人的方式來達到三十年離散後重新團圓的目的是對北朝鮮的入侵、整個社會崩潰後一幅殘破的情景的重新回顧，再度調護，多少辛酸血淚，絕非外人可以理解。

　　日本的當代經驗中無法化除的是一種非常強烈的忍辱感，特別是六英尺高的麥克阿瑟和日本天皇照相，從而打破了日本天皇在日本人心中的神聖形象，那種挫折，對日本人講起來是相當大的屈辱。日本到現在在文字上看到都是昭和，不用公元。這種狀況大概還會延續。將來日本天皇過世的話，在日本的社會上一定有相當大的文化認同危機。將來日本怎麼走？日本的極右派可能會發揮一些作用。因此，忍者龜的忍字在日本人心理中的分量很重。

臺灣作爲中國文化的一部分，其現代史中的悲憤屈辱感是相當強的；香港是一個難民社會，絕大多數人都受過身心之苦。新加坡也是這樣。去新加坡有一度要經過馬來西亞，不然進不去。他們說新加坡是一個在馬來文化中間的孤島。新加坡曾認爲它的命運和以色列一樣，甚至希望從以色列學到一些對付回教國家的計策。這些情況，說是憂患意識也罷，危機意識也罷，總之有一定的原因。

所以我們必須承認，美國文化的影響、日本文化的影響、危機意識，等等，是促使工業東亞能夠發展的積極的因素。

這裡還有一個值得我們注意的課題，就是如果工業東亞社會要進一步發展經濟的話，一定無法回避政治現代化的問題。其實不僅工業東亞，就是共產東亞(大陸、北朝鮮和越南)也必然走向政治現代化的道路。政治現代化一定要接觸到民主化。這個地區的民主化是非常曲折、非常困難的。現在唯一比較突出的成功例子是日本。但是日本正好是被美國占領的那一段時間，由於極大的壓力才使它有一個質的變化，把它以前的社會基礎全部摧毀，讓它重新建構。即使如此，假如認爲民主化一定要建立在兩黨的均衡勢力上的話，則日本還算不上民主化。因爲日本基本上是一黨獨大，雖然黨裡有很多派。另外，它的官僚組織，即它的行政組織長時間不受政治勢力、黨派勢力的左右。這是日本穩定的基礎。可是這個行政組織只有爲一黨服務的經驗，跟自民黨走、跟其他黨派沒什麼關係。有人問，將來如果日本換一個黨，你們怎樣處理？他們說不知道，要看實際情形。日本的穩定主要靠中產階級，也有類似西方的公民社會，但和西方的民主仍有很大的不同。將來它的進一步的發展如果發生了危機，怎樣應對？社會的資源怎樣調動？各種抗衡的力量如何發揮積極的作用？都是值得進一步研究的問題。

南韓的策略完全由政府領導，而且貧富差距在所不惜。就是要突出它的高度的權力集中、資本密集的方式。如果照王作榮先生的講法，將來在工業東亞直接可以威脅日本發展的是韓國。但是代價是什麼呢？也許就是以非民主方式實行中央政府的高壓。雖然南韓政府目前在實行民主過程中，不少領域很有成效，但也是經過相當時間鎮壓的結果。比如說光州事件，上百上千人被槍殺了。這種事的出現是有血債的，如何償還？如何解決問題？現在執政黨已經變成少數黨，它只得到百分之三十的票。只要反對黨聯合起來，或即使不聯合，力量也可能超過執政黨。所以，它會不會變成兩黨均勢，它的安定怎樣維持，這都是問題。當前最燃眉之急的就是奧林匹克運動會，是不是能夠開得非常成功？除了國內複雜的問題以外，北朝鮮的威脅也相當大。最近幾萬個學生說要到板門店和北朝鮮面談，對國家安全當然是威脅。

是不是受儒家文化影響的東亞社會的民主化都非常困難呢？這些都是值得我們考慮的問題。經濟發展和資本主義所需的資源，如政府的領導、團隊的合作、集體精神的發展等各方面可能有它的積極性，這種力量是不是在經濟發展上有突出的積極作用，而到了民主政治的建構和發展中反而就變得消極了呢？這也是值得注意的。

假如我們要對儒家的現代意義作一個比較全面的了解和分疏，我們一定要有一套解釋的模式可以解釋兩種現象。這兩種現象基本上是矛盾的。怎樣能夠發展一套模式來解釋兩種表面上看起來衝突的現象，對於從事這方面研究的學人是很大的考驗。這就是說，我們不僅要能用儒家的模式來解釋工業東亞，還要用它來解釋另一個現象，就是共產東亞。

這是非常嚴肅的課題。假如說，我們接受高炳翊、狄百瑞、島田虔次的觀點，即認為儒家傳統雖然經過鴉片戰爭以後的很多曲折，真可謂歷盡滄桑，但並沒有在東亞文明中消失，它仍有很大的社會力量，這並不意味著儒家傳統在東亞知識分子群中已被提到了反思的層面，成為有創建性的哲學思想了。不一定如此，這是我們要努力的方向之一。但是，假如它在各種不同的工業東亞社會中發生實際的作用，在中國大陸卻是消極的作用，封建遺毒到處都是，而且都和儒家文化有關。也就是說，在工業東亞發揮積極作用的因素，在中國大陸反成了消極的因素。這需要解釋，解釋兩種表面上看起來衝突的現象。為什麼一個受到儒家文化影響的地區成為徹底的社會主義國家。除了中國以外，還有北朝鮮和越南。這些都是深受儒家文化影響的社會。所以，當你說工業東亞大有發展是因為受儒家文化的影響時候，又如何解釋這些同樣受到儒家文化影響的社會主義國家？有一部分從事儒家文化研究的學者說，那太簡單了，這些社會都是反對儒家的嘛！但我們不能在解釋問題的時候改變說明現象的遊戲規則。有一種可能的解釋是，從五四運動以後，整個儒家的各種因素都在中國社會被鏟除掉了，所以現在我們看到的中國大陸實質上是一種反對儒家的以現代極權方式控制社會的共產主義；北朝鮮和越南也是如此。有人問，北朝鮮的金日成也把政權傳給他的兒子，這不是儒家？中國大陸的高幹要把權力傳給他們的子弟，這不是儒家？我們對這個問題應該如何回答呢？這確實是難題。

　　另外，還有一個很多人批評用儒家倫理解釋工業東亞時提出的問題。假如儒家倫理在工業東亞有那麼大的影響力，而且確實助長了經濟的發展，那麼真正受儒家文化影響最大的是大陸，為什麼它的經濟發展反倒一蹋糊塗了呢？這又怎麼解釋呢？金耀基先生[7] 說過很俏皮也很有智慧的話，說大陸基本上是假反孔，雖然他們也批評儒家，但真正的社會是農業社會。這是事實。大陸還是以家族制和官僚制為主體。所以雖然他們批評儒家，其實所體現出來的還是封建制度。臺灣的情況正好相反，拼命地在捧儒家，但整個社會實質已轉型成非儒家的工業社會了；家族情況的改變極大，至少和大陸相比，已和傳統儒家脫節了；政治上改變的幅度也很大，由權威政治轉移到比較開明的民主政治。所以，基本上是脫離了儒家。

　　如果這樣說的話，就可把儒家這個複雜的現象從兩個角度來理解，一個角度要把儒家和大陸一般學者所講的封建遺毒聯繫起來討論，到底儒家所代表的意識形態和他們所批評的封建遺毒的關係在哪裡？是什麼關係？這是一個角度。還有一個角度一樣重要，即儒家這個傳統特別是它的倫理，除了和農業社會、家族社會、權威政治結合起來的歷史現實以外，還有沒有其他的可能性？有沒有另外發展的渠道、發展的策略等等。

　　我先談第二個問題。這個問題最能讓我們理解的是華僑的企業精神。在西方，很多學者做過研究，說中國人的企業精神沒辦法充分發揮是因為中國文化的原因，特別是儒家文化的原因。但是，又有很多人提出反證，即便中國人離開了強制性的政治體制，但還是中國人，並不表示離開了中國文化，不論從世俗的層

---

　　7 金耀基，1935年生。社會學家，香港中文大學副校長。著有《從傳統到現代》、《現代化與中國知識分子》等。

次或反思的層次來考察，海外華人的價值取向都仍是中國的。進一步說，離開了嚴格的政治控制的中國人，反而充分發揮了企業精神。比如，在十九世紀中葉甚至更早，大批的中國人特別是廣東人、福建人到了香港、夏威夷、東南亞、北美和歐洲。這些中國人不代表中國文化的精英分子，在中國文化的傳統裡是完全被邊緣化的。對這一課題我有些片面的認識。在美國研究華僑史的學人不難發現早期移民北美的華工不少是像賣豬仔般，自己販賣自己的身體勞力，等於為了個人或家庭的生計，自願做奴隸一樣。這些人在東南亞、北美發揮了極大的作用。所以，余英時先生曾提過這樣的觀點，認為這些人出來時雖在物質資源方面一無所有，但是有非常豐富的文化資源，不管是民間的宗教也罷，家庭的關係也罷，或一些做人的道理也罷。這些孤立無援的中國人離鄉背井以後，是不是和這個社會的母體永遠分離、永遠切斷了呢？沒有。他們到了另一個陌生的天地以後，開始組織幾個互助共生的小集團，經過幾年的奮鬥，得到一些儲蓄，還寄回家去接濟至親好友；甚至把其他無依靠但還能體力勞動的親戚帶出來。這樣，我們能說他們跟母體的文化價值取向完全沒有關係嗎？當然不可能。

還有一種情況，即是不是儒家傳統一定跟農業社會結了不解之緣，只要農業社會崩潰，儒家傳統就永遠無法發揮力量了？包遵信基本上就是這個觀點。他認為，儒家根本就是農業社會的產物，再講得露骨一點就是封建社會的產物。照馬克思思想講，封建社會沒有資本主義社會發展的高度，資本主義又和社會主義差得很遠，所以，我們今天在社會主義的國家又回過頭來學封建社會的理論來跟資本主義對抗，這不是喪心病狂嗎！當然，如果你接受馬克思的論點，會有這種感覺；我們不接受馬克思(應說教條主義的馬克思)所規定的作爲社會發展規律的五種生產方式(公社、奴隸、封建、資本及共產),而且也不接受傳統與現代絕然分割的觀點。然而,農業社會和儒家的關係到底是什麼,還需要作進一步的討論。

另外,講到倫理與算盤的關係,日本是一個有趣的例子。到底日本商人的企業精神和儒家倫理有沒有關係?德柱・那吉他(Tetsu Nagita)最近對此作了研究,值得簡單地介紹一下。那吉他是一位日裔美籍、在夏威夷生長的教授,現在芝加哥大學教書,影響非常大,特別在研究日本思想史方面有突出的見解。他最近研究日本十八世紀的商人,得到這樣的結論,就是日本的商人所用的共同語言是儒家的,因爲商人成立的商會有的叫明德會、誠明會,多半都帶有儒家的象徵符號(當然並不代表他們只受儒家文化的影響)。從他看來,儒家文化在日本的社會裡已成爲大家共同運用的道德語言。

假如我們認爲語言的本身不只是交通的工具,而且是自我認同的工具,它就多多少少有塑造人格指導行爲的影響力。所以出現了一個非常有趣的現象。賴世和有一次說,如果我們現在想盡辦法要去找儒者,到日本去找儒者,我們未必找得到。在日本貼一個廣告,凡是信奉儒家的來這邊報名,也許生意清淡。但如果你說日本根本沒有儒家精神,那你就把日本複雜的文化看簡單了。甚至可以這樣說,不了解儒家倫理就無法了解當今日本人的價值取向。他這個論點就是說,我們在討論學術問題的時候,從比較宗教角度,有時把儒家當做一個不僅是精神傳統,也好像也是宗教傳統。但是儒家和其他宗教傳統最大的不同就是它不是有形的宗教。它不是有組織有形式的宗教,這是孔孟之道精神取向的特色,一種生命形態的選擇。如果想知道目前臺灣有多少受洗的基督教，這個數字即使無法精確，可以大致不錯；佛教徒也是如此。但我們很難估計臺灣究竟有多少儒者。如果一個人從事學術研究，像我就主動自覺地認同儒家傳統，如果我自居儒者，一定會貽笑大方之家，我最多只能說以儒者自勉自勵。也許比照大陸的用法，說自己是個儒家學說的從業員。也就是說，即使終身奉獻儒術，從事學術研究，也不能說自己是儒者，這樣說有點像往自己臉上貼金；別人稱你是儒者是可以的。所以，儒家的認同本身就不屬於宗教形式。使我想起哈佛大學政府系的西克迪(Judith Shklar)教授曾毫無猶豫對我說，我們這批職業知識分子(professional intellectuals)，充分體現一種韋伯式的天職意識，這種以知識分子自立的敬業精神在美國學府已很少見。

因此，以"會員"(membership)的角度來衡量儒家有沒有影響，那會犯很大的錯。所以李澤厚有這樣的提法(但是我覺得這樣說很消極，即使沒有命定論的傾向，也有點無可奈何)，即認為在中國人的文化心理結構中，在下意識層，在習俗層次有很多不能消解的儒家因素。這一點能不能做調查研究？當然可以。楊國樞做過關於價值取向的調查研究。但這個調查研究是不是能夠把複雜的問題充分體現，是值得考慮的。不管怎樣，他在做這種調查研究的時候看到，世界各個不同的民族都有不同的價值取向(我們可以把它叫做各民族的特色)，我們應該能夠分辨哪些是屬於儒家特色的價值，哪些不是。然後我們可以做各種類型的對比(我並不是說這樣就可以獲得最後的結論)，看看這些民族的價值取向和儒家的價值取向的親和性如何。這個工作楊國樞和他的同事們已經做了，而且有論文發表。他們發現中南美洲所謂的價值取向，非洲的所謂價值取向和儒家這個傳統認為天經地義的價值取向之間同構的地方大概小於百分之三十，甚至百分之二十；而工業東亞大概高於百分之八十。我們如果自己做調查也可以發現自己到底是不是儒家。我舉一個簡單的例子。比如，問你在經濟上是不是獨立了；你的個人花費和你父母、親屬有沒有關係等等，這一類的問題，可以顯示你的基本價值取向。現在我們了解到，臺灣的情況和大陸的情況在這個層面上有很多的相似之處。所以我們非要有一套解釋模式能夠解釋這兩個在經濟結構和政治組織上截然不同的社會。

宋明以來，十三世紀的中國(可能更早)，十五世紀的韓國，十七世紀的日本，都深受儒家文化的影響。另外一個非常重要的區別，如果不明確指出常會引起不必要的混淆，即以中國文化和儒家傳統來作對比的時候，中國文化的內涵是非常寬的，而儒家這個內涵則比較窄，所以，儒家是中國文化的一部分。有很多人把中國文化和儒家文化等而同之，甚至說中國文化就是儒家文化，這是有片面性的。但是，儒家作為一個精神文明，作為一個傳統，所指涉的範圍要大過中國文化，因為它是東亞文明的體現。我舉一個例子，可以說明接受儒家文化的影響，並不表示認同中國文化；在仇恨中國文化的同時而接受儒家文化並不是自相矛盾的心理。山崎闇齋[8] 以前用過這樣一個例子，現在看來，很可以拿來證實上面提到的觀點。

山崎向他的學生設問：假如孔子作為元帥帶了七十二賢及三千弟子兵來攻打我們，我們都是儒家的信徒，應該怎麼辦？有些學生說，這不可能，儒家講和平，怎麼會來打我們？有的說，如果儒家要出兵，王者之師是義軍，那我們一定是犯了很大的錯誤，我們一定要投降，以迎王師。山崎說，只有一個回答：假如

---

8 山崎闇齋，1618-1682。日本結合儒學與神道的思想家，為崎門學派的主要代表者。

孔子做了元帥，帶領七十二賢和三千弟子來攻打我們日本，我們作為日本的儒者，要聯合起來打敗他們，因為攻打鄰國是不符合儒家精神的。這是一個非常突出的例子。這就是說，認同儒家，但不認同中國文化，甚至認為日本根本是獨立於中國文化之外的儒家文化。

還有一個例子。李退溪是王陽明時代的人，他基本上認為朱子的傳統是真正代表儒家傳統的，而王陽明、陳白沙、乃至批評王陽明的羅欽順都不能代表儒家正宗。他後來被朝鮮的學者美稱為東瀛朱子。他認為韓國的儒者是真正的儒家正統。從南宋發展的到韓國的朝鮮朝，就是從宋發展到明，這是一個墮落，是一個受到佛教影響的過程。到今天，我們還可以看到韓國的學者認為，中國學者所研究的陸王心學是受到佛教影響的儒學，而朝鮮的儒學則可以追溯到孔子以前的箕子所發展的洪範九疇，所以朝鮮儒學才是儒門道統。我們能說這只是狹隘的民族主義嗎？以前我們說，這不是島國心理的話，至少也是半島國心理。現在看來，它在哲學思想論辯上有很多的說服力，不能一筆抹殺。所以，儒學這個傳統本身確有它的多樣性。

另外一個值得注意的問題是，任何一個傳統，哪怕是最高明、最有影響力的傳統，當它落實到權力網絡中的時候，必然會有非常殘酷的一面。比如基督教和政治結合的時候所造成的各種不同的流血事件；再比如在斯里蘭卡發生的佛教徒和泰米爾教徒之間的政治鬥爭等等。所以，任何高度的精神文明，當它和現實世界中複雜的關係網絡結合在一起時，會造成面目猙獰的形象；但我們不能從這些面目猙獰的形象來否定這個精神文明本身的價值以及它發展的內在資源、內在邏輯性。當然也不能跳出實際的歷史事實來空談理想。

　　所以，我認爲儒家傳統如果和東亞有關係，它的關係是複雜的，多半是在文化心理的沒有經過反思的層次。所以，整個關於批判封建遺毒的論點要照顧到，很多地方是有說服力的，是和儒家有關係的。比如說聖王是很高的理想，所謂內聖外王，即自己達到最高的道德理想以後，才可以發揮最廣泛和深遠的而且有實際功能的政治效力。這是不是空想？值得考慮。但勿庸諱言在中國政治文化中體現的不是聖王，而是王聖。先是靠武力打天下，打下天下以後就不僅要做政治領袖，還要做道德領袖、文化巨人。這些受儒家文化薰陶(或腐蝕)的以聖人自居的帝王不僅要控制我們的行爲、態度，還要控制我們的思想。我們不能說王聖是儒家的理想，現在就是要用聖王來批判王聖。這中間有一個曲折，但不管怎樣，聖王和王聖都是道德和政治的緊密結合。

　　道德和政治的結合有非常健康的一面。任何有政治權力的人都應該有道德；但是也有非常消極的一面，就是一個政治領袖不在政治遊戲規則裡面運作，而要干涉到其他不同的領域。漢武帝，甚至唐太宗，我們能以聖王的角度來理解他們嗎？更不要說一些現代的第二、三流的政客，多半是暴露私欲橫流的權威霸道而已。如果他們用強烈的、又是膚淺的泛道德意識、甚至假借儒家的名義來進行控制，儒家傳統是不是要負責任？從事儒學研究的人是不是要負責任呢？我想應該負一定責任，這是一個方面；另一個方面，如果這個傳統有生命力，是不是一定跟封建的農業社會、官僚制度等結了不解之緣呢？有沒有其他的創生的可能性呢？我想這也很難說。

　　如果說儒家和整個工業東亞的文化心理結構結了不解之緣，這點我接受。這個地區如果爭氣，那儒家形象就好；否則儒家的形象就糟。這當然有點阿Q的說法。如果中國能夠站起來，可能儒家的形象會變好。這中間還有很深的原因，也就是說，它內在的一些資源，以前都是以消極因素暴露的，現在變成了積極因素。如果工業東亞能夠起來，不僅成爲經濟巨人，而且成爲民主典範和文化大國，也表示它所運用的資源有創生的能力。但並不是說它原來擁有的資源有獨立發展的趨勢，而是一定有很多外來的因素。如果這些資源都完全死亡了(余英時有這個提法)，就要置之死地而後生。有時講得很氣憤，一定要把儒家文化徹底消滅，與之徹底決裂，才有創造轉化的可能。

但如果我們講這樣的話，即意味著兩個非常重要的前提，第一個前提是，將來在中國所發展的文化，和整個中國文化特別是儒家文化相比(這在我的文章裡也提到)，如果只是在同一土壤中發展出來的、沒有任何精神聯繫的不同文化，那麼我們這個活生生的人本身又是代表著什麼呢？現在在中國大陸批評儒學最徹底的青年才俊包括黃萬盛，他們所面臨的一個困境是，他們所要的是他們不了解的，因爲沒有真正地引進；而他們所了解的、而且是最熟悉的，不管是官僚制度還是儒家文化，又都是他們所不要的。在這個別情形下，應該引進的不能引進，應該排拒的不能排拒，應該繼承的不能繼承，應該揚棄的不能揚棄。但是任何一個有生命力的文化，應該能夠徹底地批判自己的消極面，同時能夠引進其他的源頭活水。只有能夠批判繼承和發展，它才能夠深入地引進西方的文化精神價值，包括基督教文明、科學、民主、自由等等；同時能夠嚴峻地排拒西方文明所導致的歐風美雨的浮面現象，才能健康地批判地引進西方現代文明的精華。

這四個問題必須同時解決。現在的問題是，這四個問題都出現了，因此想把這四個立體的問題變成平面的問題，甚至變成線和點的問題，用極端主義來解決問題。結果當然是欲速而不達。

如果連知識精英也不能進行總體的反思而深陷路線鬥爭的陷阱，那麼優秀傳統的斷裂和封建遺毒的變本加厲便會造成浮淺粗暴的激情主義，也許一代學人就如此被犧牲掉了，從五四以來所造成的惡性循環會愈演愈烈。所以，我覺得這個問題不僅是重大的哲學問題，而且是很嚴肅、很有現實意義的文化思想上的課題。

第十講
傳統的生命力

　　梁漱溟先生過世了。他是五四運動時代的重要思想家，也是四十多年來在大陸體現知識分子風骨的傑出代表。我提議在我們開講以前靜默一分鐘，以表示對梁漱溟先生的敬意。(一分鐘後)謝謝各位！

　　上一講，我提出了一個可能爲自己找麻煩的課題。我在討論工業東亞興起的時候，用現象描述的方式提了一個觀點，認爲有幾種體現傳統價值的東亞現代性是日本和四小龍共有的特色。譬如權威政治、家庭在社會所起的積極作用、考試制度、儲蓄習慣、地方組織乃至濃厚的人際關係等等。而且我認爲這些現象都和儒家傳統有關。是什麼關係呢？因果關係？背景理由？生命形態？基本的價值取向？都顯出是一種起特殊作用的文化因素，很值得深談。我已經介紹了好幾種不同的國際性、全國性的學術探討。希望再過五年十年，可以對這些課題作出以經驗事實爲根據而且頗有前瞻性的解釋。

　　另外，我也提了一個更困難的課題。對我自己來說，如果要用儒家倫理或儒家傳統作為一個文化因素(不是用來解釋,而是作為解釋這個複雜現象中的一個值得注意的因素),就要發展出一套模式,可以同時用來解釋共產東亞和工業東亞,只有這樣才有說服力。如果說儒家倫理很有影響,那麼中國、北朝鮮和越南為何在經濟方面的表現和日本及四小龍極不相同?當然,我在此無法對這個課題作出全面的說明。

我今天的課題,所謂"傳統的生命力",基本上是對我前面所提出的兩個觀點作一片面的解答,也就是提出我自己的看法。嚴格來說,我沒有作過系統的調查研究,還沒有爭取到發言權;因此我的觀點主要是想提出一個運思的途徑,而不是提供一項研究的成果。

有一點我們應該注意。在西方學術界、特別是政治學界有一個學派,其代表人物是白魯恂[1]。他可以算是我的論敵。他的基本假設我並不能接受,所以在對中國乃至東亞政治文化的理解方面我們之間的衝突很大,歧異極為明顯。最近魏克曼[2] 在上海的一篇學術論文裡把我們兩人的觀點針鋒相對起來。因為柏克萊的魏克曼是我的知心好友,很多學人認為他是站在同情理解的角度為我的觀點助陣。其實,正因為我們私交很好,他提出白魯恂的政治文化論說,對我是極有意義的思想挑戰。

白魯恂的兩本非常有影響力的著作,一本是《中國政治的精神》(*The Spirit of Chinese Politics*),刊行於1960年代;最近一本是

---

1 白魯恂(Luncian Pye),1921年生。美國麻省理工學院政治學家,政治文化學的主要人物。著有《中國政治的精神》、《亞洲政治的權力與權威》、《中國政治中的權威危機》等。

2 魏克曼(Frederic Wakeman),柏克萊加州大學中國歷史教授。曾任美國社會學聯合會會長。著有《中國帝國的衰落》、《歷史與意志》等。

從權威的觀點來了解亞洲的政治發展模式，即《亞洲政治的權力和權威》(*Power and Authority in Asian Politics*)。他的基本觀點是，想要了解東亞(不管是工業東亞還是共產東亞)，就要把權威或權威主義作為主線，才能一窺全豹。他的這個提法，並不如一般學人想像的那麼簡單。我們可以批評他的解釋模式是一種人格心理學的歸約主義，但他的提法具有一定的邏輯結構。固然他本人是受到人格心理發展學說的影響，其實他在社會學和政治學界更有影響的並不是對中國政治的研究，而是解釋緬甸政治。他的另一本書叫做《緬甸的領導風格》(*Burmese Leadership*)，是從如何培養一個小孩的成長的社化過程的方式來了解這個社會的政治領導運作的特性。是一種很值得參考的研究方法。

從社化過程來了解政治運作的方式，他發現權威主義是東方政治文化的特色。這裡所謂權威主義的特徵，和強烈的依賴性有密切關係。東方兒童的依賴性和西方相比不僅時間長而且感情也特別強烈；父母親對兒童的愛護甚至溺愛也非常普遍。因此父母親的權威從小就建立起來，經過各種不同的社化方式，表現在政治上的運作是一種權威主義。這種提法有一定的說服力。用白魯恂的方式來解釋工業東亞和共產東亞，可以發現它們都和儒家傳統有千絲萬縷的不解之緣，因此他認為儒家傳統就是具有東方特色的權威主義。

尋根意願的現代涵義

我在"現代主義的挑戰"一講裡，特別提到地球村意識的出現。因為這一意識的出現在全球各地都湧現出一種共識，即對於核戰、環保、資源等各方面的共識。這是當代人的困境。也就是說，西方文化一方面把人類帶到從未有的光輝世界，各種價值領域都開發出來了，科技、民主、大眾傳播及其他各種以前所不能想像的選擇都有了；同時，也把人類帶向一個自我毀滅的危機邊緣。在這一背景下，我也提到了尋根意願的出現。尋根意願事實上是1960年代以後才在美國出現的，特別是到了1970、1980年代，這一意識越來越明顯。要想對傳統的生命力，乃至儒家的生命力在東亞，特別是在中國文化區的曲折表現做一個比較概括的說明，應該了解尋根意願所代表的現代涵義。

尋根意願基本上可以從四個方向來討論。我在討論時並不是把儒家的課題作爲唯一的對象，而是先作一個全球性的描述，然後再把儒家的問題帶出來。尋根意願的強化和全球意識的出現是二十世紀後期表面上互相衝突的矛盾現象；但同時又是現代人存在環境裡不可消解的兩股力量。尋根意願是環繞著傳統意識幾個非常強韌的因素而發展出來的。

第一個因素是種族性 (ethnicity)。在1960年代最能體現美國文化的是："大熔爐"(melting pot)這個觀念，即各種不同種族的移民到北美後，通過同化，逐漸變成種族性傾向淡薄的美國人。可是到了1970年代，提出"大熔爐"觀念的學者認爲，真正能代表美國1970年代價值動向的不是"大熔爐"，而是種族性。到了1970、1980年代，種族性表現得更強烈。其中影響比較大的是美國電視中的《根》。這是根據亞歷克斯・哈利[3] 的同名小說所改編的。這本小說所寫的是一個美國黑人回到非洲去尋找根源性的史詩。它雖然講的是美國黑人，但對所有移民都具有象徵意義，意味著美國西班牙語系的人(如墨西哥人)，也意味著美國的土著(美國印第安人)，還意味著美國的亞裔、美國的愛爾蘭、意大

3　亞歷克斯・哈利 (Alex Haley)，1921年。美國非裔作家，小說《根》的作者。

利、希臘等各種族對他們的根源性的追尋。這種根源性一定是好幾代的，所以有非常深厚的傳統意識。我們不能只站在生物延續的角度來理解，因為根這一象徵符號體現了很多落葉歸根、血緣、祖國、種姓、宗族、出身、禮俗等文化價值。有一個很簡單的事實，或說是強烈的商業化的事實，美國黑人社會一度時興"Black is Beautiful"(黑是美)的觀念。它的深刻意義在於把美的價值和種族性聯繫在一起。不是白的和金髮才美，黑的、像針一般向外伸的頭髮也很美。當然亞裔並不認為高鼻子才美，扁平的鼻子也很美。人的體質因不同的種族性而導致不同的審美標準。這和種族性代表的深刻的原初感情是連在一起的。這就是傳統，而且是生命力極為蓬勃的傳統。不過，從消極的、負面的作用來說，種族衝突是美國的毒瘤。這個問題不僅在目前，而且在將來恐怕也不易解決，情況好像會越來越嚴重。

　　第二個和種族性聯繫在一起，同時也有強烈的傳統意識的是語言(特別是母語)。任何創造性的工作，如果要用語言的象徵符號來體現，就有傳統性。一個傑出的作家，他的創造性不論如何高明，寫出來的東西不可能不依據文法、不符合語言規則；偶然可以，否則就沒有和讀者交通的可能性。語言的運用是指把語言的最起碼的遊戲規則徹底內化，只有如此才能和以文字為特質的文化傳統發生血肉相連的關係；有了這種關係才可以進行創造，甚至偶爾用不合文法的方式表現詩才。但是，能用不合文法的方式表現個人的文學天才，意味著對文法已有精熟的掌握。假如一個文法不通的人居然寫出第一流的英文詩章，讓所有受英文文化影響的人都讚嘆不已，這種情況不可能出現，即使有也只能說是偶然例外。所有真正有創造價值的文學作品，就像高山的山峰，都是在山脈的基礎上發展出來的，要從 ABC 下手。真正要文法精熟，字彙豐富，語感敏銳，才表示和語言的文化象徵符號發生血肉相連的關係，要把語言規則真正的內在化了才爭取到以語言為創造工具的權利。

語言不僅是表達的工具，也是自我定義的重要因素，我們不能不用語言來思考。我們有時候用中文來思考，有時候用英文來思考，但是可不可能不用語言來思考呢？假如不能，那麼我們思考的模式、乃至自我的理解，多少仍會受到語言的影響。當然，這並不表示我不接受禪宗的"心行路絕，言語道斷"的頓悟精神，或是道家所說的"不落言筌"、"得魚忘筌"的境界，那是經過許多內在功夫的提煉。即使如此，語言的作用還是不能消解的。因此，語言是我們現代人與傳統不能分隔的主要原因。

有一度西化思想大行其道時，有些學者認為必須要廢除漢字中國才能現代化；在某一段時間內，大陸學者普遍接受這種觀點，叫做漢字拉丁化。現在提倡這種觀點的人已經愈來愈少了。新加坡非常注重英語，認為不懂英語就無法真正和現代的國際企業界發生緊密聯繫。但我們可以舉日本的例子作為反證。日本的英語水平顯然不高，一般日本商人講英語有很大的困難，可是日本在國際貿易上的成功有時和它的英文程度並不成正比。英文雖差，國際競爭的能力卻很強。另外，現在有人認為電腦處理中文的問題已經解決了，像日本的一些跨國公司竟考慮用帶有漢字軟體的日文來進行科研，因為中文的用法和英文不同，不是屬於字母的語言，有些長處是英文所沒有的。雖然早期中文變成打字機的革命失敗了，整個使用漢字的大眾傳播都受到阻礙，有人甚至說，要學中文的話，至少妨礙智慧發展長達三、五年之久，還是學英文較快。但是現在大眾傳播電腦化以後，這種觀點的說服力相對減弱。

　　另外再舉一個例子，可能算是孤證吧，那就是以色列的建國。毫無疑問地，以色列是一個現代國家。它建國以後，希望發展具有以色列特色的文化認同，因此對語言非常敏感。當時流亡歐美的猶太人多半以講 Yiddish 為母語。但 Yiddish 和德文有關，而以色列所代表的猶太精神和納粹是水火不相容的。納粹殘殺猶太人的歷史事實，幾乎使猶太人滅種，因此他們不能用和德文比較接近的語言作為自己文化認同的基礎，所以他們希望回歸希伯萊文。希伯萊文是古文，比希臘文的年代還早許多。在二十世紀，希伯萊文已經成為禮俗的語言，等於天主教用拉丁文來做彌撒一樣，不是活的語言，是一祭祀性語言。可是以色列為了要建設文化認同，處心積慮把這個語言變成了活的語言。當時有很多語言學家認為不合語言發展的規律，不可能成功。可是以色列人說人家不能，我們能。於是許多以色列的學者、政治家、企業家，及祭祀先知想盡辦法用希伯萊文進行交談。慢慢地經過五年、十年、二十年，多少辛苦，多少大師大德的見證，多少青年學子的身體力行，希伯萊文居然變成了活的語言。不僅變成了活的語言，在紐約絕大多數的猶太人也都學希伯萊文，而 Yiddish 則逐漸地頹廢了。目前雖然在紐約還有些猶太社團仍以 Yiddish 為交通工具，但 Yiddish 的報紙雜誌越來越少，而希伯萊文的生命力越來越旺盛。希伯萊文不僅變成了活的語言，而且是精力充沛的現代語言。即使以色列將來碰到很大的問題，希伯萊文已成為現代語言中不可抹殺的代表。

　　再舉一個例子。馬來西亞政府為了建立馬來西亞的文化認同，決定以馬來文為唯一的官方語文。馬來文以前沒有書寫文字，只有口語。所以他們用拼音造成書寫文字。大學裡必須用馬來文教書。馬來文慢慢地不僅成為官方語言，也是學術語言。這也是一種二十世紀後期尋根的意願，使得表面上看起來不可能轉換爲現代語言的傳統獲得了再生的機緣。

我還想談一下古代漢語的問題。漢語的命運在五四時代非常坎坷。這當然和整個儒家傳統、中國文化有密切的關係。現代漢語比照文字發展規律，譬如古文運動從唐到宋的發展，離成熟階段還有相當的距離。魯迅所用的現代漢語，很多地方詰屈聱牙。即使現在在中文系專門教文學創作的教授，乃至非常有成就的作家，在運用現代漢語(當然也運用不少古代漢語的詞彙)的時候，到底歐化的程度應該如何，文法應該怎麼處理還經常發生困難。尤其最近，因爲大陸和臺灣開始有非官方的學術性交流，大家發現大陸學者所運用的現代漢語的歐化程度遠遠超過臺灣學者(但他們的理論性較高)。這種歐化是怎麼來的呢？多半是通過翻譯馬列經典所導致的不能預期的結果。既然是靠第一流的專業人才把馬列經典翻譯成現代漢語，每一個熟讀這種現代漢語的人不知不覺地在思考問題時便多半用這種模式。這個情況還會繼續發展。

日本在美國麥克阿瑟控制時代，經過了一段由美國專家包括我前面提到的賴世和主持的文字改革。改革的主要項目即是把日文中的漢字盡量減少，認爲漢字是使得日本年輕學生在智慧上不能突飛猛進的重大障礙。有一點我們不能說完全不對，即美國的小孩子到了四、五歲的時候，運用語文的能力已相當強，能說就多半能寫；中國的小孩即使說得很好，但要發展書寫能力就感到困難重重。因爲說和寫之間似乎有不可逾越的鴻溝。漢字是由中國傳到日本的。但日本話不是單音節的，和中文很不同，反而和英文在發音上比較相同。因此，如果把日文裡的所有漢字去掉，不一定改變日本語文的習性。當時的做法是把日文中的漢字壓縮到八百字，說日本人只要認得這八百個漢字，即可小學畢業。日本教育當局被迫接受了這項建議。但是美國人離開後，日本重新對自己的文化進行反思，漢字就逐漸地增加，從八百到一千、一千二、一千四、一千六，到現在加上它的一些補充材料，接近二千字。日本一般知識分子大概有三千漢字的程度，和一般中國文化區的知識分子相等。

　　韓國因爲民族主義的關係，第二次世界大戰後，廢除漢字，南、北朝鮮都是如此。所以現在到韓國旅行的話，到處都是韓文，很少看到漢字。雖然它的報紙有一些用漢字，但一般廣告招牌已很少用漢字。可是最近五年，韓國的中文熱是不是受到大陸的影響暫且不管，幾十個中文系在各個大學裡建立起來了。這是什麼原因呢？我相信和文化認同有關係。因爲廢除漢字以後，一般韓國大學畢業生已不能唸懂十九世紀乃至二十世紀初期的韓國文化基本材料，因爲所有的文化基本材料都是古代漢語。所以1978年我第一次到韓國進行學術交流時，因爲李退溪的哲學著作和朱熹的思想很接近，我看起來並不感到吃力，不能說是滾瓜爛熟，至少駕輕就熟。而韓國有些傑出的青年學者對李退溪的書寫文字仍感到生疏。所以我變成了專家的專家。但是我對韓國學術界辯論李退溪的情況幾乎一無所知，雖然對他的原始材料的掌握以及和中國的朱熹等各種傳統的關係，我又似乎知道得比一般韓國學者要多。這個現象可以說是反映了韓國學術界重視正視中文的必要，也反映了目前韓國知識界文化認同的危機。

　　尋根意願的第三個方向是地域問題。我在此只是簡單地提一下。地域本身不僅代表尋根意願，也代表了相當深厚的傳統意識。巴勒斯坦和以色列的鬥爭多半是血仇。尤其是最近的情況，如果處理得不好，以色列能不能長期維持獨立國家的地位也會出問題。另外值得注意的是，很多先進的大國也不能避免強烈的地方主義，就是一個人對他自己所處的地方的感情有時超過民族意識、國家意識。譬如美國印地安人和夏威夷人的本土意識直接威脅到主權之類神聖不可侵犯的象徵符號。這種情形在北美和歐洲都相當普遍。

第四個方向就是宗教。偉大的宗教傳統是源遠流長的，而且是再生能力極強的傳統。世界上目前發展得最快的宗教是回教；回教也是被現代西方曲解最深的宗教。特別是在西化的影響下，往往認為回教徒是一手拿著可蘭經，一手拿著大刀，靠軍事武力來征服世界的野蠻宗教。這是十分浮面的不公平的曲解。我們不能說何梅尼是代表現代文明，但也絕不能說伊朗因為何梅尼的關係由二十世紀打回到中世紀。

如何面對各式各樣的原教旨主義(Fundamentalism)的出現呢？美國現在最有影響力的宗教力量包括雷根所代表的保守傾向就和原教旨主義有關。回教原教旨主義的代表是何梅尼；日本的原教旨主義可能和神道結合在一起。狹隘的民族主義也是一種強烈的尋根意願。如果從軸心文明的傳統來看，它的內容是非常複雜的。

譬如以基督教為例。除了我們了解的西歐、美國的基督教，還有東正教。東正教到底在蘇聯會怎樣發展，是值得大家注意的問題。我相信力量是非常大的。拉丁美洲所代表的是基督教的解放神學。拉美的解放神學常常和在馬列思想指導下的革命運動結合在一起，如果通過傳統的理解，困難度極大。天主教在某方面講起來是相當保守的教會組織，根源性、傳統性非常強，但這些天主教的教士和解放神學結合在一起後，同時和代表馬克思思想的革命路線結合在一起，便是拉美基督教的特殊表現。這種情況相當多，表面上看起來非常保守，其實是社會改革的動源。波蘭的情況就是這樣，天主教和自由民主思潮結合爲反對共產黨霸權而鬥爭。還有菲律賓的例子。整個菲律賓民主運動，包括艾奎諾夫人上台，跟天主教在菲律賓的影響有密切關係。韓國的學生運動，乃至民主化運動，跟韓國的天主教乃至各種新教派也都有複雜的聯繫。

所以，一方面宗教的表現如何梅尼那樣是非常保守的；另一方面在何梅尼革命時，許多馬克思主義思想家都參加了何梅尼的革命，也打倒巴勒維。何梅尼革命以後，他又代表一種原教旨主義的力量。所以我們不能把宗教的問題簡單化，因爲宗教常和各種不同的社會力量結合在一起，形成一種難分難解的複雜圖象。針對我們前面所提到的西方以工具理性爲主的現代精神，這是一個大挑戰。

尋根意願和全球意識表面是兩種絕然不同的思潮。一種是因工業文明發展到了某一極點以後，因人類面臨了毀滅邊緣而引發的反思；另一種是原來認爲經過現代化洗禮後便逐漸消失的傳統積澱，但面向二十一世紀，傳統的生命力不僅沒有被消解，反而在現代化的後期、工業文明達到高峰的社會裡發揮了非常大的力量。依此爲背景，我們來看看儒家文化傳統的一些本質特性。

儒學的內在超越性

我要再重覆一遍前面討論儒家文化時的三個基本的前提。一個是要站在文化多元的角度。儒家的定義無論多寬，它只是中國文化的一部分，它有不同的階段、不同的流派；另外，儒家的定義無論多窄，它的指涉又超出了中國文化，因爲它是中國的，也是日本的、朝鮮的、越南的，將來也可能是美國的、歐洲的、澳洲的、非洲的。因此我們要在文化多元的背景下來討論這一課題。第二個前提是要站在五四批判精神的角度來討論這個傳統，而不是站在袁世凱以來的尊孔讀經的立場來宣揚儒家的保守性格。儒學的傳統不是靜態的結構，而是動態的過程，因此有各種不同的姿態。把它說成是一種靜態的結構，一種沒有生命力的空洞名詞是不符合歷史事實的。第三個前提是從接受“儒教中國及其現代命運”的觀點，承認儒門淡泊的現狀，即充分確認儒家傳統在現代中國沒落的事實，並以此自覺爲前提來探討這個多源流、多面向、多維度的複雜課題。

值得注意的是，很多大陸的學者也談到儒學傳統在某方面主動地塑造了中國文化的認同。我們現在從教科書中所看到的，通過《廿四史》等各種不同的文獻所得到的對中國的認同，特別是對中國起源的認識，不管我們贊同或不贊同，和儒家確有千絲萬縷的聯繫。這裡所說是儒家的，不是鐵板一塊，也不是黑格爾所謂存在即合理意義下的史實，而是一種生命形態，價值取向和人生理想。這一點要想平實而周全的掌握是很困難的。但是如果我們不意識到、不了解到是如此的話，那就永遠無法掌握。當然，是不是應該如此掌握，還是個值得爭議的論題。

在中國文化區裡，長期受到儒家文化影響的可能是下意識層面，不一定能提到很高的反思水平。假若有人強調對於中國文化發展趨勢所作的理解，基本上必須是儒家的，那麼我們可以推測他實際認爲中國文化是一元的、以渭河流域爲中心向外輻射，逐漸擴大，因此中國文化的感染力、說服力、凝聚力非常之大。所以，從渭河流域逐漸擴展以後，不但影響中國文化區，影響到中國的邊緣，影響到朝鮮、日本和越南；而且中國文化的同化力量非常大，任何外來文化，凡是經過中國文化的洗禮，就多多少少中國化了。這種觀念在我們的心裡、在歷史學中，已經是廣爲接受的了，這是儒家中心論說的觀念。可是現在從考古發掘各方面來看，這個觀點的信史基礎並不一定很強，而且業已引起了很大的爭議。從現在的考古發掘來看，中國文化的起源不僅僅是渭河流域。溯源到新石器時代，即仰韶、龍山文化之前，中國已有好幾個不同的區域：中原文化、齊魯文化、吳越文化、乃至楚文化，以及秦文化。甚至可以這樣說，春秋戰國七雄所代表區域的事實上和中國文化的起源有點相關。這樣看起來，中國文化是從不同的發源地慢慢地凝聚起來的，而不是由渭河流域輻射而成的。

可是，爲什麼在理解這個文化時，我們所得到的一般印象是儒家的觀念呢？我自己經過這樣的思考，特別是從軸心文明的各種不同價值動向的角度來看，儒家文化和印度、中東、希臘等文化最大的不同是有強烈的根源性，主動地突出淵遠流長的歷史意識。

儒家是一個古代文明(所謂古代文明，現在講起來不是儒家，不是孔子時代，是孔子以前至少一直追溯到夏商周)的繼承者。換句話說，儒家的反思能力不表現在嚮往超越的價值取徑，如猶太教，也不是印度教所代表的捨離精神，或希臘文明所代表的、要突破原來的神學時代以達到理性創新的哲學智慧。哲學的興起是宗教的死亡或至少是宗教的沒落，這是希臘文明的特色，也是韋伯所謂的離開了神話的花園而進入到一個理性的時代的重要的突破。但儒家所代表的這個反思文化，特別是以孔子人格所代表的精神是古代文明的結晶，是要爲這古代文明的已經出現的很多價值尋找更深沉的人文基礎。"禮"的概念在孔子以前早已出現，不是孔子的創造；"天"、"帝"等很多概念，乃至所謂的封建制度，在西周即已完成，所以孔子要回溯到周公。這些都是使得中華文化成爲非常複雜、豐富的傳統的因素。到了孔子時代，很多傳統變成了形式主義，沒落了，大一統的局面也崩潰了。但是孔子的自覺的文化使命感就是要把逐漸崩潰的傳統文化及其精神動源發揮出來；爲它的基本價值、爲"禮"尋找最深沉的人文基礎。這就是孔子強調"仁"的理論和實踐意義所在。"仁者人也"是爲孟子所發展的，就是爲人找出最有代表性的人文精神價值。因此它具有強烈的繼承感。如果不比較的話，我們就習以爲常，認爲這本是天經地義的事，因爲大家都受到中國文化、歷史的薰陶；一比較，它的特性就突顯出來了。

印度是世界另一個精神文明。如果我們對印度文明了解不夠，甚至站在工具理性的立場藐視印度，那麼是我們學術界的大缺陷。五四以來西學掛帥，科學民主的口號非常響亮，以致我們對印度(當然也包括西藏)文化的理解很粗淺、很膚泛，甚至還有排拒和歧視的霸氣，甚至是一筆勾銷。

印度文化的資源非常豐富，從哲學到藝術、文學、舞蹈，真是多采多姿。印度舞蹈給人帶來的的形象感、節奏感，沒有看過的人是很難想像的。身體的各個部分所體現出來的形象和節奏叫人嘆爲觀止。所以那位羅威・山卡(Ravi Shankar)到美國來演奏，轟動一時。在密西根的時候，他演奏印度古箏，十分鐘以後全場起立鼓掌，他大吃一驚說，你們喜歡我的調琴嗎？原來他還沒有開始演奏，還在調琴呢！面對這種複雜的音樂、舞蹈、藝術，我們能說印度沒有光輝的文化嗎？

但它和中國的最大不同是它的超越性；它沒有歷史感，歷史感對印度文化來說是沒有價值的。譬如凱利達撒(Kalidasa)是印度最傑出的詩人，以中國來比就是李白、杜甫合起來的人物。但是他到底是哪一個世紀的，不太清楚。印度人說，何必自苦如此，歷史總是要過去的，我們知道其詩章，理解其超越感才是最要緊的。在中國，如果不知道李白、杜甫所屬的朝代，能算有普通歷史常識的知識分子嗎？所以中國的歷史感很早就出現了，和印度的超越感涇渭分明。

這個歷史意識的出現在中國是不是表現在儒家身上呢？在我看來，確是儒家，這是無法推脫的。從"共和元年"也就是公元前846年開始，我們的編年史就非常完備。甚至更早以前，從金文、甲骨文中就有歷史的記載。而甲骨文也不能說是最早的文字，因為它已經是非常複雜的文字，比象形文字高明多了。所以在這之前，一定還有很長的文字演化的歷史。這些文獻是中國傳統的寶物，在世界文明史上極為突出。這種強烈的歷史感當然和傳統有密切的關係。現在中國的大學生，不管對歷史有沒有興趣，對二十四史發展的基本脈絡大概還是清楚的。不過也難說。最近我在明尼蘇達開完會和一批臺灣來的同學(多半不是學文史的理工人才)座談。我說我對先秦有些思想家比較感興趣，有同學問什麼是先秦，難道還有後秦嗎？我想大概現在的歷史教育已成為薄弱環節，但基本的脈絡還是應該清楚的。正因為如此，歷史上的一些符號成為我們一般運用的語言，很難拋棄。例如，我們叫自己是漢人，這有深厚的歷史原因。廣東人叫自己是唐人，也有歷史原因。

還有一個有趣的特殊現象，就是大小傳統之間的交互影響。拉德費爾德(Radfield)是一位芝加哥的人類學家，他提出 Great Tradition and Little Tradition(大小傳統)代表兩個不同的傳統，中間有一條不可逾越的鴻溝。西方所謂大傳統，基本上和都市化有關。現代英文中的 culture(文化)、civilization(文明)、urbanity(文雅)等，都和城市(city)、公民(civic)有關。所以，文明的塑造，特別是現代的西方文明,即使是古代的雅典、羅馬所代表的文明,都和城市有關。西方的大城市如維也納、巴黎、倫敦等所代表的文明都是大傳統。因此,民間的所謂粗俗的(rustic)、鄉下的傳統就受到歧視。在西方的傳統、特別是法國的傳統裡有歧視農民的傾向。馬克思也認為農民是一袋馬鈴薯,不能反思;真正人類文明的方向要靠工人,工人有自我意識,而農民一定是保守的。甚至在《聖經》的傳統裡,體現價值的是牧羊人,而農民基本上是保守的、落伍的,毫無創造性可言。整個中東文明也有歧視農民的傾向。

但是中國在這方面正好相反。在結構上來說,中國文化的發展雖然有都市化的傾向(中國很早以前就有很大的都市,如漢代、唐代的長安),可是中國文化的大傳統不能從都市文明來理解。我們不能說宋代的文化就是杭州文化;漢代、唐代的文化就是長安文化。因為中國的都市和鄉村是一個連續體,而真正經濟的重要運作常常在鎮,或是集,這是在城市和鄉村之間的中介結構。可是在西方,最好的學校,最好的圖書館,最重要的建築物,最有影響力的政治組織,最大的博物館,全都在都市裡,造成了離開都市就沒有文化的印象。中國的大圖書館如天一閣在寧波,但不少有名的圖書館卻在鄉下;最大的廟宇,或許在山上,或許在鄉下,都不在城市裡。最大的莊園花園也在鄉下,或者至少在城外。而且中國很有影響力的人(譬如通過考試以後進入政治結構,成為政治領導的人)一生很長的時間往往是在鄉間度過的。在這種情況下,城鄉之間的差別不大,可以說是一個連續體。當然從這個連續體的兩極來看,差別還是很大的。但是沒有像西方的以城堡為中心的都市化發展。

舉一個例子。在宋明甚至唐以前,中國人喜歡徒步到處旅行，從一個都市到另一個都市，從一個廟宇到另一個廟宇。那時的旅遊事業在中國很發達。而在西方的中世紀，離開城堡去旅行，即使是僧侶，從一個教堂到另一個教堂，也是冒險犯難的事。中國不僅是文人，如徐霞客這樣有代表性的旅遊，到處參觀名山大川，甚至皇帝封禪，也要去泰山。據說乾隆去過六、七次。從京城到泰山的距離是很長的。遊歷名山大川，這種現象在傳統中國極爲普遍。

　　另外，從社化的過程來看，西方的精英文化和地區的小傳統有時完全不相管屬；在中國的文化裡，最好的哲學家一定接觸民間文化，從他的母親、保姆、親友那裡從小就接觸到民間文化而自己的思想也有強烈的民間色彩。甚至可以說，精英文化是民間文化的結晶。譬如儒家哲學中最精粹的思想，是老百姓人倫日用之間的一些基本的做人的道理的精致的陳述，包括王陽明的天理良知都是如此。如果反過來說，雖然民間思想有很多的源頭，有道家的、佛教的等，但是通過各種教育途徑——社學、鄉約及聖諭，它所體現的卻是平實、具體的儒家的作人的道理(人生哲學)。這中間交互影響的痕跡非常明顯。

　　再舉一個例子。從軸心文明的角度來看，希臘傳統的哲學家，或是希伯萊傳統的先知，對於真理的掌握(哲學家所了解的真理是通過思考和論證；先知所掌握的真理是上帝的啓示)，和一般人民是脫節的，而且是非脫節不可的。一般人民要通過先知的傳述、解釋才能知道上帝的福音是什麼，因爲只有先知才能真正聽到上帝的聲音；一般人民要通過相當長的推理過程，有時永遠沒法理解到哲學家的洞見。最好的例子是我以前提到過的柏拉圖的"洞穴"。還有一個情形，特別是在受到柏拉圖影響的希臘哲學中，需要有一批奴隸進行生產，幫助哲學家玄思。哲學家進廚房做飯是很大的浪費，因爲他的智慧是和洞穴外的景象連在一起的。後來，希臘文明的發展正如馬克思所說的，如果沒有奴隸就不可能維持。

中國沒有出現這樣的現象。漢代不是奴隸社會，因爲它的生產方式並不要靠奴隸。在儒家的傳統裡，希臘哲學家和希伯萊先知所代表的人格形態都沒有說服力。一個儒者，即所謂的士或者君子，他所提出的觀點或道理，如果不能在老百姓人倫日用之間發生作用，對他來說是一大諷刺；如果他講的一套東西離開了教室，外面的人就聽不懂，對他是一大威脅。西方的哲學家或一流的科學家，如果他講的東西被他的同事理解了，就可能是一大污辱，因爲一般同事的智慧並不高，怎會理解我這一套高深的理論呢？所以有人說相對論只有六個半人理解；而羅素的數學原理當時只有他和懷德海心知其意。專業的科學知識和哲學的洞見、宗教的體驗，確實是地地道道的精英主義。這種精英主義是現在我們所缺的，當然要發展。在中國的社會裡，一套道理有沒有說服力，就要看百姓人倫日用之間有沒有實際的作用。這點值得詳加考慮。所以，大小傳統的交互影響成爲中國文化的特色。這點當然和儒家有關。

比較難理解的是文明的和野蠻的觀念，這在傳統中國又受到儒家的影響。就是在孟子的思想中，除了人禽之辨(人性論的基礎)，還有夷夏之辨，或是夷夏大防。夷夏的問題就是中原和邊陲地帶的關係問題。中國人的夷夏觀念是文化的，不是種族的，在中國傳統裡以文化定優劣是根深蒂固的思想。其中涉及一個既漫長又複雜的發展過程，和儒家在早期即出現的一個主動自覺的文化意識密切相關。值得注意的是，我們現在所批評的中原心理或中原沙文主義，到底是不是開放的思想，很值得檢討。至少在原初的時期是開放的，不是封閉的，也就是說，中原文化這個模式不是地域的觀念，而是一種生命形態的觀念，任何人都可以參加這個生命形態。甚至對夷狄這個觀念也要從不同的角度來理解。

譬如說《鹽鐵論》中的那些大夫基本上是代表桑弘羊以法家思想為主的國家主義所強調的壟斷，但這不是我們所要考慮的課題。漢代對整個匈奴民族很有侵討侵伐的意願，但由於力不從心而採取和親的權宜之計，這當然是一種十分明顯的中原沙文主義。我們如果不出擊，就要被他們吞滅。但是儒家可以受到法家的影響，也可以受到道家的影響。那時文學之士所代表的儒家傳統就是受到道家影響的儒者。這批受到道家影響的文學(是儒者的代稱)反對壟斷、鹽鐵公賣，贊成開放市場，不與民爭利；政府不以干涉的方式來影響各種生理(生存之道)；政府愈能節制用強大的壓力干擾經濟活動就愈有利於國計民生；對於其他少數民族則主張採取敦鄰的政策。敦鄰就是和平相處，通過文化的力量，後來所用的策略如和親，打不過人家就結為親戚也與此有關。這種和親政策在羅馬和其他地方也可能用過，但那是特例也沒有類似中國的背景理由。

最近我和研究羅馬歷史的學者交換意見，發現一個奇怪的現象，這在中國文化區是很難理解的。在羅馬社會，誰是公民、誰不是公民關係甚大。如果得不到公民權，就不能享受一些基本權益，因此羅馬時代曾出現革命和造反，要求公民權。我不知道研究中國歷史的學者有沒有發現這個現象，即在中國的秦代、漢代，因為要求公民權而引起農民革命，完全不可思議。中國的問題是要界定誰不是中國人有時比明確指稱何謂中國人更麻煩，要排拒是很不容易的事。在羅馬，誰是羅馬人，誰是基督徒是很明顯的；可是到底誰不是中國人，誰不是儒家，我們很難辨別。

　　這可以說是一種文化的特殊性。不過,這個文化的特殊性所造成的中原心理應是開放的,譬如體現儒家聖王理想的大舜就是"東夷"之人。中國這個辭代表一種生命形態,因為所有的人都可以參加,並不是封閉的。從這個方面來看,儒家傳統在中國文化中的一個非常重要的因素就是溯源,一種回到本源的念舊情感,然後又希望是一個殊途同歸的態勢。所以,它不是排斥的,而是包容的。

　　也可以這樣說,一個具有儒家特色的精神取向是內在的超越。講它是凡俗的,亦即韋伯所說的是屬於這個世界的,是內在的。但我不能接受韋伯的解釋,即因為是入世的,所以一定要跟這個世界取得妥協。我認為儒家的精神是既在這個世界裡,又不屬於這個世界。在這個世界裡是它的現實性,同時又有強烈的理想主義,要改變現實;在這個政治體系中又不接受它所代表的遊戲規則,因為有另外一套理想的規則要來改變這些現實的權力結構,它的內部轉化的抗議精神是很具體,也很強烈的。儒家的終極關切是要在複雜的人際關係、政治網絡、有著權力色彩的凡俗世界中另外創造一套精神領域,就像教堂、廟宇、西天、淨土、天堂一樣來對現實世界作一全面的否定和批評。這是因為儒家認為,我們都是現實世界中的部分,因此必須設身處地真切地投入社會。如果用現代西方的語言,就是 engagement (參與),即存在主義所謂的參與感。但是參與後面所依據的資源是歷史意識、文化意識和社會良知,而不是現實政治所習以為常的權力意識。因為我們跟現實政治之間一定有矛盾、有衝突,而且也一定希望能夠轉化,所以說,儒學是要轉化世界,而不僅是要了解世界,並且它的轉化是全面的而不是散離的;其實,儒學的資源不是來自這個世界,而是來自歷史、文化,來自超越,來自替天行道的思想。所以說儒家是既在這個世界裡又不屬於這個世界的軸心文明，所體現的是一種內在而超越的精神價值。

這個形態在軸心文明裡是獨特的。所有軸心時代的文明基本上都是凡、聖二分的。基督教是上帝的歸上帝，凱撒的歸凱撒；佛教是此岸與彼岸之分；興都教是梵天與俗世的歧異。像印度文化，一個人的人格發展要經過四個階段：第一個階段是學徒，第二個階段是家長，第三個階段是棲身叢林的隱者，離開俗世，第四個階段是禁欲者，逐漸地捨離。在印度的精神文明裡，當我們看到子孫成長了，發現自己有了白頭髮的時候，就開始準備退隱，不僅從職位上，也從人倫日用之間退隱，回到森林裡去。所以到今天，印度各地都有這種智者、行道者，在大樹下一坐，修道好幾年，最後大澈大悟。

但是儒家不能離開這個世界，即使到了七十從心所欲不逾矩還是在這個世界裡，在這個世界裡進行轉化。但是我們並不屬於這個世界，因爲這個世界所代表的權力結構與我們所了解的人文世界應該有的運作原則是有衝突的。所以《聖經》裡講的鳥有巢、狗有穴而人子卻沒有安息的枕頭的那種失落感、無根感，在儒家的傳統裡也有很深刻的體認。

說孔子有如喪家之犬的這種描述，就是說他要居九夷、要浮於海，因爲在中原母國沒有一塊地方是屬於他自己的。孔子這種無家可歸的流浪心情，開始時在魯國，魯國不能容而去國，結果沒有一個地方可以容他。

孟子也是這樣。孟子或是自己不願意被收編被網羅。他對君主的批判非常激烈，有的君主本來對他很好，孟子說他望之不似人君，我何必跟他打交道。人家送他很多東西，他也不接受，有時即使接受了也不放棄批判的權利和義務。所以有人說，你後車的隨從一大批，跑來跑去傳食於諸侯，吃了那麼多，不感到羞恥嗎？他說，有什麼好羞恥的？我所代表的(以現代的話說)，是深厚的文化傳統、學術傳統，所以我的資源很多；而君主所能代表的、所能發揮的價值是屬於權力結構中的作威作福，我根本看不起那些。他如果送我東西，符合禮儀的我就接受，不符合禮儀的我還不接受呢！後來，在專制政體逐漸形成的中國文化之中，司馬光就已經不太了解孟子了，說孟子過分傲慢。其實孟子不是傲慢，是不願做君王的從屬。有人說孟子想做君王的顧問(以前儒者就是要做政權顧問，我們今天則希望做政權的智囊)那是自小門戶。孟子的自我形象絕非做顧問而已。做顧問或智囊的角度，要取決於一個有一點文化水平而且有道德理性的政體；如果政體是一批愚昧的人所控制的，智囊只能成為笨囊。

孟子的精神基本上是王者師。這個傳統後來一直發展下去，無論是相權還是知識分子的獨立風骨。但表現這種精神比較突出的儒家社會是韓國，而不是中國。韓國的知識分子和王權的關係，與宋明時代中國知識分子和王權的關係是不可同日而語的。因為韓國知識分子也就是所謂士林的力量遠遠超過王權，他們可以相對獨立於王權之外甚至凌駕王權之上。像李退溪，朝鮮王找了他多少次，最後才去；去了以後是以老師的姿態教育皇帝。程頤作過侍講，朱熹的際遇就更困難了。朱熹那時和宋代皇室之間的矛盾衝突很大，異化感非常強。李退溪在政治文化上的影響和朱熹在政治文化上所受的屈辱成為鮮明的對比。但我們不能說這是中國儒家發展的必然命運，是一種內在的邏輯關係。大陸有些學者特別喜歡用邏輯關係，認為朝鮮是歷史的偶然。我不贊成這種對比。

關於儒家的內在超越精神，以後有機會再作進一步討論。總之有它的局限性，也有它的精彩處。我們應該從兩方面作一比較平實的了解。最近在香港開的有關儒學和基督教對話的會議，北大的湯一介先生提出了儒學的內在超越性作爲他的主要論題。他認爲儒家除了內在超越性以外，還要開出外在超越性，這樣才可能有第三期的發展。外在超越性是法律、政治、科學精神等等。如不能開出這些價值，就不能有第三期的發展。

知識精英與中國政治

　　作爲封建意識的儒家其實就是大陸學者認爲的儒家傳統的全面，很多西方的學者也如此認爲。在他們看來，儒家的傳統有三個柱石，三個基礎，好比三足鼎立，如果三足缺一，則儒家的價值就垮掉了。這三個基礎都是封建社會的突出現象。第一個是小農經濟，現在常用自然經濟這個名詞。儒家和小農經濟有著非常密切的關係，甚至可以說儒家的這套倫理就是以小農經濟爲基礎的，用大陸學者的話來說，是基礎結構和上層結構之間的關係。自然經濟的特性是保守、落伍，甚至頑固、封閉，不像市場經濟那樣開放。市場經濟中的商品，根據這個說法，才是世界上最大的自由主義者，它可以衝垮很多既有的權力結構。第二個是家族制，這是儒家的社會基礎。家族制不僅有強烈的等級傾向，而且是男性中心主義、甚至是男性沙文主義，因爲突出父權的緣故。毛澤東曾說要打倒儒家傳統，因爲儒家傳統代表的是君權、父權、夫權，再具體地說就是“三綱”，君爲臣綱，父爲子綱，夫爲妻綱。根據這種觀點，等級森嚴的社會結構和儒家傳統有血肉相連的關係。第三個是權威政治。中國的權威政治，基本上是從秦漢開始，逐漸形成的。雖然秦代以法家治國，漢朝開始時是黃老之術，但從漢武帝以後，特別是從東漢以後逐漸是儒家思想掛帥。後期的封建社會，儒家和政治王權結合的關係越來越緊密，所謂王霸雜用正是指和法家治術結合的儒家倫理。

對於這些描述，我基本上接受。從政治文化的角度來看，儒家傳統在中國歷史發展的過程中，跟中國社會的經濟組織、經濟生產方式、社會結構、政治制度發生了有機的聯繫，這是不能否認也不應忽視的事實。正因為發生了有機的聯繫，就不能僅僅說儒家是小農經濟的產物。儒家的思想事實上對於農業社會的發展起著穩定的功效、對農民的形象有良好的塑造作用，對農業在中國社會長期占據重要地位有過積極的影響。它以農業立國的觀念來突出農業的重要性，以農為本。到後來，黃宗羲說工商皆本也，這是對儒家傳統的具有創造轉換功能的社會學的詮釋，可是即使到了黃宗羲時代，以農為本的精神和影響還繼續發展。重視家庭，不僅是家族制度意識的反映，同時在中國文化乃至現代東亞文明中起了很大的作用，這跟儒家的價值取向有密切的關係，有辯證的關係。至於說儒家所代表的政治結構，或政治文化上的取向，基本上是一個權威主義，也有堅強的理據。但我們也可以對權威主義作出正面的價值判斷。站在當代西方自由思潮的立場，權威主義的含意多半是負面的，但是權威主義的內涵如果進行仔細的分析，包括韋伯對權威的理解，其中確有很多微妙的東西，不能都把它統統講成是負面的。

其實權威這一概念原有健康的層面。如何來理解這一層面呢？首先必須進行歷史的反思；這是一個重要的課題，但今天學術界對儒家傳統在中國社會、政治、經濟方面運作的實情的分析，基本上是籠統的概說；都還不夠全面、不夠深入，還停留在很浮面的認知層次，還有很多基本的工作要做。舉一個簡單的例子。最近我們在香港開會，北京的嚴家其，是一位對政治學、特別是行政改革方面比較有創建性的學者，坦率表示中國完全是王權掛帥，皇帝的權威最大。黑格爾講過中國只有皇帝一個人有自由，其他的人都不自由。我當時對這個觀點不太滿意。譬如臺灣的經濟學家王作榮先生就認爲，在中國政治文化中，王權和相權在掌握國家資源方面權力是分開的；皇室的開支由少府掌理，國家的開銷則由大司農來處理，不能混爲一談。這正是我的意見。

　　相權和王權的分開是在漢代以後才發展出來的，但從政治文化的角度來分析卻是源遠流長。宰相是行政機構的領袖，在外朝；而皇帝是皇室的領袖，在內朝。皇帝當然可以過問外朝；但要過問外朝要通過一定的禮法程序，譬如要開廷議，要和三公坐而論道。以前面提到的財政權爲例，漢代政治的少府和大司農是兩個不同的財政組織，一個屬於王室；一個屬於政府。大司農等於政府的財政部，而皇帝所用的資源都來自少府。皇帝一定要通過正式的、受禮俗影響的體例，或是通過朝廷的正式程序來行使他的權力，而且他的每一個行動都是受成約所限定的，是一種禮俗化的作業方式。所謂禮俗化，舉一個實例即可說明問題：皇帝一年四季要住不同的地方，要按照春夏秋冬的季節而移換。飲食也有固定的禮節，一絲不苟，必須遵循；吃飯多吃兩口，主持飲食的宦官就會下跪要求保重玉體。所以連飲食都要一一符合嚴格規範的衛生原則。性生活也不能亂來，因爲皇帝的身體是國家的"共產"，必須愛護。如果勃然大怒，年長的皇親國戚就要勸解。漢朝有很多皇帝不行(這當然是根據具體的例子)，宰相就可以和王室商量，考慮另請高明。有時候換得相當突然。皇帝還常常受到外戚和宦官的控制。他的自由度究竟有多大呢？

　　所以，到底儒家的影響是使皇帝的權威特別突出，還是發揚宰相制度來限制皇帝的權威呢？唐太宗和魏徵的關係是很有啓發性的例子。魏徵在《貞觀政要》中所體現的政治藝術,是不是屬於儒家?抑或外戚宦官所直接控制的政治權威才屬於儒家呢?受儒家影響的東漢太學生一定是和真正通過仕途的知識分子連在一起,對宦官外戚進行批判。所以漢代的學生運動多半是同知識分子相聯繫的。那麼,到底是學生運動受到儒家的影響呢?還是外戚宦官的專制控制受到儒家的影響?這當中有很值得詳細研究的課題。

我想提醒大家注意的是,要把知識精英和現實權威區分開來。如果知識精英所代表的只是一種為現實政治權威服務的依附集團,有知識而沒有理想,那傳統政治的結構往往是寶塔式的,這也是嚴家其所了解的皇權政治。但這經不起具體的歷史分析。在這種籠統印象的結構中,知識精英只是現實政權的附庸,沒有任何獨立人格可言,也沒有真正的影響力。我們在哪一個朝代可以找到這種結構呢?也許清代。即使清代,問題也沒有那麼簡單。實際的情形是一個不太規則的聯繫,非常複雜。

在實際政權運作的關係網絡中,一部分知識精英變成了"ruling minority"(有控制力的少數集團)。我不叫它領導集團,因為它不一定掌握實權,真正掌握實權的一部分人根本不屬於知識精英。這是古已有之。今天的大陸,特別是在農村,掌握實權的大部分是文化水平不高甚至沒有文化的人,我們當然不能說他們是知識分子。另外有很多進入政權的知識分子變成迫害知識分子最厲害的,可以稱之為知識分子的叛徒或違背良心的知識分子。這是在知識精英的外面。在知識精英裡面,最有影響力的人常常是在政權的邊緣。

舉一個例子。我們對董仲舒的理解也許有很大的歧異。很多人認為董仲舒是為漢代的專制政體創造了神學的理論,用一套天人合一的神學理論為漢武帝的權威製造根據。這個觀點講得不客氣一點是想當然爾。按司馬遷的理解，漢代真正的曲學阿世的人物是公孫弘。公孫弘是宰相，他極力提倡獨尊儒術。他可以利用儒家，把儒學扭曲一下，以符合當時的需求。所以是曲學阿世、利祿之徒。但是董仲舒事實上是一個地方官，曾被派出去作地方的宰相，差一點連性命都犧牲了。他基本是位受士林所敬重的學者。他建構了一套神學，或者說是帶有儒家特色的神學，其目的不是為專制政治找藉口，而是為了限制專制政體。所謂限制專制政體是說連做皇帝的也要對天有很大的畏懼感。因為如果皇帝做得不好，會受到老天爺的懲罰。董仲舒的天人感應學說是對王權進行一種神學的批判。自《尚書》以來的老傳統即有"天視自我民視，天聽自我民聽"的說法，把天的意願和人民的要求配合起來了。如果上天出現一些惡兆，則皇帝必須下詔罪己，所以皇帝要畏天。由此看來，在中國文化的長期發展中，甚至到了宋代，知識精英所代表的影響和政權勢力之間有相應的地方，也有分歧的地方，不能完全認為它是政權的附庸。

政權的勢力常常受到道德和其他力量的影響，它的運作不能總靠自己的意願。所以我常提到，暴君在傳統中國是很難出現的，昏君、庸君卻很多。知識精英在它和政權發生對峙的時候是如何運作的？這是一個十分複雜的課題：既不外於政權，因此是和政力權著緊密聯繫的；但又不完全認同現實政權，所以有批判既得利益者的空間。

其實，最有影響力和最有權力的人在傳統中國的政治文化中是可以分開的。皇帝並不是最有影響力的人。在南宋的知識界，可能朱熹的影響力最大，但他是一個很小的地方官。宋明儒學家從程頤、程顥、張載到朱熹、陸象山，最大的官也只是地方官，所以絕對不是政治核心的一部分。但是他們和政治核心部分的知識分子是有聯繫的。這樣，抗議精神往往可以通過清官來體現。清官是政權勢力內部的反饋系統，平時袖手談心性，臨危一死報君恩。所以，文化上或思想上的終極關切和實際政權勢力之間的消長，雖然力量是很薄弱的，但它有潛力，不能完全棄之不顧。所以，我基本上可以接受大陸學者對儒家傳統和自然經濟、家族社會、權威政治有緊密聯繫的說法；但我認爲這僅是一個側面，不是儒家傳統的全面。要了解儒家傳統的全副內容，還要了解到它的終極關切是什麼，那就要牽涉到如何了解儒家傳統的特質問題了。

《論語》裡，儒家有很明顯的爲己之學。"古之學者爲己，今之學者爲人。"我們常常把這個問題解錯，說儒家是利他主義，所以爲人，即爲人民服務。但是在孔子提出這個問題的時候，是爲了解決到底學是工具還是目的的問題。如果翻成現代漢語即是說，我們是爲自己讀書呢，還是爲人家讀書？我們多半都是爲人家讀書。受社會風氣的影響，受超我的要求、各種外在的壓力，自我的期待往往不來自"爲己"而受制於"爲人"，這種情況今天和普遍。在古代也是一樣，爲了家庭的關係、經濟的問題、政治的影響，爲了欲望和其他的社會理由，還可以把這種"爲人之學"說成是學以致用。孔子提出這個問題，是要把工具式的學習轉化爲目的式的學習，學就是爲了知己。但是他的"己"不是一個孤立絕緣的個體，而是一個在複雜的人際關係網絡的中心點。既然它是複雜的人際關係網絡的中心點，他的爲己之學就不可能只是爲了尋求自己內心的一種精神素質而跟社會沒有關係。

儒家的基本思想是"己立立人，己達達人"。一般對這一基本思想的理解是一種利他主義，其實這是曲解。爲了自己人格的發展，必須幫助他人人格的發展，這是"己立立人"；爲了自己的充分展現，必須幫助他人也充分展現，這是"己達達人"。兒子要發展要幫助父親發展，父親要發展要幫助兒子發展；夫要發展要幫助妻發展，妻要發展要幫助夫發展；兄要發展要幫助弟發展，弟要發展要幫助兄發展；師長要發展要幫助學生發展，學生要發展要幫助師長發展。所以它的基本結構是雙軌的，而不是單線的。我認爲，單線的關係都是政治化的關係，最後成爲權力結構的一部分。這跟儒家原初的意願相去甚遠。原來的雙軌關係是在一個複雜的人際關係中，在成全自己的過程中想辦法成全他人。這才能提出所謂"吾道一以貫之"下面的忠恕觀點。忠恕的觀點事實上是以忠盡己以恕推己及人。如果用儒家的金科玉律來說，就是"己所不欲勿施於人"。

　　"己所不欲勿施於人"在儒家的傳統裡，是通過自我同情的理解來建立人與人相遇的最基本準則。我們所做的事情如果設身處地爲他人考慮，那就難逃自我中心的論斷，這種觀點其實體現了一種開放的心靈。所謂開放的心靈就是，對我們最好的不一定對我的鄰居也最好；我們對自己的了解應當是深刻和全面的，但對我們的鄰居和其他跟我們發生關係的人的了解不可能全面而深入，因此要基於同情的理解。這可以說是一個常識性的理解，但是如果要把全幅內容展現出來，其中也有許多複雜而微妙的課題必須理清，因爲我們不可能要求他人要像我們一樣全面地了解我們自己，因爲我們不知道他人所受到的限制和影響是什麼。所以才講律己以嚴，待人以寬。這不是窩囊哲學，而是體現爲己之學的基本精神。

　　在這裡，我可以簡單地提一下我的解釋，不僅有理論上的、也有文獻上的根據。儒家所了解的人，是一個具體的活生生的個人，而不只是抽象的人性。但這和性善的關係如何聯繫起來呢？其中也有不少曲折。一個活生生的、具體的人一定有我前面講的根源性，如果用存在主義的觀點來講就是存有結構的限制，即是一個男人還是一個女人？在一個很好的環境出生還是在一個困難的環境成長？有怎樣的父母親？通過怎樣的辦法才能社化？這些都不是一個活生生的具體的人所能主觀決定的。因此，我們甚至可以說儒家的生命哲學中有某種命定的傾向。一個人的出生地點、時間，有怎樣的父母，要通過怎樣的社化等等，都不是自己能夠決定的，都是人的存有結構上的限制。可是人的存在又是動態的，也就是說任何一個人都是在永恆的發展過程中，人的自由是在發展的動態中體現的，不是由原初結構自然湧現的。因此，儒家基本上不能接受把所有的人都歸約成原子的說法。

在西方哲學看來，每個人始於什麼是最重要的，其他都屬次要。這在儒家看來，用王夫之的話說，是以理限事。儒家認為，對人生進行反思一定要從具體的、活生生的個人出發，從我們所碰到生存的問題下手。所以，一個人的人格發展，從個人的主體來了解的話，就是怎樣把你的結構限制轉化成自我人格發展的助緣。這需要很大的智慧，很大的勇氣，很大的使命感，很大的道德情操。這樣，我們所有的限制都可以轉化成發展我們個體人格的養分。

儒家傳統對人的生物性、生物密碼以及在此基礎上建立最高的道德理想和文化密碼有獨特的見解，在其他傳統裡，這樣的思路不多見。有些傳統是要否定原來的生物性，所以要打破原初的聯繫，然後達到超升的化境。儒家傳統則是接受這個原初聯繫的事實。但接受這事實並不是妥協，而是在這事實的基礎上進行創造的轉化。我舉一、兩個例子可以說明這個問題。

在《孟子》裡最能體現儒家的"孝"的價值的是舜。舜是東夷人，而不是中原人。所以，我們可以說他的出身不很好。舜的父親瞽瞍用現代話說是完全不成器、完全沒辦法盡到父道的，而且對舜相當殘忍的老頑固。他的繼母對他更是無情無義，還有一個同樣無情無義的異母弟，和他繼母一起欺負他，乃至陷害他。儘管舜沒有受過文化的薰陶，又是在最壞的人際環境裡，可是他居然能夠把這樣困難的環境轉化成發展自己人格的依據。他聞一善言，見一善行便如決江河；看到一件好的事情，聽到一件好的事情，他的道德意願即如決堤般一瀉千里努力學習。照一般普通的理解，在這樣困難的環境下，舜變成不孝也是可以理解的，從生理學、心理學、社會學的角度都是可以原諒的。如果設身處地地想一下，我們自己如果生活在那樣的環境下，是不是要通過那個極惡劣的環境來改變我們自己呢？提供我們選擇的途徑很多。其中之一是把所有原初的聯繫一起切斷，或把它忘掉。在儒家的傳統裡我們沒有這樣的選擇。嚴格地說，我們主動自覺地排拒這種選擇，因爲即使有這個選擇，在下意識層和整個人格發展中，這些原初的聯繫還是要起化學作用的，不可能一忘了之。

人是一個開放的系統，而不是一個封閉的系統。一個人人格發展的開放系統是一系列同心圓的擴展，而這些同心圓的最外一圈是開放的，不是封閉的。所謂開放的，是說一個人在他具體發展的過程中所碰到的人際關係越來越複雜，從個人到家庭、鄰里，再擴展到社會，一直到人類全體。但如果我們只停在人類全體，那還不是儒家精神的充分體現，一定要超出人類全體之上。所以，我認爲儒家的人文主義是一個開放的人文主義。它不是一個以人類爲中心的思想體系，這和希臘文明以人來評價一切人文體系有很大的不同，因爲儒家最高的理想是天人合一。要突破人的自我中心才能和自然取得和諧，才能天人合一。所以我們可以從這個結構來看兩個問題、兩個方向。

一個方向是人的發展是永恆的、動態的、整體的；但是永恆動態整體的發展過程又一定要通過暫時的、限制的、具體的結構。這是一個悖論。但是這個悖論意味深長。身心二分的傳統爲了達到這個永恆的狀態，往往採取捨離身體的途徑，於是走向禁欲主義。到最後竟能靠呼吸和飲朝露來維持生活。這樣類型的禁欲主義在儒家傳統中沒有說服力。身體上合情合理的要求應當滿足。可是不能爲了滿足身體某一方面的需要而阻礙了其他方面的發展，不能爲了一寸膚而放棄了整體。大體、小體之分就是如此，大體可以成全小體，小體不能成全大體，所以大體應屬綜合而成其爲大。

儒家對身體這一層次非常重視。整個六藝可以使身體藝術化，即怎樣把我們的身體轉化成藝術精神的體現。它不僅是心智的陶養，也是身體的培育。我覺得非常可惜的是儒家的樂教、舞蹈都喪失了。現在一談到儒家就是道貌岸然，既不會唱又不會跳，也不會玩樂器，枯燥無味，而且常常以長者自居。因爲，如果你的頭髮不白，就不會被認爲是道貌岸然的長者。其實儒家教育原來是一個非常有生命力、非常活潑，有種鮮活之氣的身教。所謂小學就是讓小孩通過遊戲等來發展德性，這種在一個社會群體的具體場合中發展道德意識的教法是靈活的，開放的。

從個人的層次來講，儒家最大的特質是真正而爲己之學中的"己"而不是"私"。私的意義就是有限隔，就是封閉系統。如果用英文的話就是 self-centered(自我中心)。但是光是自我中心不能建構起最起碼的雙軌的人際關係，從兒童人格發展的脈絡來看，先是自我中心，到兩、三歲時才發現其他人的重要性。所以，人最初的第一個鬥爭就是同私、己的鬥爭。修身就是要克己。這中間又有一個悖論。

以家庭為例，到底家庭是一個能夠提供養分、使人的身心健康發展的、以感情為基礎的機制，還是一個封閉的系統？如果是封閉的系統，就是意大利人所謂的 Mafia(黑手黨)的形態，凡是自家人親密得很，而外面的人都是假想仇敵。對於儒家來說，不管是原始儒家、宋明儒家，家庭是使得自己通過人際的關係來孕育自己的內在精神的資源，是達到己立立人，己達達人的初步形式。因此需要從家庭擴展到鄰里。

所以儒家的傳統不能接受狹隘的地方主義，甚至狹隘的國家主義、民族主義。從這個角度來看，國家主義、民族主義都是不合理、不合情的限制，因為人的心量、人格發展的資源都不能從這些具體的結構中得到充分體現。而且，如果人只能和其他的人交通，對人以外的事物沒有真正的實感，這種以人為中心的思想在儒家看來也是不全面的。這個所謂的內在超越，最後指向的是天人合一。我覺得這裡很重要的一點是普遍原則。

所謂的普遍原則、一般原則，是要在具體的人倫中間逐漸體現的。從具體到普遍是一個複雜的過程。用王陽明的觀點來說(王陽明的〈大學問〉是最好體現這個精神的文獻，朱熹的〈仁說〉乃至張載的〈西銘〉都有這樣精神。這和孟學是直接聯繫起來的，甚至我認為荀學要建成以禮相合的世界，也有這一面)，它有四個非常清楚的分際。第一個是人和人的關係；第二個是人和動物的關係；第三個是人和植物的關係；第四個是人和無生物的關係。王陽明主張人應以天地萬物為一體。以天地萬物為一體就是說人的良知和心量是可以和世界上各樣不同的存有結構發生血肉關聯的。不過這樣關聯是有等級的,而不是一團模糊、毫無分際的。這也是涂爾幹所講的勞動分工的觀點。有社群就有分工,人的分工是親疏、前後、遠近的不同,因此希望人所具有的同情心可以充其量的擴展。可以用力學的普遍常識來說明這現象,好像水位,提得愈高就流得愈遠。一般我們的水位都不很高,最多只流到自己的親子,對其他人就無情無義。但是只要我們能把自己同情的水位提得高就可以流得遠,因此從對自己的親人、鄰里的愛可以發展到對其他人,一直可以發展到同胞、整個人類。這是有等級、有先後的。但是如果流不出去,在儒家看來,一潭死水是罪惡之原。儒家講的惡有三類,一類是限制,一類是惰性,還有一類是自欺。如果是限制的而不是發展的,是惰性的而不是動態的,是自我欺騙的而不是真誠的,這就是惡。

除了人以外,和動物也可以發生這種關係。最近西方學者中有人在討論動物的權利問題,即使動物也不能隨便殺害。有人說君子遠庖廚是儒家自己欺騙自己,我接受這個批評。但是其中還有更微妙的問題,譬如有人說,假如我們愛護動物,我們就應該是素食者。但儒家也提倡愛植物呀!在傳統中國,大家基本上都是素食者,吃肉吃魚是難得的。所以孟子那時的理想是,到了七十歲可以食肉矣。因為到了七十歲吃肉,晚上才可以保持體溫。可見那時的人多半是吃素的,偶然的特殊環境下才可以吃點肉,絕無現在大牛排的饕餮作風。這種思想向外發展的話,要照顧到植物界和無生物界,所以王陽明說草木瓦石也和人是一體的。因此,人作為生物存在的感性是沒有限制的。

我們不能說世界上有什麼東西跟我的心量、感性完全不發生關係,因為心量是無限的。所以我說,如果有儒家類型的上帝(當然儒家傳統並沒有發展出類似基督教的上帝),它有兩個屬性:它是全知的；又是全在的。它有全知的潛力，而知的意思是感，而不僅是認知；全在的意思是心量的無限性。但它不是全能的。所以說，真正的聖人在臨死前難免要嘆一口氣。因爲現實的人生發展是永遠不能完成的，即使聖賢也只是在做人的過程中地地道道地體現仁德而已。只有願意成爲人的人才有資格說成人。這是一個永恆發展的過程，而且是一個動態的整體。

所以，我說這種發展的理想人格一定參與社會實踐，而不只是仰慕一種超越的意境，或滿足於內在的精神。它的心理、社會和宗教的層次都是打通的。美學、倫理、宗教在儒家是打通的。怎麼打通，這個過程是很複雜的，可以慢慢理解。雖然如此，這個涵蓋性很大的人文精神和作爲"封建意識"的小農經濟、家族社會、權威政治結合在一起的儒家，涉及的層次多，觸及的範圍大，因此想一窺全豹極不容易。如何理解這一文化現象呢？我們不僅要通過歷史分析，把歷史的現象展現出來，而且要把它當做一個生命形態作哲學的反思，要齊頭並進。這樣，我們才可以慢慢地理解受儒家文化影響的東亞社會。

第十一講
儒學第三期發展的前景

　　世界上有很多有古無今的光輝燦爛的文化，如巴比倫、埃及、蘇美、希臘、羅馬等；世界上也有很多有今無古的文化，如美國、蘇聯。在世界上既有古又有今，而且源遠流長、承繼性很強的文化並不多見。印度文化可算是其中之一。但印度文化的歷史意識不很強，可以說是一種突出超越性的文化。歷史意識特別強，承繼性特別明顯，既有古又有今的好像是中國文化的特色。這個觀點當然會引起爭議；我不能說是世界上獨一無二的類型，但是說中國文化是世界上極少數有古有今且承繼性非常強的文化，我想大概不會引起質疑。今天，我想從儒學第三期發展的前景這一課題作一歷史的回顧，提出儒家如何進一步發展的難題以及我的一些構想。

儒家傳統的起源和發展

　　首先先提一下儒家傳統的起源。儒家傳統的起源和基督教、回教或佛教皆不相同；比較像猶太教、婆羅門教或希臘哲學一樣，儒家傳統的起源真是眾說紛紜。從比較學的角度來看，孔子不像耶穌之於基督教，也不像釋迦牟尼之於佛教，他並不是儒家的創始人。不僅如此，我們甚至可以說，孔子並不代表儒家人格最高的精神體現，因爲儒家人格最高的精神體現是聖王，如堯舜。這是很大的不同。耶穌之於基督教，釋迦牟尼之於佛教，或穆罕默德之於回教，和孔子之於儒家是相當不同的。孔子之於儒家在有些地方很像猶太教的先知。這意味著儒家的傳統不能從簡單的發生學的角度來了解它的起源。有些韓國學者強調韓國是儒家的的祖國，因爲箕子是儒家傳統的開山祖師。這雖然引起了很大的爭議，被認爲是狹隘的民族主義的表現，但這個說法也還是有點道理的。有些學者，如熊十力，認爲儒家的傳統要歸於《易經》，而《易經》源頭可追溯到甲骨文時代的商代文明。因此可以說，儒家思想在孔子以前就有很多源頭。這一點大概是可以肯定的。很多儒家思想的重要價值，如德、禮、修身、"天人合一"，乃至對人的各種不同角度的理解，在孔子以前就出現了，孔子是集大成者。他是一個述而不作的思想家和教育家。他把儒家傳統提升到一種知識分子群體的批判的自我意識的層次，但他不是儒家傳統的嚴格意義下的創始人。

一般認爲，儒家傳統在先秦時代逐漸成爲中國各家各派中的一個學派，再經過一段發展時期才成爲中國學術的主流。這個學派是從曲阜、鄒縣一帶發展出來的。開始的時候，這個思潮就有多樣性的傾向，因此有所謂儒分爲八的說法。現在我們要重新建構那時的八個不同的學派，到底什麼是子夏氏之儒，什麼是子張氏之儒，子游氏之儒，顏氏之儒，漆雕氏之儒，仲良氏之儒，或孫氏之儒，這在歷史學上是非常困難的課題。但毫無疑問，儒學早期的發展中就具有多樣性、兼容並包的特點，而且和當時各種不同的思想都有互相滲透的痕跡。當然這並不表示儒家傳統是拼盤思想。對於各種不同的思想，儒家有自己不同的認知方式，也有自己不同的融通策略。儒家的一些基本的價值取向在先秦可以說已經相當明顯了。孟子、荀子繼承了孔子所提出來的一些中心課題，逐漸成爲定義儒家傳統的大方向。

　　首先，必須指出，先秦儒學基本上是通過教育，通過思想的努力來發生極大影響的，而不是通過實際的政權形式，從由上至下的控制來影響社會的。可以說，原始儒家的動向就是教育，是通過教化來轉化政治，而不是依賴政治權力來塑造理想世界。甚至被認爲最能夠突顯儒家精神的"內聖外王"之道還是莊子提出來的。雖然很多儒家的學者接受這是儒家的基本精神，但毫無疑問，從儒家學術本身的發展脈絡來看，它是從教育，從做人的道理，從教化、思想和社會實踐來轉化政治的。因此，儒家的精神方向是既在這個世界，又不屬於這個世界；既和現實社會、政治發生各種不同的，有血有肉的聯繫，又和現實社會、政治權力結構有相當的距離。這不僅表現爲孟子的大丈夫精神，荀子也體現儒效(也就是儒者在社會中發揮實際功能)的精神。因爲儒家傳統的精神資源是來自歷史意識，來自文化意識，來自社會意識，來自主體意識，甚至可以說來自超越意識。

　　另外我想提一下孔子時代所代表的儒家對於人的理解。孔子的思想體現了對人的反思，孟子則是對士大夫也就是知識分子的自覺，荀子從禮、從法、從各種不同方面來鑒定人文價值。這些思想說明了原始儒家對於人的理解是多樣性的、具體的、複雜的、變動不居的，有一些相當深刻的看法。概括地說，儒家的這個傳統，後來變成了定義中國文化特色的主流思潮，即不從歸約主義的方式來了解人，不簡單地定義人爲理性的動物、政治的動物,而是對活生生的人這個具體現象從各種不同側面,不同層次加以理解。

人是一個藝術的動物(如先秦儒家以詩禮爲教典),人是一個感性的動物(後來宋明理學家認爲人是最有感性覺情的動物);同時人又是歷史的動物,政治的動物,社會的動物,具有超越嚮往的動物。人不是一個孤立絕緣的個體,而是在複雜的關係網絡中間的中心點,但是他的人格發展一定要和其他互爲中心的中心點發生關係,因此有"己立立人,己達達人"的說法。人同時也是歷史的動物,有集體的記憶。最後人也是哲學的存在物。因此可以說儒家的"五經"(當然"五經"的形成在漢代以後)是對人的不同側面的理解,是五種具有儒家特色的洞見。《詩經》代表對人的感性、藝術性的理解;《尚書》代表對人的政治性、政治理想的理解;《禮記》代表對人的社會性的理解;《春秋》代表對人的歷史性的理解;《易經》代表對人的哲學性、超越性的理解。這個傳統逐漸成爲中國思想界最有說服力的傳統是經過相當長期的發展,尤其是經過學術上的各種辯論而獲得的。現在有不少學者討論所謂中國知識階層、知識分子的起源問題,都涉及到整個儒家傳統實際上和理想上如何發展的問題。

有人認爲兩漢是獨尊儒術的時代,尤其是漢武帝時代。在我看來,西漢的發展是儒學邁向另一個意見氣候的分水嶺。經過秦大一統,真正在中國發揮極大作用的是受到法家影響的政治制度,這個大一統局勢已經建立。漢初雖崇尚黃老之術,但整個政治結構和秦代基本相同。徐復觀先生曾把司馬遷關於秦始皇的〈始皇本紀〉和關於漢武帝的〈孝武帝本紀〉相比較,發現漢武帝的人格形態和秦始皇的人格形態基本上相同:好大喜功,相信方士,繼位之後又封禪。漢武帝雖然推崇儒家學說,但他整個思想的結構是陰陽五行的，在政治上運作多半是法家的。如《鹽鐵論》的辯論，漢武帝所代表的是桑弘羊這一派而不是文學之士的觀點，也不是道家所代表的一種小國寡民的農業社會思想。

漢代儒家的特色是五經博士的設立。但五經博士的設立使得儒學成爲官學，這並不表示儒學在漢代是獨尊，因爲在宮廷、在官場、在民間，各種不同的思想都在起作用，如道家、方士、陰陽五行，甚至鄒衍的五德終始說。儒家只是很多思想潮流中的一派。因爲政府主動來推動儒學，使儒學成爲經學，在政治文化中有一定的影響。這表現在政治上是漢代的相權突出和法律制度的禮俗化，即儒家化。漢代政治的儒家化，也就是說通過禮的方式來轉化法，是一個影響極大的發展。因此可以說，漢代以後，儒家思想和中國政治文化結了不解之緣。甚至可以說，儒學到漢代以後，不僅成爲塑造中國政治文化的一個傳統，它在政治結構、政治組織、乃至當時具有漢代特色的法律制度中都發揮了相當積極的作用。

但是漢代儒學和先秦的儒學已有很大的不同。先秦儒學是在一個多元政治體系中出現的，它造成了知識分子的相對獨立性。一個游士可以從魯國到齊國，從齊國到宋國，處於所謂“士無定主”的狀態。而漢代以後，情況就有了很大的變化。漢代出現了叔孫通、公孫弘這樣趨炎附勢的儒生。不過我們不能把這類儒生和董仲舒用儒家的神學來限制王權混爲一談，也不能把東漢太學生的抗議精神和受了政權勢力的影響以後完全依附政權的一些知識分子混爲一談。這中間的情況非常複雜。但，毫無疑問，我們可以說，只在少數知識分子中發生教化作用的先秦儒學到漢代在政治上發生很大的影響的儒術，是一大發展。

魏晉時代被認爲是儒學的沒落；魏晉時代興起的是道家和佛

教。但這個問題在經過很多學者考慮研究後提出了不同的意見。我的理解是儒學在魏晉時代有進一步的發展，它表現在儒學的深入社會。儒學深入社會有各種不同的途徑。當時因爲外族入侵，所謂五族亂華，很多士族南遷，特別重視家族形式的組織——家教家訓起了很大的作用。各種具有地方特色的，以儒家倫理來維繫的社會秩序的規約和制度在魏晉時代得到了發展。現在甚至有人爭議王弼到底是儒家還是道家。王弼是講究聖人體無的哲學天才。魏晉時代用"聖人"一詞多半是指孔子，王弼所講的聖人體無就是孔子比老子高明，因爲老子還得墮入言詮的格套，孔子體無，因此徹底超越了文字的障礙真正達到了得意忘言的境地。這是很有趣的。如果我們作進一步的理解，所謂聖人就是孔子的講法源於道家。在道家看來，孔子的境界要高於老子。所謂聖人體無因此就可以理解爲，老子有五千言，而孔子則是默而識之，所以孔子才是名符其實的聖人。而且魏晉時代一些重要的思想家都注經，注《易經》，注《論語》和其他一些儒家經典。所以經學也得到了一定的發展。

隋唐時代基本上是佛教的盛世，但儒學還是有進一步的發展。這就是繼續的注經，如《五經正義》。另外還值得注意的是唐代的禮學。《貞觀政要》裡的一些重要人物如魏徵、房玄齡、杜如晦等都是非常熟悉禮學的。唐代的禮學和經學配合在一起，基本上就是唐代政治制度。它的建立是靠儒家傳統。不管它的政治結構還是政治運作，都和儒家傳統有密切的聯繫。雖說唐代有三教之辯，但它的整個政治結構有一個根，這也是中國文化發展的特色。漢代的崩潰不同於羅馬帝國在西方的崩潰以後就分裂、消失，而是又重新整合起來，它所運用的政治制度基本上還是承繼的。雖然中間有一些很大的變化，譬如內朝和外朝關係的變化即可從尙書省的發展窺得一些消息等，但很多基本的價値、基本的政治運作乃至行政體系都是繼承的。

還有一點應該提出考慮，即道家和儒家的關係究竟如何？這一點有很多爭議。就史學的發展來看，很多人認爲司馬遷因爲受到司馬談的影響，道家思想比較重，這點很難有說服力。從整個史學的傳統來看，從班固以後斷代史的筆法都有非常濃厚的儒家成份在裡面，這一點是可以肯定的。所以很多人說，從二十四史來理解中國文化就一定帶著儒家的道德主義色彩來了解歷史事實。從這個反證也可以說明整個歷史的發展，特別是斷代史的發展都和傳統儒學有密切的關係。所以我們可以說韓愈所謂孟子以後儒家傳統即成爲絕響的說法是黨性很強的道德觀點。只是在宋明儒學的復興是繼承先秦儒家傳統這一點上，韓愈的危言聳聽才有歷史意義。

宋明儒學的復興，這是我要重點提出分析的。我並不是沒有意識到儒家發展過程中的各種不同內涵，但我爲什麼要提出宋明儒學是儒學的第二期發展呢？有一些比較深刻的原因。不過我援用的名詞也許會引起誤會。我接受錢賓四先生和其他一些學者的說法，即認爲把朱熹作爲理學家是現代人的一種解釋，特別是馮友蘭，對這種兩分法深信不疑。心學和理學代表宋明儒學的兩派。程朱代表理學，陸王代表心學。但是把宋明儒學分爲兩個對比的系統是一個現代人的解釋。宋明儒學本身的發展脈絡還有很多交互滲透影響而極爲複雜的側面，所以我們最好用宋明儒學而不是宋明理學這一名辭。因爲心的問題在宋明儒學中特別突出。真正引起極大爭議的問題是心的問題。整個朱熹哲學是環繞著心的問題而展開的。從早期和陸象山的辯論到後來他所發展的他自己的思想體系，他認爲對人的理解基於理，而理是不能計較，不能造作的，是一個形而上的最基本的存在，是一切存在的基本條件。從這方面去理解，他的問題多半是集中在心的問題上的。這當然還會有爭議，值得詳細分疏。以後發展到清代的儒學，有各種不同的儒學大師，如戴震、錢大昕、王念孫等，爲儒學作出了很多極有光輝的成績。一直發展到現代漢學、國學，乃至西方所謂的漢學和中國學。

從學術史的角度來看，從孔孟時代以來，儒學就有一個源遠流長的發展過程，如果分期的話，豈不可分爲十期八期？先秦的儒學，春秋戰國的儒學，西漢、東漢的儒學，魏晉和隋唐的儒學，北宋和南宋的儒學，元代以至清代、近代的儒學，都有所不同。即便是從宋到明的儒學發展本身也是一個非常複雜的過程，中間有一百多年的時間南北分裂，金代儒學就是一大學術寶庫，等待有志之士去發掘，去弘揚。這樣一個複雜的發展，爲什麼說是第一期儒學、第二期儒學和第三期儒學呢？這個分期問題，在中國大陸也引起了很多爭議。

所謂三期儒學，一般的理解是，從大的趨勢來講，從先秦源流到儒學發展成爲中國思想的主流之一，這是第一期；儒學在宋代復興以後逐漸成爲東亞文明的體現，這是第二期(這一期一直延續到十九世紀末葉)；所謂第三期就是從甲午戰爭、五四運動以後。至於它有沒有第三期的進一步發展，我特別強調了對幾個背景的理解。這點在五月二十日開講的時候我就提到了。說三期儒學的發展，絕對不意味著粗暴、膚泛地把複雜的儒家的發展過程一筆勾銷。這個分法，是從儒家傳統的大脈絡大趨勢來設思的，可以從這三個角度去理解，也可以說這種提法是現實性比較強的，不是純粹歷史分析。所謂現實性比較強是針對儒家成爲東亞文明體現這個歷史事實，是針對以後儒家還有沒有進一步的發展而言的。說到底，儒家這個傳統在進入現代之前有沒有一個質的飛躍，或者一個質的變化，還是說儒家傳統只是一個歷史階段，是軸心時代歷史階段的延長。這是一個複雜的學術領域，好像一個競技場一樣。我們可能在某些領域裡，如道德哲學，取得成績。如果在國際學壇確有所獲的話，就把宋明儒學提升到一個新的層次，帶到一個新的方向。這個工作是非常複雜的，這中間參加的學者絕對不只是中國學者，不只是北美學者，還有韓國的學者、日本的學者、越南的學者，以及世界各地關切儒家傳統的現代轉化的學者。

我之所以特別提出宋明以來儒學變成東亞文明的體現這一課題，是根據西方基督教發展所得到的啓示。基督教經過路德的改教才有喀爾文的新教思想，所以它是一個質變。很多大陸的學者認爲宋明儒學是先秦儒學的復現。有些明代學者如薛瑄認爲，朱夫子把大的問題都解決了，我們就是躬行實踐，不必致力於思想的創造工作。還有一些學者認爲，中華民族真正有創造性的思想都在先秦時出現了，以後就每況愈下，到了宋明儒學變得非常薄弱，一直僵化到清代。但在我看來，宋明儒學是一個十分突出的而且有質的改變的階段，它使儒學這個中國文化的主流思想變成東亞文明的體現。

儒學第三期發展的可能性

下面要討論的是，當這個文化傳統受到各種不同的打擊、當它和傳統的政治文化結合的特殊形式破裂了、當它和傳統家族制度的聯繫破裂了，乃至和小農經濟的聯繫也破裂時，有沒有進一步發展的可能。這也就是儒學有沒有第三期發展的可能性這個問題。

　　在這裡我們曾碰到一個對儒家傳統如何定位的問題。所謂定位，是指我們所理解的儒家思想屬於哪一種類型，是哪一種精神文明。

　　首先從比較宗教學的角度來看，儒家是不是宗教？這對宗教學是一個很大的挑戰。如果儒家不是宗教，也就意味著宗教的定義是受到猶太教、基督教和回教的影響，由此來定義的。宗教的定義有廣和狹的兩種。從狹義的宗教定義來說，儒家很容易被排斥在外。甚至佛教是不是宗教也有很大的爭議。因為佛教中沒有上帝的觀念。道家是半超越的多神宗教。而儒家是社會倫理，絕不是宗教。這是以前傳統的提法，即以有沒有上帝的觀念來界定宗教。從廣義的宗教定義來說，任何有生命力的意識形態都有宗教性，都有其特殊的終極關懷。很多人認為馬克思主義所代表的革命理論有其宗教性。從這個角度來檢視，儒家是不是宗教的問題，對於宗教學是一個考驗。最近在"聯經"安排的一個討論會上，有人問我你是希望發展儒學還是希望發展儒教？我回答說，我們要發揚的話，只講儒學不行，還要講儒教。這當然是一個發展策略，但另一方面也意味著一定要有一個宗教形式的精神傳統，它才可能在社會上發揮很大的作用，必須聚集一批認同儒家傳統的人才可以慢慢地對它做出貢獻。到底儒家是不是一個有形式的宗教，這在歷史上是很明顯的，當然不是。有人說在傳統社會中有孔廟，所以儒家有它的宗教性。但是儒家不是一個有組織的宗教，中國沒有出現僧侶階級，沒有真正的類似基督教會、佛教等的出家人的組織。可是儒家是不是有很強烈的宗教性？我當然認為有。近半年來我所設法開展的學術工作的一個重點即是突顯儒家的宗教性格。我特別強調儒家有它獨特的終極關懷；它的終極關懷和它的社會實踐是緊密結合的，是一個體現宗教性的特殊形式。

從比較宗教學的角度來看，儒家跟世界三大宗教相比，它的普世性不很夠。基督教、回教和佛教都是世界性的，在世界各大洲、各國、各地域都有這些宗教的文化形式出現。而儒家沒有。儒家和猶太教、日本的神道有相似之處，即跟一種特殊的文化形式緊密結合。所以儒家是介乎猶太教、神道和世界三大宗教之間的一個精神傳統。它既是屬於中國的，因此它的範圍要比中國窄；同時又是屬於東亞的，因此它的範圍比中國文化的全部還要大。這點我們必須明確掌握。

從文化人類學的角度來看，儒家是一個很特殊的生命形態，貫穿於整個中國社會的各個階層。我根本不能接受這樣的論點，即認為儒家是屬於中國上層社會的意識形態，即官僚制度或士大夫的意識形態。這種判斷和歷史事實是完全不相符的。我以前也提到過，為什麼西方所謂的大傳統和小傳統絕然分割的情況，在中國文化中找不到例子呢？因為儒家是把大、小傳統結合在一起，鄉村文明和都市文明結合在一起而且滲透到各個不同階層的生命形態。這並不表示在中國儒家是一枝獨秀，因為儒家總是和其他很多的思想流派緊密結合的。因此儒家並不屬於某一階級。

五四時代有一些文化精英要對儒家傳統進行批判，打倒孔家店，有兩個策略是經常使用的：一是把它相對化，一是把它階級化。相對化是說儒家並不能代表中國傳統，事實上中國的傳統非常複雜，儒家只是其中之一，即把它的重要性減殺。這種情況確實出現在先秦百家爭鳴的時代。但是儒家如何從先秦的一個學派發展成波瀾壯闊的影響中國社會各層次的主流，這個過程是非常複雜的，不能簡單地把它相對化。階級化是說儒家實際上是中國上流社會的意識形態，和廣大人民沒有什麼關係。這裡涉及到儒

家這個傳統在中國是怎樣流傳的,是一個很大的課題。儒家傳統
不是光靠書寫文字而流傳的,其實儒家能夠普及中華大地是通過
口傳或心傳,這是中國文化的特色。這個特色在現代發展的脈絡
裡更爲突出。當然,在中國文化區對於文字的掌握和對於文化的
理解,和儒家有密切的聯繫,這是無可懷疑的。因爲儒家代表教
育,而且中國的基本經典多半和儒家有密切的關係。要了解這些
基本經典就要認識漢字。但是儒家的價值在中國社會中的廣泛傳
播常常是通過口語和心傳。從解釋學上來說,口語和書寫文字的
運作方式是非常不同的。口語常常通過身體力行的方式,通過身
教的肢體語言,特別是通過母親和老師把這些價值帶到下一代。
這樣的例子很多。

　　所以,從文化人類學的角度來看,不能夠把儒家傳統認爲只
是中國的大傳統。甚至在我的感覺中,文化人類學所說的小傳統
就是大傳統,而大傳統常常是小傳統。從儒家來看就是這樣,它
的社會基礎是廣大的人民,甚至可以說是農民。這也是它的意識
形態的一個特色。它的傳統養分必須來自廣大的人民,如果百姓
人倫日用之間和它沒有關聯的話,這個傳統就沒有什麼生命力和
現實意義了。它不是靠上帝的指示,不是靠哲學的睿智,也不是
靠內在引發的精神體驗。靠上帝的指示,這是希伯萊的傳統;靠
哲學的睿智,這是希臘的傳統;靠內在的體證,這是印度的傳
統。而儒家的傳統則靠百姓日用間的一種關聯,這是它在開始的
時候就有的信仰;對人的自我轉化,自我超升,自我實現的信
仰。

　　中國傳統社會中有鄉約和社學。所謂鄉約,是每到十天的旬
日大家就聚在一起,討論道德問題。有坦白的,也有檢舉的,整
個社會是靠一種象徵控制(symbolic)來維持的,而這種象徵控制是

必須通過意識形態的。在中國傳統社會，掌握實際控制權的官吏很少。一個縣官有時要控制二十五萬到八十萬人，而所有衙門之內的人有時就是十幾個或幾十個。沒有軍隊，也沒有警察，靠的就是像鄉約、社學、聖諭之類的教化力量，這是傳統社會中的互助組織，也是一種社會制約。因此從文化人類學的角度來講，儒家傳統的這種傳播方式有相當程度的政治作用在裡面。

另外，從知識社會學的角度來看，到底儒家這個傳統的中介是什麼？即它的見證者，它的傳播者，它的價值的承擔者、溝通者和創造者是些什麼人？這也是十分有趣的課題。在一般的理解中，這就是中國傳統的知識分子。儒家傳統是靠中國知識分子一代一代傳下來的。有些人甚至說中國歷史的承繼性，也意味著文化的承繼性，是知識分子共同創造出來的事業。

中國知識分子這個階層很早就出現了。從比較文化的意義上來說，中國知識分子即士的階層和希臘、羅馬的哲學家、希伯萊的僧侶階級、印度的婆羅門階級相比，它的階級性不很明顯。在很早的時候，士多半是貴族的家臣，是貴族和平民交錯的階層。孔子也是一樣。儘管大陸學者如趙紀彬對孔子的階級性作了很大的批判，但也只能說孔子是沒落的貴族。他說過"吾少也賤，故多能鄙事"的話，你不能說孔子是代表地主階級、貴族階級或王權階級。孔子的弟子有商人，像子貢；有無產階級，像顏回，一無所有；有貴族；也有無業游民。還有一些是不知道自己該幹什麼，所以跟著孔子跑的人。所以孔子提出"有教無類"的觀點。孟子的弟子中也應有社會最底層的販夫走卒，所以孟子特別指出在歷史上能擔負大任的人物之中，有種田的、造房子的、販魚鹽的、管監獄的、流浪江湖的、混跡商場的，都不是貴族。我們也不能說孟子的階級性很強，完全代表貴族階級。這和西方的情況不同。如蘇格拉底、柏拉圖和亞里斯多德都是奴隸制度的既得利益者，而且默認不參加生產才能維持哲學冥思，確實是真正的貴族。而儒家知識分子的來源是多元的。傳統中國至宋以來沒有嚴格的長子繼承制，家道維繫三代不衰落的可能性就不大。所以社會的上升下降比較快，橫向的變動性也比較大。在這樣的社會中，知識階層就可能來自各種不同的職業。

這樣說的話，是不是傳統儒家的士這個階層和現代的知識分子即所謂 intellectual 的概念有不謀而合的地方？毛澤東有一次問他的姪女王海蓉：到底西方的知識分子是不是 intellectual？王海蓉查了一下字典說：對，就是 intellectual。這個概念出現於十九世紀沙皇俄國時代。當時在俄國有一種人，知識水平非常高，同時受到法國大革命的影響，抗議精神很強。他們和現實保持一定的距離，但不是靠超越的宗教來改造世界；他們是凡俗的，屬於這個世界，有強烈的政治性，要求改革。改革的源頭來自法國大革命所代表的精神。由此形成了 intellectual 的概念。當時在俄國，典範的知識分子有幾個特性：一定是知識水平比較高的，一定是社會關切非常強的，一定是對政治抗議而不屑於做官的。一做官，一進入政界，就不是知識分子了。他們在政治之外，但批判性和參與感都很強，對政治權力的異化感也很強，這就是知識分子。這一現代西方知識分子的典範和儒家傳統所代表的士有很多相同之處，也有很多不同之處。至少從社會學的角度來看，士階層是儒家傳統的見證者、繼承者，它把儒家傳統帶到社會各階層，它是具有一種群體的批判的自我意識的。

因此，我不能接受這樣的觀點，即認為亞洲的政治、文化是以權威主義為主的，而權威主義的代表就是儒家。儒家傳統在歷史發展過程中確實和政治的權威主義發生密切的聯繫，但是如果作進一步的分疏，政權的勢力和儒家的政治影響應該分開來看。政治學上的 power 是權力。在現代自由主義看來，權力是傾向於腐化的，愛克頓(Acton)說過，絕對權力，絕對腐化。但是政治的影響和權力是既有聯繫又有分際的。儒家的政治影響常常是通過道德的力量；所謂道德力量當然就是道德影響。所以說，權力必然有強制性，而影響常常發揮一種潛移默化的功能。

　　還有一個相應的概念，即權威(authority)。它是一種權力，是一種 power，這沒問題。但是，是怎樣的 power，這個值得作進一層的理解。所謂的權威，不是一般人所理解的政治的權力，它是一定要通過受權威影響的人的自覺和認可。不然的話就沒有權威。要被受權威影響的人認識，權威的運作就一定要有一套社會的共同意識、共同語言。如果我們不屬於同一個象徵系統，不屬於同一個語言環境，我們就不能感受到那種權威所在。儒家傳統基本上是通過教育的影響，道德的影響來行使它的權威，而不只是通過政治的權力。因此用政治的權力或權威政治的方式來理解儒家，是對儒家的曲解。

　　文革時大陸的學者認為，在傳統的中國思想中有所謂儒法鬥爭，我以為沒有什麼儒法鬥爭，而是政治化的儒家和以道德理想轉化政治的儒家之間的鬥爭，也就是聖王和王聖的不同。聖王的理想落實到權力關係網絡中成為王聖，而王聖代表的是一個特殊的控制模式，也可以說是一個象徵的控制模式。這個象徵的控制模式是通過聖王一觀念而來的，它的權威的力量滲透到社會的各種不同層次，影響很大。我想在一個純粹的法家制度下生活要比在一個徹底政治化的儒家社會中生活要幸福得多。因為前者的基本要求是行為的正確，胡思亂想沒有關係，只要不犯法即不會受王權的殘害。我們可以有個人的私有領域，只要不犯法，而法是明確地規定下來的。但是徹底政治化的儒家所代表的控制方式所要求的不僅是行爲的正確,而是態度的良好,信仰的純真,甚至下意識所呈現的夢也最好是忠君愛國。在中國大陸有一段時間用非常慘烈的方式來控制人民,那就是一個徹底政治化的儒家模式。執政者不相信任何人,他們不僅要求一般人民(特別是知識分子)行爲上正確,還要了解到底態度是不是良好,信仰結構是不是純真,整個文化心理結構的體系有沒有毛病。這種由聖王所代表的很高的理想落實到權力關係網絡中,成爲王聖時的控制模式,在儒家傳統來講是一大弊病。可是,我們不能只用徹底政治化的儒家的權威形式來說明儒家傳統在中國文化中所起的作用。

我想從思想史和哲學的角度把儒家傳統通過道、學和政三個不同方面來理解。任何一個精神文明都應該接觸到這三個方面:

"道"是它的基礎理論,即它最核心的價值。在儒家傳統裡,即到底什麼是"道"?如果說它是一種生命的哲學,是哪一種生命的哲學?如果說它是一種哲學的人學,是哪一種哲學的人學?在我看來,它是一種涵蓋性非常強、突破人類中心典範的哲學人類學。

"學"是它的學術傳統。任何一個精神文明都有一個如何對它的整個基礎理論進行系統陳述、整體解釋、各案分析的學統。中國的經學就是體現這個傳統的一個側面。基督教的聖典是新、舊約,佛教的聖典是佛經,回教是《可蘭經》,猶太教是《律法》,而儒家的經典是"六經"。儒家的經典在儒家的學術傳統中的地位和猶太教、基督教的神學傳統有很大的不同。基督教的《聖經》是上帝的啓示,再偉大的神學家也不可能寫出一本書來超越《聖經》的地位。因此,中世紀無數第一流的學者都在注經。注釋和《聖經》原來的文字之間有不可逾越的鴻溝，因為這中間有一個永遠沒辦法通過人的理性、人的智慧來理解上帝意願的斷崖。而中國的經學情形不同。當然也有很保守的說法，認為經典是聖人所作。還有更極端的說法，如莊子認為"六經"都是聖人的糟粕，是聖人留下的一些陳跡，而不是聖人原有的生命力的體現。通過陳跡來了解聖人，那怎麼可能呢？陸象山甚至說出"六經注我"的大話。大家認為他很傲慢，因此有人認為他是禪而不是儒。最近我對陸象山下了一點功夫。他有兩種講法，一是"六經注我，我注六經"；一是"學苟知本，六經皆我注腳"。陸象山是國子監的教授，不可能是對經典不熟悉而空口騰說。因為他經常講授的就是六經，特別是《春秋》，講得非常好。所以當學生問他何不注六經時，是對他的建議而不是挑戰。意思是你對經典掌握得那麼周全，為何不花一點時間注六經呢？而陸象山是一個古典主義者，他認為要了解經書一定要回到先秦的語言，因此很不贊同宋代的學者以當代的語言來講解經典。所以陸象山不是一個野狐禪。他的意思是說，如果人的反思是中國儒家傳統的主要課題，那麼所有的經書都是人文精神的體現。因此不要執著於語言，意即每一個思想家都可以創造人文精神價值，都可以跟孔孟一爭長短。如果從孔子、孟子的學說來推論的話，這個結論是可以接受的。象山所體現絕不是傲慢而是承擔，不過，要想把這種繼往開來的事業當做是自己的天職的話，一定要努力爭取到這個人人皆可享有的權利，即使爭取發言權的過程是非常艱難的。但是它是天下公器，而不是少數人的私產。因為學術不是私人的，而是社會的，是屬於群體大眾的。

　　"政"是它的經世實踐。儒家是一種經世濟民的傳統，亦即它的整個實踐，在政治上、社會上、經濟上都發生了很大的作用。因此它是一種涵蓋性比較強的哲學人學，一種生命形態。

總之，以上我所講的，至少提出了兩個觀點，一個是為什麼現在要討論儒學第三期發展的問題；一個是說到底我所理解的儒家，它的社會基礎是什麼，它的歷史形象是什麼，真正代表它的見證者是屬於哪一種人格形態？

儒家傳統的限制及其創造性基礎

儒家傳統若要進一步發展，所應突破的限制是什麼？特別面臨西方文化的挑戰，應克服的困難是什麼？另外，雖然受到了限制，碰到了困難，它的創造轉化的基礎又是什麼？下面我想從這兩個角度來討論儒學第三期發展的前景。

我上面已提到把宋明儒學作為儒學發展第二階段的說法。儒學和傳統中國的千絲萬縷的聯繫，使得它一方面在歷史上發揮了極大的作用，另一方面從鴉片戰爭以來隨著中國傳統社會的各個不同階層的解體又經歷了極大的認同危機。到底這個傳統還有什麼意義，能不能進一步發展，是一個很迫切的問題。鴉片戰爭以來，曾經塑造了中國文化並在歷史上發揮過極大影響的傳統本身的沒落，意味著中國文化傳統正在承受三千年來史無前例的大變化。這是一個很值得我們深思的問題。一些反傳統意願非常強的學者認為，一定要和傳統作徹底的決裂，中國才能夠現代化。這是要求真正的脫胎換骨，也是承認傳統文化的博物館化，像列文森所講的將儒家傳統等同於古代的埃及文明。古代的埃及文明只是在今天倫敦的大英博物館裡為人所瞻仰所憑弔的遺跡。

中國的傳統文化經過徹底的鏟除以後是否也會變成同樣的情形，這就牽涉到文化傳統和傳統文化的問題。假如傳統文化是這樣的命運，那現代中國知識分子的文化傳統究竟是什麼，這是一個值得大家討論的課題。我們能夠全盤接受西方的文化價值嗎？我們應當消極坐視甚至積極促成傳統文化的徹底消解嗎？如果我們當前的文化傳統中有一種強烈的把傳統文化徹底消解的動力，那麼我們的文化傳統和傳統文化之間的關係又是什麼呢？這對於儒學的進一步發展來說，不只是少數從事儒學研究的人的學術課題，而是現代中國知識分子應普遍予以關注的重大課題。我很希望具有儒家特色的傳統文化能有進一步的發展，但我現在是站在一個當前文化傳統的角度，即一個關切中國現代化的知識分子在進行群體的批判的自我反思的角度。問題的提出不一定能夠得到答案，但問題的形成常常表示答案的可能，如果不能形成問題，也不可能有答案。而形成問題的過程是非常艱苦的。但問題形成了，至少有了尋找答案的可能性。

儒學有沒有進一步發展的可能性這個問題是建構在一個基本設準上的。這個基本設準是，儒學能否對西方文化所提出的重大課題作出創建性的回應。因為儒學不能只是停留在中國文化的範疇裡，也不能只是停留在東亞文化這個範疇裡，儒家傳統一定要面對西方文化的挑戰。而西方文化是指現代的西方文化。一方面當然是理性主義所代表的現代西方文明，另一方面還有西方的浮士德精神。

因此，當我們討論儒家傳統能不能繼續發展的課題時，至少有四個方面的問題需要做出回應，這都是西方文化提出來的。

第一是科學精神的問題。儒家這個傳統代表強烈的道德理性，有涵蓋性很大的人文思想，但面對科學主義的挑戰，暴露出很多缺陷。一般認為，可以把儒家傳統的道德理性及其運作的實際範疇和層次予以嚴格的規定，不要犯道德主義的毛病，即能發展出以認知為主導的科學精神。但很多學人不能接受唐君毅先生所講的以良知和道德理性來發展科學精神的觀點。也有很多學者對牟宗三先生所提出的良知的"自我坎陷"表示懷疑。這裡碰到一個較大的困難,即儒家的道德理性的光芒有沒有什麼領域是不能照耀的?如果自覺地要求在某種領域中讓道德理性不發生作用,還算不算是儒家?這是一個有趣而嚴肅的問題。假如不能,是不是儒家傳統沒有辦法開出科學精神,也沒有辦法和科學精神相連。希臘理性思維的傳統和培根以來實證科學的傳統的結合形成了現代西方的科學精神。這是儒家傳統所缺的。有些學人把儒家是否能和這一精神相結合當作儒家能不能進一步發展的前提,這中間的困難度很大。我認為,在了解儒家傳統這個生命形態的時候,應強調它在人與人交通問題上的全面合理性,並以這個合理性為基礎重新建構、定位儒家傳統在新的人文世界中間應該體現的價值和扮演的角色。這個工作極為艱苦。但是如果僅僅接受從韋伯以來的現代精神所謂的專業分工的理論,把我們的價值領域很清楚地分為幾個不同的範疇,如宗教的、藝術的、科學的、道德的,而讓各種不同的領域獨立地發展,這種解決的途徑我想可能是一廂情願。韋伯本人對這種現代性即抱著悲觀的態度,其實我認為這種似乎言之成理的分工把人格的整體性徹底割裂了,最終道德不過作為一個人的自辯,科學則成為一個對外在事物的理解。這都不過是個人存在的一些可有可無的姿態。只是通過分工方式所展現出來的價值領域,並不能自然而然地產生有機的關聯,因為它們之間沒有任何內在的本質上的結合點,這個課題值得作進一步的思索。一個現代人必須扮演各種不同的社會角色,有家庭的角色、學校的角色、政治的角色、經濟的角色、高爾夫球場的角色、餐館的角色,我們如何在這些角色中安頓自己的身心性命?所以,價值領域分隔並不是一種健康的安排,並不是使儒家傳統能進一步發展的助緣。這點很值得探索。

　　第二是民主運動的問題。一般認爲儒家傳統和民主運動是相衝突的。民主運動是建構在一個敵對抗衡的價值意識上，沒有敵對抗衡就很難有民主運動。這個抗衡哲學裡面有一個非常重要的基礎，即懷疑主義。懷疑權威，懷疑人性有光輝的一面，懷疑任何壓力集團的利他傾向，懷疑任何人的動機。這是一種責任理論，即不談動機問題，特別重視程序，要依靠程序政治，要依靠法律規約，要依靠在互相抗爭中展現出來的新規則。但這不可能是執政黨自願的，而一定是爭取來的。爭取的過程中間一定有很多必須妥協，也必須讓步的地方。儒家的道德理性的一個基本觀點是信賴，即對社會的信賴。從好的方面講，政治是要靠所謂賢人政治，即以身作則的儒家型的政治家。他們對自己的權力不僅有自我約束的能力，而且對人民的福祉有一定的承諾。他們是從義務的觀點來了解政權的社會作用的。實際上這種道德自覺性很高的領導階層在當前的政治體系中還沒有出現。真正能夠體現儒家精神的是知識分子。而知識分子卻常常是在政治鬥爭中被犧牲的，因爲他們既沒有社會力量，也沒有經濟基礎。這是很大的危險。我們看中國大陸的情況就很明顯。知識分子是最沒有權力、最沒有勢力的，而且經常是改革中的犧牲者。當然，要求現代知識分子來履行儒家所代表的道德理性是不可能的，因爲它完全是一個不合法的利益集團。這意味著儒家道德理性的說服力越來越減弱，這是很大的問題。

　　第三是宗教情操的問題。在前面一講時，有人問到爲什麼中國文化區沒有出現像歐美各地解放神學那種革命性和抗議性？這個我想和儒家傳統的特殊性有關。基督教所代表的是一種革命精神，從超越外在的上帝看來，任何既有的社會秩序和社會結構都是不合法的，因此可徹底毀滅。它有強烈的抗爭性。而儒家傳統的特色是對所有人類創造的人文價值都給予平實的歷史地位，甚至對於專制傾向非常強的權威主義也予以容忍。中國的老百姓受到儒家傳統的影響，對執政者非常寬容。一方面很和順，不造反；不過一旦造反起來卻很徹底。這就是所謂的"水可載舟，也可覆舟"的觀點。這種循環，不能進入民主的傳統。這裡有幾個值得正視的問題，大家一般不太注意。一個就是說民主的建構是通過各種不同的價值、不同的解放觀點，在民主運動中建立起來的一種體制。東亞的一些受儒家傳統影響的社會裡都有權威主義的問題、男性沙文主義的問題、家族的封閉性的問題，因此比較帶有侵略性的，或者比較全面性的女性運動在東亞社會還沒有出現。我們所見到的歐美的婦女運動和東亞的婦女運動相比，差距太大。這是不是儒家文化的傳統，即所謂的君權、父權、男權這些長期積累的力量的影響？這也是值得考慮的。現在有很多研究儒學的學者認為，儒家傳統雖然有終極關懷，但它對宗教情操並不特別重視；它有內在超越，也有外在超越，但對很多在民主政治中很重要的基礎譬如法律、程序政治、人權等卻沒有很充分的認識。我認為，儒家傳統最健康的是它的涵蓋性很強的人文主義。它不要形式的宗教，而居然能發揮宗教的功能，這是它的優越性。但在現代看來，特別是從現代宗教的發展看來，它的優越性及其說服力已經很不夠了。現在有很多人認為，儒家的聖王，要麼就是偏向理想主義，要麼就是把和權威主義混為一談。所以我們要徹底消除聖王的觀點。

　　第四是心理學方面對人性的理解。弗洛伊德用心理學的觀點對人的幽暗面作了理解。這個理解是和猶太教、基督教有密切的關係，即相信人性本惡。人性本惡在原始基督教的描寫是一種人和造物者之間的異化，這是對人的限制的整體上的醒悟，整體上的了解。人有限制，從這個地方展現出幽暗面。懷疑主義，以及各種不同的客觀制度的設置都和人的幽暗面有關。如果我們認爲人性本善，人可通過自覺奮鬥體現完美的價值；在程序政治方面，我們也相信政治的領導基本上是好的，只要相互禮讓就可能把我們這個社會帶到更進一步的世界。面對複雜的現代文明，這種設想當然很幼稚。

總之，科學精神、民主運動、宗教情操，乃至弗洛伊德心理學所講的深層意識的問題，都是儒家傳統所缺乏的，而又都是現代西方文明所體現的價值。這是中國現代化所必須要發展、必須要掌握的價值。如果儒家傳統不能對其作出創建性的回應，乃至開出一些類似的嶄新價值，那麼連健康的傳統價值都可能因異化而變質，更不會有進一步發展的可能性。也許有人認爲，儒家傳統有它自己的價值，它可以充分地發展，自己走出一條路來。但我認爲，如果儒家傳統不面對西方所提出的這些課題作創建性的回應，也就沒有辦法進行創造轉化的工作，以建立新的價值。這是我們對中國的傳統文化進行反思的時候所不能回避的挑戰。

源遠流長的儒家傳統雖然在中國和東亞文明中創造出了很多價值領域，也養育了很多傑出的人才，但從鴉片戰爭以來，隨著中國政治、社會各方面的逐漸崩潰，它的傳統生命也就衰頹了。到底從什麼角度我們可以說它還有發展的可能性呢？這裡我想做一個簡短的歷史回顧。

從五四一直到四九，中國哲學界和思想史界中主要的課題之一是如何重建儒學。最近很多學者對這個問題作了一個比較全面的回顧。這個工作非常複雜。最難的就是在哲學史、思想史界的文化運動。

　　五四以來有兩種資源使得思想界能夠發展出蓬勃的景象。一個資源很容易理解，是用西方的範疇體系來對儒家進行重建。在這個工作上馮友蘭立了很大的功勞。馮友蘭就是用他所理解西方新實在論重建儒學，也就是"接著"講宋明理學。賀麟則是受到德國理想主義特別是黑格爾哲學的啓發來闡述陸王心學的當代意義。胡適之用杜威的一些觀點來重建國故，重建中國古代的邏輯思想。雖然不主動自覺地認同儒家，但他的學術工作和人格形態和儒家有許多契合之處。牟宗三先生早期從事於倫理哲學、邏輯學的研究，對康德的批判理論進行了批判，逐漸從那個基礎上來了解儒家的道德理想，又從理解儒家的道德理想主義，對康德所提出來的道德形上學作一種詮釋。這是由互相回應所逼出來的。

　　另一個資源是來自中國本土，基本上是來自佛教，即佛教的唯識宗。當年是梁啓超、楊文會等學者從日本把唯識宗的一些經典帶回來，成立所謂支那內學院，後來歐陽竟无主持了這個道場。這是一些對哲學有興趣、而且思辯能力很強的人，他們面對西方的挑戰提出了一些有創建性的回應。最突出的是熊十力的"新唯識論"。他受到佛教思想的啓示，但基本的認同是《易經》，其目的也是在重建儒學。梁漱溟先生也受到佛教的影響。所以他晚年時說，他的終極關懷是佛教。但他在學術上的重建工作基本上是儒家的。

　　現在看起來，熊十力、馮友蘭、梁漱溟所代表的並不是像艾愷所說的最後的儒家，他們是第三期儒學發展的創導者。唐君毅、牟宗三等學者也都是深受佛教文化影響的哲人，勿庸置疑，但他們都致力於儒家的重建工作。方東美和錢穆兩位先生也如此。所以，我們可以說，從五四時代開始，對於儒家傳統能不能進一步發展和重建的問題，至少在比較深刻的思想層面上，這個工作已經開始了，至少已經繼續了一、兩代，兩、三代了。

　　1949年以後，一般認為儒學再生只是海外學者比較關切的問題，而大陸學者對此問題沒有興趣。現在發現不是這樣，只是關切的方式不同。大陸的關切不是如何重建，而是如何徹底解構儒學。這是大陸學者共同努力的目標。所以，海外的重建和大陸的解構形成非常尖銳的對立。

　　但儘管這樣，即便是在大陸，重建的努力還是一直沒有間斷。比較突出的是馮友蘭。1949年以後中國大陸的學術論辯多少都和他有關，常是針對他提出來的課題。現在重新回顧，他是想盡不同的辦法要把他所理解的儒家傳統和官方意識形態特別是毛澤東思想的發展方向結合起來，這是他努力的重點，和黑格爾的取徑相似。譬如他提出，在二十世紀能否把中國傳統繼續下去，在作了一些具體的歷史分析以後，是否可以把一些觀點和價值抽象地繼承下來？這就是所謂的抽象繼承法。比如孔子的“仁者愛人”的觀點，雖然從發生學上講是階級的反映，但是“仁”是不是有超階級的內涵？能不能把愛人的觀點用到今天？是不是可以抽象繼承？大多數人認為是可以的，支持他的觀點，但是代表官方的意識形態對他進行了長期的批判。

　　還有一位在大陸很有影響力的張岱年先生，因為1950年代被打成右派，成了北大哲學系的資料研究員。他專門研究中國傳統哲學的資料。經過二十多年的努力，他現在在中國哲學史研究方面不但資料最熟，而且對中國傳統、尤其是儒家哲學進行了很多深刻的反思，如對“天人合一”、情境合一的理解，對知識分子性格的理解等等，都非常有意義。他文革以前編的《中國哲學大綱》，我認為是1949以來在大陸第一次把整個中國哲學史作一個全面的理解，他這種研究的方向很值得我們借鑒。

這些學者基本上是面對解構的大潮流所作的重建。在《歷史研究》、《哲學研究》以及最近出的《中國哲學》、《哲學史研究》等雜誌上，有許多分量很重的文章都和儒家有關。不少文章認為要把禮和仁分開，禮是不健康的，是吃人禮教，而仁有它健康的一面。最近大陸出了一本關於孔子研究的書目，有一千多種，作者超過五百人。

從這個角度我們可以說，儒家傳統能不能進一步發展，有沒有第三期的可能性，在面對西方作出回應之先還要看它和今天中國文化這個課題是否相干。有一度大家認為不相干。即使在1980年代初，金耀基先生還憂心如焚地表示儒家傳統和中國現代化也許越來越不相干。如果不相干，那就沒有任何發展的可能性。現在大家都認為很相干，大陸所謂的相干是說儒家傳統的消極因素太大，所以要解構；海外所謂的相干是要徹底批判大陸的一些根據馬列思想來抨擊傳統的意識形態。不管從哪個角度來看，都是相干的。可是我所考慮的儒家傳統進一步發展的契機不在這裡，而是從西方文化發展到現在人類所碰到的危機和困境處設思。在這個情況下，多元發展的趨勢是不可抗拒的。而儒學第三期發展的意義正在於此。

在多元文化的前提下，如果各種不同的價值以及傳統都能發揮，那內容就會很豐富，影響也會很大。儒家傳統這個淵遠流長的文明形態是不是有很多資源可以發揮，是不是有很多工作可以做，我想是肯定的。但是這樣講還是太消極、太悲觀了。中華民族所在的兩岸三地乃至東亞社會的華人社群尋根的意願都非常強烈。另外，儒家傳統的資源，在多元文化的背景下，應可為最近才湧現的地球村找到一個大家共同的關切，這個共同的關切即是人文的全面反思。這是一個大課題，可以提出很有說服力的理論，也可以說儒家傳統能不能有第三期發展，和這種新人文主義能不能充分體現有密切的關係。假如沒有這個新人文主義的出現，儒家傳統的進一步發展是很有限的。

這裡牽涉一個很複雜的課題，即到底儒家傳統將來的社會基礎是什麼？有一個情況是值得注意的，即民間的儒學正在蓬勃地發展。現在有很多學術研究都在研究對象的故鄉舉行，如熊十力的研究在湖北黃岡，王船山的研究在湖南衡陽，王陽明的研究也在他的老家浙江餘姚，康有爲的研究在廣東南海，梁啓超的研究在廣東新會等等。這使我想到，儒家將來發展的社會基礎不僅會是地方色彩很強，而且群眾性也會很強，甚至可能組織一些類似儒教的學會來發揚儒學，特別是宋明儒學的講習。這是一個側面。

儒家傳統能不能發展，還要看具有儒家特色的知識分子能不能出現。但這種知識分子不一定要屬於中國，任何一個知識分子，不管是東方的還是西方的，只要是知識分子，就會碰到儒家的問題。這種知識分子的終極關懷可以來自基督教，可以來自佛教，可以來自回教，可以來自各種其他的精神文明，但它的問題是儒家的。在某種程度上，他和儒家這個傳統結下了不解之緣。我認爲，儒家如果要發展的話，它不應該成爲和世界各大宗教相提並論的一個宗教領域(這個可能性不大)，但應該成爲知識分子對各種問題進行理解和反思的一個基礎，一個原則，一個資源。因此，可以有儒家式的基督教，可以有儒家式的回教，可以有儒家式的猶太教，也可以有儒家式的佛教。這個發展前景取決於知識分子的責任，即可不可能出現一個特殊的階層(但不是階級)叫做知識分子。我想這個潮流是不可抗拒的。現在世界發展的大趨勢是農業人口減少，產業方面的人口也在濃縮，而服務階層的人數特別是參與“溝通”工作的人數卻越來越增加。這個服務階層的人基本上應該是知識分子，或跟知識分子相關的人。

這些問題，我想不僅是在中國社會出現，而且可能在非中國社會出現；不僅是在東亞社會出現，可能在非東亞社會也有。因此我提出，如果儒家傳統第三期發展的話，要從中國文化和東亞文明走向世界。這意味著它的資源，它的養分來自中國文化，也來自東方文明。這是它的歷史因緣，也是它的社會基礎；但它一定要有勇氣走向世界。爲此，它要克服自身的缺陷，並面對歷史發展的多樣性和現代西方文明所碰到的各種挑戰、難題創造嶄新的、有深刻宗教義涵和廣泛政治實效的人文精神。

第十二講
新軸心時代的必要與可能

　　本課程開始時是討論所謂現代精神背後的內涵是什麼，這一課題基本上是韋伯提出的。所以，我們從資本主義的興起這一論題下手。但韋伯基本上有兩面：一面是他作爲一個幫助我們了解現代精神的社會理論家，從特殊的歷史現象對資本主義的興起作了全面而深入的分析，可以說，他是了解現代化的重要的歷史工作者；可是，最近以海德堡爲中心的德國學者特別提到韋伯的另一面，即他同時也是比較文化學者。他從各種不同的文化現象的比較來襯托西方現代化的特殊精神面貌，特別提出理性主義的問題，亦即：現代化就是理性化。

　　爲了了解韋伯所提出的問題，我們一方面回顧，一方面前瞻。回顧是指從軸心時代各種不同的價值取向這一角度，把韋伯所提出的關於西方文明的特殊精神作一定位。因此，我們談到了現代西方文明的基本動源，回溯到希伯萊文明、希臘文明乃至基督教文明；也對文藝復興、特別是啓蒙運動以來的理性主義作了一個簡單的分疏。而在前瞻方面，我們討論了柏深思。他繼承了韋伯的課題,又面對當代美國的生命形態及現代化的多樣性作了解析,提出了他的觀點。我對他的批評是,他以美國文化的特殊問題作為人類文明發展的必然趨勢。因此,柏深思的社會行動論、結構功能主義所代表的現代化,不僅是西化,而且是美化,亦即,把美國文化在1960年代所體現的精神作為現代人類發展的必然趨勢。由於越戰以來美國的知識分子對美國文化的特殊精神,乃至美國靈魂作了深刻的批判,因此柏深思所代表的現代化理論出現了危機;這一危機引發了哈伯瑪斯對理性的重新討論。在此,我對哈伯瑪斯的努力作了同情的理解,因此提出了"現代主義的挑戰"。回顧本課程,我提出的問題遠超過我提供的解答。但我認為,提出問題的本身就很有意義;問題的形成是尋求解答的過程中所必須經歷的階段。

隨後,我談到"儒教中國及其現代命運"。這是我一直在思索的課題。為什麼要談這個課題呢?列文森根據他對西方文明的理解,乃至作為一個虔誠的猶太教徒所面臨的存在感受,從他既屬於內在參與者又屬於外在旁觀者的分析,把儒家在現代中國發展中的曲折命運很生動地描述出來。列文森認為,作為知識分子的梁啟超,因為對於傳統的各種不同的感情上的聯繫和對西方文化的理智上的認同,造成了很大的認知困境。而中國的知識分子與梁啟超一樣,碰到了一種不僅是認知的而且是存在的困境,即:傳統的精華不能充分繼承,傳統的糟粕無法徹底揚棄;西方文明不能深入地引進,而歐風美雨不能嚴正地排拒。最熟悉且在感情上牽連最多的是我們不要的;而認為可以救我們的又是我們所不知道,至少毫無體會的。在這種情況下發生了強烈的愛國主義和反傳統主義,並極端地表現為義和團精神和強烈的西化思想所造成的惡性循環,即仇外與媚外的情意結糾纏在一起,而且往往是同時出現在同一群或一個人身上，即在不同的時間及環境下交替出現的仇外與媚外的情結。

我不反對極端主義。我認爲，充分西化或者把傳統精神徹底帶到現代的這種極端主義，有時可以造成良性循環。日本也有極端主義。但日本的極端主義在造成良性循環的努力上作出了貢獻。在當代中國文化中層出不窮的惡性循環，據我的了解，是從鴉片戰爭以來，中國知識分子的文化心理結構中的各種不同的積澱所造成的。這一積澱不是地質學上的積澱，而是發生化學作用的文化心理上的積澱，其中有好幾層所顯示的是比我們所了解的傳統文化更深刻的現代傳統。課堂中所談的文化，如儒家、道家、佛教文化，常常成爲遙遠的回響；而真正在我們文化心理結構中發揮極大威力的多半是從鴉片戰爭以來的悲憤傳統、屈辱傳統，以及五四以來的反傳統的傳統，乃至在中國大陸馬列的傳統和文革的造反有理的傳統。在這種情況下，要想心平氣和地理解儒家傳統在現代發展過程中的曲折，是很困難的。所以，儒家傳統在中國大陸的絕大多數青年學者的心中，是和封建遺毒成爲同義語。把儒家傳統認作只是封建遺毒，基本上是對傳統作了極大的否定，傳統文化對象化、客觀化、實體化成爲包袱，甚至奢望把傳統像身外物的包袱一樣徹底揚棄，如釋重擔。因爲有這種極端心理，所以造成了中國知識界的兩極分化的惡性循環。這種惡性循環一直要到工業東亞的興起，才將儒家倫理問題重新提到議程上，作進一步的反思。

今天我們重新回顧這一課題，與五四時代的知識精英有兩點大不相同的地方。第一，五四時代的知識精英基本上把現代化解釋成西化。西化以外，沒有任何其他現代化模式可循。作爲一個現代化的模式，它又是一個有機的整體。因此，不少五四時代的知識精英認為，救中國的意識形態，不能從中國本土的精神泉源中吸取，一定要從外面引進。同時，五四時代的知識精英又是強烈的愛國主義者和民族主義者，一方面對中華民族的再生和發展，有著強烈的信念；同時又對中華民族之所以成為中華民族的主要文化認同進行徹底的批判，這種矛盾張力在知識分子的文化心理中造成了很大的震盪。幸好這種兩難困境在今日已是明日黃花。大陸學者龐樸曾提到，把西化和現代化混為一談的最突出的表現是廢除漢字。廢除漢字就是要把代表中國文化的象徵符號徹底清除，如此才能達到全盤西化的目標。然而，今天最極端的西化論者(如包遵信或劉曉波)也不會接受廢除漢字的主張。因此，現代化的多元傾向在二次大戰以後逐漸出現，提供了我們對傳統文化進行反思的有利條件。

第二，如果我們要對儒家文化的現代命運作出比較全面的解釋，不能只從工業東亞的社會動力這個角度來解釋，而是一定要提出一個既能解釋工業東亞，又能解釋共產東亞的觀點。因為，共產東亞也是儒家傳統的繼承者。所以，從這個角度可以提出：儒家傳統一方面可以說是封建思想，其內涵是小農經濟所代表的保守傾向、家族制度所代表的社會結構以及權威主義所代表的政治文化；但是，另一方面，儒家傳統也可以理解成涵蓋性的人文主義。這個涵蓋性的人文主義和西方從啟蒙運動以來的人文主義有很大的歧異。啟蒙運動以來的人文主義是排斥性的、科學性的人文主義，它既與自然發生衝突和異化，又與神性發生衝突和異化。這個以理性主義為主導的人文思想，也就是西方現代文明發展的動源。簡約地說，這個以西方理性主義為代表的現代文明，一方面為人類拓展了很多價值領域；另一方面也把人類帶到毀滅的邊緣。從這個角度來重新回顧傳統，我提出了一個觀點，即

"傳統的生命力"。面對西方文明所提出的重大課題，究竟中國文化能不能作出創建性的回應，這是中國文化能不能有進一步發展的必然道路；中國文化能有進一步的躍升，也就意味著儒家傳統有第三期發展的可能。

軸心時代的價值動態及其文化載體

現在，我先從軸心時代文明的特色這一角度，來回顧課題開始時所談的軸心時代文明的價值動向。據雅士培所說，軸心時代是指公元前一千年到公元前六世紀間，在世界的重大文明體系中，出現了幾種迥然異趣的價值動向。至於各個價值體系之間是否彼此影響暫時不予考慮，可以說它們之間是相對獨立，自成體系，但它們各自的出現又都有著深厚的歷史因緣。可是，也有一種思想上的突破，例如：印度的興都教，後來發展成佛教；中國的儒家、道家；希臘的蘇格拉底哲學；希伯萊在第二次聖殿時代所湧現的一元上帝論。

從人類文明發展的大趨勢看，有些文化是有古無今的，如埃及、巴比倫和蘇美；有些文化是有今無古的，如蘇聯、美國。而既有今又有古的，多半是軸心文化。它們經過一、二千年的長期發展，放眼二十一世紀，這些精神傳統還有一定的生命力。在這些有生命力的傳統中，猶太教及其後來發展出的基督教和回教，蘇格拉底時代以理性為導向的科學精神和希臘城邦政治所孕育的民主制度業已融匯到西方文明之中，成為文藝復興和啟蒙運動以後充分發揮的精神資源；興都教及其後來發展的佛教亦有欣欣向榮的景象。放眼二十一世紀，這些由軸心文明所發展出來的源頭活水都有很大的生命力。儒家傳統在二十世紀受到極重大的撞擊，導致儒門淡泊的局面，它有無進一步發展的可能性？這是一個很大的問號。

值得我們討論的是，儒家傳統與其他軸心文明的傳統為什麼有如此明顯的差異？1972年，在美國國家藝術科學學院的機關報的專號中，對軸心文明共同的價值取向，提出了"超越突破"的觀念，亦即貫穿所有這些精神文明的特性中，是一種除了凡俗的世界外，還有一個神聖的世界，且二者是絕然分隔的排斥二分。從基督教的角度看，只有通過信仰的飛躍才能真正接觸到神聖世界。然而，從這個特性來看，儒家傳統和原始的歷史潮流、政治社會結構有千絲萬縷的聯繫，孔子所說的述而不作，乃意味著與以前的文化傳統沒有決裂。這是否顯示儒家傳統和其他軸心文明相比，有種內在結構上的缺陷？這是值得我們作進一步探討的。

最近幾年，不少學者認為，從"超越突破"這個角度來了解軸心時代的文明，有其片面性。因為這個提法太突出猶太教的典範。因此，新的觀點認為，軸心時代是反思能力特別突出的時代，即"第二序思考"。就猶太教典範來看，第二序思考所體現的是對信仰的終極關切所進行的反思；而希臘哲學則是對宇宙的最後真實(logos)所提出的反思，乃至數學的發展，都是反思能力的特殊體現；印度文化中所提出的"梵天"和佛教中提出的捨離和涅槃都是第二序思考的實例。那麼，儒家傳統擺在這樣的文化背景上來看，它所突出的反思是什麼內涵呢？一般認為是對人的反思。最能代表儒家傳統對人的反思，是《論語》中的"為己之學"以及"修身"哲學。"修身"的觀點，就是將我的自然生命，通過自己的努力，使之變化氣質，轉化成一個美學上、道德上自我完善的體現。這個工作意味著對於人存在的條件、對於人所面臨的各種重大考驗進行反思。

現在大家又提到一個觀點：在軸心時代的文明中，到底是那一種具有社會基礎的集團，把軸心時代的價值落實到世界各地？首先值得注意的是，軸心時代所提出的各種不同的問題，需落實到廣大的人民群體中，它們不是玄想，需要在社會各層面起著轉化的作用。然而，到底是什麼人做了這種落實的工作呢？我認為是知識群體的出現。在希臘是哲學家，在印度是婆羅門階級，在猶太是先知，在中國則是士的階層。這些都是廣義的知識集團。由他們把軸心時代所體現的各種不同的價值取向落實到社會中，影響了政治、文化乃至經濟。他們所代表的是多元多樣的社會團體，也是非常複雜的文化現象。所以，不能只從哲學、思想史的角度來理解，還要從經濟史、社會史、政治史的角度來進行剖析。就中國而言，一方面要從哲學思想來了解百家爭鳴及儒家如何壯大的情形，另一方面則要像許倬雲先生一樣，對先秦社會史的各種不同的問題作全面有機的掌握，這樣才能把我們現在討論的問題具體落實。

　　一個基本的假設是很重要的，即這些軸心時代的文明都屬於開放的體系，而非封閉的認同。也就是說，這些軸心時代的文明都是在歷史的進程中吸收了各種不同的思想才壯大才發展的，而且各種軸心文明之間又有交互影響的痕跡。以中國為例，若儒家傳統未曾跟印度佛教文明發生各種不同的聯繫、轉化，則不可能有宋明儒學的產生。支荷(Zurcher)的《佛教征服中國》(*Buddhist Conquest of China*) 一書談中國文化的佛教化；而陳觀勝的《佛教的中國化》(*The Chinese Transformation of Buddhism*) 一書則談佛教的中國化。就基督教來說，其傳統是從希伯萊文化中蛻變出來的。假如基督教傳統沒有受到希臘哲學的洗禮，也不會出現具有西方特色的基督教。因為西方基督教從早期的長老到中世紀的教會，基本上是用希臘哲學(特別是亞里斯多德的哲學)來格義猶太教精神的。基督教神學之所以發展，是希臘文化和希伯萊文化的交互影響的結果。因此，這些軸心時代的文明，應該從動態的大趨勢來理解。它們如此波瀾壯闊，正顯示它們是開放性的，可吸收各種不同的養分，但又不喪失它們自身的認同。以上所言，可作爲今天所談的背景來理解。

現代精神再檢討

第二個課題是從現代精神的再檢討來理解現今人類所遭遇的嚴重課題。直到1980年代，這個課題才出現。在以前，雖然韋伯是使我們了解現代西方精神的主要學者之一，他同時也是一位傑出的比較文化學家，但是，從他的比較文化學這個角度來看，只是了解到資本主義興起的課題。納爾遜認爲：韋伯提出的問題不夠精確。因爲資本主義的發展可以是多元的，也就是有國家資本主義、工業資本主義、商業資本主義等等。但是，科學是西方文明的本質特色，至少在今天尚未發現完全與西方科學發展不同的而且還有生命力的科學體系。雖然從李約瑟的觀點來看，中國有它自己的科技、科學的發展，但從十七世紀以來的現代文明可以看出，西方以外並無獨立的科學傳統發展，亦即，科學的多元化尚未出現。納爾遜就是這樣的觀點。從比較文化學的角度，配合軸心時代文明來看，我要在下面提出三個問題。這三個問題是儒學本身的限制，也是儒學想要進一步發展必須面臨的考驗。西方文明的突出體現正是儒家文化的缺陷。至於我提出這些問題是不是完全站在儒家的立場，這須由諸位來作判斷。

第一個問題，代表西方的科學精神(從納爾遜的角度來看，甚至比資本主義更具特色)，是否跟哈伯瑪斯或韋伯所說的工具理性結了不解之緣？若是，則可進一步來看科學精神所遭遇的困境。

為什麼呢？現代西方文明的動力是從培根把科學、知識當作力量，強調一種新的對自然的理解，且把實驗科學帶入希臘的理性傳統中，才發展出來的。如果沒有經過培根的轉化，西方的科學精神不能發揮那麼大的作用。也就是說，科學精神在二十世紀有莫大的影響力，是因為在技術的成長上有所突破。很多學者擔憂的是：技術上的突破與影響力，基本上阻礙了科學的進一步發展，亦即，科學與技術之間有了很大的衝突。例如，在醫學上的極精密的手術可以達到治療疼痛經驗的功效，但不知為何有效，也沒有一套理論來解釋這種技術的科學內涵。換言之，不是對人體的全面了解，也不是深厚的科學理論在引導醫學發展，而是特殊的技術、儀器在宰制醫學。尤其是這些技術商業化以後，其影響力更大了。

如果工具理性是引導科學發展的唯一依據，它基本上是狹隘的、短視的；不僅有把人類的各種價值摧毀的霸氣，同時也有把人類帶到毀滅的邊緣的魯莽。這種由工具理性所帶來的不良後果應如何對治呢？現在的許多科學哲學家、科學史家，對整個科學的理解有了新的進境，甚至有很多人認為：要了解科學的發展，不能只從科學的內在邏輯來理解，而要從知識社會學乃至文化心理學的角度來理解。亦即，科學本身是一種文化現象，它有太多非理性、非科學的因素在起導引的作用。今天，這種情況越來越明顯。當代的科學家多多少少也同時是企業家，與以前的科學家(如牛頓)有很大的不同。因此，它是一個社會現象、文化現象。要理解這種社會文化現象，不能只從工具理性來理解。儒家要作進一步的發展，需要引進科學精神，但也需要考慮到現代科學文明——以工具理性為主導的技術文明——所碰到的困境。

第二個問題是民主化的問題。一般說來，民主制度比較健康的發展都在西歐，也就是在原來複雜的文化基礎上逐漸發展而成。在菲律賓、印度、拉丁美洲，民主制度的發展遇到了很大的困難。這中間有一個複雜的問題，亦即，民主制度是建立在多元的抗衡制度上的。一定要有公民社會的出現、各種不同的壓力集團的出現、法律觀念的出現、權利觀念的充分發展，每一個人都知道自身的權利及其自身所屬的群體的利益，並願意通過程序政治的方式的運作，接受選舉的遊戲規則，則民主制度才能夠充分發揮。然而，這些條件都不是民主制度作為制度本身所能夠包涵的，要有相當深厚的社會資源及文化價值來促成。這個過程極其複雜。但是，在藉著權威所塑造而成的信賴社會中，當信賴關係破壞，遊戲規則尚未建立，義務觀念尚未產生，乃至許多應有的機制(如法律)尚未確立，在權力的泛濫下，只有衝突和矛盾。這些都與西方發展過程中抗衡敵對的關係不同。值得注意的是，西方的這種抗衡敵對的關係，和民主社會中人的素質有關，即使在觀點上有歧異，但感情和人格上仍是不受影響的。所以，要使民主制度建立在抗衡制度上，而使社會發揮最大的潛力，而不至造成破裂，是需要程序政治、憲法乃至一種民主人格的素養來維持的。

　　另外，到底西歐、美國所代表的民主政治，其普遍性有多大？要通過什麼渠道才能使其在其他地區生根？以方勵之為例，他的價值動向基本上是以科學主義為主導，而且他對自由、民權等的信念很強。他曾說過：沒有中國式的現代化，就沒有中國式的民主。當時有人問我是否對他的觀念作出反應或批評？我說我完全贊同他的說法，雖然我意識到這一評斷和我一貫的主張有矛盾，但我仍然堅持贊同他的說法。理由是，方勵之的觀點是在很特殊的政治環境中提出的，是針對共產黨官方想用具有中國特色的民主來約束自由、民主、人權、法律等主張而暫時安定團結，以發展經濟這種氛圍裡提出來的。共產黨官方的作法，確實抹殺了民主的最基本的精神，如人權、自由、隱私權等所有現代人追求的基本價值。所以，就這個層面來說，的確沒有中國式的民主。在對方勵之的這一點認同之後，我就要對方勵之等人提出以下問題：民主的發展可不可能沒有文化形式？如果不可能，那麼要通過什麼樣的文化形式來發展具有中國特色的民主？一個是策略問題；一個是理論實踐的問題。其間的指導原則非要採用韋伯的責任理論不可。所謂責任理論，是個人要對其行為及語言的後果負責，這是很難作到的。關於語言的後果方面，我認為個人對自己提出的意見所導致的不能預期的社會效果是不能控制的。講出來的訊息不是真正的訊息；聽進去的才是真正的訊息。亦即，訊息本身有其社會實質。

　　第三個問題是貫穿西方現代精神且滲透到各個層面的基督教所代表的宗教信仰，即超越外在(上帝)、原罪、上帝面前人人平等及懷疑主義(這和民主、科學能否建立聯繫仍是有爭議性的課題)等觀點。五四以來，西化的觀點廣泛被接受。但西化的觀點是在強烈的科學主義和實證、實用精神的導引下帶進中國的，因此中國的西化知識分子對影響古今西方至巨的基督教抱著忽視甚至仇視的態度。這是使得中國的知識分子無法深入理解西方文明主要的原因。

　　基督教所提的超越外在的上帝觀念中，最有名的"絕對他在"(wholly other)的觀念，在西方影響很大。像不少西方道德哲學家對尼采所說的上帝死亡作出回應，總認為如果上帝不存在，那麼整個價值系統必會崩潰。這意味著人類的價值源頭是超越而外在的。最近，北京大學的湯一介教授在一次儒家和基督教的對話中提出：超越外在的觀點值得儒家學習，因爲此精神使得法律、政治制度有絕對獨立客觀的依據。"絕對他在"所碰到的問題是這樣的：我們生存的凡俗世界與超越的上帝有一條不可彌補的鴻溝。我們根本無法靠人類有限的理性來了解全能全知全在的上帝是什麼。如果我們去揣測上帝的意旨，那麼，理性與神性間的鴻溝如何彌補？因爲人根本不可能通過有限的理性來體會上帝的旨意。然而，有些神學家，像哈佛大學的考夫曼(Gordon Kaufman) 1 認爲，上帝的觀念是人塑造的，即使啓示，也是通過人的理解和自覺地解釋。所以，所有上帝的概念都是文化的、語言的塑造。根據這樣的觀點，爭議的不是上帝是否存在，而是上帝這符號所代表的實質意義。那麼，回到剛才所談的鴻溝，其實含意之一是現存的地球村的合法性本身就出了問題。

在此提出了一個觀點，即現代西方文明有把人類帶到毀滅邊緣的危機。但根據神學的觀點，如果人類是該毀滅的，想要使地球不至毀滅而生存下去顯然是違背上帝意志的。更複雜的是把神學的觀點與政治的勢力結合在一起，如美國的原教旨主義。他們堅信上帝是站在自由的、資本主義的美國一邊，而非站在體現罪惡的蘇聯一邊。所以，要堅持立場，對蘇聯進行抗衡，即使用原子戰爭也在所不惜。這使得美國比較傾向自由主義的神學家開始徹底反省這個課題。上帝要靠人來突顯他的愛，即"人能弘道，非道弘人"。在這個角度上，人是體現上帝精神的最具靈性者。上帝給了人以自由(自我決定權)，而人可創造價值，能進一步發展，乃至體現上帝的精神內涵。亦即，人與神之間有一內在的默契。完全非人性的也就是完全非神性的，上帝不可能做出連人的理性都完全不能了解的事情。問題在哪裡呢？問題在於，要彌合

---

1 考夫曼(Gordon Kaufman)，美國神學家，哈佛神學院教授。

人與神之間的鴻溝。而鴻溝的彌合要靠信仰的飛躍。信仰的飛躍是可能的，但信仰不能是盲目的。這與中世紀的神學是相連的。神給人最珍貴的禮物是理性，要求人妥善地運用它。人性與神性是可逆轉的、可雙軌交流的。神要靠人來體現；而人的最後歸宿要回到神。這裡牽涉到的問題有：到底上帝能不能完全當作外在？到底上帝在創造世界之後就休息了，還是仍在創造的過程中？等等。

　　從以上三個問題——即科學精神、民主與制度、基督教所代表的宗教性——來進行反思，則一個對人的嶄新定義已在當代西方文化中被提出來了，即：什麼是人？這個尖銳而深刻的問題是由海德格提出的。他有一個提議，針對康德為解決哲學主要課題而提出的三個問題：一，如何能知？此為認識論的問題；二，如何能行？此為倫理學、道德哲學的問題；三，有什麼希望？此為神學的問題。海德格認為，貫穿這三個問題的還有一個更根本的問題未為康德所提出，即何謂人？從弗洛伊德以來，認為一個人所作所為常受下意識層的影響。二十世紀後期，很多學者認為，在倫理學中所面對的最大挑戰之一是主體性的消失，沒有所謂的自我。在二十世紀末期要重新建構主體性困難度極大。但是，這個問題——何謂人？——當然有主觀一面，但也需要由人類群體來共同思考。有人認為，人只是生物密碼(基因)的代號，即生物密碼有它自己的發展規律，它只是寄住於人，人若滅亡，它仍繼續生存。人之所以存在，乃是基因所發展下來的一個手段、過程。另外有些學者認為，人是可創造價值的，這是較積極的提法。而較消極的提法是：人是運用象徵符號(語言)的動物，也為象徵符號所用。不管怎樣，"何謂人"的問題，迄今爭議性仍非常大。

　　海德格提出這個問題時有一個預設，即現代人所生存的具體環境使我們不能逃脫有限性和受到時間制約的"此在"性。因此，我們很難回到希臘哲學以前的原初的存有形式。此中有一深刻的觀點(列文森亦提過)，即聽過貝多芬音樂以後，就無法再聽到莫扎特未被貝多芬重構過的原貌；也可以說，唸過朱熹思想以後，就永遠不可能再聽到未經朱熹詮釋過的孟子的原旨。因為其間的積澱是很深厚的。在中國傳統中有"尚友古人"的信念，真正可藉讀其書想見其人的直接溝通來與古人進行對話，從而了解古人的心。然而，從解釋學——海德格到伽德瑪、到福柯、以及福柯以後的解構學——的觀念看，要回去是很困難的，而且是一廂情願的浪漫心態在作祟。這是現代人所面臨的問題，不是傳統文化，而是很深厚的文化傳統，其間的積澱錯綜複雜。福柯早期的一本書《知識的考古學》(*The Archaeology of Knowledge*)，即用考古發掘的方法來了解不同認知時代的知識結構。另外，站在現代高度的當代知識分子，有很多條件是比古人好，但要回去卻不容易，因為要通過複雜的積澱。因此，人是文化語言的存在。今天要想突破歐洲中心主義的西方學人以德希達最為極端。他主張消解西方語言，先把西方語言定義為 logos 中心主義。若不跳出 logos 中心主義，就無法徹底解脫困境。

　　對以上所談問題，再稍作說明。關於基督教神學，我並沒有意願與能力對它的一些基本的典範作全面的介紹。我之所以把問題提出來，是要說明有關基督教神學本身的各種爭議，其中像能否將超越外在的上帝與人類日常生活的問題結合起來就可以和儒家的入世思想進行對話。關於儒學進一步發展是否能夠吸收一些超越而外在的宗教情操，以進行創造性的轉化，這中間也有不少必須細扣的課題。我只是想說明，從軸心時代文明來看，每一個傳統本身與其他傳統間的交互影響，並不能取代各別傳統自身的創造轉化。

此外，關於上面所談的"人"，是大寫還是小寫？若是大寫，是代表人是理性的、語言的、宗教的動物，是從抽象的、普遍的觀點來重建人類；若是小寫，就是要建構一個非常地域性的、受到文化制約的、具體而豐富的存在。這種情形當然很好，但同時也是相對的，因為，在此情況下，不可能建構一個大寫的人。然而，通過各種不同的地方建構一個小寫的人的豐富內涵，是為將來建構一個大寫的人創造條件。而大寫的人，基本上是建立在多元的背景上的，而且，我的意願是多元的、但非相對的(有人認為，既是多元的，便是相對的)。

工業文明中的矛盾現象

以上所談，是從較高的理論層次來理解、檢討現代精神。以下則是新軸心時代的必要與可能落實到對工業文明的矛盾現象進行反思所導引出的課題。在此，我嘗試以臺灣為例，配合工業文明的矛盾的角度，對臺灣的工業文明作一分析。從工業文明發展的後期，可以導引出所謂後現代主義的問題。對此，我想簡單地說明幾個問題，即工業文明發展到某種程度以後會出現的幾種情況。

首先，經濟發展的速率和生活素質之間的關係。現在一般的理解是：經濟發展的速率愈高，則受傷害的程度愈大。這是一個不可回避的代價，即對經濟發展所付的代價。以前，描繪一個地區的經濟發展，多半是從全國總生產的角度來看。最近，有些文化感受比較深刻的經濟學家提出，應該考慮負成長的因素。例如，交通運輸系統的興建代表一種成長，但如果出了很多意外事件,那就必須從負成長的角度來理解。又如:日本是世界最大的債權國,經濟發展快;但其知識分子對此情形則很憂慮,認爲日本是國富民窮。雖然經濟發展驚人,但實際的生活素質並沒有大幅度的提高。

另外,在民主化的過程中,各種不同的權威都會受到挑戰;公民社會的出現似乎不可避免,但不健康的公民社會並不能消除壟斷的弊病。此外,還有關於民主自由的要求。我們常主觀地憧憬所有美好的價值都能相得益彰,它們之間最好能有基本的聯繫且能同時出現。然而,實際上許多美好的價值之間卻有很大的衝突。自由和平等間的衝突就很大。例如目前中國大陸改革開放的策略,就是要容忍不平等。因爲以前吃大鍋的平等觀念太突出,所以要不平等,讓沿海先發展,讓個體戶先賺錢而對知識分子暫時不顧。各種不同的策略是要打破平均主義,讓企業家有發展的自由度。又如海耶克是自由主義大師,他對自由主義的結構有深刻的了解。但他對平等觀念總抱著批判的態度,且特別厭惡福利制度。又,權利觀念的突出,相對的義務觀念就減少,則社會的不安全感會出現;法律的客觀發展與維持社會的禮俗相衝突,到了法律掛帥時,很多人與人相處的禮俗便會受到破壞,美國今天的情況是法令滋彰,人情淡薄。

以臺灣的情形來看,第一個印象是交通混亂,這意味著社會支援系統本身的負荷太大,是因爲缺乏長遠計畫的後果。另外,環境污染的問題也極嚴重。根據醫學報告,六年來臺灣居民死因之首一直是惡性腫瘤。而其他致命的疾病,如高血壓、心臟病、肝硬化等,大概都與交通、環境惡劣有關。明顯地,經濟發展與生活素質發生很大衝突。

再者,更值得注意的是各種權威被腐蝕所造成的危機。在當

代，社會政治的各種權威，如政府、警察、大眾傳播、學術知識
等，都受到了挑戰。其原因是長期積累下來的，可從幾個不同的
衝突、矛盾來理解。這令我想起1960年代中共中央用毛澤東的名
義發表的一篇氣魄恢宏的文章，即"論當前的十大矛盾"，實際
上，這是很重要的問題。其中所謂的矛盾有兩個涵義，一爲健康
的發展動力；一爲不健康的惡性衝突。其中包括中央政府與地
方、知識分子與工農兵、黨內與黨外、沿海與內地、意識形態與
一般文化思想，等等。

　　在臺灣，在由政治權威轉向公民社會的過程中，有一些長期
積累下來的衝突也都暴露出來，例如統獨之爭、省籍問題、執政
黨與黨外之爭、翻案問題、二二八慘案、五二〇事件等問題。就
黨內黨外之爭來說，二者迄今未發展出一套值得大家共同遵行的
遊戲規則。現階段執政黨認爲黨外不合法，但是一個既成事實；
而黨外對執政黨的合法性也是大表懷疑。這是進入公民社會的複
雜問題。遊戲規則不能由一方來制定，須在多邊的互動過程中承
認程序政治的合法性，以此訂立遊戲規則。這個過程很困難。困
難的情形在於，基本上不是兩個完全整合統一的政治實體的競
賽，而是兩個政黨內部派系爭執激烈，其中有太多不能預期的變
數。又，翻案問題，翻案乃是承認社會政治有許多的積怨，要通
過翻案使積怨的真相獲得理解，這也是民主政治發展過程中的一
種常態。如韓國在民主運動中出現光州事件，有些地方比二二八
事件、美麗島事件、五二〇事件更爲慘烈。但是經過翻案，所導
致的不僅是政府的合法性問題，還有領袖的形象是否爲人民所接
受，是否須徹底改造的問題。一般的理解是，臺灣經過一連串的
社會變動後，須更加強調安定團結。但我想，工運問題如何從長
計議是穩步前進的重大課題之一。臺灣已屬工業文明，但政府領

導者的意識形態仍比較受傳統的農業文化的影響，如蔣經國先生常至農村巡視考察，卻很少到工廠去。但工人問題在將來的社會中一定會受到極大的重視。

此外，現代社會中的代溝現象日益嚴重，這是青年問題。以前的代溝約在三十歲上下，現在連大學中一年級與四年級都有代溝。每隔三、五年便有代溝。社會上代溝現象的出現，意味著青年文化的產生。他們有不同的價值，不同的運作方式，而且青年人每個月能支配的零用錢相當大，這是有助於青年文化產生的經濟條件。臺灣的青年文化與世界其他地區的青年文化有同構處，即希望以最少的勞力獲得最大的報酬。此情況很能夠反映青年沒有集體記憶。因為沒有集體記憶，共識的建立就特別困難。建構共識的困難，還有另一個深刻的理由，即知識結構本身較為薄弱，這意味著公眾領域私有化的傾向。本來，共識的建立要靠掌握公眾領域的大眾傳播媒體。傳播媒體的利益集團之間在觀點上容有不同，但對問題的種類的重要程度應有一定的理解。但因新聞界的惡性競爭，以致各個新聞系統有自己的立場，而且立場的差距極大。這就造成了公眾領域私有化的情形。臺北市的這種情形很明顯。私有化的出現造成邁向民主進程中形成共識的困難。我對此情形比較樂觀，因社會的中產階級力量很大，且因知識界的群體的批判的自我意識的出現以及公民社會的產生。公民社會的出現，反映在經濟、大眾傳播、文化界、企業界及宗教組織。這使社會活力蓬勃發展，甚至超過了政治力量，為臺灣進一步民主化創造了有利的條件。

以上各種現象，皆可從社會的抗衡、衝突乃至矛盾來理解。因為，公民社會的出現，原來靠政府與民間、企業與政治、勞方與資方的各種不同的信賴聯繫所達成的信賴社會，逐漸轉向一種

抗衡機制。在以前戒嚴時，很多應考慮的事可以不考慮，而完全
以一元化領導的方式達到社會的安定；現在則已不可能。如硬體
上的都市規劃、交通建設等出現了不堪負荷的情形。更嚴重的是
整個法律制度如何重建的課題。因為以前依靠臨時條款，對較為
細緻的法律未作充分發展；直到解嚴後，社會上一方面是自由度
不夠大，另一方面則是濫用自由的情形同時存在。

　　臺灣社會作為工業文明的例子，很明顯地，傳統與現代、乃
至後現代連在一起，亦即在臺灣現代化的過程中，傳統的力量與
後現代的情況同時出現。這是1960年代的現代化學者無法想像得
到的。一般認為，臺灣的經濟發展較大陸快了二、三十年。但
是，臺灣社會的文化結構與大陸社會的文化結構基本相同，從權
力、家庭及各方面來看，確是如此。一些往返臺灣、大陸間的美
國留學生最覺得驚訝的是兩個社會雖然完全不同，但在文化結
構、基本價值等方面相同之處極多。從宗教學的角度來看，臺灣
人民約百分之六十五信仰民間宗教；百分之三信仰基督教。信仰
民間宗教的比例如此大，正意味著現代文明的一個特殊現象：非
常理性化、功能化的經濟結構和一些非理性化的價值行為混在一
起。例如，一個受工具理性影響的物理學家，在他做物理實驗
時，完全體現現代科學；但在周末或休假時，他可能靠一些民間
宗教來支持其信仰結構。譬如在受中國文化影響的社會中，建築
業和風水堪輿之術結了不解之緣。可見民間的一些信仰直到現在
仍有生命力。

　　從以上的情形來看工業文明中所出現的矛盾，即傳統、現
代、後現代變成了一個連續體，而後現代和傳統有很多有機的關
係。這樣看起來，所有與根源性有關的文化結構在工業文明的後
期都還發揮著無比的威力。一種是種族意識。它有相當深厚的地

方色彩。另外是語言。若在中國區,還不僅是普通話,而是方言。若從語言學的角度看,方言確實是不同的語言。北京官話與上海話的區別大於英語與法語的區別;閩南話基本上是唐代古語;粵語有九聲,與北京官話不能相提並論。還有種族意識。中國雖是漢族文化,現在仍有嚴重的少數民族問題。這些少數民族問題,在今日工業文明發展過程中如何善加處理,關係社會安定甚大。一般認為,民主建構是依照多數人的意願;但更難的課題是如何保護少數人的權益,並且要照顧到少數極端傾向者的權益。因為少數極端者常會把多數人辛苦建立的共識摧毀。另外,地域意識、宗教意識,都是原初聯繫。這些現象,在歐美已經看得很清楚了,工業東亞也是逃不掉的。所以,如果從原初聯繫來看,種族、語言、地域、宗教、性別等,都在工業文明發展中發揮作用。若對它們照顧不到,只把力量集中在經濟發展,甚至把整個政治結構塑造成可幫助經濟發展的模式,而不照顧到非經濟、非政治的但又對經濟和政治有極大影響力的文化因素,那會產生很大的消極作用。

第二軸心文明的可能性

根據以上的探討,我想提出最後的課題,即到底有沒有出現新軸心時代或是第二軸心時代的可能?就是說,假若第一個軸心時代所體現的不管是超越突破或反思能力的加強或特殊知識集團的出現,基本上都有它獨立運作的軌跡,而沒有明顯的互動跡象;今天,因為地球村的出現,所有以前軸心文明的資源都變成了天下的公器,是人類的共同記憶。

從軸心時代發展的軌跡來看,雖然我們認為世界三大宗教沒有它們特殊的文化形式;但是,從歷史發展的角度來說,佛教從南亞到東南亞、中國、韓國、日本，以及二十世紀弘法到歐美。西方的基督教對東方有較大的影響也是十九、二十世紀。可是，今天在北加州出現一些虔誠的佛教徒，其信仰的真誠及其知識結構，遠遠超出東方的佛教徒。很可能在漢城出現了更有創造力、更虔誠的基督徒，並與歐美的基督徒分庭抗禮。如韓國最大的女子大學——梨花大學，設有三個與基督教相關的科系。這在美國的大學或神學院也很少見。回教即不局限中東。在東南亞、南亞、中國、美國都有發展。最大的幾個回教地區如印尼、馬來西亞及巴基斯坦都在亞洲。

由以上三例來看，這些軸心時代的各種不同文化源頭聚在一起，肯定可以灌漑出新的奇花異草，就是說，不同的終極關懷的人能夠在同一教室討論問題，這種腦力震盪，可以發展嶄新的身心性命之學，其中有的是基督徒，有的是佛教徒，有的以前是基督徒而現在不做基督徒，有的以前是佛教徒而現在想做基督徒。這些都意味著各個軸心時代的文明的互相滲透。列文森曾說過一句話，意即各種文明像沒有牆壁的博物館，博物館中收藏的東西逐漸成爲大家的公產。成爲大家的公產以後，發展的趨勢就和以前軸心時代各自發展的情形大不相同。因爲大不相同，這些軸心文明的體系中難免不會出現各種極端化的傾向。這種情形出現以後，各種宗教都會發生認同危機。然後就有新型宗教的出現(這種情況在西歐、美國、東亞皆已屢見不鮮)，其動力甚大，在很多地方直接威脅長期有組織的宗教傳統。這種情形和後現代主義所代表的文化精神相契。

後現代主義的特色之一是集體記憶，乃至集體文化傳統的大綜合，因此有很大的影響力。比如，在以前，文學系的學生要唸古典文學名著，而現在的學生則提出質疑：爲什麼不能唸代表現代抗議精神的作品？為什麼要唸朱自清的〈荷塘月色〉而不念魯迅的《狂人日記》？亦即，由於各種不同的情況出現，整個傳統文化變成了文化傳統，因此，關於我們共同的遺產是什麼的爭議性很大。例如，史丹福大學關於"西方文明"這一課程是否續設即有爭議。爭議的焦點是：我們共同的遺產是什麼？又如芝加哥學派，它有一個虔誠的信念，叫做"偉大的典籍"(Great Books)，對美國知識界產生過很大影響。它收了五十本代表西方文明的書，如果唸過一遍便可一窺古往今來的西方文明的全豹。可是現在引起很大的爭議，因為其中沒有東方的典籍。值得詳細討論的是，構成主流傳統的因素是什麼？到底這些書代表的文化傳統是普世的還只是西方的？因為這些情況的出現，使博物館的牆壁推倒了：以西方為典範的文化，其內部的多元傾向使它無法成為現代人類文明的共同遺產。在這個意義下，我簡單地描述太平洋地區興起的意涵。

湯恩比曾說："二十世紀是中國人的世紀"。而現在中國大陸知識分子本身的問題是：該繼承的不能繼承，該揚棄的不能揚棄，該引進的不能引進，該排拒的不能排拒。這不僅是經濟發展的策略問題，同時是政治結構的問題。而更嚴重的是人的素質問題，即毫無文化氣息的人何其多，而有知識水平的人何其少。這也是中國大陸學者所認為最嚴重的問題。從這個角度來看，二十世紀成為中國人的世紀並非人類的福音。在另一方面來看，假若中國文化區能夠把封建主義與有涵蓋性的人文主義分開；另外把西方的民主、自由、人權、科學等價值與西方資產階級所代表的意識形態分開，而使有涵蓋性的人文主義精神和民主、自由、人權、科學等基本價值進行健康的互動，並通過這種互動來改造中國人的素質。如果真實可行，那麼二十世紀成為中國人的世紀將是人類的福音。換言之，假若中國人自鴉片戰爭以來所受的屈辱和悲憤，只是使我們積極地參加以西方文化爲典範、以社會達爾文主義爲原則的競爭而取得勝利，表示我們站起來了，即使第三世界被犧牲了也在所不惜，這種回應西方的激情將會導致人類文明的悲劇。唯一的路是：使發展較落後的國家能夠充分體現他們自己的人文精神；同時面對大西洋，對西方文化所創出的價值真切地體認和引進。這是一條艱巨的路。但若能走出來，則二十世紀即使成爲中國人的世紀，對人類文明來說，將會是史無前例的大貢獻。

【答問】

問：依梁漱溟先生《中國文化要義》一書中所提，從衝突抗衡的觀點來了解民主與中國儒家傳統的信賴制度相衝突，且由抗衡的觀點來發展民主，有其膚淺的一面。又，唐君毅先生提到，從道德自我的建立是否可以開出具有中國特色的民主。

我的觀點是，道德自我的建立不可能開出民主，亦即，不能從大學的修身、齊家、治國、平天下而開出民主。依伯格的說法，對社會沒有異化感則不可能充分發展自我的獨立人格。但儒家傳統是要把異化感去除，而變成大社會中的成員，同時不能喪失自我。在道德理想的世界裡是以自我爲主體，即每個人都有充分地實現自我的機緣，每個人都是一條龍，也就是《易經》所謂"群龍無首"的勝境。這是一個聖賢的世界，所體現出的是互爲主體。然而，這種世界與民主建構有很大的衝突。民主的建構過程是有異化、衝突的，是要在多元的基礎上使現實政權的一元規劃在各種阻力和困難中培育妥協的智慧。如日本的自民黨是一黨獨大,但我們不能說日本尚未發展出具有日本特色的民主。實際上,日本的政府與民間有基本的信賴,如米價問題。敵對與衝突若不建立在更大的信賴基礎上,則程序制度不能建立。就這個角度看,敵對與衝突並非與信賴制度必然矛盾衝突。我甚至有一種想法,即儒家所提出的賢人政治,其價值在成熟的民主制度中才可以充分體現,亦即,政治領導本身有強的道德感受及職業感受。例如,日本的大學精英以進入政府服務爲目標;而美國的大學精英主要是進入企業及法律界,並且多半採取和政府相抗衡的策略。如何發展儒家式的穩健民主是東亞社會的當務之急。

後 記

　　1989年5月我獲得魯斯基金會的支助在美國人文社會科學院
(The American Academy of Arts and Sciences)的康橋總部召開了一
個超時代，跨文化和多學科的工作會（"腦力震盪"），專門討論
儒家傳統的現代意義 1 。在北美，集中神學家、哲學家、歷史學
家、人類學家、社會學家、政治學家、經濟學家，及比較宗教學
研究專家一起來探討同一文化課題的例子雖屢見不鮮，但以當代
儒家爲對象，這恐怕是開風氣之先了。

　　以"儒家人文主義"命名的工作會不僅是多學科而且因參與
學人的專業有古有今並包括中日韓三地，也超越了時代的限制，
打破了華夏中心的格局。再說，由於人類學家重視民間信仰，社
會學家關注實際功能，政治學家強調權力結構和意識形態，工作
會所接觸的課題不只是精英，典籍和理念也涉及普羅大眾、口語
傳說、政權勢力和社會實踐。從議題範圍：一、文化認同及社會
涵義；二、性別與家庭；三、社群與教育；四、政治文化與經濟

---

1 見 Tu Weiming, Milan Hejtmanek and Alan Wachman (eds.), *The Confucian World Observed: A Contemporary Discussion of Confucian Humanism in East Asia* (Honolulu: The East-West Center, 1992).

倫理；五、民間思想與宗教；即可窺得論談的多元性格。

其實，早在1980年代初期我就意識到若想對儒學的發展前景有較全面而深入的估量，閉門造車的揣度絕不濟事，必須進行廣結善緣的調查研究；一方面開拓自己的洞識，另一方面也培養自己的耐性。

我的脾性是喜靜厭動，寧默勿語，就簡避煩。如果依照我自己的性向，閉門讀書，尚友千古，精心撰述，常和二、三同道論學，享受天倫之樂，偶爾借題發揮是最稱心快意的生活方式，因此程伊川所謂"半日靜坐，半日讀書"對我有很大的吸引力。但是，我心裡有數，在這個現代西方以動力橫決天下，西學大盛，家國天下事事錯綜複雜的末法之世，一個對儒家身心性命之學稍有"體知"的人，不得不效法亞里斯多德學派的"漫步講學"(Peripatetic)，狀似逍遙的不厭其煩的走動、說話。

1982年參加新加坡教育部推行的儒家倫理工作之後，我曾應新成立的"東亞哲學研究所"董事會的邀請，提出了有關儒學第三期發展的"設想"。我要特別申明，"設想"本是一種期待、希望，並具有前瞻性的構思，既非現象描述又非理論建言，能否實現不僅靠主觀的努力也依賴許多客觀條件。但是"設想"，特別是立基於既有群體性又有批判性的自我意識的設想，不必即是個人一廂情願的幻覺，而且可能形成共識並作為同仁道友們相互勉勵的事業[2]。

我當時的設想共分五個步驟，可以逐步完成也可同時並進：

一、究竟"儒學發展的前景如何？""儒學有沒有第三期發

2　參考 Tu Weiming (ed.), *The Triadic Accord: Confucian Ethics, Industrial East Asia and Max Weber* (Singapore: The Institute of East Asian Philosophies, 1991), Foreword, xv-xix.

展的可能？”“儒學應否發展？”之類的設問是屬於那一種型態的
課題？爲了提高我們在方法學上的反思能力，我們必須把這類設
問擺在全球社群的宏觀背景中。也許採取高屋建瓴的視野、從理
解“現代精神”下手比較容易突破大中華沙文主義的限制。這項工
作是艱巨的。要想在方法學上有所突破確實困難重重，但如求速
效而採捷徑則必然不能達到目的。我們應邀請在歐美學術界對現
代化理論、現代性主義和現代精神內涵有深刻理解的大師大德，
如芝加哥的希爾斯(Edward Shils)、希伯萊的愛森斯達(Shimuel N.
Eisenstadt)、海德堡的史魯克特(Wolfgang Schluchter)，及波士頓
的伯格(Peter Berger)積極參與其事，和他們進行長期互惠的溝
通，以細水長流的方式提升現代儒學論說的理論水平 3 。

　　二、具體考察作爲文化資源的儒家傳統在“儒教文化圈”，
特別是工業東亞社會中，運作的實際情況。我們必須對儒家傳統
在今天日本、臺灣、南韓、香港及新加坡各地錯綜複雜的曲折表
現有如實(甚至基於調查研究而有數據資料爲證)的認知，才能爭
取到儒家倫理和東亞經濟發展有否“親和”(affinity)關係的發言
權。不過這類課題不只局限於經濟文化的範疇之內，大凡政治民
主化的儒家因素(可以從積極、消極、中立各方面進行考慮)，儒
家傳統在家庭、社會和政府所起的作用，儒家倫理對道德教育、
人際關係、商業行爲的影響，乃至儒家價值在民間信仰、祕密結
社、新興宗教，和本土化佛教、基督教及回教中所扮演的角色都

---

3 希爾斯已於1995年1月23日過世。在《紐約時報》的報導中，他被
　稱譽爲當代最有影響力的社會學家之一。愛森斯達是希伯萊大學和
　芝加哥大學社會思想委員會合聘的教授。史魯克特是哈伯瑪斯的
　“親密戰友”，曾主持韋伯研究計畫十多年，目前在海德堡及柏克
　萊兩校任教。伯格是波士頓大學講座教授，曾任職紐約社會研究新
　學院，有“社會學先生”的美稱。

是值得系統分析的研究項目 [4] 。

　　三、設法了解儒家傳統在大陸的存在條件，特別是經過文革破除四舊之後，還有什麼再生的契機。1980年我獲得美國國家科學院中美學術交流委員會的獎助，在北京師範大學歷史系進修了一學年，不僅有機會向資深教授如趙光賢、白壽彝、何茲全、張岱年、賀麟、馮友蘭、朱光潛、邱漢生、金景芳、梁漱溟、馮契、蔡尙思、熊偉、王玉哲，和趙儷生請教，還結識了好幾位直、諒、多聞的中年益友。更難能可貴的是經常和老三屆(1977、1978、1979)的大學生及研究生論學。我深知將來儒學發展的艱巨任務必由北京、天津、上海、武漢、廣州、長沙、成都和昆明等地的好學深思之士來承擔，但當時儒學究竟能否從在中華民族各級人士潛存的心靈積習轉化爲智識分子主動自覺的文化認同，還是懸案，如何從有權勢的馬列主義和有影響的西化思潮兩股意識形態的夾縫之中取得成長的空間更是難題。

　　不過我堅信，只要儒學的真消息能傳遞中華大地，不怕沒有知音。可惜陷溺於自五四運動以來即自以爲是的激進氛圍中，包括儒家在內的"傳統文化"已成爲遙遠的回響；在智識分子中起作用的"文化傳統"不外由物質主義、科學主義、功利主義和現實主義所塑造的"意底牢結"(ideology)。因此，我認爲儒家的真消息要經過紐約、巴黎和東京才能更有生命力和說服力。既然是真消息爲什麼又要"曲線就教"(包遵信語)呢？面對現代西方文明的挑戰，儒家傳統若不能作出創建性的回應，爲人類社群當下的困境提出解決之道，那麼儒學發展的前景必然黯淡。所以我認

4　參考Tu Weiming (ed.), *Confucian Traditions in East Asian Modernity: Exploring Moral Authority and Economic Culture in Japan and The Four Mini-Dragons* (Cambridge, MA: Harvard University). (出版日期定爲1996年初春)

爲儒學能否有第三期的勝境取決於儒家學者能否從美國、歐洲和日本汲取豐富的精神資源以壯大其生命力，吸收深厚的智慧結晶以淬礪其說服力。儒家傳統能對現代西方文明作出創建性回應的先決條件是其自身必須通過以現代西方文明爲助緣的現代轉化。這是一種循環論證(circular argument)，但其邏輯既非惡質(vicious)又非怪圈而是良性的互動。也就是說，儒家傳統因受現代西方文明的影響而進行創造性的轉化和紮根現代新儒學(因受西化挑戰而新思勃起的儒家學說)而對人類社群當下的困境作出創建性的回應，正是相輔相成的良性互動的循環邏輯。

可是大陸的知識菁英，由於長期深陷古今中西之爭的論說而且厚今薄古崇西貶中的心態已根深柢固，把儒家傳統貌視爲封建遺毒早已蔚然成風。1985年，我在北京大學哲學系開設“儒家哲學”課程，在新成立的中國文化書院介紹儒家，也在人民、北京師範、南開、復旦、華東師範、華南師範、蘭州等大學和上海空軍政治學院提出有關儒家現代意義的學術報告，並通過會議、講座和討論的方式把儒家論說提上文化議程。雖然在公開場面，我的儒家話語受到各種責難，但是面對面的溝通(或是對話，或是小型會談，或是沙龍)確給我帶來信念和喜悅：儒學已從門可羅雀的淡薄逐漸獲得一陽來復的生機 5。

不過，使我感到驚訝的是港臺學人(包括認同“新儒家”的道友)對大陸學術、智識和文化界1979年以來風起雲湧的盛況不僅懵然無知而且缺乏最低的好奇和起碼的興趣。1988年8月27日到9月3日，我協助東亞哲學研究所，在新加坡的濱華飯店舉辦了一個以“儒學發展的問題和前景”爲主題的研討會。從大陸來參加的

---

5 參考杜維明，《儒學第三期發展的前景問題》(臺北：聯經，1988)。

有蕭萐父(武漢)、龐樸(社科院)、湯一介(北大)、朱維錚(復旦)、方克立(南開)、余敦康(南京)、孫長江(科技報)、金觀濤(廿一世紀)、陳來(北大)、甘陽(文化：中國與世界)、包遵信(社科院)、王守常(北大)、金春峰(人民出版社)，和吳光(浙江社科院)；臺灣方面邀得張亨(臺大)、戴璉璋(師大)、蔡仁厚(東海)、沈清松(政大)、韋政通(中國論壇)、梅廣(清華)和傅佩榮(臺大)；香港出席的有勞思光(中大)、劉述先(中大)、唐端正(中大)和趙令揚(港大)；北美遠道而來的有余英時(普林斯頓)、張灝(俄亥俄)、林毓生(威斯康辛)、秦家懿(多倫多)和傅偉勳(天普)；新加坡當地的有吳德耀、劉蕙霞、林徐典、蘇新鋈、郭振羽、梁元生、李焯然和劉國強等。研討會開得生動活潑，大家都能暢所欲言，極為投契，顯示儒學確已進入一陽來復的階段[6]。會議期間，我獲得方克立的同意把大陸"七五計畫"(第七個五年計畫)中唯一的哲學項目——新儒家研究的資料影印分發並組織會外座談把情況介紹臺港學人。當時我即深深地感到香港的新亞，臺灣的東海、輔仁和臺大都培養了好幾代從事儒學研究的人才，但今天在臺港竟沒有一個具有國際水平的儒學研究中心。新加坡剛成立不久的東亞哲學研究所竟暫時成為海外儒學研究的陣地。將來真能持之以恆的儒家學術道場恐怕只有指望大陸了[7]！

　　四、探討儒學研究對歐美智識界可能提供思想挑戰的線索。二十多年來我雖對這一課題密切關注，但總覺精力有限而且認識到即使採取退而結網的平實策略，也絕不可我行我素，因為單幹不濟事。文化工作必須眾志成城才能打下艱苦的基礎，不能靠一

---

6 論文集《儒學發展的前景》(暫定)已由臺灣正中書局發排。

7 1994年12月在香港中文大學舉辦的第三屆新儒家國際會議已頗顯示這一發展趨勢的跡象。

枝獨秀來達到轉世的功效。

　　十八世紀歐洲啓蒙的創導者，像伏爾泰、奎內(Francois Quesnay，1694-1774)和萊布尼茲，都是敬重儒家傳統的先知。姑且不問，儒家的聖賢如孔孟在法、英、意、德諸國哲學家心目中所象徵的意義是什麼，以儒家倫理爲核心價值的中華文化爲西歐智識界提供自反的借鏡則是無可爭議的史實。十九世紀歐洲因工業革命帶來社會的劇變、生產力的普遍提高和政治制度的徹底更新，爲哲學界開創了史無前例的局面。黑格爾晚年的歷史哲學，以全球的宏觀視野，把東方思想規約爲人類文明的曙光而判定世界精神已體現西方，並武斷地聲稱人類文明的日落伴隨著歷史的終結必然歸宿西歐，特別是普魯士的德國。這套歷史發展的必然規律逐漸成爲歐洲中心論的理據；在馬克思、韋伯乃至哈伯瑪斯的論著中已是不言而喻的共識。

　　不過，這一偏頗的觀點雖爲五四運動以來中國西化智識分子所深信不移，但在現代西方則常受嚴厲的批判。尼采對基督教文化的排拒，對希臘哲學的嚮往，並且徹底解構以理性爲基礎的道德哲學即是突出的例證。第一次世界大戰之後，梁啓超和張君勱曾因親睹現代西方文明的弊病而提出國人自救的新途徑；創辦《學衡》的一批學者，受到哈佛大學白璧德的感召，想結合中西人文學的優良傳統爲當代中國智識分子提供精神資源；第一代新儒家如賀麟、梁漱溟和馮友蘭，或借助理想主義，或涉獵社會思潮，或嫁接新實在論，都致力於爲儒家傳統創造再生的機緣。熊十力的新唯識論雖脫胎於中土佛學的法相宗但也曾參照柏格森的生命哲學和懷德海的過程哲學。可是，在中國先進智識分子之中極端而膚泛的科學主義終於凌駕各種西方思潮而成爲現代文明的唯一標誌。

　　馬列主義能在中華大地獨領風騷固然和反帝反霸的民族自救有密切關係，但五四以來中國智識分子的心態與其說是"救亡壓倒了啓蒙"，不如說啓蒙的科學、物質、功利、現實及進步觀念所鑄模而成的工具理性變爲救亡圖存的不二法門了。馬列主義強調科學性、物質性、功利性、現實性及進步性正是要說明辯證唯物論是人類思維水平的高峰；掌握了這種現代西方文明中最精緻的方法當然在思想鬥爭上可以擁有攻無不克、戰無不勝的優勢。殊不知，一戴上從黑格爾以來歐洲中心色彩即極爲濃郁的眼鏡，儒家精神價值、傳統中國文化、東方文明，乃至人類從新石器以來點滴凝聚的一切智慧都頓然成爲糟粕，棄之唯恐不夠徹底，更無庸細述保存或弘揚了。

　　要想從價值根源處尋求扭轉此一意識形態的災難，我們必須深沉反思代表現代西方精神的啓蒙心態，並從其基本的生命取向掌握其論據的來龍去脈。只有如此，我們才能爲儒學的第三期發展創造廣闊的空間。

　　五、儒學若有第三期發展的可能，它不僅是中國的和東亞的，也應該是世界的精神資源。但，面向廿一世紀，儒家傳統不會也不必唯我獨尊。因此我們應效法荀子以"仁心說，學心聽，公心辯"的平正胸襟和世界各地的精神傳統進行互惠互利的對話、溝通。

　　第一次儒－耶對話的國際會議於1988年6月在香港新亞書院的祖堯堂舉行，成績甚佳。第二次會議於1991年夏天在柏克萊的聯合神學研究院舉行，據說也相當成功。我參加了第三次會議的籌畫，而且由主持人柏爽(J. Berthrong)和李景雄(Peter Lee)教授的安排在1994年6月28日(會議期間)和伯格(Peter Berger)公開對話，環繞世俗倫理、個人主義及禮儀三大問題，往覆辯難，雖用辭尖銳而不傷和氣且帶來彼此有益的快感。如果不是十多年來和伯格教授經常交談合作，積得不少善緣，這種結果很難想見。

去年，爲了回應亨廷頓"文明衝突"的論說，我和納瑟(Seyyed Hossein Nasr)教授合作在康橋舉行了伊斯蘭教和儒家的對話。這是一項意義深長的文化事業，如能令其細水長流，必會在比較宗教學的領域中澆漑出幾塊思想田地。至於和佛教、印度教、猶太教、耆那教、錫克教、神道，乃至各種原住民的本土宗教進行對話，那就更有待將來逐步開展了。在多元文化各顯精彩的"後現代"社會，儒家應該以不亢不卑的胸懷，不屈不撓的志趣和不偏不倚氣度走出一條充分體現"溝通理性"的既利己又利人的康莊大道來。

我設想儒學第三期發展的五個步驟，原來只是爲新加坡的東亞哲學研究所提供一個長期發展的議案：先在方法取徑上獲得共識，再具體研究工業東亞的現況；以此爲基礎，可以把範圍擴展到大陸和共產東亞(包括北朝鮮和越南)；假以時日，還可涉足歐美，並進行各種類型的文明對話。在1980年代初期我完全沒有預料到五個步驟竟然成爲五條同時並進的長河。最值得興奮的是大陸的"文化熱"所帶來的澎湃思潮。1982年《中國論壇》在臺灣召開的新儒家座談頗有哀悼儒門淡泊於今爲甚的情懷，甚至有痛惜儒家傳統因與現代化無關或相左而被葬送歷史垃圾之中的論調。帶有反諷意味的是1980年代也正是新加坡在高中大力推行儒家倫理教學，日本文部省支援大專院校從事探討儒家倫理與東亞現代化關係十年計畫，韓國退溪學會全面展開儒學國際化活動，美國人文社會科學院開始組織儒學研究隊伍的時期。

1990年夏天我應"夏威夷東西中心"總裁李浩的邀請，從哈佛告假一年前往檀島擔任文化與傳播研究所的職務。因爲獲得洛克斐勒夫婦(Lawrence and Mary Rockefeller)提供的基金並配合研究所本身相當充裕的人力、制度和經濟資源，我發展了兩個科研項目：一、文明對話(Dialogue of Civilizations)，和二、文化中國(Cultural China)。

　　文明對話的重點是探討軸心時代的精神傳統和本土宗教之間健康互動的可能。我因曾受師友之間的比較宗教學權威史密斯(Wilfred Cantwell Smith)教授之托，主持哈佛宗教學研究三年，並長期參加復敦(Fordham)大學神學教授克森(Ewert Cousins)所主持的 "世界精神：宗教的探索" (World Spirituality: The Religious Quest)，一項氣勢恢宏包羅萬象的國際性出版計畫，結識了幾位在宗教學界有突出貢獻的道友，數月之間便擬定了三年計畫：

　　一、軸心文明，如印度教、佛教、儒家、道家、猶太教、基督教及伊斯蘭教之中的本土宗教因素。以儒家爲例，這個在中國綿延兩千多年的精神長河和華夏民族的民間信仰的關係究竟如何？人類學家雷德費(Robert Redfield)的大小傳統之分能否適用中國以全民福祉爲政治理想的精華文化？深奧微妙的(sophisticated)文化素質和識字能力(literacy)有必然關係嗎？(譬如在中國社會中負責身教的母親是如何通過口傳心傳而完成陶鑄人格的艱苦任務的！)

　　二、本土宗教，如夏威夷、美國印地安各族，太平洋的毛利，非洲、印度的森林地帶居民(forest dwellers)，愛斯基摩，及臺灣原住民的精神傳統。後來根據朗格(Charles Long，芝加哥學派專攻本土宗教和初民宗教的學術權威)的建議以 "物質的精神性" (the Spirituality of Matter)爲主題，集中討論本土宗教的生命取向。這一個在哲學上徹底否認笛卡兒式心物二分的理念，不僅刻畫了本土宗教的精神面貌而且也勾勒出軸心文明的基本信仰，和儒家打破身心、主客、天人、心物絕然二分的價值取向一致。相形之下，現代西方文明爲創造一個乾枯無味的物質世界(吳稚暉語)而大鬧天宮，破壞全球生態，是亙古未有的例外，世界宇宙觀中的異數，人類精神生命的歧出！

三、世界精神的新方向(World Spirituality: New Directions)。邀請宗教學研究中思想深細觀察敏銳的學者，如史密斯(Huston Smith)、凱思(Steve Katz)和班尼克(Raimundo Panikkar)，一起來探討面向二十一世紀，人類社群中精神世界所扮演的角色和所發揮的作用[8]。

文明對話的研究項目不僅主辦了三次國際學術研討還安排了一序列的工作會。對我啓發最大的是和夏威夷的精神領袖(多半是女性)進行持續而多樣的溝通；從她們的誦詩、舞藝、祭歌和禮儀，當然也包括衣食住行的細節，可以窺得幾分"氣韻生動"的神情，也迫使我重新體究儒家禮樂教化的實質意義。

"文化中國"則是我近年來特別關注的課題。一些構想也已散見報章雜誌。既然從宏觀的文化視域來理解廣義的中華世界是動態的過程而不是靜止的結構，還有許多正在發展的趨勢和剛出現不久的情況在這裡無法逐一加以說明。值得提出的是"文化中國"的精神資源理應除儒家傳統外還有許多取之不盡用之不竭的源頭活水，因此儒家傳統的意義再寬廣，絕不能涵蓋"文化中國"。把儒學第三期發展規定爲"文化中國"成長壯大的唯一任務是狹隘的、偏激的、錯誤的。不過，我們必須清楚地認識到，"文化中國"的範圍不論怎樣擴大也無法包括儒家傳統的全幅內容。其實儒學在第二期(宋元明清時代)即已成爲東亞文明的體

8　參考Ewert H. Cousins, *Christ of The 21st Century* (Rockport, MA: Element, 1992), pp. 132-162.

現，因此儒家傳統不僅是中國的，也是朝鮮的、日本的和越南的，而且由於東亞社群(除散佈世界各地的華人社會之外，韓裔、日裔和越裔在歐美各處"落地生根"的例子也需列入考慮)已普及全球，也可以是北美的、歐洲的、俄羅斯的、澳洲的、紐西蘭的、非洲的、拉美的、南亞的、東南亞的和太平洋島嶼的。嚴格地說我們即使把儒家傳統的相關性如此包容地界定，仍難免沒有遺漏之處。

1990年我有幸參加在星洲舉行的第一屆世界華商大會，出席的企業家來自三十四國七十二地區，不少關切文化命脈的學會代表和我交換有關"儒商"的構想，使我感到體現儒家精神在企業界也許比在學術界更多采多姿。的確，長年究心於海外華人文化認同的王賡武教授1993年夏天和我同往意大利科木湖開會之前，曾走訪一家米蘭的中餐館，我們聊天時他慨嘆地表示每到歐洲旅行必設法和中國餐館的老闆和伙計交談，因爲每位散居世界各角落的華裔都是文化價值的體現者。我想在他們的言行中所流露的儒家精神絕非把孔孟之道和醜惡中國人當作同義辭的"先進"智識分子所能想見的。儒家倫理在北美的中國城，東南亞的華人群體，大陸的工農兵階層和臺灣的民間社會裡乃至在香港的市井小民身上似乎還很有生命力，只是在智識分子的批判意識中缺乏說服力而已！

不過我多年來自知任重道遠而不敢稍事鬆懈的工作正是要在智識分子的批判意識中爲儒學一陳辭。固然，在今天像陳獨秀、魯迅、李大釗、胡適，或陳序經之類的論敵已不可求，但每當"文化中國"(大陸、臺灣、港澳、星洲，散佈世界各地的華人社會，以及關切中華民族福祉的國際社群)的智識分子發表有關儒家傳統的偏頗議論——反民主的權威政治，小農經濟保守意識的突出表現，宗族等級思想的典型代表，大男性中心主義的樣板，封建遺毒，缺乏理性的黑箱作業，藐視客觀法律規章的人治，以孝子賢孫灌輸奴性教育的專制控制，斲喪性靈的綱常名教，標榜父權君權與夫權的反動倫理，吃人的禮教——我總盡量以同情的共鳴，凝斂的沉思和平實的自反來理解發議者的用心所在。

我認為目前"文化中國"的精神資源如此薄弱而價值領域如此稀少，和近百年來儒家傳統在中華大地時運乖蹇有很密切的關係。我並不堅持唯有光大儒學才能豐富"文化中國"的精神資源(我前面已提到"文化中國"據理應有取之不盡用之不竭的源頭活水)，才能開闢"文化中國"的價值領域。但我深信重新確認儒家傳統為凝聚中華民族靈魂的珍貴資源，是學術、智識和文化界的當務之急。

現代精神與儒家傳統

1996年2月初版
2003年5月初版第六刷
2018年8月二版
有著作權・翻印必究
Printed in Taiwan.

定價：新臺幣450元

| | | | 著　者 | 杜　維　明 |
| | | | 責任編輯 | 鄭　秀　蓮 |

出　版　者	聯經出版事業股份有限公司	總　編　輯	胡　金　倫
地　　　址	新北市汐止區大同路一段369號1樓	總　經　理	陳　芝　宇
編輯部地址	新北市汐止區大同路一段369號1樓	社　　長	羅　國　俊
台北聯經書房	台北市新生南路三段94號	發　行　人	林　載　爵
電　話	（ 0 2 ） 2 3 6 2 0 3 0 8		
台中分公司	台中市北區崇德路一段198號		
暨門市電話	（ 0 4 ） 2 2 3 1 2 0 2 3		
郵政劃撥帳戶	第0100559-3號		
郵撥電話	（ 0 2 ） 2 3 6 2 0 3 0 8		
印　刷　者	世和印製企業有限公司		
總　經　銷	聯合發行股份有限公司		
發　行　所	新北市新店區寶橋路235巷6弄6號2F		
電　話	（ 0 2 ） 2 9 1 7 8 0 2 2		

行政院新聞局出版事業登記證局版臺業字第0130號

國家圖書館出版品預行編目資料

現代精神與儒家傳統 / 杜維明著 . 二版 .
　新北市 . 聯經 . 2018.08 . 486面；14.8×21公分 .
　ISBN　978-957-08-5167-0(平裝)
　[2018年8月二版]

　1.儒家

121.2　　　　　　　　　　　　　　107013430